SAINT

ABBÉ DE FLEURY SUR-LOIRE

MARTYR A CORDOUE

AVEC UNE INTRODUCTION SUR...

PAR

J. ABBÉ J.-T. PARDIAC

PARIS

LIBRAIRIE JACQUES LECOFFRE

ANCIENNE MAISON PÉRISSE FRÈRES DE PARIS

LECOFFRE FILS ET C'*, SUCCESSEURS*

90, RUE BONAPARTE, 90

HISTOIRE
DE
SAINT ABBON

PARIS. — IMP. SIMON RAÇON ET COMP., RUE D'ERFURTH, 1.

St Abbon abbé de Fleury
martyr à la Réole

HISTOIRE
DE
SAINT ABBON

ABBÉ DE FLEURY-SUR-LOIRE

ET

MARTYR A LA RÉOLE EN 1004

AVEC UNE INTRODUCTION SUR LE X^E SIÈCLE

PAR

L'ABBÉ J.-B. PARDIAC

PARIS
LIBRAIRIE JACQUES LECOFFRE
ANCIENNE MAISON PERISSE FRÈRES DE PARIS
LECOFFRE FILS ET CIE, SUCCESSEURS
RUE BONAPARTE, 90

—

1872

A SON ÉMINENCE

MGR LE CARDINAL DONNET

ARCHEVÊQUE DE BORDEAUX,

HOMMAGE RESPECTUEUX.

INTRODUCTION

LE DIXIÈME SIÈCLE

Le dixième siècle de l'ère chrétienne, auquel appartient le pieux et important personnage dont nous voulons tracer l'histoire, a été durement qualifié par Baronius, le père des *Annales ecclésiastiques* : « *Siècle de fer* pour l'aspérité de ses mœurs et sa « stérilité ; *siècle de plomb* pour l'ignominie de ses « désordres ; *siècle d'obscurité* pour la rareté de ses « écrivains[1]. » Ce sévère jugement, tombé de la plume d'un si grave auteur, est demeuré sans appel dans un grand nombre d'esprits insouciants ou prévenus. Un écrivain anglais, Guillaume Cave,

---

1. « Sæculum quod suâ asperitate ac boni sterilitate *ferreum*, « malique exundantis deformitate *plumbeum*, atque inopiâ scripto- « rum appellari consuevit *obscurum*. » (*Annales ecclesiastici*, auctore Cæsare Baronio Sorano. Antuerpiæ, ad an. 900.)

appelle cette époque un *siècle obscur*[1]. Dom Rivet, dans son discours sur le dixième siècle, souscrit au jugement du cardinal annaliste, sauf à l'atténuer plus tard. La presse impie ou ignorante a accueilli avec faveur ces accusations dont elle s'est fait une arme contre l'Église et n'a eu que de la colère ou de la pitié pour un siècle qu'elle voudrait pouvoir effacer des souvenirs de l'histoire.

A ces attaques passionnées opposons une apologie non moins outrée peut-être. Deux auteurs, dont on ne contestera pas l'autorité, apprécient ainsi le dixième siècle : « Jamais l'Église d'Allemagne n'eut « des princes plus religieux; elle n'eut jamais de « princesses plus illustres en piété ; jamais elle « n'eut un si grand nombre de saints évêques; jamais « la vertu ne fut plus honorée et plus appuyée par « la puissance temporelle[2]. »

Entre ces jugements contradictoires, que penser d'une époque si dédaigneusement traitée par les uns, si exaltée par les autres? Si la vérité nous était moins chère, nous assombririons à loisir le tableau d'un siècle déjà réputé si ténébreux, afin de faire resplendir plus vivement le flambeau ou plutôt l'*astre* qui l'a éclairé ; le mal exagéré contrasterait

---

1. *Guillielmi Cave SS. Th. pr. canonici Windesor. Scriptorum ecclesiasticorum historia litteraria.* Genevæ, 1705, p. 491-516.
2. *La Perpétuité de la foi*, par Arnaud et Nicolle. Paris, 1670, t. I, p. 699.

d'une manière plus frappante avec les saintes œuvres de notre saint, et notre livre y gagnerait peut-être un degré d'intérêt. Mais les calculs du romancier ne seront jamais ceux de l'historien honnête et sincère. Nous cherchons la vérité et rien que la vérité, et nous voulons l'exposer sans détour, lamentable ou glorieuse, pour soumettre à un examen impartial les éléments d'un procès qui intéresse à la fois l'Église et la société. Nous nous défions des esprits extrêmes qui, sur la question du Moyen Age, ne savent éviter ni un dénigrement absolu, ni un enthousiasme absolu. Dans la période que nous étudions, tout ne fut pas or pur, mais la vertu ne disparut pas de la terre ; elle eut sa place dans l'apparent chaos de ces temps, comme les fleurs qui s'épanouissent au milieu des ruines.

I

Les difficultés abondent toujours dans l'examen des temps reculés ; mais tant de recherches ont été faites sur le dixième siècle, soit par les amis, soit par les ennemis de la sainte Église, que notre tâche nous semble singulièrement aplanie. Pour apprécier équitablement cette époque, nous n'écouterons ni les déclamations passionnées des uns, ni les louanges exagérées des autres, mais nous nous poserons avec calme en face de la société du dixième siècle et nous étudierons sans prévention, comme sans indulgence, ses torts et ses mérites.

Que peut-on d'abord reprocher au dixième siècle? Le glorieux règne de Charlemagne avait mis un terme aux angoisses de la société. L'Europe, ébranlée par la chute de l'empire romain et l'invasion des barbares, se sentait raffermie par la puissante main du conquérant-législateur, et inaugurait une ère de prospérité que rien n'avait fait pressentir. Mais les espérances qu'on put alors concevoir furent bientôt anéanties par la faiblesse des règnes suivants, par les nouvelles irruptions des barbares et par les abus du système féodal. Les ducs et les comtes, n'étant plus contenus par une administration vigoureuse, s'érigèrent en petits tyrans dans leurs différentes provinces, dont ils devinrent presque souverains. Le roi de France, moins puissant dans sa ville de Laon et dans ses étroits domaines que certains de ses vassaux, était sans prestige et sans force, également incapable de commander et de punir. De cette absence de gouvernement résultèrent des désordres de toute nature. La force brutale, qui n'est pas une loi, s'imposa capricieusement aux faibles et aux abandonnés, ravagea, détruisit ce qui l'importunait, et fonda, pour l'oppression plutôt que pour la protection, des châteaux et des tours où elle se croyait inexpugnable. Époque infortunée comme toutes celles dont le Sauveur des nations n'est plus le guide ; quand l'homme se substitue à Dieu pour la direction de la société, que peut-on attendre qu'absolutisme, misère et dégradation ?

L'Église qui vit dans l'État, comme l'État vit dans l'Église, ne pouvait que souffrir de l'anarchie. Les temples renversés ou profanés, les prêtres massacrés ou persécutés, les monastères pillés ou brûlés, le culte impossible au milieu des ruines ou du bruit des armes, tant de malheurs n'étaient que la conséquence inévitable de cette perturbation sociale. La discipline ecclésiastique se relâcha, le sel du sanctuaire s'affadit, et l'air du monde fut mortel à la vertu d'un grand nombre de moines dispersés loin des maisons de la prière.

L'Italie n'était pas dans un état moins déplorable. Les côtes étaient continuellement inquiétées par les Sarrasins d'Afrique qui s'étaient emparés, dans le siècle précédent, de la Sicile et de la Sardaigne. Quoique les possessions grecques du Sud fussent surtout exposées à leurs incursions, ils insultèrent et ravagèrent deux fois le territoire de Rome ; il n'y eut pas même de sûreté dans le voisinage des Alpes Maritimes où ils jetèrent, entre Nice et Monaco, une colonie qui ne fut extirpée qu'en 972 par un comte de Provence[1]. Le centre de la péninsule était la proie d'une multitude de petits tyrans. Dans le Nord, point d'unité. Gênes était à demi indépendante, Venise se fortifiait dans ses lagunes.

Hors de l'Italie, il n'y avait non plus que troubles et divisions : l'Espagne chrétienne luttait contre les Musulmans, la dynastie carlovingienne allait s'éteignant dans la Gaule, l'empire grec d'Orient s'affaiblissait et pouvait à peine repousser les Russes qui arrivaient par le Nord, les Arabes qui le pressaient au Sud et à l'Est ; l'Allemagne seule reprenait une vigueur nouvelle sous le génie des Othon.

Telle était la situation de l'Europe et de la France en particulier ; épreuve ou châtiment, décadence ou régénération par un enfantement laborieux, cette phase sociale, lentement produite par des causes multiples, ne devait cesser que graduellement par des influences contraires. Les tempêtes qui ébranlent les royaumes sont comme celles de l'Océan qui ne s'agite et ne se calme que peu à peu.

Les événements politiques qui affligèrent le dixième siècle auraient pu être conjurés par un second Charlemagne ; mais la faiblesse plia devant l'audace ; un nouvel ordre de choses, qui n'était que le désordre, s'implanta, s'affermit et remplaça

---

[1]. Muratori *Annali d'Italia,* ad an. 906 et *alibi.*

par l'arbitraire les lois morales qui sauvent les sociétés. De là des violences impunies, des spoliations, des attentats, des haines, des vengeances, et tout le funèbre cortége des crimes qui déshonorent un gouvernement impuissant ou désorganisé. De là des mœurs sans frein, des abus sans compensation, des excès sans limite.

Nous ne voulons rien dissimuler des malheurs et des torts du dixième siècle ; notre livre, en rapportant certains scandales, prouvera notre impartialité dans l'appréciation de cette époque. On nous saura gré encore de citer un concile dont les plaintes et les décrets disciplinaires démontrent hautement les maux qu'endurait l'Église. Nous voulons parler du concile de Trosly, près de Soissons, tenu en 909 sous la présidence d'Hervé, archevêque de Reims. Dans son discours d'ouverture, Hervé exposa nettement le triste état de l'Église et du royaume.

La vérité est donc que dans ce sièle tout fut exceptionnel, les circonstances, les hommes, les choses et conséquemment le sort de la société. Les crimes de tout genre suivirent des revers de toute nature, et le monde chancelant sur ses bases crut toucher à sa fin.

Dans ce chaos politique et moral, que devinrent les lettres ? Elles ne pouvaient que souffrir du trouble des esprits et du malaise général. Le silence et la paix conviennent à l'étude ; mais le bruit des armes et les discordes, les guerres et les révolutions, l'anxiété du présent et l'incertitude de l'avenir causent des terreurs et des préoccupations incompatibles avec la méditation et les recherches scientifiques. Aussi comptons-nous peu de savants, à cette époque, dans la société civile. On ne les rencontre que dans le cloître ou à l'ombre des autels.

Voilà, selon nous, le dixième siècle, sous son côté le moins favorable; le voilà avec ses misères et ses fautes, plus digne peut-être de compassion que de reproche. Il fut coupable, mais encore plus malheureux; il naquit et il grandit dans des conditions lamentables. Il est juste de lui octroyer le bénéfice des circonstances atténuantes.

II

La loyauté de nos aveux dans le sens des détracteurs du dixième siècle nous donne droit à la confiance de nos lecteurs dans l'examen des vertus et des mérites de ce même siècle. Nous avons été sincère dans le blâme, nous le serons également dans la louange.

Plaignons celui qui tombe, mais admirons celui qui se relève. Le malheur des temps n'avait pas éteint la foi dans les cœurs ; au-dessus des passions et des intérêts matériels, les principes chrétiens régnaient encore sur la société et sollicitaient au repentir les plus grands coupables. Il se commettait sans doute bien des fautes ; mais les auteurs de l'iniquité, fragiles victimes d'un emportement plutôt que d'une malice réfléchie, effaçaient leurs égarements par les larmes de la pénitence, et édifiaient bien plus les peuples par le spectacle de leurs rudes expiations, qu'ils ne les avaient scandalisés par le nombre et l'audace de leurs crimes.

L'expiation est un des caractères de ce siècle. L'histoire en fournit de nombreux exemples. On en lira quelques-uns dans notre livre.

III

A côté de l'expiation volontaire, sublime, héroïque, plaçons les nombreuses réformes dont ce siècle fut l'heureux témoin. Réformer, dira-t-on, c'est constater et avouer le mal. — Oui, sans doute, mais c'est aussi le combattre, le flétrir, le rendre odieux ; réformer, c'est à la fois détruire et construire, arracher et planter ; lutte glorieuse de la vertu contre le vice, qui ne finira qu'avec les siècles, mais qui n'a jamais été suspendue dans l'Église de Dieu.

Quel rôle joua la papauté dans cette œuvre de réformation? N'avait-elle pas besoin elle-même de s'amender? Il ne nous en coûte pas de convenir qu'elle fut parfois représentée par des hommes peu dignes de s'asseoir sur la chaire de saint Pierre. Mais on a singulièrement exagéré le mal dans des intentions faciles à deviner. Un chroniqueur contemporain, Luitprand, qui n'aimait pas les papes, et qui écrivait des satires plutôt que l'histoire, a fourni des armes à Platina, à Voltaire et à tous leurs crédules disciples. Mais la Providence nous a conservé les écrits plus véridiques de Flodoard, universellement estimé par ses contemporains. Avec son livre des *Vies des papes*, confirmé d'ailleurs par les recherches modernes, on démontre sans peine que la chaire apostolique a été scandaleusement occupée pendant deux ans à peine. Deux ans sur un siècle! Admirons et remercions, étonnés que nos ennemis ne soient pas plus sobres de critique.

La papauté, quoique privée le plus souvent de son indépendance par les factions qui déchiraient Rome, quoique entravée par mille obstacles, lutta néanmoins avec énergie et persévérance pour le maintien de la foi, des mœurs et de la discipline : si elle ne réussit pas mieux alors, n'est-ce pas à ceux qui la tenaient pour ainsi dire captive qu'il faut le reprocher? Sergius III, qu'on a tant calomnié, n'épargna pas même un de ses frères dans l'épiscopat. Guillaume, évêque de Turin, s'étant rendu coupable d'une faute grave, Sergius le suspendit pendant trois ans de ses fonctions sacrées. Anastase III gourmanda si sévèrement Rollon, le plus redoutable chef des Normands qui ravageaient les côtes occidentales de la France, qu'il le détermina à accepter les propositions de Charles le Simple. Rollon se fit instruire et baptiser par Francon, archevêque de Rouen. « Avant de partager mes terres « entre mes sujets, lui dit-il, j'en veux donner une « partie à Dieu, à la Vierge Marie et aux autres « saints que je désire avoir pour protecteurs. » Le loup était changé en agneau.

Jean XIII gouverna sagement l'Église, étendit les relations du Saint-Siége et restaura la discipline ecclésiastique. Il mourut en odeur de sainteté.

Benoît VII tint un concile contre les ordinations simoniaques et prit un grand nombre de mesures pour la restauration de l'ordre et de la discipline.

Jean XV, dont nous parlerons longuement plus tard, illustra son règne par une sagesse et une énergie admirables.

Grégoire V, l'ami de notre saint, fut un intrépide défenseur des lois de l'Église. Il fonda un monastère pour les jeunes filles pieuses en l'honneur de la Vierge et de saint Jean-Baptiste, il fut surnommé le *Petit Grégoire* pour ses aumônes et ses bonnes œuvres[1].

Dans son discours sur l'*Information des évêques*[2], Silvestre II flétrit en termes vigoureux et éloquents le triste vice de la simonie, qu'il compare à la lèpre de Giézi : « Misérable, tu as donné « de l'argent pour obtenir l'épiscopat ! Tu as cru « payer la grâce divine et tu n'as reçu que la « lèpre en échange ; tu as essayé ensuite de reven- « dre cette grâce et tu n'as transmis que la lèpre. « Le monde, en te contemplant, dit peut-être : « C'est un grand évêque ! et Dieu ne voit en toi « que le plus grand des lépreux. En concluant ce « honteux marché, tu as vendu ton âme au dé- « mon. »

La société chrétienne, attaquée par tant de côtés, trouva donc dans la papauté une protection puissante contre les éléments de désorganisation qui menaçaient de l'envahir. La loi du Christ, qui a régénéré le monde, ne saurait périr. Rome en sera à jamais la gardienne indéfectible.

---

1. « Gregorius V..... monasterium Ulsimense pro piis et Deo « fideliter servientibus puellis condidit in honorem B. Virginis Ma- « riæ et S. Joannis-Baptistæ. Hic pontifex propter largas eleemosy- « nas et alia bona opera, quibus claruit, *minor Gregorius* appella- « tus est. » (*Vitæ et res gestæ pontificum romanorum*, Alphonsi Ciaconii (Chacon) Ord. Præd. operà. Romæ, 1677, t. I, col. 945.)

2. *Patrol.*, édit. Migne, t. CXXXIX, col. 169-178.

IV

Les conciles, que la papauté convoque ou sanctionne, secondèrent ardemment l'action réformatrice des Souverains Pontifes. Durant ce dixième siècle, si stérile en apparence, on ne compta pas moins de deux cents conciles tenus sous toutes les latitudes et pour des motifs de toute sorte. Que de saintes délibérations dans ces assemblées solennelles qui étaient presque en permanence ! Que d'anathèmes lancés contre les scandales des seigneurs et des princes ! Que de canons disciplinaires pour ramener à l'observation des saintes règles les gens d'Église ou d'épée, les chapitres, les institutions et les monastères qui s'en écartaient ! Qu'on étudie tous ces canons, en particulier ceux du concile de Trosly dont nous avons déjà parlé, et l'on aura une idée des efforts incessants de la sainte Église en faveur des bonnes mœurs. Spectacle sublime ! pendant que la société se débat dans l'anarchie, dans les querelles ou dans l'orgie, l'Église de Dieu, sentinelle vigilante, rappelle les devoirs méconnus, conjure, supplie, frappe, excommunie ; et à force de prières, de zèle et de fermeté, elle retient sur les bords de l'abîme des nations entières oublieuses de leur baptême et de leur destinée. Que serait devenue la France de Clovis et de Charlemagne sans cette intervention, la seule efficace alors, des conciles provinciaux ! Ingrats que nous sommes ! L'indifférence glace nos cœurs pour une institution qui nous a sauvés.

V

L'Église attentive à réformer ses enfants, ne manquait pas de se réformer elle-même, soit dans la personne de ses prélats, comme notre livre le prouvera par plusieurs exemples, soit dans ses maisons religieuses. Un auteur moderne énumère jusqu'à vingt abbayes réformées, transformées durant le dixième siècle[1]. Mais ne nous laissons pas séduire par les impatiences et l'irréflexion ordinaires du zèle, et gardons-nous de croire que quelques années suffiront à cette infatigable réparatrice qu'on appelle l'Église. Non, cette reconstruction sera l'œuvre du temps. Dieu, qui n'a pas voulu rendre trop facile à son Fils notre rédemption en adoucissant les douleurs du Calvaire, permet et désire que son Église

---

1. *Histoire du pape Silvestre II*, par C.-F. Hock ; traduite de l'allemand par M. l'abbé J.-M. Axinger, p. 90 et 91.

répande longuement ses sueurs et son sang dans l'opération de notre renouvellement.

Notre saint occupe un rang important parmi les réformateurs de son siècle. Il sillonne, comme un apôtre, la France et l'Angleterre et brave deux fois une mort presque certaine sur les bords de la Garonne où il rencontre la palme des martyrs. La sève catholique n'était donc pas épuisée dans les veines de la sainte Église ; le feu sacré se dégageait de la boue où il avait été caché, et consumait en même temps le sacrifice et le sacrificateur.

VI

L'oisiveté, dit saint Benoît, *est l'ennemie de l'âme*[1]. Aussi l'Église, la gardienne naturelle des bonnes mœurs, a-t-elle toujours encouragé le travail par ses exemples et par ses salutaires règlements. Nous ne voulons parler ici que du travail manuel, nous réservant de parler plus tard de celui de l'intelligence.

Il y eut un jour quelque incertitude sur ce point. Les Euchites ou Massaliens, qui furent condamnés en 431 par un concile d'Éphèse, prétendaient que

---

1. *Otiositas inimica est animæ.* (*Sancti Benedicti Opera omnia.* édit. Migne, col. 703.)

la prière dispensait du travail. Le grand Augustin se leva et foudroya les moines paresseux par son célèbre traité du *Travail des moines*[1]. Ce coup de foudre, parti d'une telle main, suffit pour dissiper tous les doutes. Tous les moines voulurent ressembler à ceux de la Thébaïde, qui faisaient des nattes, à ceux de saint Pacôme, qui formaient des familles entières de tisserands, de charpentiers, de corroyeurs, de foulons. Mais il fallait que tant de zèle fût réglé : Dieu fit naître saint Benoît qui régularisa le travail en même temps que la prière. Dans de vieilles litanies, saint Benoît est invoqué comme le précepteur des laboureurs, *agricolarum didascalus*. Il écrivit lui-même que c'est le travail des mains qui fait le vrai moine[2].

Dans la règle bénédictine[3], si souvent approuvée et recommandée par la sainte Église, sept heures sont ménagées dans le jour pour le travail des mains, deux heures pour la lecture. Telle est l'obligation du frère, après que sept fois dans la même journée il a chanté les louanges de Dieu. Voilà pourquoi saint Benoît avait donné à ses disciples un habit de travail, le *scapulaire*, dont Charlemagne fixa

---

1. De *Opere monachorum.*
2. « *Tunc verè monachi sunt, si labore manuum suarum vivunt,* « *sicut et patres nostri et apostoli.* » (*Sancti Benedicti Opera omnia*, édit. Migne, col. 705.)
3. Caput XLVIII.

plus tard la longueur à deux coudées¹. La cuculle, vêtement long et solennel avec lequel, nous dit Pallade, les disciples de saint Pacôme allaient à la communion le samedi et le dimanche², eût été trop embarrassante et eût gêné les mouvements pour les travaux de la terre. Saint Benoît la remplaça, pour les occupations manuelles, par un habit plus commode et plus court, destiné, dit Fleury, à garnir les épaules pour le fardeau et à conserver la tunique, *scapulare propter opera*³. Comme les deux fanons ou lés dont il était composé auraient pu fatiguer par leur flottement le moine agriculteur, on les attachait de chaque côté par une bandelette que les Chartreux qui adoptèrent, ainsi que d'autres Ordres, le scapulaire, appelèrent *vitta sancti Benedicti*⁴.

Cet habit, qui remémorait aux Religieux la loi du travail imposée à tout homme depuis la prévarication d'Adam, avait un symbolisme encore plus instructif dans sa coupe cruciale. Après avoir porté à l'autel la sainte chasuble, ornement mystique par sa forme, le religieux imposait à ses membres toujours crucifiés la chasuble des champs, le scapulaire, en signe de pénitence et d'expiation. Il voulait

---

1. *B. Caroli Magni Opera omnia*, édit. Migne, t. I, col. 584.
2. *Sancti Benedicti Opera omnia*, édit. Migne, col. 773.
3. *Ibid.*, col. 771.
4. *Annales Ordinis sancti Benedicti*, auctore Mabillon. Lutetiæ Parisiorum, 1703, t. I, p. 547.

porter sur lui-même la croix que la nature a moulée dans une multitude de ses ouvrages, en particulier dans les fleurs les plus amies de la solitude ; *la croix est la véritable vie du moine*, selon l'auteur de l'*Imitation*[1].

C'en était fait : le travail de l'esclave et du laboureur était pour toujours ennobli, puisqu'on voyait les plus grossiers outils du plus vil métier entre ces mains, ces mêmes mains qui touchaient à l'autel le corps sacré de Jésus-Christ. La Providence avait déjà répandu dans l'univers chrétien les véritables, les immortels missionnaires du travail : nous voulons dire les moines. Il y en avait, dit Fleury, qui se louaient comme d'autres ouvriers pour la moisson et les vendanges.

L'institut bénédictin qui, pendant plusieurs siècles, représenta seul ou presque seul la vie monastique en Europe, avait un but vraiment providentiel. Qu'on veuille bien se figurer en idée cette terre, qui devait être l'Italie, la France, l'Angleterre, la Belgique, couverte de grandes forêts, de vastes landes et de rares cultures, qui laissent passage à quelques routes longues et étroites, restes précieux de la domination des Romains. Cette terre, plus sillonnée par le fer que par le soc de la charrue, a besoin de bras robustes et d'hommes patients et dé-

---

[1] « *Verè vita boni monachi crux est.* » (*De Imit. Chr.*, lib. III, cap. LVI.)

voués; elle en trouve dans les moines. « L'Auxois doit
« sa fertilité à saint Jean, le fondateur de Réomé ;
« l'Auvergne, sa riche Limagne aux compagnons de
« saint Austremoine ; le Jura, son industrie de meu-
« bles en buis à Viventiole. Ce sont des moines qui,
« comme saint Léonor de Bretagne, apportent, Trip-
« tolèmes chrétiens, la charrue et le blé dans les
« contrées sauvages et arrachent le bois pour y se-
« mer le froment.

« Les pieux ouvriers sont épuisés de fatigue, dit
« la légende, et ils veulent fuir. Tout à coup douze
« grands et beaux cerfs apparaissent, s'attellent
« d'eux-mêmes, et durant cinq semaines et trois
« jours labourent les champs, puis ils disparaissent
« emportant la bénédiction de l'évêque mission-
« naire.

« Cette œuvre du défrichement et de la conquête
« des céréales sur les forêts est le grand bienfait
« des monastères gaulois. De préférence, les moines
« s'attaquaient aux terrains les plus rudes, les plus
« ingrats, les plus malsains. Saint Brieuc fertilise
« des vallées qui n'avaient connu que les sombres
« abris des druides; saint Samson plante de vastes
« vergers près de Dol, et y introduit le pommier,
« cette vigne de l'Armorique. Les ceps du Midi
« sont apportés dans le centre ; les abeilles sont in-
« troduites sur les rives de la mer. Saint Fiacre
« transforme en un vaste jardin la plus belle portion

« de la Brie et laisse son nom pour patronage aux
« horticulteurs. Devant lui comme devant saint
« Goëznon, la terre s'entr'ouvre et forme d'elle-
« même ce fossé qui enclora l'espace conquis pour
« les liqueurs et les fruits destinés aux pauvres
« voyageurs. L'abbé Théodulphe de Reims laboura
« pendant vingt-deux ans avec ses deux bœufs, qui
« faisaient plus de besogne que trois ou quatre au-
« tres paires : après lui, sa charrue fut suspendue
« dans l'église et vénérée comme une relique.

« Peu à peu les chaumières se groupaient près
« des cellules et les familles des paysans se multi-
« pliaient auprès de la famille virginale du monas-
« tère[1]. »

Ce travail de défrichement ne se ralentit pas durant le dixième siècle. Nous avons compté plus de cent abbayes fondées en France à cette époque, et presque toutes dans des forêts réputées jusqu'alors inaccessibles, dans des marais pestilentiels ou des montagnes improductives. Quelques-unes de nos villes, Épinal, Aurillac, Saint-Flour, Gaillac, Lescar, ne font pas remonter au delà de cette époque leur origine ou leur développement. Comme tant d'autres, elles ne doivent leur importance qu'à une abbaye péniblement construite, puis agrandie et dilatée, à mesure que le travail fécondait une solitude

---

1. M. Henri de Riancey.

jusqu'alors abandonnée aux bêtes fauves et au désordre stérile de la végétation spontanée. Un sol pierreux avait été transformé en un gras pâturage, et de nombreux troupeaux paissaient tranquillement des prairies conquises sur des halliers que la main de l'homme n'avait pas encore osé toucher. Le terrain une fois déblayé et devenu habitable, l'industrie ou le plaisir s'installait à côté de la prière, et une cité bruyante se formait autour d'un monastère qui n'ambitionnait que l'obscurité et le silence.

Le dixième siècle vit naître d'autres abbayes en Angleterre, en Suisse, en Belgique, en Hollande, en Prusse, en Souabe, en Saxe, en Espagne et dans le duché de Bade. Dans tous ces pays, comme en France, les enfants de saint Benoît se vouèrent patiemment aux travaux des champs et créèrent l'abondance dans des domaines qui ne semblaient réservés qu'aux ronces et aux épines.

La nécessité du travail pour les moines provenait non-seulement des constitutions monastiques, non-seulement de la nature des terrains qui leur étaient concédés à titre gratuit ou onéreux pour la fondation d'une abbaye, mais encore des besoins quotidiens de la vie auxquels il fallait pourvoir. En vertu d'un article très-sage de la règle de saint Benoît, toute communauté, isolée ou non, devait se suffire. De la charrue il fallait passer à l'atelier et manier successivement les outils de diverses professions. Le travail, toujours le travail sous une forme ou sous une autre; aucun métier n'était ignoré dans le cloître, sauf celui des armes qu'on laissait sans regret à l'humeur batailleuse des ducs et des barons.

C'est ainsi que l'Église donnait au monde l'exemple d'un travail civilisateur pendant le dixième siècle, comme à d'autres époques. Parcourez le *Dictionnaire des Abbayes*, publié récemment par M. Maxime de Montrond, dressez la statistique des monastères existant en France ou hors de France à la fin du dixième siècle, calculez les heures de travail de tant de moines pendant ce siècle si décrié, et vous comprendrez comment ils parvinrent à changer en campagnes riches et agréables tant de déserts arides. Peu à peu, l'agriculture, ce premier des arts, la source de tout commerce et de toute vraie prospérité, fut regardée comme la base de la société. Instruits par les établissements monastiques des avantages des travaux agricoles, accoutumés à voir des hommes que leur vie rendait recommandables défricher les landes, dessécher les marais, inventer d'ingénieux systèmes d'irrigation, assainir des contrées entières, nos pères qui n'estimaient que la force et la valeur, déposèrent les armes de la discorde et ne dédaignèrent plus les paisibles instruments du labourage.

L'Église ne se contentait pas de prêcher par l'exemple le travail des champs ; la sollicitude qu'elle avait témoignée aux travailleurs, dès le cinquième siècle, par l'institution des *Rogations*, ne s'était point refroidie. Celle qu'on appelait alors, comme aujourd'hui, du nom de *mère*, a toujours protégé ses enfants, même dans leurs intérêts matériels. En voici une preuve pour le dixième siècle : en 989, un concile fut tenu dans le monastère de Charroux, au diocèse de Poitiers. Il fut présidé par Gombaud, archevêque de Bordeaux, qu'assistaient six évêques d'Aquitaine. On y fit trois canons pour remédier à quelques désordres du temps. Le premier prononce anathème contre ceux qui auraient rompu les portes d'une église et en auraient enlevé quelque objet. *Le second frappe de la même censure ceux qui auraient volé à un laboureur, ou à quelque pauvre, une brebis, un bœuf, ou quelques autres bestiaux*[1]. Le troisième défend l'entrée de l'église à quiconque aura frappé ou fait captif un prêtre, un diacre, ou tout autre clerc trouvé sans armes. Anathématiser, excommunier le ravisseur d'une brebis ou d'un bœuf, cette rigueur était nécessaire sans doute dans un temps où le pouvoir civil était sans force ; mais elle atteste solennellement la prédi-

---

[1]. Un concile de Narbonne, tenu en 1054, défend de couper les oliviers de celui avec qui on est en querelle, d'enlever les troupeaux de brebis ou les bergers.

lection de l'Église pour le pauvre et le *laboureur*.

Voilà l'Église : d'une part, elle a toujours eu des bénédictions privilégiées pour la vie et les labeurs des champs ; d'autre part, elle a su mettre elle-même la main à la charrue. Les bénédictins du dixième siècle faisaient ce que font encore aujourd'hui les trappistes en Bretagne, en Normandie, sur les bords de l'Allier et dans nos possessions africaines. Selon les calculs du P. Longueval, le tiers du territoire français a été mis en culture par les moines.

VII

Quel fut le niveau intellectuel du dixième siècle? Notre apologie de ce siècle paraîtra moins systématique, quand nous aurons avoué des ignorances et des erreurs grossières à peine compréhensibles aujourd'hui. « Pour être impartial, dit M. de Montalem-
« bert, il faut être complet. Ne montrer dans une
« créature humaine ou dans une période histori-
« que que le mal, c'est mentir : mais c'est mentir
« aussi que de n'y montrer que le bien. »

Ne craignons pas de nommer deux hommes, deux évêques qui, malgré leur caractère sacré, négligèrent l'étude et furent sans doute la risée de leurs contemporains. Fratier, évêque de Poitiers, et Fulrade, évêque de Paris, se sentant incapables d'instruire leur clergé, eurent recours à la plume d'un moine de Saint-Germain-des-Prés pour des homélies sur les principales vérités de la Religion, à l'usage des prêtres.

Des erreurs ridicules eurent quelque succès à cette époque : les uns croyaient que le paradis terrestre ne faisait point partie de notre planète, et le plaçaient dans un lieu voisin de la lune, où le déluge universel n'avait pu l'atteindre. D'autres, sous le nom d'*anthropomorphites*, prêtaient à Dieu un corps, une forme visible. On se représentait les anges comme des hommes ailés ; on s'imaginait que saint Michel célébrait la messe au Ciel tous les lundis ; on croyait aux *Ordalies* et à la fin prochaine du monde.

Mais Dieu s'est appelé lui-même, dans la Sainte Écriture, le *Dieu des sciences*, *Deus scientiarum*. Jésus-Christ est la *lumière du monde*. L'Église, sortie de Jésus-Christ par sa parole et par son sang, est née de la lumière, vit de la lumière, appelle la lumière, marche dans la lumière et nous représente, au milieu des obscurités de ce monde, la terre de Gessen habitée par les enfants de Jacob et toujours lumineuse, tandis que l'Égypte était ensevelie dans les ténèbres. Mais cette lumière qu'elle possède, elle est obligée de la propager. Un des priviléges et un des devoirs de sa mission, c'est *d'instruire les na-*

tions. Elle l'a fait dans tous les temps, et surtout au dixième siècle, comme notre livre le démontrera. Les lettres qu'on dit *humaines* par excellence, *humaniores litteræ*, parce qu'elles soutiennent l'humanité dans les combats de la vie, font essentiellement partie de son domaine charitable. Véritables aumôneries du savoir, les monastères s'ouvraient à tous les pauvres d'esprit. Tous s'y pressaient, les serfs comme les hommes libres, les indigents comme les hommes riches.

Les écoles les plus importantes du dixième siècle furent celles de Reichenau, de Reims, de Saint-Gall, de Cluny, de Paris, de Chartres, de Tours, qui devinrent autant de centres d'activité intellectuelle et préparèrent le magnifique mouvement de renaissance du onzième siècle. Celle de Fleury-sur-Loire, dont nous parlerons longuement plus tard, offrit au monde un rare spectacle, dont l'histoire a conservé le souvenir; celle de Liége était surnommée la *nourrice de la science;* celle de Lyon était l'*académie du pays, la mère et la nourrice de la philosophie.*

Le B. Guillaume, abbé de Saint-Bénigne de Dijon, avait remarqué que la connaissance du chant et de la lecture risquait de se perdre parmi le peuple, et il avait institué près des monastères qu'il gouvernait des écoles gratuites destinées à répandre cette double instruction. Le fruit en fut admirable, dit l'historien de sa vie; aux plus bornés, *simpliciores, vel idiotæ*, le saint enseignait une manière de prier qui consistait à répéter sur cinq tons différents les invocations suivantes : *Domine Jesu, Rex pie, Rex clemens, Pie Deus*, auxquelles on ajoutait *miserere*, afin de demander à Dieu pardon de tous les péchés commis par chacun des cinq sens.

Mais l'esprit d'un siècle se dévoile encore plus clairement dans les grands génies que ce siècle a produits. Citons au hasard quelques-uns des noms les plus illustres de cette époque :

Fulbert, Aimoin, vrais savants, mais inférieurs au saint dont nous écrivons l'histoire. Nous aurons occasion de parler de leurs œuvres.

Le B. Notker, *Balbulus* ou le *Bègue*, de l'abbaye de Saint-Gall, en Suisse. Musicien, poëte, hagiographe, hymnographe, liturgiste, il fut une des gloires de sa patrie, *decus patriæ*. Deux de ses disciples, Hartman et Ekkehard, composèrent diverses hymnes, litanies en vers, et autres morceaux rimés et mesurés.

L'abbaye de Saint-Germain d'Auxerre fut illustrée par Remi, surnommé le *docteur remarquable, egregius doctor*.

Réginon, abbé de Prüm, qui se croyait et signait le *dernier de tous les chrétiens, omnium christicolarum extremus*, était considéré par ses contemporains comme un des principaux docteurs de la France et de la Germanie.

Que dirons-nous de saint Odon, fondateur et abbé de Cluny? Il fut le premier musicien de son siècle et l'un des écrivains les plus corrects et les plus érudits. Jean, son disciple, fut aussi son historien.

Rathier, évêque de Vérone, se consola d'un triple exil dans l'abbaye de Lobbes, où il finit sa carrière moins remplie par ses malheurs que par ses travaux littéraires arrivés jusqu'à nous. L'abbé de ce monastère, Folcuin, était un vrai savant qu'il ne faut pas confondre avec son homonyme et son contemporain, moine de Saint-Bertin.

Notker, évêque de Liége, s'occupait de l'éducation de la jeunesse allemande et française avec un soin tellement infatigable, que, dans ses voyages, il menait toujours avec lui quelques écoliers auxquels il donnait pour maître un de ses chapelains, leur présentant lui-même ce qu'il fallait pour écrire et les autres objets dont ils avaient besoin pour l'étude. — Tel autre, ne pouvant suffire tout le long du jour à satisfaire ses robustes auditeurs, ouvrait son cours à la clarté des étoiles : Odon de Cambray expliquait, entouré d'élèves de tous les rangs, comme Pythagore, les sept arts, à la lueur de la lune, sur le perron de Saint-Martin de Tournay.

Les travaux de tous ces hommes ne se rattachent à aucune grande idée, à aucun système général et fécond, autour duquel on puisse les grouper. Ce sont des études isolées, partielles, assez peu variées, et plus dignes d'attention par l'activité qui s'y manifeste, que par leurs résultats. Ce défaut d'unité dans la direction des esprits, au dixième siècle, est un des caractères de l'époque. On le remarquera dans les écrits du saint personnage dont nous traçons l'histoire. Il s'exerça dans plusieurs genres et ne se fixa dans aucun. S'il eût moins embrassé, il eût peut-être égalé scientifiquement l'homme de génie qui a donné son nom à son siècle, le célèbre Gerbert qui mérita d'être appelé le *grand docteur*.

En dehors du cercle ordinaire des études du temps, une autre merveille se rencontra, merveille plus étonnante que madame de Sévigné, au siècle de Louis XIV. Elle se nommait *Hrotsuita* et habitait le couvent de Gandersheim, sur les confins du diocèse de Mayence. Sans sortir de sa pieuse retraite, elle apprit le latin, le grec, la philosophie d'Aristote, la musique et les autres arts libéraux. Elle chanta en vers héroïques les exploits d'Othon Ier, l'Ascension de N. S., les martyres de saint Gangolfe, de saint Pélage, de saint Denys et de sainte Agnès, et composa en prose six comédies sacrées[1] qui rappellent la latinité de Térence. Ces drames, joués par les religieuses, étaient compris de toutes les

---

1. *Patrol*, édit. Migne, t. CXXXVII, col. 975-1062.

habitantes du couvent. « Les six comédies de
« Hrotsuita, dit M. Magnin, sont un des plus cu-
« rieux échantillons de la littérature monastique;
« elles sont un des chaînons les plus brillants, et
« peut-être le plus pur, de la série non interrompue
« d'œuvres dramatiques qui lient le théâtre païen,
« expirant au cinquième siècle, au théâtre mo-
« derne, renaissant au treizième dans toutes les
« contrées de l'Europe. On peut deviner, d'après
« la nature des sujets, quelle sera la couleur géné-
« rale de son théâtre. Honorer et recommander la
« *chasteté*, tel est le but presque unique que se
« propose la pieuse nonne. » L'illustre académi-
cien, traducteur des œuvres de ce rapsode féminin,
compare ces pieuses récréations dramatiques aux
plus belles pièces de la scène antique. En 1854,
M. Louis Vignon Rétif de la Bretonne en a publié
une traduction libre en vers français, sous le titre
de *Poésies latines de Rosvith*.

On peut donc faire remonter jusqu'au dixième
siècle l'origine du théâtre en Europe. Qui se doute-
rait aujourd'hui que cette origine est monastique?
Qui oserait rapprocher les compositions si pures de
Hrotsuita des immondes élucubrations de nos dra-
maturges modernes?

Un auteur moderne a écrit en parlant de l'époque qui nous occupe : « L'ignorance devint entière;
« il devint même honteux de vouloir en sortir. Le

« possesseur de fiefs qui savait lire et écrire, pas-
« sait pour un homme lettré ; pendant près de
« quatre siècles l'éducation fut concentrée dans les
« cloîtres, dans les gens d'église ; et le nom de
« *clerc* fut le synonyme de celui de savant[1]. » Il y
a dans ces paroles une exagération et une injustice.
Les laïques, absorbés par d'autres instincts, culti-
vaient rarement les lettres ; mais on cite de glorieuses exceptions : Guillaume V, duc d'Aquitaine,
créa dans son palais une bibliothèque considérable
pour le temps. A l'imitation de Charlemagne, i.
réunit près de lui des savants dont il aimait la
société, et il passait dans leurs doctes entretiens
les loisirs prolongés de l'hiver.

Foulques le Bon, comte d'Anjou, prince très-re-
ligieux, prenait plaisir à chanter au lutrin. Il apprit
que le roi Louis d'Outre-Mer en faisait le sujet de
ses plaisanteries ; indigné de cet acte de mépris,
il lui écrivit ce peu de mots : « Sachez, prince,
« qu'un roi non lettré est un âne couronné. »

Hugues Capet occupé à affermir la couronne de
France sur sa tête et à la transmettre à sa postérité,
ne négligea cependant ni la science, ni les savants.
Les études reprirent alors de la vigueur, et encore
davantage sous le règne de Robert, son fils et son
successeur.

1. *L'Esprit de l'histoire*, par Antoine Ferrand, 7ᵉ édit. Paris,
1832, t. III, p. 58.

Les *Troubadours*, poëtes et chanteurs ambulants, datent, eux aussi, du dixième siècle, ainsi que la chevalerie. Les érudits citent un troubadour normand, du nom de *Vernier*, qui fit, vers l'an 1000, une longue satire contre un poëte irlandais retiré en France[1].

Nous voudrions faire plus grande la part de la société civile dans le partage de la gloire littéraire, au dixième siècle. Mais, à part ces hommes qui, dans ces temps de dissensions et de guerres, apparaissent comme des rayons au milieu d'un nuage, on ne trouve guère, à cette époque, d'autres amis des lettres dans les rangs des laïques; le bruit, le tumulte, les préoccupations qui caractérisent particulièrement cette époque, sont incompatibles avec les goûts sédentaires de l'étude. Autant la plume et les livres étaient familiers aux mains du prêtre et du moine, autant le fer brillait fréquemment dans la droite des seigneurs et de leurs vassaux. L'abondance des uns compensait la pénurie des autres.

Terminons par une réflexion très-juste de dom

---

[1]. Dans un très-remarquable travail sur *Éléonore de Guienne*, couronné en 1861 par l'académie de Bordeaux, M. Louis de Villepreux prétend (p. 117.) que Guillaume IX, duc d'Aquitaine, prince à la fois guerrier et troubadour, est le *plus ancien troubadour connu*. C'est une erreur toute patriotique que l'amour seul de la vérité nous oblige de combattre. Vernier est antérieur de plus d'un siècle à Guillaume IX qui vécut de 1086 à 1126.

Pitra : pour juger équitablement le dixième siècle au point de vue littéraire, il faut tenir compte d'une moitié, des trois quarts peut-être de l'héritage intellectuel de cette époque, encore enseveli dans les bibliothèques sous le triple sceau de l'inconnu, du mal famé et du mal jugé.

VIII

On a raison de dire que les lettres sont les sœurs aînées des sciences. Les unes ouvrent le chemin, les autres suivent, de la même manière que l'enfance précède l'adolescence. Ne désespérons donc pas de rencontrer dans ce ténébreux dixième siècle quelques traces de la culture des arts et des sciences.

La musique se soutint à la hauteur où l'avait portée Charlemagne, et l'on peut remarquer que presque tous les hommes de cette époque qui ont un nom dans la science et dans l'Église furent musiciens.

L'appréhension de la fin du monde, à l'approche de l'an 1000, paralysa ou ralentit certainement le zèle des constructions religieuses; on n'avait aucun goût à ériger des monuments destinés à une ruine imminente. Mais les esprits supérieurs s'affranchirent des terreurs de la superstition et osèrent bâtir. Outre les chapelles des monastères fondés en ce siècle, on peut citer un grand nombre d'églises paroissiales qui datent de la même époque et qui font encore aujourd'hui la gloire de quelques cités en France et en Belgique[1]. Le célèbre sanctuaire d'*Einsield* ou de *Notre-Dame des Ermites*, en Suisse, fut miraculeusement consacré en 948.

L'orfèvrerie et l'architecture étaient au Moyen Age deux arts étroitement unis, ou plutôt c'était le même art employant des matériaux et des procédés différents pour produire une semblable impression par le déploiement d'un même génie. Tandis que, d'une part, l'architecture semblait défier les lois de la pesanteur en suspendant sur les têtes ses voûtes de pierre plus hardies que les voûtes de feuillage des hautes forêts, et en lançant dans les airs par-dessus la cime des collines ses sveltes clochers si bien appelés des *flèches*, l'orfèvrerie produisait dans une sphère opposée des merveilles qui ne le cédaient pas aux premières. Sous le marteau et le burin des argentiers, le cuivre, l'étain et le plomb, comme l'argent et l'or, s'animaient, se transformaient et étaient appliqués, comme un lévite, au service du culte. Les plus hauts dignitaires de l'Église ne pensaient

1. *Revue de l'art chrétien*, année 1861, p. 266.

point déroger à leurs fonctions en assujettissant à un travail matériel leurs mains consacrées. L'art n'était pour eux qu'une variété de la prière. Citons quelques noms, en nous bornant au dixième siècle, objet de notre thèse : saint Dunstan, archevêque de Cantorbéry, fabriquait des croix, des vases, des encensoirs et d'autres ustensiles religieux ; saint Bernward, évêque d'Hildesheim dans la Saxe, fut le saint Éloi de son siècle ; saint Betton, évêque d'Auxerre, sculpta les châsses de saint Loup et de sainte Colombe ; Bernelin et Bernuin, chanoines de Sens, exécutèrent un devant d'autel en or, que les révolutions et le temps avaient respectés, mais qui fut porté à la monnaie, en 1760, suivant les intentions de Louis XV, pour subvenir aux besoins de la guerre. Dans le cloître, nous trouvons notre saint et un simple moine dont nous parlerons dans notre livre ; Anstée, abbé de Saint-Arnulphe de Metz ; Joffredus, Josbert et Étienne, abbés de Saint-Martial de Limoges ; Aligernus, abbé du Mont-Cassin ; Brithnodus, abbé, et Léon, moine d'Ely en Angleterre ; Léofricus, abbé de Saint-Alban de Mayence ; saint Gébéhard, moine de Saint-Gall en Suisse.

Les noms de ces hommes si recommandables sont pourtant peu connus ; leurs œuvres le sont encore moins et ont péri par la malice ou l'incurie de la postérité. Des chefs-d'œuvre d'orfèvrerie du dixième siècle, un seul, à notre connaissance, subsiste encore : c'est une châsse romane, en forme de sarcophage, dans l'église de Mozac, près de Riom. Elle est en argent doré, et ornée de peintures en émail. Cette châsse contenait les reliques de saint Calmin et de sainte Numadie, son épouse, fondateurs du monastère de Mozac. Une inscription gravée sur le reliquaire nous apprend qu'il remonte au milieu du dixième siècle, puisqu'elle l'attribue à Pierre, abbé de Mozac à cette époque.

Après Charlemagne, les miniatures se multiplient à l'infini et dans une perfection qui a servi de modèle aux compositions modernes. Le dixième siècle revendique sa part de mérite dans cet art délicat. Non-seulement les manuscrits en sont ornés, mais les murs des églises, des monastères et des palais, même les vases, les vêtements et quelquefois les housses des chevaux, sont recouverts de peintures empruntées à l'Évangile et à la mythologie. Une phrase qu'on lit dans Richer, élève de Gerbert, donne à penser qu'alors déjà on cultivait la peinture sur verre.

Le vrai roi de la science à cette époque fut un enfant des montagnes de l'Auvergne. Il eût brillé dans un siècle moins disgracié comme il brilla dans le sien ; sa gloire est du nombre de celles qui triomphent de tous les obstacles, comme ces fleurs qui germent et fleurissent sous une neige glaciale. Il fut le premier de son temps par son génie ; il fut aussi le premier de notre nation qui ait occupé le siége papal. La sublimité de son élévation, comparée à l'obscurité de sa naissance, ne prouve pas seulement son mérite ou son ascendant ; elle démontre encore le discernement de son siècle et l'estime de ses contemporains pour la science. Or, que faut-il penser d'un siècle capable de si bien juger?

Gerbert, car c'est de lui qu'il s'agit, dilata le cercle des sciences divines et humaines. Il possédait des connaissances étendues en médecine, en chimie, en mécanique et en mathématiques. Ce grand homme ne resta étranger à rien de ce qui est accessible à l'entendement d'un mortel ; rien n'échappait à son regard d'aigle, rien n'arrêtait sa soif de savoir. De nos jours, où l'industrie se montre si fière de ses découvertes, si dédaigneuse pour les âges passés, on s'est mis peu en peine de s'enquérir si ces mêmes progrès, dont on se targue avec tant de complaisance, sont bien le partage exclusif de notre époque, ou si déjà les siècles antérieurs en ont eu une notion quelconque. Bien des esprits superficiels refuseront de croire, par exemple, que la force motrice de la vapeur, cette force qui, de nos jours, opère tant de merveilles, a été connue et mise en œuvre par un pape du Moyen Age. Et cependant le fait est certain. Guillaume de Malmesbury, qui écrivait vers l'an 1150, nous apprend que Gerbert construisit pour l'église de Reims des orgues hydrauliques où la vapeur arrivant par mille conduits divers à des tuyaux d'airain, produisait les sons les plus harmonieux [1].

Gerbert avait également placé dans l'église de Reims une horloge mécanique qui fit l'étonnement de ses contemporains.

Tel est sommairement le bilan littéraire et scientifique de l'époque que nous nous proposons d'étudier dans la vie de notre saint. « On le voit, « dit M. Ampère, le dixième siècle est comme une « de ces matinées brumeuses d'automne qui sui-
« vent un éclatant lever de soleil ; la nature est
« attristée par un brouillard que le vent chassera
« vers midi ; mais, à travers le brouillard, on sent
« la marche du soleil ; il a perdu ses rayons, ce-
« pendant on sait où il est, et, en montrant un
« point du firmament, on peut dire : C'est là. De
« même, en traversant la nuit du dixième siècle,
« nous apercevons toujours, sinon le soleil lui-
« même, du moins sa place dans le ciel derrière
« les nuages qui le voilent sans l'éteindre. Il finira
« par se dégager, et, au onzième siècle, il reparaî-
« tra, pour ne plus s'obscurcir, dans un ciel épuré
« et plus radieux. »

1. Guil. Malmesb., *de Reg. Angl.*, lib. II, cap. x. Apud Bouquet, X. 245. — *Patrol.*, édit. Migne, t. CLXXIX, col. 1140.

IX

Ce siècle n'a donc pas été sans quelque lumière. Le caractère de la société à cette époque, c'est d'être un mélange confus de bien et de mal; les plus héroïques vertus y coudoient les plus grands crimes; les plus sublimes aspirations y surgissent du sein des plus affreux désordres : étranges contrastes qui font qu'il est impossible de donner de cet état social une peinture générale qui soit parfaitement ressemblante.

Les écrivains n'ont pas manqué pour rapporter et exagérer les fautes et les scandales du dixième siècle. La boue a des attraits pour certains esprits; ne les troublons pas dans leurs tristes jouissances. Pour nous, il nous sied de glaner, à travers les guerres et les désordres, quelques traits dignes des plus beaux temps de la chevalerie ou des plus ravissants jours de la piété chrétienne :

Alphonse le Grand, en Espagne, illustra son règne par plus de trente campagnes contre les Sarrasins et par un grand nombre de victoires. Il se vainquit lui-même en abdiquant volontairement une couronne qu'il avait encore la force de porter, et en devenant le sujet de son propre fils.

En Allemagne, Othon le Grand, duc de Saxe et de Thuringe, renonce à la couronne, et fait nommer Conrad, son ennemi, à cause de son mérite et de sa capacité. Celui-ci, à son tour, montre un caractère admirable : uniquement occupé du véritable bien de son pays, Conrad, se sentant près de sa fin, assemble autour de son lit de mort quelques-uns de ses conseillers les plus fidèles. En leur présence, il recommande à son frère, avec les expressions les plus tendres, de ne pas mépriser la dernière prière de son roi mourant, de renoncer à toutes ses prétentions, quoique bien fondées, sur la couronne d'Allemagne, de les transporter plutôt au duc Henri de Saxe, leur commun ennemi, de se soumettre à lui le premier, et, par là, d'accélérer son élection auprès des autres princes. Profondément ému, le magnanime Eberhard jure d'accomplir la dernière volonté de son royal frère et reçoit de ses mains défaillantes les insignes de la royauté, la couronne, le sceptre, la lance, le bracelet et le manteau, avec ordre de les porter, après sa mort, au duc de Saxe. Les funérailles de Conrad à peine terminées, son frère Eberhard se rend en Saxe et communique son message à Henri comme à son roi et à son souverain. Deux grandes âmes étaient amicalement en contact. Avec celui qui jusqu'alors avait été son ennemi, Henri conclut une paix sincère et lui voua une amitié qui ne fut jamais altérée. Les Saxons et les

Francs, électrisés par la magnanimité de leurs chefs, oublièrent leur vieille antipathie nationale et unirent leurs cœurs et leurs bras pour la défense de l'Allemagne.

Saint Gérauld, comte d'Aurillac, fut un prodige de chasteté, de charité et de piété. Dans ces temps difficiles, il fit sept fois le pèlerinage de Rome.

Un autre grand personnage, Guillaume le Pieux, duc d'Aquitaine, étonna et ravit son siècle par la sublimité de ses sentiments. L'adversité avait soufflé sur lui et sur les siens ; son fils, son *ange*, comme il l'appelait, avait à peine commencé la journée de sa vie, que déjà elle était terminée; à côté de l'enfant reposait Ingelberge, sa femme adorée. Que lui importe la fortune qui lui reste? Le duc d'Aquitaine a-t-il besoin de tant de riches domaines, lui qui ne demande qu'un tombeau? Voulant employer utilement pour son âme les biens que Dieu lui a donnés, il fonde un monastère dans sa terre de Cluny, au diocèse de Mâcon, et ne demande pour récompense que des prières. La charte de fondation, datée de Bourges, respire un parfum de grandeur et de catholicité qui semble venir du Ciel.

Telle est l'origine de l'illustre abbaye de Cluny qui compta tant d'affiliations en France, en Pologne, en Angleterre, en Espagne et en Italie. Elle donna à l'Église trois pontifes, saint Grégoire VII, Urbain II et Pascal II. Un de ses abbés, saint Mayeul refusa la tiare en disant : « *Je veux mourir comme* « *j'ai vécu, obscur et pauvre.* » Pierre, abbé de Celle, dans la Forêt-Noire, appelait Cluny le *chef-lieu de la chrétienté*.

Qu'est devenue l'œuvre du duc d'Aquitaine? Qu'est devenue cette abbaye-mère qui avait rempli de sa gloire et de ses bienfaits le monde chrétien? Ni la grandeur de son nom, ni ses immenses services, ni la magnificence de ses constructions, ne l'ont préservée du vandalisme moderne. Quelques ruines accusatrices que la Providence a daigné conserver semblent dire aux fiers contempteurs du passé : Vous n'êtes capables que de détruire.

La barbarie du dixième siècle a produit un autre saint, un autre héros peu connu de nos romanciers modernes, encore moins vanté, malgré sa philanthropie. Et pourtant quel poëme, quelle légende! Un jeune seigneur, appelé dans le monde à une vie riche et facile, renonce aux avantages d'une éducation brillante et à l'espérance d'un heureux mariage, et s'arrache à sa famille éplorée pour courir les monts et les précipices, à la recherche des âmes, pour délivrer, Hercule de la charité, une contrée infestée par des monstres plus pernicieux que ceux de toutes les mythologies, pour planter, en un mot, la croix sur les sommets dont l'idolâtrie avait fait son dernier refuge. L'histoire de *saint Bernard de Menthon* emprunte au pays, à l'époque, aux circonstances qui lui sont propres une certaine couleur d'épopée, un parfum alpestre, qui lui impriment un cachet d'originalité et presque de nouveauté. Cet immortel bienfaiteur de l'humanité naquit, en 923, à Menthon, près d'Annecy. Après avoir renoncé au monde, il entra dans les Ordres sacrés, devint archidiacre d'Aoste, et fut surnommé l'*apôtre des Alpes*. En dehors de la Savoie, son berceau, du Valais et du pays d'Aoste, théâtre de ses exploits, son nom, qui est demeuré attaché à deux des cimes les plus élevées des Alpes où il fonda des hospices pour les voyageurs et les pèlerins, ne rend plus à l'oreille qu'un son vague et étranger, et n'éveille aucune lueur de cette sympathie naturelle qui est l'encens du cœur pour les illustres mémoires. Son individualité elle-même, doublement intéressante aujourd'hui en raison des liens récents qui ont uni sa patrie à la nôtre, a donné prise au doute et à l'erreur. On a vu des écrivains le rajeunir de deux ou trois siècles, ou le confondre avec son célèbre homonyme, l'abbé de Clairvaux. Le roman, littéraire ou historique, a ses franchises. Saint Bernard de Menthon appartient au dixième siècle, ainsi que son œuvre. Quelle gloire pour ce saint, quel triomphe pour la Religion d'avoir placé un asile pour les malheureux sur ces sommets inaccessibles! Quel nom mérite un siècle qui a inspiré et réalisé ce prodige d'audace et de dévouement?

S'il est permis de croire aux saintes contagions de la vertu, comme à celles du vice, l'héroïsme dont nous avons rapporté quelques traits empruntés à des lieux, à des hommes et à des temps différents, dut avoir non-seulement des admirateurs, mais aussi des imitateurs. A ce que l'histoire a pu surprendre et conserver, ajoutez ce que l'humilité chrétienne nous a caché, et vous conclurez avec nous que ce pauvre dixième siècle ne fut pas aussi gangrené qu'on l'a dit. Un arbre qui produit de si beaux fruits, est encore plein de vie, alors même que la séve ne circule pas dans toutes ses branches.

X

Le tableau du dixième siècle ne serait pas complet, si nous ne lisions dans son encadrement les beaux noms des saints qui illustrèrent et édifièrent cette époque. L'Église est *sainte* dans tous les temps. Sa doctrine si pure et si immuable a toujours inspiré de nobles vertus, et les désordres les plus affligeants par leur universalité ou leurs excès n'ont jamais tari la source des bons exemples. Jusqu'à la fin des âges, la vertu marchera à côté du vice comme une protestation vivante, et Dieu aura des adorateurs en esprit et en vérité pour faire rougir les enfants de Bélial.

Dans les pages précédentes, nous avons exposé quelques-uns de ces actes qui étonnent le monde par leur rareté et leur héroïsme; dans celles-ci, nous mentionnerons des vertus moins éclatantes, mais tellement nombreuses dans leur genre, qu'elles peuvent être comparées à ces myriades d'étoiles qui décorent le firmament à côté des astres plus lumineux qui resplendissent comme des soleils. Notre tâche est douce et agréable, quoiqu'elle soit circonscrite dans les limites du dixième siècle. Nous l'abordons avec confiance.

Au début du siècle, une pieuse recluse, sainte Viborade, se laisse immoler par les Hongrois encore barbares dans la cellule dont elle avait fait son tombeau en y entrant. Toujours et partout les hommes ont eu besoin de repentir, et il n'existe guère de pays où l'on ne montre quelque caverne consacrée par les austérités de la pénitence et les larmes de la prière. La ville de la Réole, en particulier, où nous conduirons bientôt nos lecteurs, honore encore aujourd'hui le souvenir d'une *Recluse* qui aurait été également victime de son amour pour la solitude. Une modeste croix de pierre remplace l'humble oratoire de la *Recluse*, dont le nom, en dépit de la philosophie moderne, est resté au quartier, jadis solitaire, où périt l'inconnue servante du seigneur.

Saint Gennade, évêque d'Astorga, léguait aux

couvents qu'il avait fondés des livres pour l'usage des communautés.

Saint Nil, l'une des lumières de l'Église à cette époque, faisait revivre dans les solitudes de la Calabre les vertus et les merveilles du saint ermite du cinquième siècle, dont il portait le nom.

Saint Jean de Vendières ou de Gorze étudia les *Catégories* d'Aristote pour arriver à l'intelligence de saint Augustin. L'empereur Othon le choisit pour aller en ambassade en Espagne, auprès du roi de Cordoue. Après avoir édifié ses contemporains dans le tumulte et les soucis du siècle, le saint termina dans le cloître une vie pleine de bonnes œuvres.

Saint Gauzelin honora le siége de Toul par des vertus surhumaines et fit refleurir la discipline monastique. Il eut pour successeur un autre saint, saint Gérard.

Cluny, dès son début, montra au monde toute une génération de saints dans la personne de ses six premiers abbés, Bernon, Odon, Aymard, Mayeul, Odilon et Hugues.

Saint Beuvon, gentilhomme provençal; saint Fulcran, évêque de Lodève, et saint Léon, martyr à Bayonne, édifient le midi de la France par les plus rares vertus:

L'épiscopat fournit à l'église et au monde une foule de saints :

Saint Dunstan,
Saint Odon, } archevêques de Cantorbéry.

Saint Ethelwold, évêque de Winchester.
Saint Oswald, archevêque d'York.
Saint Adalbéron,
Saint Ulric, } évêques d'Augsbourg.

Saint Wolgang, évêque de Ratisbonne.
Saint Adalbert, évêque de Prague.
Saint Boniface, archevêque de Magdebourg et apôtre de la Russie.

Nous n'avons écrit que les grands noms. L'hagiographie épiscopale du dixième siècle formerait, à elle seule, un volume, si l'on voulait en rapporter toutes les beautés.

De l'Église passons au trône. Un roi impur d'Angleterre fit briller par ses tentatives impuissantes la vertu inébranlable de sainte Wulphilde. L'histoire a célébré les mérites de plusieurs autres princesses du dixième siècle :

Sainte Edithe, princesse d'Angleterre.
Sainte Mathilde, mère d'Othon Ier.
Sainte Adélaïde, épouse d'Othon Ier.
Sainte Ludmille, duchesse de Bohême.
Saint Wenceslas, duc de Bohême et martyr, aimait à cueillir les épis de blé dans les champs, les battait lui-même et se faisait gloire d'en composer

ensuite les pains que la parole sacramentelle du prêtre devait changer au corps de Jésus-Christ.

C'est ainsi que l'Église était consolée par les exemples de ses propres enfants au moment même où elle déplorait les égarements d'un grand nombre d'autres. Même dans ces jours d'affliction, elle enfantait à la foi des nations entières. Inauguré en effet par la conversion des Normands, glorifié dans son cours par celle de plusieurs peuples slaves et des peuples scandinaves, ce siècle fut clos par la conversion des Hongrois, du Groënland et de l'Islande. L'Islande, cette île inculte, à peine découverte en 861 par les Normands, devint bientôt le siège le plus florissant de la civilisation et de la littérature du nord de la Germanie.

Telles furent les œuvres du dixième siècle. L'apostolat catholique ne fut alors ni moins actif, ni moins fécond, ni moins glorieux que dans les siècles les plus vantés de l'ère chrétienne.

XI

Il est temps de tirer nos conclusions : nous avons pour nous les faits, les témoignages de l'histoire, les aveux mêmes de nos adversaires. Nous pourrions nous en prévaloir et affirmer avec les auteurs de la *Perpétuité de la foi* que le dixième siècle fut *un des plus heureux de l'Église*. Mais laissons de côté l'hyperbole qui ne prouve rien, et proclamons avec connaissance de cause que, si ce siècle a partagé des désordres graves légués par une autre époque ou engendrés par des circonstances exceptionnelles, il a eu des avantages et des mérites qui lui sont particuliers. Il ne fut pas un âge d'or, surtout si on le met en regard du treizième siècle ; il fut même, en un sens, un *siècle de fer*. Ce dixième siècle fut le temps où le fer de la barbarie, matière dure et rebelle, mais en même temps ductile, ferme et résistante, fut mis en œuvre, pour être poli dans les deux siècles qui suivirent. Ce fut une époque de travail intérieur, latent, où la société civile, comme les lettres et la théologie, s'élaborèrent, non sans peine, sous les coups de rudes ouvriers. Se voit-il rien de plus sombre, de plus effrayant que les hauts fourneaux? Une fumée épaisse y couvre tous les hommes ; ils semblent des démons, et là pourtant se crée, pour ainsi dire, la matière première des merveilles de l'industrie.

Si le dixième siècle avait eu la bonne fortune d'être raconté par un historien au style séducteur comme Chateaubriand ; si l'on avait eu toujours des travaux historiques aussi brillants que les œuvres du comte de Montalembert, c'est à peine si, dans de misérables romans, on aurait encore osé parler de cet état de grossièreté inculte, d'ignorance et de barbarie, dans lequel on a si souvent prétendu que croupissait le Moyen Age, à cette époque; et nous n'aurions plus la douleur de voir que, même pour les esprits les plus éclairés et les mieux intentionnés, le dixième siècle est, le plus souvent, synonyme de barbarie.

XII

Le livre que nous offrons au public répondra plus longuement aux détracteurs du dixième siècle. Par sa vie et par ses écrits, notre saint fut un de ces *civilisateurs* qui ont mis en fuite les ombres de l'antique barbarie. Il appartenait à cette grande famille de saint Benoît, à qui l'Occident doit ses lumières, sa science, ses arts et son industrie; et qui, après nous avoir appris à semer, à planter et à bâtir, nous a enseigné à lire, à écrire et à prier; qui a fourni à notre patrie ses plus habiles hommes d'État, ses plus pieux évêques et ses plus illustres savants; à l'Église ses papes les plus célèbres et au Ciel ses saints les plus glorieux.

Au point de vue humanitaire, un saint, quel qu'il soit, est essentiellement un bienfaiteur et un moralisateur ; il est l'un et l'autre par la prière, par la parole, par la charité, par l'exemple. Ce double titre, ou plutôt cette double louange conviennent à notre saint, encore plus qu'à d'autres, à cause de l'excellence et de l'éclat de ses vertus, et à cause de l'importance des services religieux qu'il rendit à son pays. Le cloître qu'il habita en l'immortalisant, abritait, honorait et faisait aimer la science ; des milliers de jeunes étudiants se rangeaient autour de la chaire du maître et y recueillaient un enseignement salutaire qui ne devait pas rester sans influence sur la société. Très-souvent la science mûrie dans la solitude était obligée de s'épancher au dehors ; un ordre du supérieur à qui on demandait un écolâtre, une fondation nouvelle qu'il fallait peupler ; un désir d'étudier et d'apprendre manifesté à un professeur en renom, multipliaient les utiles théâtres de l'enseignement et vulgarisaient l'instruction dans tout le royaume. Notre saint, lui surtout, fut un véritable apôtre de la science dans son pays et en Angleterre. Quel prodige, si ses leçons avidement recherchées, pieusement écoutées pendant plusieurs années, n'avaient produit aucun changement dans les idées et les mœurs de son époque !

XIII

Il est temps d'articuler le nom de notre saint. Son nom est *Abbon :* nom glorieux que le monde catholique invoque à genoux ! C'est avec un saint respect que nous le traçons ici pour la première fois. Illustre martyr, nous vous saluons avec amour parmi ces milliers de héros qui composent l'Église triomphante. Nous voulons, Dieu aidant, vous faire connaître à une génération qui ne vous connaît plus; nous voulons faire revivre votre mémoire et votre culte dans une cité qui a recueilli votre sang et gardé longtemps vos cendres.

M. le comte de Montalembert nous écrivait le 24 novembre 1865 : « Quant au *grand* Abbon, je le « connais très-bien. » Aucune des gloires du Moyen Age n'était inconnue à l'immortel écrivain des *Moines d'Occident ;* mais notre saint a particulièrement attiré son attention ; il l'appelle *grand* et par ce seul mot il lui décerne une louange souveraine à laquelle le public conformera docilement son suffrage.

Mais, à part quelques heureux partisans des études hagiographiques, qui connaît aujourd'hui saint

Abbon? qui pense à le prier? Qu'est devenu son culte dans l'ancien diocèse de Bazas où il avait été martyrisé et enseveli? Les révolutions ont entassé des ruines dans le souvenir comme sur notre sol et ont effacé bien des noms. Abbon, un de ces *moines noirs*[1] qui ont rempli le monde de leurs bienfaits, a été l'une des figures les plus lumineuses et les plus vénérables du dixième siècle. L'Église se hâta de l'inscrire dans ses dyptiques sacrés, et l'histoire parmi les hommes illustres. Qu'importe? Le silence s'est fait autour de son nom, et personne ou presque personne ne parle d'un saint, d'un savant que sa vie, sa mort, ses miracles, ses écrits ont rendu si recommandable. Nous déplorerions amèrement ce silence des temps modernes, si notre amour-propre n'était tenté de s'en réjouir, puisqu'il en résulte pour notre livre l'attrait de l'inconnu.

Pour nous qui avons étudié Abbon sous tous ses aspects, cet abbé-martyr est au-dessus de nos éloges; son nom et son image se montrent toujours à notre pensée couronnés de la gloire de son siècle, du respect de ses contemporains et de l'admiration de la postérité. Ceux qui ne s'intéressent pas comme

---

1. Saint Benoît n'a point défini la couleur des vêtements de ses isciples. Mais les auteurs s'accordent à dire qu'il avait adopté pour lui-même la couleur noire, en signe de renoncement au monde. A son exemple, ses disciples adoptèrent exclusivement la couleur noire. Dès l'an 692, le concile *in Trullo* les désigne par un seu mot : *nigromonachi, moines noirs*.

nous par le cœur et par l'esprit à notre héros, ne comprendront pas notre enthousiasme, avant d'avoir lu les pages laborieuses que nous allons lui consacrer ; de notre côté, nous n'excusons pas entièrement leur indifférence, surtout si elle est systématique; nous comprenons encore moins le parti pris de repousser un livre sur la foi d'un titre peu sympathique à nos connaissances historiques. La justice la plus élémentaire veut qu'on suspende tout jugement sur l'importance d'un personnage, jusqu'à ce qu'on ait pu l'apprécier. Notre travail pourra être jugé misérable, nos espérances ridicules ; mais du fond de notre néant ou des hauteurs de notre présomption, nous crierons à tous les horizons que saint Abbon mérite dans l'histoire un nom plus retentissant et dans le classement des grands hommes une place plus honorable. « Il laissa, dit un au-
« teur, une très-grande quantité d'ouvrages en tous
« genres, qui l'ont fait regarder comme *l'oracle de*
« *la France, de l'Allemagne* et *de l'Angleterre, la*
« *lumière des conciles et l'ornement de l'Église*
« *entière*[1]. »

Avant d'entrer en matière, il est essentiel de bien fixer deux choses, le nom et la personnalité de notre saint :

---

1. *Bibliothèque générale des écrivains de l'Ordre de saint Benoît*, par dom Jean François, religieux bénédictin de la congrégation de Saint-Vannes. Bouillon, 1777, p. 3.

Les variantes de son nom sont nombreuses :
1° *Abo*, selon le B. Fulbert, Raoul Glaber, Adhémar de Chabannes, Mabillon et Alzog. 2° *Abdo*, selon le père Giry et la *Chronique Bazadaise.* 3° *Albo*, selon l'abbé Trithème, Aubert le Mire, Claude Villette, Ellies Dupin et Grandcolas. 4° *Ebbo*, selon l'abbé Trithème. — Notre saint a signé quelquefois *Abo*[1]. Mais sa signature ordinaire était *Abbo* que nous traduisons en français par *Abbon*. C'est sous ce nom qu'il fut reçu à l'abbaye de Fleury, comme nous le dirons bientôt ; c'est sous cette orthographe qu'il est désigné dans la généralité des auteurs et dans les martyrologes. Nous ne pouvions que suivre l'usage et l'appeler comme il s'appelait habituellement lui-même.

Le nom d'*Abbon* se rencontre fréquemment dans l'histoire du Moyen Age, avant et après l'époque de notre saint. De là des anachronismes et des confusions. L'ignorance dégénère même quelquefois en erreur de personne. Dégageons donc l'histoire de saint Abbon, abbé de Fleury et martyr, *l'un des plus grands hommes du dixième siècle*[2], de l'histoire plus ou moins obscure de ses nombreux homonymes. A cet effet, disons un mot de chacun de ces derniers par ordre chronologique :

1. *Patrol.*, édit. Migne, t. CXXXIX, col. 473.
2. *Encyclopédie catholique*, art. *Abbon.*

Abbon, abbé de Lérins. . . . . en 510

Abbon, un des conseillers de Théodebert Ier, roi d'Austrasie. . . . . . en 545

Abbon, monétaire royal à Limoges, et maître de saint Éloi. . . . . . . en 610

Abbon, évêque de Troyes. . . . en 673

Saint Abbon évêque de Metz, honoré le 15 avril. On conserve une de ses lettres à saint Didier, évêque de Cahors[1]. . en 700

Abbon, moine de Moyen-Moutier. . en 707

Abbon, évêque de Verdun. . . . en 715

Abbon, otage saxon, célèbre dans le livre des Miracles de saint Vandrille, baptisé à Fontenelle, fondateur et abbé de Novalèze, en Piémont. . . . . en 760

Abbon, comte de Poitiers. . . . en 778

Abbon, abbé de Noblat. . . . . en 789

Abbon, abbé de Saint-Maixent. . . en 827

Abbon, abbé de Saint-Emmerand de Ratisbonne. . . . . . . en 830

Abbon, abbé de Saint-Martial de Limoges.. . . . . en 850

Abbon, abbé de Massay. . . . en 856

Saint Abbon évêque d'Auxerre, honoré le 3 décembre. Il était frère de saint Héribald, son prédécesseur. . . . . . en 860

---

1. *Patrol.*, édit. Migne, t. LXXXVII, col. 218 et 262.

Abbon Ier, évêque de Nevers. . . en 864
Abbon II, évêque de Nevers. . . en 880
Abbon, évêque de Maguelonne. . en 895
Abbon, seigneur du Maine, et père de saint
  Odon, abbé de Cluny. Bon, savant, pieux,
  il termina ses jours dans le monastère de
  son fils. . . . . en 920
Abbon *le Courbé* (*Abbo Cernuus*), neustrien
  de naissance, moine de Saint-Germain-des-
  Prés, à Paris, auteur d'un poëme en latin
  barbare sur le siége de Paris par les Nor-
  mands, en 886 et 887. Quoiqu'il vécût près
  d'un siècle avant notre saint, quelques écri-
  vains, en particulier Aubert le Mire[1], l'ont
  confondu avec l'abbé de Fleury. en 925
Abbon, évêque de Carcassonne. . . en 930
Abbon, évêque de Soissons. . . . en 935
Abbon, évêque de Saintes. Il assista au con-
  cile de Charroux, dont nous avons
  parlé. . . . . en 989
Abbon, abbé de N.-D. d'Alaon. . en 1017
Abbon, un des adversaire de Bérenger. en 1060
Abbon, abbé de Saint-Laurent, en Catalo-
  gne. . . . . en 1064
Abbon, abbé de Tholey, en Allemagne. en 1066
Abbon, abbé de Molôme, en France. en 1134
Abbon, chanoine d'Auxerre. . . en 1191

1. *Bibliotheca ecclesiastica*, Antuerpiæ, 1639, p. 152.

Entre tous ces noms et au-dessus de tous ces noms, il nous reste à placer celui de notre saint qui ne supporte aucune comparaison avec ceux qui l'ont précédé ou suivi.

Nos lecteurs nous pardonneront cette laborieuse excursion dans le dédale d'un siècle trop peu exploré jusqu'ici. Pour être juste envers les grands hommes et pour les bien comprendre, il faut tourner longtemps autour d'eux et se préparer, par l'étude des temps où ils ont vécu, à une plus saine appréciation des fruits de salut qu'ils ont opérés au milieu de nous. La valeur intrinsèque d'un personnage historique s'apprécie, non-seulement par les œuvres qu'il a produites dans les conditions où il était placé, mais encore par la capacité de faire plus et mieux dans des conditions meilleures. Nous voulons dire qu'Abbon, une des merveilles de son époque, une des gloires de l'état monastique, aurait pu figurer avec honneur dans un des siècles plus lettrés de l'ère moderne. Mais nous devons rendre une dernière fois justice au siècle qui l'a formé. Par ses coutumes et ses aspirations, par ses qualités et ses défauts, un siècle façonne plus ou moins à son image les hommes ordinaires ou extraordinaires qu'il voit naître ; il impose ses influences avant d'en subir, et tous les mérites lui sont redevables, au moins dans une certaine mesure, de leurs développements.

XIV

La cité où fut immolé saint Abbon appartenait à l'ancien diocèse de Bazas, aujourd'hui supprimé et enclavé presque tout entier dans celui de Bordeaux. Or, ce diocèse, par une exception peut-être unique, ne comptait aucun saint, ni dans son catalogue épiscopal, ni dans son calendrier. Chose plus étrange encore ! la liturgie bazadaise qui empruntait aux diocèses voisins un grand nombre de saints, n'avait ni fête, ni office, ni commémoraison pour saint Abbon. Pourquoi cet oubli, nous allions dire ce dédain, pour un saint dont les cendres vénérées semblaient providentiellement destinées à consoler de sa stérilité spirituelle un des plus antiques diocèses des Gaules ? Hâtons-nous de dire que la ville de la Réole, ville monastique par son origine, honorait d'un culte spécial l'abbé-martyr qui lui avait légué son sang, et qu'aujourd'hui encore, elle conserve le souvenir du saint à qui elle doit, après Dieu, la pureté de sa foi. Puisse notre livre ranimer ou rajeunir une sainte mémoire si injustement effacée ou altérée dans un si grand nombre d'esprits ! Le Moyen Age, qui attirait à peine un regard au seizième et au dix-septième siècles, la science et même la mode l'explorent aujourd'hui dans tous les sens. Cette glorieuse investigation du passé, qui est entrée dans les goûts de notre époque, a remis en faveur les légendes et les vies des saints; on a compulsé les *passionnaires* et les martyrologes, les manuscrits et les vieux livres, et l'on a décerné aux amis de Dieu un hommage rehaussé d'un style sonore, ou illustré des splendeurs du mètre et de la vignette. Chaque province a ses Bollandistes ou son Godescard; chaque saint a son historien.

Ce que d'autres ont exécuté avec autant de mérite que de zèle, ce que Hugues de Sainte-Marie, moine de Fleury, entreprit au douzième siècle pour un saint né à Bordeaux, saint Sacerdos[1], nous, enfant de la Gironde, nous voulons le tenter pour un saint Orléanais, saint Abbon, abbé de Fleury. Le succès manquera peut-être à notre œuvre, mais non le bon vouloir patriotique, ni l'amour de la gloire de Dieu et de ses martyrs.

On nous demandera peut-être où nous avons trouvé des matériaux pour écrire une pareille histoire. Dieu avait préparé à notre saint, dans la personne d'Aimoin, un historien digne de lui. Combien

---

1. L'auteur des *Vies des saints du diocèse de Bordeaux*, imprimées à Bordeaux, en 1723, fait naître à Bordeaux saint Sacerdos, évêque de Limoges. M. l'abbé Pergot, qui a publié une nouvelle vie de ce saint (Périgueux, 1865), lui donne pour patrie un lieu appelé *Calviac*, sur les bords de la Dordogne.

d'autres l'ont acclamé, à leur tour, le long des siècles, avec des paroles dignes d'être répétées! Nous avons recueilli toutes ces paroles, tous ces témoignages. Nous avons tout fouillé, tout vu, tout lu, de ce qui a rapport à saint Abbon. Les bibliothèques de Ligugé, de Solesmes, d'Orléans, de Paris et de l'école de médecine de Montpellier, nous ont fourni de nombreux documents. Nos citations, aussi nombreuses que consciencieuses, nous dispensent du soin d'indiquer ici les sources où nous avons puisé et donneront la mesure des recherches que nous avons dû nous imposer. Nous avons voulu apprécier notre héros en le pesant, en quelque sorte, dans l'opinion des écrivains de toutes les époques et de toutes les nations qui ont mentionné son nom ou ses œuvres.

Nous ne nous sommes pas borné à étudier les faits dans leur écorce extérieure. Les faits sont engendrés par les idées. Pour les juger dans leurs causes, dans leur connexion et dans leurs conséquences, il faut approfondir l'esprit du temps; il faut s'identifier avec l'époque de son héros et entrer dans ces détails de mœurs que recherche le public de nos jours et dont le tableau donne, pour ainsi dire, une physionomie à l'histoire. C'est en nous pénétrant de ces principes et en les soumettant aux lois d'une critique impartiale, que nous avons raconté divers événements du dixième siècle auxquels

Abbon prit une large part. Comme écrivain, comme homme d'action ou de conseil, notre saint eut une influence si prépondérante dans la direction de plusieurs œuvres importantes, que sa biographie forme une page, et non la moins curieuse, de l'histoire ecclésiastique.

Voilà le plan de la vie de saint Abbon, tel que nous le concevons, tel que nous voudrions le remplir, si Dieu, qui nous a fait la grâce de nous en envoyer la pensée, daignait bénir et guider notre plume. Mais, hélas! qui peut se flatter d'avoir fait une étude complète sur un sujet quelconque? Presque tout nous échappe et nous ne faisons qu'entrevoir. Cher lecteur, soyez indulgent pour notre livre.

HISTOIRE
DE SAINT ABBON

CHAPITRE PREMIER

**Patrie et famille de saint Abbon.
Signification de son nom. — Il est offert à Dieu
selon la règle de saint Benoît
dans le monastère de Fleury-sur-Loire.**

Il règne parmi les érudits beaucoup d'incertitude sur la date de la naissance de saint Abbon et sur sa patrie. Tout ce qu'on peut affirmer, c'est qu'il naquit vers l'an 940, ou 945, selon l'opinion d'un auteur moderne[1]. Un manuscrit[2] de la bibliothèque

---

1. *Dictionnaire universel des sciences ecclésiastiques*, par M. l'abbé J.-B. Glaire. Paris, 1868, art. *Abbon*.
2. *Remarques des choses notables arrivées dans l'abbaye de saint Benoît de Fleury sur Loyre, de la congrégation de saint*

d'Orléans, qu'il nous a été permis de consulter, lui donne pour patrie une *bourgade du diocèse d'Orléans ;* mais on pense généralement qu'il vit le jour à Orléans même, dans cette ville illustre à tant de titres, où naquit aussi le roi Robert, le protecteur et l'ami de notre saint.

La famille d'Abbon n'appartenait point à la noblesse ; mais elle était de race libre et comptait parmi ses ancêtres plusieurs grands personnages. Nous n'approfondirons pas davantage la question. « Dans la vie du juste, dit saint Ambroise, ce n'est
« point l'éclat de la naissance, mais le mérite de la
« justice et de la perfection que l'on doit louer ; la
« noblesse d'un saint, c'est sa sainteté ; et si les fa-
« milles humaines sont relevées par la splendeur
« de la race, les âmes sont embellies par l'éclat de
« la vertu[1]. »

La Providence, qui réservait notre saint à de grandes choses, environna son enfance des soins les plus vigilants. Lætus[2] et Ermengarde, parents de cet enfant prédestiné, le formèrent à la vertu par leurs exemples autant que par leurs leçons. Dès le matin de la vie, l'enfant appartint à Dieu ; il lui appartint dans

Maur, 15 juin 1658. Signé : *Thomas Le Roy, humble religieux de l'abbaye de Fleury.*

1. *Sancti Ambrosii Opera omnia*, édit. Migne, t. I, col. 367.

2. Le nom de *Lætus*, père d'Abbon, a été altéré par un auteur orléanais, Symphorien Guyon, qui l'appelle *Lié.* (*Histoire de l'église et diocèse, ville et université d'Orléans.* Orléans, 1647, t. I, p. 278.)

sa première fraîcheur, dans sa première pensée, dans le premier élan de son cœur : « Fleur encore char-
« gée de sa goutte de rosée, qui n'a encore réfléchi
« que le rayon du soleil levant et qu'aucune pous-
« sière terrestre n'a encore ternie; fleur exquise,
« qui, respirée même de loin, enivre de ses chastes
« senteurs, au moins pour un moment, les âmes les
« plus vulgaires[1]. » L'enfant grandit dans cette *crainte de Dieu qui est le commencement de la sagesse* et annonça par sa pieuse précocité ce qu'il serait un jour par ses œuvres.

Au dixième siècle, il n'y avait pas encore chez nous de noms de famille. On sait qu'il n'en existait pas chez les Francs; il en était de même dans les Gaules, où l'usage des Romains n'avait point prévalu à cet égard. Chaque individu avait une désignation particulière, un nom qui lui était personnel. Parmi les causes qui déterminaient ou modifiaient les appellations des enfants ou même des personnes avancées en âge, nous pouvons énumérer celles-ci : les premiers événements de la vie, comme pour *Pastor*[2], petit-fils du poète Ausone, de Bordeaux : plus tard pour saint Bonaventure et Bentivoglio; ou bien une dévotion particulière, une confiance en certains saints, comme pour saint Nicolas de Tolentino et saint François Caracciolo ; ou

---

1. M. de Montalembert.
2. *Patrol.*, édit. Migne, t. XIX, col. 846.

bien un motif de respect pour saint Pierre, dont les papes n'osaient garder ou emprunter le nom, préférant, d'après un usage qui date d'Adrien III, adopter celui de tel ou tel saint ; ou bien la coutume introduite parmi les savants, dès l'époque de Charlemagne, de changer de nom. Charles lui-même, dans son Académie, avait pris celui de *David ;* son maître Alcuin, celui de *Flaccus ;* Adélard, celui d'*Augustin ;* Angilbert, celui d'*Homère ;* ce qui donna naissance à la mode des humanistes du seizième siècle de prendre un nom mythologique ou historique, mode qui se conserva plus ou moins au dix-septième et au dix-huitième siècles, et dont on trouve la sanction dans les statuts de l'Académie romaine et dans l'exemple de Gravina, changeant le nom de Trapassi en celui de *Métastase.*

Dans quelques circonstances solennelles, la Providence n'a pas dédaigné d'intervenir. Dieu modifia le nom d'Abraham pour rappeler qu'il était devenu le père de tous les croyants ; d'*Abram* il en fit *Abraham.* Le Précurseur, avant de naître, reçut de Dieu le nom de *Jean* malgré la protestation de son père Zacharie ; le Christ, parlant à Simon, changea son nom en celui de *Pierre.* On serait tenté de croire à un concours non moins surnaturel, quand il s'agit de notre saint. Il reçut en naissant le nom d'*Abbon* qu'aucun de ses ancêtres n'avait porté et qu'il allait rendre immortel. Un instinct prophéti-

que inspira sans doute le choix de ce nom symbolique. Voici, d'après Aimoin, une naïve et curieuse légende qui nous en révèle la touchante signification. Lætus et Ermengarde présentent leur enfant encore bien jeune à Vuilfalde, abbé de Fleury. L'homme de Dieu demande à l'enfant son nom. — « Je me nomme *Abbo*, répond l'enfant. — « *Abbo !* s'écrie Vuilfalde ; changez la dernière let-
« tre de votre nom, il signifiera *père* dans la lan-
« gue des Grecs[1]. O doux enfant, méritez ce nom
« de *père* par une fidèle imitation de J.-C. Je le
« demande au Père tout-puissant de qui émane
« toute paternité dans le ciel et sur la terre ; qu'il
« vous fasse observer ses préceptes, afin que vous
« puissiez parvenir aux joies éternelles[2]. »

Vuilfalde qui, probablement, n'avait jamais étudié la langue d'Homère très-négligée à cette époque, se trompait en assignant une étymologie grecque au mot *Abba*, modification d'*Abbo* par le changement de l'*O* en *A*. Le terme *Abba*, synonyme de *père*, ainsi que ceux d'*abbé* et de *pape*, est syriaque. Jésus-Christ, dans sa prière au jardin des Oliviers, en a donné lui-même la traduction : *Abba, Pater*[3], c'est-à-dire *Père, Père*. Le Sauveur invoquait son Père dans la

---

1. « Abbo, ait, si ultima immutetur littera, *patrem* sonat in Achi-
« vorum linguâ. » (*Patrol.*, édit. Migne, t. CXXXIX, col. 589.)
2. *Ibid.*
3. *Marc.* XIV, 36. — *Rom.* VIII, 15. — *Gal.* IV, 6.

langue des Juifs et dans celle des Gentils pour faire comprendre qu'il appelait les uns et les autres à l'adoption des enfants de Dieu. Tous les interprètes, en particulier saint Augustin [1], attribuent le même sens au mot *Abba*.

En rapprochant du nom d'*Abbon* sa future qualité d'*Abbé*, nous obtiendrons le plus heureux pléonasme par deux significations identiques; *Abbon*, *abbé*, se traduit étymologiquement par *père, père*.

L'orthographe du nom de notre saint a donc été bien fixée par l'interprétation que lui donna un pieux contemporain. Les auteurs qui l'ont appelé *Albon* ont ruiné, sans s'en douter, les bases de cette interprétation et altéré une des plus gracieuses légendes du Moyen Age.

Vuilfalde avait été prophète et avait prédit sous le voile d'une énigme que les événements éclairciront, les desseins de Dieu sur le jeune Abbon. Cet enfant grandira comme Samuel à l'ombre du sanctuaire, réalisera plus tard le sens de son nom et sera le *père* de nombreux enfants selon l'esprit dans la famille de saint Benoît.

Après la conquête des Gaules, les Romains, ces infatigables colonisateurs, si habiles à tirer parti des richesses naturelles des pays soumis par leur redoutable épée, s'établirent dans les sites qui leur

---

[1]. *Abba* hebraicè *pater* dicitur. (*Sancti Augustini Opera omnia*, édit. Migne, t. V, col. 858.)

parurent les plus agréables. Les bords enchantés de la Loire, appelés plus tard le *Jardin de la France*, fixèrent particulièrement leur attention. Pour ne parler que de la rive droite du fleuve, ils laissèrent des traces de leur passage à Bonnée (*Bonnodium*) et à Germigny (*Germiniacum*). Ces deux noms sont peu connus aujourd'hui ; mais celui du *Val d'or*, qui va nous occuper, jouit encore aujourd'hui d'une juste popularité. A quelques heures d'Orléans, vers les confins de l'ancien pays des Carnutes, une délicieuse vallée étalait son tapis de verdure entre la Loire qui coule au Sud et la grande voie romaine qui côtoyait, au Nord, les profondeurs de la forêt. Ses riches productions lui avaient mérité le nom orgueilleux de *Val d'or*, *Vallis aurea*. Les Romains, peuple si sensuel, après avoir été si austère, y construisirent un château qu'ils appelèrent poétiquement Fleury, Floriacum. Leur active mollesse avait rêvé et créé un séjour dont les magnificences rivalisaient avec les merveilles de la nature.

Cette *villa* gallo-romaine appartint plus tard à Jean Albon, seigneur puissant, qui avait renoncé à la cour de l'infâme Brunehaut, reine d'Austrasie, pour travailler, loin du monde, à son salut éternel. Albon fit une œuvre plus utile que celle des Romains, en fondant, à quelque distance de son château, une église à qui il donna, peut-être avec intention, le nom d'un martyr très-honoré dans les

Gaules, saint Sébastien [1], afin de faire oublier par la doctrine de l'immolation chrétienne les grossières concupiscences des maîtres du monde. Quelque temps après, en 620, il se retira avec son fils au monastère de Saint-Aignan d'Orléans. Ce monastère avait alors pour abbé un homme aussi célèbre par sa vertu que par son savoir et sa haute naissance. *Léodebold* ou *Liébaut* [2], dont le nom se rencontre dans certains martyrologes parmi les saints honorés le 14 juin ou le 11 août. Albon embrassa, ainsi que son fils, la vie monastique et céda tous ses biens à Léodebold, à la condition expresse que son domaine de Fleury serait converti en monastère. Grâce à cette disposition, une *villa* somptueuse se transforma en *paradis de dévotion* ou en *fleur de paradis, flos paradisi*.

L'abbé Léodebold posa bientôt à Fleury la première pierre d'une nouvelle église [3] dont Albon dirigea les travaux. Le monastère naissant fut peuplé de bénédictins envoyés de celui de Saint-Aignan.

L'Ordre religieux le plus ancien de l'Europe fut

1. Le nom de *Saint-Sébastien* est resté à un petit village, éloigné d'un kilomètre du lieu où fut bâtie l'abbaye de Fleury.
2. En latin *Leodeboldus, Leodebaldus, Leodabadus, Leodovaldus*. — Le *Nouveau Dictionnaire complet géographique*, etc., *de la France*, par Briard de Verzé, refondu et augmenté par Warin-Thierry, a dénaturé le nom de cet abbé dans l'article *Saint-Benoît-sur-Loire*. Sous la plume de ces écrivains, le nom de *Léodebold* s'est transformé en *Léopold*.
3. Orderici Vitalis *Historia ecclesiastica*, édit. Migne, col. 323.

aussi le plus dévoué au culte de saint Pierre. Dès le septième siècle, comme plus tard, le nom glorieux du prince des apôtres devint le vocable presque obligé des églises bénédictines. Saint Amand qui évangélisa avec tant de zèle la Gaule-Belgique, l'imposa aux trente monastères qu'il fonda dans le cours de ce siècle. Quelques siècles après saint Amand, plus de cinquante abbayes, dédiées à saint Pierre, attestaient dans notre patrie la primauté du chef des apôtres. C'était un solennel témoignage des liens sacrés et indissolubles qui devaient attacher les enfants de saint Benoît au centre de la catholicité. Selon cette pieuse coutume, l'église et l'abbaye de Fleury furent consacrées à saint Pierre, en même temps qu'à la sainte Vierge. Un patron commun semblait donc unir par une fraternité plus étroite les plus importantes abbayes, Fleury, Luxeuil, Cluny, Moissac, Uzerche, Clairac[1], Péterborough en Angleterre, et tant d'autres. Une prédilection si marquée pour l'apôtre à qui Jésus-Christ confia les clefs du royaume des cieux nous aide à comprendre pourquoi les communautés bénédictines avaient adopté pour leur blason l'emblème des clefs.

Léodebold ne mourut qu'en 655. Il put donc

1. Henri IV, converti à la foi catholique, fit don à Saint-Jean-de-Latran, de l'abbaye de Clairac (diocèse d'Agen). Le vocable de cette abbaye ne fut pas sans doute indifférent au choix du monarque. Henri IV et tous ses successeurs sur le trône de France ont été inscrits parmi les chanoines de la basilique de Saint-Jean-de-Latran.

assister aux premiers développements de l'abbaye. Son œuvre agrandie, renouvelée à diverses époques, a duré douze siècles. Là vécurent des saints et des savants ; de là sortirent d'illustres évêques. « Au-« jourd'hui, le monastère de Fleury a disparu ; il « est tombé depuis soixante ans sous le marteau « des démolisseurs, et c'est à peine si quelques « pierres, derniers vestiges de ses bâtiments claus-« traux, apparaissent à la surface bouleversée de « ses jardins et marquent une enceinte dont les « dernières lignes se perdent dans ses fossés sans « eau et à demi comblés[1]. » Quant à l'église, vrai musée où chaque siècle est représenté dans son style et dans son génie, elle est restée debout au milieu des ruines ; on l'avait faite si belle qu'elle eût été digne autrefois de devenir la *demeure des anges* et qu'elle étale encore dans sa vieillesse et son délabrement des splendeurs incomparables. La collection de ses reliques, une des plus importantes que nous connaissions, intéresse à la fois l'artiste et le chrétien.

Ces ruines, ces pierres, cette église, ces lieux où fut une des premières abbayes de l'Europe, qui pourrait les contempler sans émotion! Comment redire les heures de satisfaction et de silencieuse tristesse qui ont absorbé notre excursion à Fleury ? « On ne

[1]. *Histoire de l'abbaye royale de Saint-Benoît-sur-Loire*, par l'abbé Rocher. Orléans, 1865, p. 16.

« saurait imaginer, si l'on n'est pas chrétien, le
« charme ineffable que l'âme éprouve en parcou-
« rant les lieux où les saints ont vécu. On se sent,
« pour ainsi dire, moins loin de ces êtres su-
« blimes. Il semble qu'ils aient laissé quelque chose
« d'eux-mêmes aux lieux qui les ont vus, comme
« ces fleurs qui communiquent leurs parfums à
« tout ce qui les touche. C'est peut-être une illu-
« sion ; mais on se surprend à penser qu'ils nous
« sourient du haut du Ciel, pendant que nous vi-
« sitons ces débris de leur habitation terrestre, et
« l'on attribue à leurs regards ces douces émo-
« tions dont on se sent l'âme remplie[1]. »

Ceux de nos lecteurs qui voudraient comme nous visiter ces lieux mémorables, nous sauront gré de leur en avoir indiqué exactement la situation. Fleury est sur la rive droite de la Loire, à 9 kilomètres en amont de Châteauneuf-sur-Loire[2] et à 33 kilomètres d'Orléans; la petite *ville*[3] née autour du monastère bâti primitivement en *delta*[4] comme la

---

1. *Histoire de sainte Chantal*, par M. l'abbé Bougaud.
2. Le savant abbé de Solesmes, dom Prosper Guéranger, qui n'a pas sans doute visité les lieux, s'est trompé dans un de ses derniers ouvrages (*Essai sur l'origine, la signification et les priviléges de la médaille ou croix de saint Benoît*, p. 70) en fixant à *un quart de lieue* la distance de Fleury à Châteauneuf-sur-Loire.
3. Une ordonnance de François Ier, en date du 1er juillet 1542, confère au bourg de Fleury le titre de *Ville*.
4. *Floriacensis vetus bibliotheca benedictina*, operâ Joannis a Bosco Parisiensis, Cœlestini Lugdunensis. Lugdini, 1605, p. 223. —

noble cité d'Arles, c'est-à-dire sur un plan triangulaire, est aujourd'hui désignée sur la carte par le nom de *Saint-Benoît-sur-Loire;* nous dirons bientôt l'origine de ce second nom ; c'est une simple commune de 1650 habitants, dans le canton d'Ouzouer-sur-Loire, arrondissement de Gien, département du Loiret. Il est facile de s'y rendre, en partant d'Orléans, par les courriers de Châteauneuf-sur-Loire et de Sully-sur-Loire.

Le nouveau monastère avait été construit presque sur les bords de la Loire, *ad Ligerim*. De là son nom complet de *Fleury-sur-Loire*, par lequel on le distingue du monastère de *Fleury-sur-Andelle*, *ad Andelam*, près de Rouen, bâti par Pepin et sa femme Plectrude, et de celui de *Fleury-sur-Ouche*, *ad Oscaram*, dans le diocèse de Langres. Ces deux derniers sont peu connus dans l'histoire, où ils n'occupent qu'une place très-secondaire. Le nom de *Fleury*, sans aucune addition, s'applique toujours à l'immortelle abbaye du diocèse d'Orléans.

Le 8 février 1865, les *Bénédictins-Prêcheurs de la Pierre-qui-Vire* ont été installés à Saint-Benoît en qualité de curé et de vicaires. Ils appartiennent à la congrégation fondée en 1850 dans la paroisse de la Pierre-qui-Vire, en Morvan (diocèse de Sens),

---

L'abbaye de Fleury fut plus tard reconstruite en losange, comme on le voit dans un plan de 1645, reproduit dans l'ouvrage de l'abbé Rocher.

par le R. P. Muard, mort en 1854. Ces nouveaux fils du grand patriarche des moines d'Occident n'ont retrouvé de l'héritage de leurs aïeux qu'une église veuve de son cloître et de son abbaye. Le pieux murmure de leurs prières retentit aujourd'hui sous des voûtes attristées par un trop long silence et rappelle utilement les saintes joies de l'âme à une génération matérialisée par l'or et les plaisirs.

L'histoire de l'abbaye de Fleury est intimement liée à celle de saint Abbon : il y entra enfant avec les grâces angéliques du jeune âge ; il la gouverna comme abbé ; il la glorifia comme saint. Nous ne pouvons nous dispenser de dire sommairement ce qu'elle fut à son aurore ; nous la contemplerons ensuite à son midi, sous le manteau radieux dont la couvrit notre saint par ses mérites et sa renommée.

Léodebold, après avoir fondé le monastère de Fleury, revint à Orléans et continua sans doute à diriger celui de Saint-Aignan. Il n'est du moins cité nulle part comme premier abbé de Fleury[1]. A qui donc faut-il attribuer ce titre? Les auteurs

---

[1]. Ducange, que M. de Rémusat appelle si justement *le plus exact et le plus consciencieux des érudits*, s'est trompé cependant en affirmant dans son *Glossaire* (art. *Bacchonaicha*) que Léodebold fut abbé de Fleury. Le testament de Léodebold, dont il s'appuie, ne contient aucune assertion de cette nature. On peut s'en convaincre en lisant le testament lui-même dans les œuvres d'Helgaud, moine de Fleury au onzième siècle.

sont partagés sur cette question plus importante pour d'autres que pour nous. La liste suivante a ses avocats et ses contradicteurs :

 1er abbé de Fleury. . . Foucauld, en 653
 2e   —   . . . Rigomar, en 660
 3e   —   . . saint Mommolin en 662

Saint Mommolin était natif de Cléry (*Cleriacum*), lieu célèbre par la découverte d'une statue miraculeuse de la sainte Vierge, par sa basilique, par la dévotion et le tombeau de Louis XI. Sa douceur surhumaine ne se démentit dans aucune circonstance. Il mourut en 679 chez les bénédictins de Bordeaux et fut enseveli dans leur chapelle. L'église de Sainte-Croix de cette ville conserve encore aujourd'hui la plus grande partie de ses restes sacrés[1]. Fleury garde religieusement l'autre partie, ainsi qu'un reliquaire du saint, *chrismarium*, coffret ou *édicule* d'un prix inestimable pour l'archéologue à cause de sa haute antiquité et de la plaque de cuivre repoussé qui le recouvre. Après l'avoir vénéré et admiré, on n'accorde qu'un rapide regard au somptueux chapelet de madame de Maintenon dé-

---

1. Un petit travail que nous avons publié, en 1855, sur *saint Mommolin, patron des Bordelais*, contient de plus amples détails sur la vie, la mort, le tombeau et le culte de ce saint trop peu connu.

posé dans le trésor de la même église. Le saint est représenté, avec son reliquaire à la main, dans un tableau moderne qui fait partie de la galerie des saints et pieux personnages de l'Orléanais dont Mgr Dupanloup a décoré un des salons de son palais épiscopal.

Saint Mommolin et saint Abbon, nés tous les deux dans l'Orléanais, tous les deux abbés de Fleury, sont morts tous les deux, mais non de la même manière, sur les bords de la Garonne. Le théâtre de leur mort fut aussi celui de leur sépulture, loin du sol natal. Bordeaux et Orléans, la Garonne et la Loire, sont donc unis depuis des siècles par des liens religieux de la plus haute importance. Deux peuples se donnent la main sur le tombeau de deux amis de Dieu.

L'administration de saint Mommolin fut signalée par un grand événement qui retentit dans toute la chrétienté et surtout dans le monde monastique. Le Mont-Cassin était ravagé par les Lombards qui brûlaient tout, et en particulier les corps des saints ; les moines avaient fui ; ils s'étaient retirés à Rome ; mais le corps de saint Benoît restait sans honneur au milieu des ruines. Une fois seulement chaque année, une députation de Religieux allait secrètement prier sur cette tombe délaissée. A la suite d'une vision mystérieuse, saint Mommolin fit partir pour l'Italie un de ses moines nommé Aygulphe, en lui prescrivant de soustraire les précieux restes de saint Benoît aux profanations des barbares. Dieu protégea la périlleuse mission du jeune et intrépide Religieux. Aygulphe recueillit avec respect, dans une même corbeille, les ossements de saint Benoît et de sa sœur sainte Scholastique et les transporta en France. L'archimonastère du Mont-Cassin fut privé à jamais d'un trésor que les barbares n'avaient pas apprécié, et la France, le royaume *très-chrétien*, s'enrichit avec reconnaissance des reliques d'un saint qu'elle possède encore aujourd'hui. Le corps de sainte Scholastique fut cédé aux Religieux du Mans qui avaient accompagné saint Aygulphe, et celui de saint Benoît fut déposé à Fleury. C'est là que l'on vénère depuis douze siècles le saint patriarche avec le héros qui avait affronté tant de dangers et de fatigues pour la gloire de Dieu et de son immortel serviteur.

La *translation* de saint Benoît, événement si mémorable pour l'église de France et, en particulier, pour l'abbaye de Fleury, n'a pas manqué d'historiens. Adrevald ou Adalbert, moine de Fleury, au neuvième siècle, en a raconté tous les détails dans un ouvrage arrivé jusqu'à nous[1]. Saint Odon, pendant qu'il était encore abbé de Fleury, fit un sermon

---

1. *Floriacensis vetus bibliotheca benedictina*, operâ Joannis a Bosco (Dubois) Parisiensis, Cœlestini Lugdunensis. Lugduni, 1605, p. 1-12.

sur la translation de saint Benoît le jour même, 11 juillet, où elle était fêtée[1]. Notre saint Abbon, pour obéir aux instances de Grégoire V, exerça sa plume sur le même sujet. Il nous l'apprend lui-même dans une lettre à ce pape[2] dont nous parlerons plus tard. Mais il ne reste rien de ce travail. Gérard, un de ses disciples, et Aimoin, son biographe, ont célébré cette *translation*, le premier dans un poëme dont les Bollandistes ont rapporté les premiers vers[3], le second dans un autre poëme de deux cent vingt-deux vers qui fait partie de ses œuvres[4]. Un bénédictin du dix-septième siècle a repris et rajeuni la même question dans un *traicté* assez connu[5].

Adrevald et son continuateur Adelaire (neuvième siècle), Aimoin, André de Fleury, Hugues de Sainte-Marie, appelé aussi Hugues de Fleury (onzième siècle) et Raoul Tortaire (douzième siècle), tous moines de Fleury, nous ont laissé en

---

1. *Acta sanctorum Ordinis sancti Benedicti*, sæculum secundum, p. 563. — Un orateur bordelais, Biroat, d'abord jésuite, puis bénédictin, mort en 1666, nous a laissé, à son tour, un *Panégyrique de la translation des reliques de saint Benoît*.
2. *Patrol.*, édit. Migne, t. CXXXIX, col. 422 et 423.
3. *Acta sanctorum*, ad diem 21 Martii.
4. *Patrol.*, édit. Migne, t. CXXXIX, col. 797-802.
5. *Traité de la translation du corps de saint Benoît d'Italie en France et de sa vraie présence au monastère de Fleury*, par le R. P. Simon Millet, Religieux de l'abbaye de Saint-Germain-des-Prés. Paris, 1624.

prose ou en vers un long récit des *Miracles de saint Benoît* dans leur abbaye[1]. Ces miracles se renouvelèrent si fréquemment et avec tant d'éclat, qu'une *vertu divine semblait attachée à ce lieu*[2]. Des sculptures du treizième siècle que le temps a respectées représentent, sur le tympan de la porte septentrionale de l'église de l'abbaye, quelques-uns des prodiges opérés à l'arrivée des saintes reliques dans le pays orléanais.

La possession du corps de saint Benoît donna à l'abbaye de Fleury une haute importance. A partir de cette époque, le monastère prit le nom de *Saint-Benoît*, tout en conservant celui de *Fleury*[3]. Il est

---

1. *Patrol.*, édit. Migne, t. CXXXIX, col. 801-852. — *Acta sanctorum*, ad diem 21 Martii. — *Floriacensis vetus bibliotheca*, etc., p. 13-218. — Les récits d'André de Fleury et de Hugues de Sainte-Marie ont été publiés, pour la première fois, en 1858, par E. de Certain, dans un livre fort intéressant sous ce titre : *Les Miracles de saint Benoît*. On y a reproduit, pour que l'œuvre fût complète, les narrations des autres auteurs nommés plus hauts.

2. « Divinam huic loco præstantiùs inesse virtutem. » (*Floriacensis vetus bibliotheca*, etc., p. 56.)

3. Comme Fleury, beaucoup d'autres monastères ont été dénommés d'après leur fondateur ou d'après le saint dont on y vénérait les reliques. « Ainsi le nom d'*Agaune* fut remplacé par celui de *Saint-Maurice* ; *Condat* par *Saint-Eugende* (depuis *Saint-Claude*) ; « *Fontenelle* par *Saint-Vandrille* ; *Glanfeuil* par *Saint-Maur* ; *Leuconaüs* par *Saint-Valery* ; *Centule* par *Saint-Riquier* ; *Sithiu*, la « principale abbaye de l'Artois et le plus bel ornement de la ville « de Saint-Omer, par *Saint-Bertin*. » (*Les Moines d'Occident*, par le comte de Montalembert, 2ᵉ édit., t. II, p. 613.) — Le nom de *Fleury* n'est resté qu'au village où était autrefois l'église paroissiale.

en effet désigné indistinctement dans les chartes sous ces deux dénominations : *Fleury-sur-Loire* et *Saint-Benoît-sur-Loire*. Le dernier nom a prévalu dans les statistiques et la géographie; mais les historiens et les hagiographes ont préféré le nom primitif de *Fleury*, et les Religieux de ce monastère ont toujours été appelés *Fleurisiens*, en latin *Floriacenses*. Les moines soumis à la règle de saint Benoît prenaient toujours le titre de *Bénédictins*. C'était le nom générique de l'Ordre; mais ceux de chaque monastère avaient un nom particulier emprunté au lieu où ce monastère était situé.

4e abbé de Fleury.	. . . . .	Léodard, en 679
5e	—	Idon I, en 686
6e	—	Auderan, en 687
7e	—	Flatbert, en 687
8e	—	Adalbert, en 691
9e	—	Geilon, en 720
10e	—	Medon, en 738

Sous le gouvernement de Medon, la Providence intervint par un prodige dans un événement que nous allons rapporter : les Religieux bénédictins d'Italie étaient enfin rentrés en possession du monastère de Saint-Benoît au Mont-Cassin. L'abbé Pétronax en avait entrepris avec zèle la restauration ; mais, relevé de ses ruines, ce grand monastère restait déshérité de son plus précieux trésor. On espérait cependant lui rendre ce qu'il avait perdu. Carloman, frère de Pépin le Bref, avait pris l'habit monastique au Mont-Cassin. Comptant sur le crédit de sa parenté, ce Religieux se chargea de rapporter dans son tombeau, retrouvé au milieu des débris, le corps du saint patriarche. Encouragé par le pape Zacharie, il se rend à Fleury ; mais, au moment de l'exécution, une terreur soudaine s'empare des hommes de sa suite. Il renonce à son dessein et se contente de quelques parcelles du corps de saint Benoît, que l'abbé Medon consent à lui offrir.

11ᵉ abbé de Fleury. . . . Déotime, en 759
Plus tard évêque d'Orléans.
12ᵉ abbé de Fleury. . . . Raoul, en 765
13ᵉ — Idon II, en 776
14ᵉ — Magulfe, en 786

Alcuin, le plus illustre littérateur de son siècle, grammairien, théologien, historien et poëte, avait été appelé d'Angleterre en France par Charlemagne. Pour l'y fixer, l'immortel empereur, qui s'était fait son disciple, lui donna les abbayes de Saint-Martin de Tours, de Saint-Loup à Troyes, de Saint-Josse en Ponthieu et de Ferrières en Gâtinais, près de Fleury. Ce voisinage permit à Alcuin de connaître

Magulfe ; il l'apprécia et le chanta dans ses vers[1].

15ᵉ abbé de Fleury. . . . Fulrade, en 801
16ᵉ — Théodulfe, en 803
Plus tard évêque d'Orléans.

Charlemagne mettait le soin de l'instruction publique parmi les plus importants de l'autorité royale. Malgré les nombreuses écoles des cathédrales et des monastères, la France était, à son avénement, inférieure aux nations voisines sous le rapport scientifique, et il fallut aller chercher des maîtres au dehors. Il en fit venir principalement d'Angleterre et d'Italie. L'Angleterre lui fournit des hommes distingués dans toutes les branches de la science, comme Alcuin, Sigulfe, Clément l'Hibernois ; l'Italie des maîtres de chant, des mathématiciens, des poëtes, en particulier Théodulfe dont le nom brille encore aujourd'hui dans l'histoire des lettres.

On ignore la patrie de Théodulfe. Il fut successivement abbé de Fleury et évêque d'Orléans[2]. Il fonda le collége ou *hôtellerie des nobles*[3] à côté de l'abbaye. Les arts lui doivent, à quatre kilomètres de Fleury, la curieuse église de Germigny-des-Prés, dont les restes, profondément dégradés, sont encore

---

1. *Alcuini Opera omnia*, édit. Migne, t. II, col. 752 et 753.
2. Fleury était déjà, comme Lérins, une pépinière d'évêques.
3. *Hospitale nobilium*.

aujourd'hui l'objet de l'attention et de l'étude des archéologues. Ce monument, véritable fleur de l'art chrétien, au milieu de la vaste prairie qu'arrose la Simiare, porte la date de 806 gravée en caractères de l'époque sur les tailloirs des deux piliers les plus rapprochés du sanctuaire. Dans le demi-dôme du maître-autel, on admire une mosaïque, vestige peut-être unique de l'art des mosaïstes carlovingiens. Cette rare merveille, restaurée vers l'an 1846 par Alb. Delton, a pour sujet symbolique l'arche d'alliance ombragée par les ailes de deux chérubins.

Il nous reste de Théodulfe une explication du symbole de saint Athanase, des *Capitulaires* qui peuvent être considérés comme les premiers statuts diocésains de l'église d'Orléans, un traité sur la *Procession* du Saint-Esprit et un autre sur le baptême par *immersion*. Sauf les cas d'urgence, on a baptisé par immersion depuis les temps apostoliques jusqu'au quatorzième siècle et au delà.

Les savants de la cour de Charlemagne prenaient tous un pseudonyme littéraire en harmonie avec leur prédilections. Ces noms étaient plus ou moins justifiés par le mérite de l'emprunteur; mais ils attestaient une ardeur pour l'étude et une émulation qu'on n'a pas assez remarquées. Théodulfe, en particulier, qui se faisait appeler *Pindare*, se livra à la poésie avec une sorte de délire et non sans succès. S'il atteignit rarement l'inspiration, il eut assez de goût pour éviter les défauts grossiers de son époque. Il sut varier ses tons, selon la nature de son sujet. Le plus souvent, il célèbre les louanges du grand roi, dont il était le familier et dont il signa le testament en 812. L'évêque d'Orléans, chantre officiel des gloires et des vertus de la famille de Charlemagne, fut le Fontanes du neuvième siècle.

Accusé de complicité avec Bernard, roi d'Italie, qui s'était révolté contre Louis le Débonnaire, Théodulfe fut exilé dans un monastère d'Angers. La prière et l'étude le consolèrent des ennuis de sa captivité. Il composa, entre autres, l'hymne en distiques *Gloria, laus et honor*, etc., poëme dont l'Église a inséré les premiers vers dans sa liturgie pour la procession des Rameaux. Après sa délivrance, Théodulfe offrit en *ex-voto* à Notre-Dame du Puy une bible, heureusement conservée jusqu'à nos jours, dont chaque feuillet est écrit sur la pourpre ou l'azur en lettres d'or ou d'argent.

Théodulfe mourut à Angers ou à Orléans en 821. Ses écrits annotés et publiés, en 1646, par le P. J. Sirmond, font aujourd'hui partie de la *Patrologie* latine de M. l'abbé Migne[1]. Le *Martyrologe*

---

1. *Patrol.*, édit. Migne, t. CV, col. 187-580.

manuscrit de Florus, dont parlent les Bollandistes[1], le qualifie de *Bienheureux*. Son portrait occupe une place dans la galerie moderne de l'évêché d'Orléans, dont nous avons déjà parlé.

17ᵉ abbé de de Fleury. . Adalcade, en 810.
18ᵉ   —   Adalgaud, en 818.

L'enthousiasme des populations en présence des reliques de saint Benoît ne s'était point ralenti ; les fêtes profanes peuvent se raconter avec des mots, mais les pieux enivrements d'une âme qui célèbre Dieu ou ses saints échappent aux narrations du langage humain. Sur la terre comme dans le Ciel, le cœur a des mystères dont Dieu seul, qui en est l'auteur, a aussi le secret. Que de fidèles s'étaient déjà prosternés devant les restes vénérés de saint Benoît, en implorant la guérison de leurs maux ! Louis le Débonnaire vint de sa personne au monastère et satisfit sa piété en se prosternant devant le tombeau du saint patriarche. Il octroya aux Religieux de Fleury deux chartes : par l'une d'elles, il déclarait formellement qu'en vertu de son autorité royale il entendait exempter l'abbaye de toute juridiction religieuse et civile.

19ᵉ abbé de Fleury. . . . Boson I, en 833.

1. 10 *maii*.

« Boson, *hault* et puissant seigneur qui embrassa
« volontairement la simplicité monastique, em-
« ploya de grosses sommes de deniers à faire une
« châsse d'or, du poids de soixante-dix marcs,
« artistement élaborée, dans laquelle les cendres
« de *cest archimandrite* (saint Benoît) furent en-
« serrées. Elle *fust* enrichie d'une escarboucle
« d'inestimable prix, dont la lueur servoit de lu-
« mière aux *moynes* qui *psalmodioient* en chœur
« durant les ténèbres de la nuit[1]. »

Le pape Grégoire IV récompensa magnifiquement Boson et son abbaye pour les honneurs rendus à saint Benoît. Par une encyclique du mois d'avril 839, adressée à tous les évêques et fidèles de la Gaule, ce pape accorde à Fleury les importants priviléges que nous allons énumérer :

1° Immunité complète pour les biens du monastère, meubles ou immeubles, présents et futurs.

2° Pour l'abbé de Fleury le titre de *premier des abbés de France*[2].

3° Exemption pour l'abbaye de la visite de tout archevêque, évêque ou clerc, qui ne pourront y entrer, ni faire aucune ordination, ni dire la messe sans l'autorisation de l'abbé.

---

1. *Narré véritable de la vie, trespas et miracles de monseigneur saint Mommolin*, par J. Darnal, Religieux de Sainte-Croix de Bourdeaus. Bordeaux, 1618, chez Millanges.
2. *Primus inter abbates Galliæ.*

4° Dans un cas d'accusation, l'abbé de Fleury ne pourra être jugé que par un concile provincial ou, s'il le préfère, par le siége apostolique.

5° Dans un cas d'interdit pour tout le royaume, le monastère de Fleury sera épargné par exception et pourra célébrer les offices divins [1].

20ᵉ abbé de Fleury. . Saint Raoul, en 845; plus tard archevêque de Bourges.

Charles le Chauve, sacré et couronné dans l'église de Sainte-Croix d'Orléans, sous l'épiscopat de Jonas, en 841, par Vénillon, archevêque de Sens, vint à Fleury en 845 et résida dans le monastère.

Dans les siècles qui suivirent, Fleury vit arriver d'autres pèlerins non moins illustres et fut l'objet de grandes et nombreuses faveurs. Nous ne pouvons résister à la satisfaction de citer quelques faits :

Le roi Philippe Iᵉʳ affectionna particulièrement l'abbaye de Fleury. Ce monarque y vint en 1078 avec toute sa cour, donna au monastère le prieuré de Saint-Martin-des-Champs (aujourd'hui paroisse de Saint-Martin, à Paris) et lui abandonna une partie de la forêt d'Orléans. Pour expier sa conduite adultère avec Bertrade, il songea à abdiquer la couronne et à se vouer aux saintes austérités du cloître. La Providence ne lui en laissa pas le temps. Toute-

---

1. *Cartulaire* du prieuré de Saint-Pierre de la Réole. Folio 50.

fois, ce qu'il avait négligé de faire vivant, il voulut, dans un sens, l'effectuer après sa mort : renonçant par humilité aux royales magnificences de Saint-Denis, il voulut être enseveli au monastère de Fleury. Ses intentions furent respectées par son fils Louis VI, dit le Gros, qui accompagna sa dépouille mortelle depuis Melun, lieu du trépas en 1108, jusqu'à Fleury. Il lui fit ériger en pierre d'Apremont un mausolée *relevé de bosses et porté par quatre lions rampants ou acculés*. Ce tombeau, mutilé en 1562, banni du lieu saint en 1793 et abandonné dans une des cours du monastère, a été restauré en 1830. Nous n'avons pas vu sans attendrissement ce modeste tombeau d'un roi pénitent. Paix à son âme ! Respect éternel à cette cendre sans courtisans, qui a le droit de dormir tranquille à l'ombre du vieux sanctuaire bénédictin !

Louis VI visita plusieurs fois Fleury, notamment en 1109.

Deux conciles ont été tenus à Fleury, l'un en 1107, l'autre en 1110.

En 1130, Innocent II et saint Bernard se rencontrèrent à Fleury avec Louis VI.

En 1210, le roi Philippe II donna au monastère par une charte le titre d'*Abbaye royale*.

En 1301, Philippe le Bel vint, à son tour, prier à Fleury.

Voilà quelques-unes des gloires de Fleury ! Dans

ces siècles de foi, l'immortel instituteur des moines d'Occident était considéré comme un bienfaiteur et un civilisateur; on le bénissait pour le passé, on l'invoquait pour l'avenir, en associant à son culte celui du plus grand de ses enfants dans la communauté du *val d'Or*.

21ᵉ abbé de Fleury. ... Bernard I, en 860

La Loire était une des grandes voies ouvertes aux barques incendiaires des Normands, et l'abbaye de Fleury était située sur ses rives. C'est à l'année 865 qu'il faut faire remonter la première invasion de Fleury et le pillage du monastère par les Normands conduits alors par un chef nommé Baret.

22ᵉ abbé de Fleury. . . Théodebert, en 875

Vers l'an 880, les Normands ravagèrent pour la seconde fois l'abbaye de Fleury. Une phase de deuil commençait pour le *val d'Or*. Mais après les larmes, Dieu ménagea à l'abbaye une grande joie que nous allons raconter. Nous puisons à une source qui doit nous être chère, puisqu'elle nous est fournie par un auteur qui fut disciple d'Abbon. Nous voulons parler de *Diéderic* ou *Thierri*, mort vers l'an 1030 en Allemagne où il avait été appelé pour enseigner. Le principal de ses ouvrages, le seul qui nous intéresse, est un livre sur l'*Illation* ou le Retour des reliques de saint Benoît, de l'église Saint-Aignan d'Orléans à l'abbaye de Fleury[1]. Cet écrit fait partie de la *Bibliothèque de Fleury* par un moine célestin, le P. Dubois; il est dédié au *vénérable* Richard, qui est qualifié à tort abbé de *Marbach* dans le diocèse de Strasbourg; cet abbé gouvernait le monastère d'*Amerbach*, fondé par saint Firmin dans le diocèse de Wirtzbourg (en Franconie), entre le Necker et le Mein.

Le livre de Diéderic[2] mêle les faits historiques à la légende, toujours plus dramatique et plus colorée que l'histoire. En voici la substance : l'abbé de Fleury, averti assez tôt de l'approche des Normands, avait pu soustraire à la profanation de ces barbares la précieuse châsse des reliques de saint Benoît. Espérant qu'elle serait plus en sûreté à l'abri des murs d'Orléans, il la fit transporter par un bateau à l'abbaye de Saint-Aignan. Pendant cet exil des saintes reliques, Fleury répara ses ruines et entrevit des jours meilleurs. Au bout de deux ans (883), le moment parut venu de rappeler saint Benoît dans sa patrie adoptive. Mais l'hiver était rigoureux, et la

1. On voit encore aujourd'hui, à Orléans, l'*église de Saint-Benoît-du-Retour*, devenue un atelier de tannerie dans la rue du même nom. Elle doit son nom à une station des reliques de saint Benoît, lors de leur *retour* à Fleury.
2. *Diederici monachi de Illatione Redituve corporis sancti Benedicti abbatis Aurelianis ad Floriacum, liber unicus.*

Loire glacée n'était pas navigable. N'importe ; on dépose les reliques sur un vaisseau; une confiance secrète dans le souverain maître des éléments soutient et anime les cœurs. Tout à coup, la glace se fond sous les rayons ardents du soleil et ouvre un passage au vaisseau captif qui, semblant comprendre la dignité de sa mission, s'élance sans pilote, franchit rapidement l'espace et aborde en face de l'abbaye la veille des nones de décembre (4 décembre). Un cri de joie universelle salua le vaisseau qui ramenait un trésor plus estimé que tout l'or d'ici-bas. Une foule immense composée d'évêques, d'abbés, de moines et de simples fidèles accourt au-devant des reliques. La croix marche en tête, escortée de cierges, d'encensoirs et du livre *gemmé* des évangiles [1]. Un immense concert fait tressaillir tous les échos de la Loire : *Béni soit celui qui vient au nom du Seigneur*. Les moines chargent sur leurs épaules [2] le corps du *très-heureux père* et le portent en procession. Mais le Ciel est jaloux de participer à l'allégresse générale; à peine les saintes reliques touchent-elles au seuil de la porte *pascale*, que, malgré le froid rigoureux de la saison, les arbres fruitiers et autres se parent de fleurs; la nature émue revêtait ses habits de fête [3].

1. Evangelii *gemmatus* textus.
2. *Subcollantibus monachis.*
3. *Floriacensis vetus bibliotheca*, etc., p. 228.

Nous rapportons ce prodige, l'histoire à la main, sans le discuter, parce que nous préférons croire que nier sans preuve. Dieu n'est-il pas *admirable dans ses saints?* Ce phénomène d'ailleurs n'était pas nouveau. Lorsque le corps de saint Martin, transporté à Auxerre, loin des atteintes des Normands, fut rapporté à Tours durant le mois de décembre, les arbres des chemins où passait le cortége se couvraient de feuilles et de fleurs, nous dit saint Odon, l'historien de cette *Réversion*. — Nous lisons aussi dans l'*Histoire de la cathédrale d'Amiens* « que l'un
« des premiers soins de saint Sauve ou Salve, dix-
« neuvième évêque d'Amiens, fut de faire, dès son
« avénement à l'épiscopat, la recherche des restes
« du martyr saint Firmin, premier évêque d'A-
« miens et digne fils de sainte Eugénie. Il décou-
« vrit miraculeusement son tombeau le 13 janvier
« 613 sous l'autel de son église. Cet événement fut
« signalé, disent les chroniques et les légendes,
« par de nombreux miracles ; une odeur suave se
« répandit au loin dans l'air, des malades furent
« guéris, et la nature, au milieu de l'hiver, se cou-
« vrit de verdure et de fleurs. » En mémoire de ce prodige, les chanoines d'Amiens se revêtaient autrefois, le 13 janvier de chaque année, des ornements d'été, et l'on faisait brûler dans l'église quantité de parfums pour rappeler celui des fleurs écloses si merveilleusement.

Nous nous inquiétons peu du dédain ou de la pitié que ces lignes provoqueront peut-être chez certains esprits. Nous avouons que le monde a besoin d'un plus grand miracle : c'est de voir se couvrir du feuillage et des fruits de la foi les âmes desséchées par l'esprit du siècle.

Le retour à Fleury des reliques de saint Benoît, leur installation dans un *mausolée*[1], les miracles par lesquels la Providence daigna récompenser la dévotion des moines envers leur immortel patriarche, avaient produit d'ineffables impressions qui ne pouvaient s'effacer. Une fête spéciale fut établie, au 4 décembre, pour en perpétuer le souvenir. Cette fête dont nous aurons occasion de parler de nouveau, est connue chez les bénédictins, qui la célèbrent encore aujourd'hui, sous le nom d'*Illation* ou *Retour*[2]. C'est la troisième fête en l'honneur de saint Benoît.

23ᵉ abbé de Fleury. . . Girbert, en 885
24ᵉ   —   Lambert, en 896
25ᵉ   —   Saint Odon, en 930
   Plus tard abbé de Cluny.

Saint Odon, né à Tours en 879, était fils d'Abbon, l'un des plus illustres seigneurs de la Touraine. Il

---

1. *Floriacensis vetus bibliotheca*, etc., p. 229.
2. *Ibid.*

fut, par sa sainteté et sa science, une des plus pures et des plus éclatantes lumières de son siècle. Les pauvres étaient ses meilleurs amis; il les appelait les *portiers du ciel*[1].

Ce grand saint ne gouverna pas longtemps l'abbaye de Fleury, parce qu'il fut appelé à diriger celle de Cluny, fondée en 909 par Guillaume le Pieux, duc d'Aquitaine. Celle-ci, à son tour, ne le posséda pas constamment. Un grand nombre de monastères dégénérés, et en particulier celui de Fleury, réclamèrent son intervention et durent à son zèle une salutaire régénération. L'anarchie, fléau plus désastreux que les invasions étrangères, désolait l'abbaye des bords de la Loire. Le pieux comte Elisiard, l'ayant obtenue du roi Raoul, confia à saint Odon le soin de la réformer. Ayant accepté cette tâche, le saint se met en route avec deux évêques, dont la présence et le caractère pourront imposer aux moines rebelles. Les moines protestent, organisent la résistance et font provision d'armes. Odon affronte seul l'irritation de ces hommes égarés et va droit au monastère. Dès qu'il peut se faire entendre, il dit : « Que la paix soit avec vous, je vous apporte « la paix. » A ce mot, les moines abandonnent leurs armes et tombent aux pieds de l'homme de Dieu.

---

1. « Effulsit in eo sigularis in pauperes charitas, quos *cœli janitores* appellabat. » (*Officia propria ecclesiæ metropolitanæ Turonensis*, die xxvi nov.)

Le monastère réformé de Fleury recouvra son antique splendeur et mérita d'être appelé par le pape Léon VII, en 937, la *tête et le chef de tous les monastères*[1].

Saint Odon ne fut pas seulement un des prédécesseurs de saint Abbon sur le siége abbatial de Fleury, il fut encore son précurseur dans l'œuvre importante de la réforme des monastères. Il lui laissa aussi l'exemple, qui devait être suivi, d'une constante dévotion envers saint Martin. Il voulut finir à Tours sa laborieuse carrière auprès du tombeau de l'apôtre des Gaules, et composa en son honneur une hymne sur son lit de mort. Il rendit son âme à Dieu le dernier jour de l'octave de la fête du saint, le 18 novembre de l'an 942. L'époque de sa mort fut à peu près celle de la naissance d'Abbon, et le monastère de Saint-Julien de Tours, qui recueillit son dernier soupir et conserva sa dépouille mortelle, devait être plus tard l'objet de la sollicitude de notre saint. Odon et Abbon se touchent donc par un point. Quand l'un disparaît, l'autre arrive pour continuer son œuvre et prouver au monde que la vertu ne meurt jamais. Le premier resta uni à Fleury par les liens de l'amitié, le second aima Cluny et entretint un doux commerce de lettres avec le chef de l'immortelle abbaye bourguignonne. La suite de notre livre fera ressortir toutes

---

1. *Caput ac primas omnium cœnobiorum.*

les similitudes de mérite qui existent entre les deux pieux abbés de Fleury. L'Église les honore tous les deux dans le mois de novembre[1] à peu de jours de distance et semble ainsi rapprocher dans ses hommages deux saints qui ont eu une destinée presque égale.

26ᵉ abbé de Fleury. . Archambault, en 943

Sous l'administration d'Archambault, disciple de saint Odon, l'abbaye de Fleury continua à pratiquer avec une grande ferveur les saintes observances de la vie religieuse. Elle fournit des sujets aux monastères de Saint-Remi de Reims, de Saint-Florent de Saumur, de Saint-Michel en Thiérache (ancien diocèse de Laon). Ragenfrède, évêque de Chartres, et saint Cadroé, d'Écosse, passèrent plusieurs années à Fleury pour y étudier les vrais principes de la vie monastique. Un fils d'Osanaire, duc de l'Armorique, Guérech, qui fut plus tard évêque de Nantes, vint y apprendre avec les sciences l'art plus utile et plus dificile de sauver son âme.

27ᵉ abbé de Fleury. . Vuilfalde[2], en 948. Plus tard évêque de Chartres.

1. Saint Abbon est honoré le 13 novembre, et saint Odon, le 18 novembre. L'église de Tours ne célèbre la fête de saint Odon que le 26 novembre, parce que le 18 de ce mois est consacré à l'octave de saint Martin

2. Un prêtre, ordonné par Ebbon, archevêque de Reims, avait déjà porté ce nom.

Le culte de saint Benoît, *la gloire et la perle des moines*[1], ainsi qu'il est appelé dans une lettre du pape Léon VII[2], s'était propagé des rives de la Loire aux confins de l'Armorique. Le fait suivant en est une preuve éclatante : un prélat breton, Mabbon, évêque de Saint-Pol-de-Léon, voulait donner à saint Paul Aurélien, premier évêque de cette ville, un tombeau plus digne de ses mérites. Incertain sur le choix du lieu, une inspiration divine met un terme à ses doutes en lui désignant le sanctuaire où repose le corps de saint Benoît. Il prend les Évangiles, se revêt des ornements sacerdotaux les plus somptueux et s'achemine vers Fleury avec les reliques de son immortel prédécesseur. L'abbé Vuilfalde et tous ses moines accueillent avec allégresse l'envoyé de la Providence, vénèrent les reliques du saint et les déposent dans un splendide tombeau derrière celui du *très-saint père Benoît*[3]. L'histoire de saint Pol de Léon fut écrite, en 984, par un moine de Fleury, nommé Urmonocus ; ses reliques furent conservées dans l'abbaye jusqu'au seizième siècle, et brûlées à cette époque par les calvinistes.

L'abbaye de Fleury avait atteint ce degré de piété et d'illustration, quand fut présenté un enfant dont

---

1. *Decus gemmaque monachorum.*
2. *Cartulaire* du prieuré de Saint-Pierre de la Réole. Folios 26 et 27.
3. *Patrol.*, édit. Migne, t. CXXXIX, col. 841 et 842.

la vertu et la science rapidement développeés devaient la faire monter à son apogée. Plus grand que tous ses prédécesseurs, il n'aura point d'égal parmi ceux qui lui succéderont, et laissera dans les fastes monastiques, comme dans les annales de l'Église, un nom universellement honoré.

A cette époque, deux admirables Religieux édifiaient l'abbaye par leurs rares vertus. Ils se nommaient *Gombold (Gunboldus)* et *Christian (Christianus)*. Tous les deux étaient prêtres et proches parents de la mère d'Abbon[1]. Leur puissant crédit dans le monastère, le dévouement de leur amitié et la perspective d'une direction irréprochable sous leur surveillance, décidèrent Lætus et Ermengarde à l'un de ces sacrifices héroïques dont les siècles de foi nous ont laissé de nombreux exemples.

Quelques considérations rétrospectives nous semblent nécessaires pour bien faire comprendre l'acte solennel de Lætus et Ermengarde offrant à Dieu leur fils unique dans le cloître de Fleury.

Ce n'était pas une idée nouvelle dans le monde que celle qui paraît avoir été conçue et proposée par l'Église dès les premiers siècles : *Substituer la communauté à la famille pour l'éducation des enfants*. Il est très-probable que les premiers législateurs n'eurent pas recours à d'autres moyens, quand

---

1. *Patrol.*, édit. Migne, t. CXXXIX, col. 589.

ils essayèrent d'organiser l'éducation publique. Lycurgue, qui avait introduit ce genre d'institution chez les Lacédémoniens, en avait trouvé le modèle chez les Crétois. Xénophon suppose, dans son livre de l'éducation de Cyrus, que les Perses, de temps immémorial, élevaient leurs enfants en commun. On sait que cette idée avait trouvé faveur dans l'esprit de Platon, et qu'il l'avait pleinement adoptée, exagérée même, dans les constitutions de sa république imaginaire.

Mais ces lois qui transportaient à la société le soin de l'éducation des enfants, étaient des lois injustes et tyranniques. Tout ce que peut faire la société, et même ce qu'elle doit faire, c'est de s'offrir à l'individu et de lui proposer ses services, sans les imposer.

Les fondateurs et les législateurs de la république romaine, retenus par le respect des droits paternels, ne tentèrent jamais cette substitution de la communauté à la famille pour l'éducation. On se trouva si bien d'une conduite tout opposée, qu'aucune idée d'amélioration ou de réforme sur ce point ne fut émise par aucun homme d'État, aucun philosophe, ni sous la république, ni sous l'empire.

Cependant à mesure que l'humanité avait marché, les rapports s'étaient tellement multipliés entre les hommes, que, par besoin ou par entraînement, la plupart des chefs de famille se virent habituellement distraits du foyer domestique ; et les cas d'incapacité, d'inhabileté, d'impossibilité de vaquer à l'éducation des enfants, étaient devenus par là très-nombreux.

Ce fut en cet état que l'Église trouva la société. On peut s'étonner qu'à une époque où l'Église pouvait si aisément exercer une influence sur la législation, elle n'ait point engagé le pouvoir à lui permettre de s'imposer aux familles pour l'éducation. Cette idée devait naturellement être déduite de sa confiance absolue en la pureté de sa morale, en la vérité de ses dogmes, et c'était enfin une conséquence de ce principe fondamental du christianisme, que la foi est nécessaire au salut. Mais elle s'arrêta devant les obstacles invincibles qu'opposait à cette mesure la constitution si ancienne et si enracinée de la société romaine qui tenait alors le monde sous ses lois.

D'ailleurs, il n'appartient pas plus à l'Église qu'à l'État de s'imposer à la société pour l'éducation. Les droits de l'être moral sont une barrière que la religion positive, plus encore que la politique, doit se garder de franchir.

Mais où l'autorité devait s'abstenir, la charité pouvait agir. Il y a cette différence entre l'autorité et la charité, dans leur action sur la société humaine, que la charité laisse la liberté individuelle complétement intacte, tandis que l'autorité, alors même qu'elle tend au bien par un esprit de bienfaisance, alarme toujours et blesse quelquefois la liberté. C'était donc de la charité que devait venir l'offre de cette substitution de la communauté à la famille, devenue très-opportune pour l'éducation morale des enfants.

Même dans les temps de leur plus absolue séquestration, les solitaires recevaient chez eux des enfants pour les dresser à la vie cénobitique. Théodoret, dans la Vie de Siméon, cite un nommé Héliodore qui, dès l'âge de trois ans, avait été confié par ses parents à ce vieillard pour être formé aux habitudes et aux vertus chrétiennes. Bientôt l'usage de recevoir des enfants fut adopté par plusieurs communautés de Religieux, et non plus seulement pour les dresser à la vie religieuse, mais expressément pour sauver leur innocence des dangers du monde, sans rien présumer du genre de vie qu'ils embrasseraient par la suite. Saint Jérôme recevait dans son monastère de Bethléem, comme aussi probablement sainte Paule dans le sien, de jeunes enfants, ainsi que cela se pratiquait dans les couvents de saint Pacôme[1].

La règle de saint Basile, si appréciée dans toute l'église grecque, définit les conditions et les formalités de l'admission des enfants. Elle distingue deux

---

1. *Sancti Hieronymi Opera omnia*, édit. Migne, t. II, col. 83 et 84.

classes d'enfants : les orphelins, ceux qui ayant perdu leurs parents ou étant abandonnés par eux, sont offerts au monastère (d'où les *oblats* chez les Latins), et ceux qui sont présentés par les parents eux-mêmes. A la fin de l'article 38ᵉ, il est statué sur ceux qui ne pouvaient se décider à embrasser la vie monastique. Leur éducation finie, ils étaient renvoyés dans le monde.

En Occident, saint Benoît n'avait point cru troubler le silence et la solitude de ses disciples en les chargeant de l'instruction de la jeunesse. Quoique moines, c'est-à-dire solitaires, ils ne laissaient pas d'enseigner les saintes lettres aux enfants qu'on voulait élever loin de la contagion du siècle. Mais le saint patriarche avait déterminé les conditions auxquelles devaient se soumettre ceux qui voulaient offrir leurs enfants à Dieu dans un monastère. Ces conditions variaient selon que les parents étaient nobles ou pauvres. D'après quelques commentateurs de cet important chapitre[1], l'offrande d'un enfant à Dieu dans un monastère était une donation irrévocable ; l'enfant n'appartenait plus aux auteurs de ses jours, mais uniquement et exclusivement à Dieu, auteur souverain de tous les êtres. La Religion, qui inspirait cet héroïsme, pouvait seule en adoucir la rigueur. Mais une autre consolation s'offrait na-

---

1. *Sancti Benedicti Opera omnia*, édit. Migne, col. 839.

turellement à l'esprit et au cœur des parents : la discipline monastique ne paraissait point alors aussi intolérable qu'on voudrait maintenant se la représenter; et le monde, d'autre part, ne s'offrait pas sous un aspect si attrayant que ce fût un acte de folie de le quitter pour le service de Dieu. Aux yeux de ces vrais chrétiens qui ne regardaient le siècle qu'avec horreur, il y avait peu de différence entre la vie pénitente et recueillie au sein de la famille et celle que l'on menait dans un désert ou dans un cloître. Ils regardaient comme plus doux, plus facile et plus sûr, de mépriser le monde de loin que de près. On ne croyait donc pas gêner la liberté de ces enfants, puisqu'ils devaient, comme chrétiens, ne prendre aucune part aux pompes et aux joies du monde; c'était leur faire goûter combien *il est bon à l'homme de porter de bonne heure le joug du Seigneur;* c'était leur épargner des tentations et leur préparer une heureuse paix, que de les ensevelir tout vivants dans cette sainte société avec les anges de la terre. Ces intentions n'étaient-elles pas aussi pures et aussi éclairées que les calculs ambitieux de tant de pères et de mères dont le désir, dans notre siècle de liberté, suffit pour décider irrévocablement la profession et l'état de vie de leurs enfants?

Mais telle n'est pas l'opinion commune sur le sens du texte de saint Benoît. L'oblation d'un enfant à

Dieu dans le monastère ne liait pas sa volonté pour l'avenir. Il ratifiait ou non, quand il avait atteint la plénitude de sa raison, les pieux désirs de ses parents, et fixait lui-même sa vocation. En droit et en fait, il était si peu considéré comme moine qu'à Fleury, en particulier, selon une coutume écrite[1], il ne participait pas à l'élection de l'abbé. Loin de vouloir adjuger au cloître un enfant encore incapable d'aucun choix, les parents n'avaient d'autre intention que de lui assurer une éducation soignée, avant tout chrétienne. Les monastères, asiles de la vertu et de la science, offraient aux familles toutes les garanties, et l'on trouvait dans leur enceinte ce qu'aucune institution laïque de l'époque ne pouvait promettre. L'histoire des Ordres religieux, de leurs élèves, de leurs travaux, démontre abondamment notre assertion. Citons un seul exemple : Saint Odon, qui fut abbé de Fleury, avant de l'être de Cluny, avait été offert dès le berceau, *ab incunabulis*[2], à l'église Saint-Martin de Tours. Une consécration si hâtive n'empêcha pas Abbon, son père, homme recommandable par ses vertus, de le retirer plus tard du monastère et de l'attacher à la cour de Guillaume, duc d'Aquitaine. Dégoûté du métier des armes et des grandeurs terrestres, Odon reprit vers

---

1. *Floriacensis vetus bibliotheca*, etc., p. 408.
2. *Officia propria ecclesiæ metropolitanæ Turonensis*, die xxvi nov. in festo sancti Odonis. Lectio IV.

l'âge de 50 ans le chemin du cloître ; il en était sorti sans violer aucun engagement, il y rentrait volontairement et sans aucune pression.

Bien longtemps après le Moyen Age, l'éducation monacale suffisait encore et suffisait seule à préparer les enfants à toutes les carrières du siècle, même à l'état militaire. La Flèche, Brienne, Sorèze ont laissé dans l'histoire d'impérissables souvenirs. Le plus grand capitaine des temps modernes entra, à l'âge de neuf ans, dans une de ces maisons de moines ; il y passa plus de cinq ans, et les impressions que cette éducation avait produites sur son esprit et dans son cœur ne se sont jamais effacées.

Il ne faut pas confondre l'âge de la profession monastique qui avait varié selon les temps et les lieux, et qui, depuis le concile de Trente[1], ne peut être inférieur à seize ans accomplis, avec l'âge où l'on pouvait offrir un enfant à Dieu dans un monastère. Saint Benoît veut qu'on accepte des enfants *d'un âge peu avancé*[2]. Les interprètes commentent ce texte diversement et l'appliquent à des enfants de sept, de dix, de douze ou de quatorze ans. Sainte Euphrasie, princesse de sang royal, n'avait que sept ans, quand elle entra dans un monastère de la Thé-

1. Sess., cap. xxv. — La célèbre encyclique du 8 décembre 1864 condamne la proposition qui affirme qu'un gouvernement a le droit de changer l'âge requis pour la profession religieuse.
2. *Minore ætate.* (*Sancti Benedicti Opera omnia*, édit. Migne, col. 859.)

baïde. Le *vénérable* Bède avait le même âge, quand il fut reçu à l'abbaye de Wearmouth[1]. Saint Gérard, qui devait plus tard fonder l'abbaye de la Grande-Sauve, près de Bordeaux, et être appelé le *père des moines*[2], n'avait pas terminé sa dixième année, quand ses parents le présentèrent à Richard, abbé de Corbie ; saint Thomas d'Aquin fut accepté dans un couvent à l'âge de cinq ans ; sainte Gertrude se fit Religieuse à quinze ans ; saint Liguori fut offert encore enfant à saint François de Hiéronymo, de la compagnie de Jésus.

Au reste, rien de plus touchant que la discipline à laquelle les enfants *oblats* étaient soumis dans les monastères dès leurs plus tendres années, comme aux jours plus orageux de leur jeunesse. Jour et nuit, ils étaient sous les yeux attentifs de leurs pieux surveillants, et l'on éloignait d'eux jusqu'au soupçon du mal. Ulrich ou Udalric, dans son livre des *Coutumes de Cluny*[3], nous donne à cet égard les détails les plus minutieux et les plus édifiants. « Le « plus grand prince, dit-il, n'est pas élevé avec

---

1. *Venerabilis Bedæ Opera omnia*, édit. Migne, t. VI, col. 288.
2. *Monachorum sancte pater*. (Antienne du *Benedictus* de l'office de saint Gérard, 5 avril.) Ce doux surnom de *père des moines* fut également décerné au bienheureux Fulbert, de Chartres, à son contemporain et ami Guillaume, duc d'Aquitaine et comte de Poitiers (*Patrol.*, édit. Migne, t. CXLI, col. 56), et plus tard à saint Bruno.
3. *Patrol.*, édit. Migne, t. CXLIX, col. 635-778.

« plus de soin dans le palais des rois que l'enfant
« le plus obscur à Cluny[1]. »

Cette digression sur une des pratiques de nos pères nous a paru indispensable. Il fallait justifier la conduite de la sainte Église, la démarche des parents d'Abbon, et déterminer le caractère de l'offrande de leur enfant à Dieu dans le cloître de Fleury. Lætus et Ermengarde firent ce que d'autres avaient fait avant eux, ce que d'autres devaient faire plus tard avec l'approbation de l'Église ; ils recherchèrent, au profit de leur enfant, les bienfaits du cloître et confièrent à des mains consacrées ce qu'ils avaient de plus cher ici-bas.

Abbon était un fruit unique de l'union de Lætus et d'Ermengarde ; du moins l'histoire n'a conservé le nom d'aucun autre de leurs enfants. Leur tendresse avait donc à subir une épreuve bien douloureuse. Mais la foi triomphe de la nature ; les pieux époux se mettent en chemin, conduisant à Fleury leur enfant à peine âgé de quatorze ans. La chapelle du monastère s'ouvre devant eux ; ils se prosternent devant le tabernacle et demandent à Dieu la force de consommer leur sacrifice. Le père se relève, met dans la main de son fils un acte de donation avec une offrande pour le monastère, puis enveloppe cette

---

[1]. *Patrol.*, édit. Migne, t. CXLIX, col. 747. — C'est ce monastère de Cluny que nos pères avaient si justement surnommé un *Jardin de délices, Hortus deliciarum.*

main chérie avec la nappe pendante de l'autel, et d'un accent ému, mais énergique, prononce la formule usitée à cette époque : « Je consacre cet en-
« fant au service de Notre-Seigneur Jésus-Christ,
« en présence de Dieu et de ses saints, afin qu'il
« y persévère tous les jours de sa vie et qu'il soit
« moine jusqu'à sa mort[1]. »

Après cette *tradition solennelle*[2], l'enfant fut remis à l'abbé Vuilfalde. Cet homme *sage et ferme*[3] accueillit avec une bienveillance toute paternelle le parent et le protégé de deux de ses Religieux les plus recommandables. Nous avons déjà raconté l'interprétation qu'il donna au nom du jeune *Abbo* et les vœux qu'il exprima pour son bonheur. Il le revêtit à l'instant de l'habit monastique et lui montra une affection qui ne devait point être stérile. Grâces lui soient rendues pour avoir formé l'esprit et le cœur de cet enfant devenu plus tard *l'un des plus grands ornements de son siècle*[4] ! Quel éclat devait jeter dans le monde cette intelligence éclose à l'ombre des autels ! Abbon occupera dans les évé-

---

1. *Sancti Benedicti Opera omnia*, édit. Migne, col. 829-848.
2. « Factâ per parentes *solemni traditione*. » (*Patrol.*, édit. Migne, t. CXXXIX, col. 389.)
3. « Vuilfaldus..... *strenuus et sapientissimus*. (*Historiæ Francorum scriptores*, operâ Francisci Duchesne. Lutetiæ Parisiorum, t. III, p. 343.)
4. *Martyrologe des saints de France*, par le R. P. François Giry, 13 novembre.

nements de son siècle presque autant de place que Gerbert. C'est une grande vie que nous entreprenons d'écrire, une grande âme que nous essayons de faire connaître. Notre héros n'offre point cependant cette sorte d'intérêt que l'on aime à trouver dans certaines productions ; mais les saints sont les chefs-d'œuvre de la grâce. Dieu met en eux une céleste beauté, une élévation et une grandeur qui étonnent et séduisent ; les fictions les plus émouvantes pâlissent auprès des magnificences et des exploits de la vertu.

CHAPITRE II

**Progrès d'Abbon dans la vertu
et dans la science.
Il est mis à la tête de l'école de Fleury.
Il fréquente les écoles de Paris
et de Reims.
Il revient à Orléans, sa patrie.**

Cet enfant de bénédiction, issu d'une famille chrétienne, grandissait en âge et en sagesse devant Dieu et devant ses frères. Son esprit, pur et innocent comme son cœur, s'ouvrait à la grâce sous l'œil de Dieu qui devait en faire bientôt un vase d'élection. Mûr avant l'âge, il joignait, dit Aimoin, la prudence du serpent à la simplicité de la colombe ; charmant les bons par sa douceur, évitant les piéges des fourbes par la pénétration de son esprit. Quoique bien jeune encore, il affrontait avec tant d'ardeur les difficultés de l'art littéraire, qu'il retenait les leçons de ses maîtres, après les avoir entendues une seule fois. Aux passions naissantes de l'adolescence, il opposait la salutaire pratique de la méditation de la loi du Seigneur, et triomphait par un travail opiniâtre des tendances d'une chair rebelle. Cet ange d'innocence aimait ardemment la vie religieuse, dont il portait l'habit, et ne se livrait aux exercices des études profanes que par manière de délassement et après avoir offert à Dieu l'humble tribut de ses prières. Il ne refusait pas de se récréer avec les étudiants de son âge ; mais un attrait particulier le portait à rechercher la société des vétérans du cloître, parce qu'il trouvait, dans leurs pieuses et savantes conversations, d'utiles leçons de vertu et de science[1].

Vers l'an 964, le pieux abbé Vuilfalde fut obligé d'accepter l'évêché de Chartres ; car les grands sièges ne se donnaient guère alors qu'à ceux qui avaient brillé dans la vie monastique. Il eut pour successeur dans sa charge d'abbé, en 965, le vertueux Richard, prieur du monastère de Pressy[2], qui dépendait de Fleury. Richard quitte donc le Charolais, où était situé Pressy, et vient habiter les bords de la Loire. Il ne se contente pas de cultiver les lettres, il les favorise par les encouragements et par l'amitié qu'il prodigue aux amis de l'étude.

---

1. *Patrol.*, édit. Migne, t. CXXXI, col. 389 et 390.
2. *Pressy*, *Pérecy*, *Perreci*, *Perrecy*, en latin, *Patriciacus*, *Princiacus*, *Prisciniacus*. (*Patrol.*, édit. Migne, t. CXXXIX, col. 845.) Pressy est aujourd'hui une commune du canton de Saint-Bonnet-de-Joux, département de Saône-et-Loire.

Juste appréciateur du talent et de la vaste érudition d'Abbon, il le met à la tête de l'école du monastère ; les espérances qu'il avait fondées sur le jeune moine furent justifiées outre mesure par l'enthousiasme populaire qui accueillit le nouveau maître.

Depuis le renouvellement des études sous Charlemagne, l'abbaye de Fleury s'était distinguée entre toutes les autres par une culture des lettres plus assidue qu'ailleurs. La réforme de saint Odon, en améliorant les mœurs, développa encore les goûts scientifiques chez les bénédictins des bords de la Loire. Le monastère de Fleury devint rapidement *le siége et le domicile de tous les beaux arts* [1] ou, selon l'expression de l'un de nos grands prélats [2], *une des plus lorieuses métropoles intellectuelles du Moyen Age*. Parmi les savants issus de cette école durant la période qui nous occupe, nous

---

1. « Floricense monasterium fuit olim omnium bonarum artium « sedes, certumque *domicilium*. » (*Papii Massoni Annalium libri quatuor*. Lutetiæ, 1577, p. 227.) — L'abbaye de Fleury conserva cette suprématie littéraire. Elle fut en particulier un des berceaux de l'art dramatique ; un manuscrit du treizième siècle, provenant de Fleury et appartenant aujourd'hui à la bibliothèque d'Orléans, renferme des *mystères* ou drames religieux du onzième, du douzième et du treizième siècle. (*Glossaire* de Ducange, au mot *Hacla*. — *Théâtre français au Moyen Age*, publié par Monmerqué, p. 159. — *Dictionnaire des mystères*, par M. le comte de Douhet, édit. Migne, col. 479.)

2. Mgr Dupanloup, évêque d'Orléans.

citerons un moine que le cartulaire d'Uzerche qualifie de *très-sage et très-lettré*. Il se nommait *Amblard* ou, selon d'autres, *Adalbald*, *Adalbard* ou *Adalbert*[1]. Il fut successivement ou peut-être simultanément abbé de Charroux, de Tulle, d'Uzerche, de Solignac, de Saint-Augustin et de Saint-Martial de Limoges. Il mourut en 1007 et fut enterré dans cette dernière abbaye. Pendant qu'il gouvernait celle de Solignac, fondée en 631 par saint Éloi sur la Briance, il fut prié par le B. Hervé, dont nous parlerons bientôt, d'écrire la vie du saint fondateur. Il composa ce travail vers l'an 1001 et l'adressa avec une lettre que Mabillon nous a conservée, au célèbre *archiclave* de Saint-Martin de Tours, qui devait le communiquer au roi Robert.

N'oublions pas Ansel et saint Gérauld, ni Gauzbert, un copiste illustre des bons livres de l'antiquité. Ce dernier publia un poëme en vers élégiaques en l'honneur de saint Benoît et le plaça en tête de la *Vie* du même saint composée par saint Grégoire le Grand et transcrite tout entière de sa propre main. Aimoin inséra les vers de Gauzbert dans son sermon en l'honneur de saint Benoît. — Helgaud fut l'ami et le biographe du roi Robert.

1. Nous avons déjà parlé d'un autre moine de Fleury, à qui l'on doit une histoire détaillée de la translation des reliques de saint Benoît. Il se nommait aussi *Adalbert* ou *Adrevald*. Il mourut en 853.

Baronius[1] et Vossius[2] lui attribuent une vie de saint Abbon ; c'est une erreur que rien ne justifie, que le silence des compilateurs bénédictins condamne, et que les autres écrivains n'ont pas même daigné réfuter.

Mentionnons aussi Isemblard qui, à la prière du moine Adelelme[3], raconta à ses contemporains l'*invention* et la *translation* des reliques de saint Josse, ermite célèbre du Ponthieu au septième siècle. Orderic Vital a fait un abrégé du récit d'Isemblard[4].

Sollicitons encore de l'oublieuse postérité un hommage pour Thierry, moine également habile dans les lettres divines et profanes, auteur d'un opuscule sur les coutumes de Fleury, qu'il dédia à Bernward, évêque de Wursbourg en Franconie[5].

A tous ces noms, phares lumineux d'un *siècle*

[1]. *Annales ecclesiastici*, ad an. 998.
[2]. Gerardi Joannis Vossii *de Historicis latinis lib.* III. Lugduni Batavorum, 1651, p. 568.
[3]. *Patrol.*, édit Migne, t. CLXXXVIII, col. 292.
[4]. *Ibid.*, col. 292-295.
[5]. M. Thierry, le plus grand historien de nos jours, selon M. de Montalembert, a donc eu un prédécesseur de son nom et de son érudition dans l'écrivain monastique du dixième siècle. Vers la fin du dix-septième siècle, un autre écrivain du même nom, dom Thierry, bénédictin de la congrégation de Saint-Vannes et janséniste outré, fit grand bruit par la publication du *Problème ecclésiastique*, libelle satirique contre Mgr de Noailles, archevêque de Paris.

de ténèbres, nous ajouterons bientôt ceux des disciples d'Abbon. Par la valeur de ces noms empruntés à une seule abbaye, nos lecteurs apprécieront l'importance littéraire d'une époque à laquelle on a prodigué tant de sarcasmes.

Abbon dominait tous ces talents. Le nouveau maître ou, comme on disait alors, le nouveau *scolastique*[1] de Fleury ne possédait pas encore cependant les *sept arts libéraux* qui formaient le cadre obligé des études nécessaires aux clercs, et qu'un savant pape, saint Grégoire le Grand, avait appelés les *colonnes de la chaire apostolique*[2]. Il avait pu en contempler les attributs dans une peinture décrite par Théodulfe[3]; il avait pu les étudier dans le traité qu'avait composé Remi, moine de Saint-Germain d'Auxerre, après les avoir enseignés à l'école de Paris; mais il lui manquait un maître digne de lui. Il dut compenser par un travail opiniâtre et par une rare sagacité ce qu'il n'avait pu apprendre sur les bancs. Peu d'hommes reçurent de la Providence de plus riches présents. Doué des facultés du cœur comme de celles du génie, nul ne rassembla de plus curieux et de plus touchants contrastes.

1. Le *scolastique* s'appelait encore *écolâtre* ou *capiscol* (*caput scholæ*).

2. « Septemplicibus artibus, veluti columnis nobilissimorum totidem lapidum, apostolicæ sedis atrium faciebat. » (*Sancti Gregorii Magni vita*, auctore Joanne Diacono., lib. II, 13.)

3. *Patrol.*, édit Migne, t. CV, col. 333-335.

Son intelligence pénétrante, son zèle dévorant pour l'étude, son imagination enflammée par les beautés de la nature, à un âge où tout est illusion et ivresse, tout contribuait à faire du jeune professeur un de ces personnages qui dominent et passionnent leurs contemporains et laissent après eux un radieux sillon. Ce qu'il savait, il l'enseigna avec une méthode si lucide et un langage si brillant, que ses auditeurs étaient plutôt les esclaves de sa parole que ses disciples volontaires. « Il parlait le mieux
« de son siècle, dit l'*hypercritique* Baillet, il écri-
« vait de même ; et les ouvrages qui nous sont res-
« tés de lui, quoique en petit nombre, font encore
« admirer la pureté et l'élégance de son style, la
« justesse de ses pensées et la variété de son éru-
« dition[1]. »

Le talent fascinateur d'Abbon attira autour de sa chaire plus de cinq mille étudiants. Ce chiffre, si hyperbolique qu'il paraisse, nous est certifié par un illustre célestin, le P. Dubois[2], et, d'après ce Père, par l'immortel Mabillon[3], par Ziegelbauer[4], bénédictin allemand, par un des plus doctes Religieux de

---

1. *Vies des saints,* xiii nov.
2. *Floriacensis vetus bibliotheca benedictina,* etc., p. 302.
3. *Annales Ordinis Sancti Benedicti.* Lutetiæ Parisiorum, 1707, t. IV, p. 174.
4. *Historia rei litterariæ Ordinis Sancti Benedicti,* a R. P. Magnoaldo Ziegelbauer, Ord. S. B. Recensuit, auxit R. P. Oliverius Legipontius, Ord. S. B. Augustæ Vind., et Herbipoli, an. 1754.

notre époque, dom Pitra[1], que Pie IX a élevé au cardinalat, par l'abbé Rivaux[2] et par l'illustre évêque d'Orléans, Mgr Dupanloup[3]. Des autorités si nombreuses et si imposantes nous dispensent d'autres témoignages et réduisent à néant la contradiction gratuite de dom Rivet[4] et les doutes de l'abbé Rocher[5].

On peut encore justifier ce nombre prodigieux d'écoliers par les bienfaits populaires de l'école accessible à tous sans distinction et non pas seulement à ceux qui se destinaient au cloître. « Dans plusieurs « abbayes où il y avait des académies, dit Mabil- « lon, il y avait des écoles intérieures pour les Re- « ligieux, et des extérieures pour les étrangers. « Les abbayes de *Fleury*, de Lobbes, de Saint-Gall « et de Richenaw étaient de ce nombre. *Fleury*,

---

1. *Études sur la collection des Actes des saints.* Paris, 1850, p. xcii.

2. *Cours d'histoire ecclésiastique*, 4ᵉ édit. Lyon, 1864, t. II, p. 229.

3. *Discours à l'occasion de la bénédiction solennelle de la grotte de Saint-Mesmin et de la croix monumentale de Mici.*

4. Dom Antoine Rivet de la Grange, que nous aurons occasion de citer encore, est un Religieux de la congrégation de Saint-Maur. Il naquit à Confolens en 1683 et mourut en 1749. Relégué au Mans pour cause de jansénisme, il consacra tous ses loisirs à l'étude. Il est le premier et principal auteur de l'*Histoire littéraire de la France*, œuvre vraiment prodigieuse, réimprimée de nos jours par M. Victor Palmé, sous la direction de M. Paulin Paris.

5. *Histoire de l'abbaye royale de Saint-Benoît-sur-Loire.* Orléans, 1865, p. 150.

« autrement *Saint-Benoît-sur-Loire*, au diocèse
« d'Orléans, était célèbre dans le neuvième siècle;
« mais le *vénérable* Abbon la rendit encore plus
« illustre au dixième siècle[1]. »

L'enseignement, gratuit à Tours et dans d'autres écoles, ne se distribuait pas à Fleury sans un certain salaire. Mais de quelle nature était ce salaire? Les malheurs publics de toute sorte, les ravages des barbares, les guerres civiles, la faiblesse du gouvernement, avaient eu pour résultat au dixième siècle la décadence des sciences et des arts ; les Normands, ces nouveaux *loups du septentrion*[2], qui avaient déjà tout mis à feu et à sang sur les côtes occidentales de la France, continuaient leurs déprédations, malgré la cession de cette partie de la Neustrie à laquelle ils ont donné leur nom. Les Hongrois, autre peuple encore plus féroce, sans foi, sans religion, exactement semblables aux Huns, leurs ancêtres, avaient pénétré jusqu'en Lorraine, puis en Champagne et en Bourgogne, et avaient exercé dans ces provinces les mêmes brigandages qu'en Germanie. Ces stupides guerriers, en pillant les abbayes, les églises et les évêchés, avaient détruit les œuvres de la science sacrée et profane, et même les rituels et les livres de chant, les diplô-

---

1. *Traité des études monastiques*, par Mabillon. Paris, 1691, p. 134.
2. *Septentrionis lupi.* (*Patrol.*, édit. Migne, t. XXII, col. 600.)

mes et les archives, les chroniques et les histoires. Les livres, cet *aliment éternel de nos âmes*[1], selon l'expression de Guigues, troisièm général des chartreux au douzième siècle, leur servaient à allumer le feu ou à garnir les selles de leurs chevaux ; avec des rouleaux de parchemin, ils faisaient des boucliers ou recouvraient leurs hauberts et leurs cuirasses. Les manuscrits étaient jetés dans les écuries en guise de litière, ou bien leur flamme était un signal pour quelque horde éloignée. En peu d'années, les cloîtres qui restèrent habités avaient perdu ce qui les fait prospérer, leur bibliothèque, et *ressemblaient à un camp sans armes*[2].

Voilà les causes principales de la perte de tant d'ouvrages ; voilà la justification de la rareté des manuscrits antérieurs au dixième siècle. Malgré le zèle des moines calligraphes, malgré l'école de copistes établie dans les monastères, un livre était alors et fut encore plus tard une chose si précieuse, que Louis XI ne put emprunter un petit volume qu'en déposant en garantie une partie de sa vaisselle d'argent et en comptant une très-forte somme.

Dans cette lamentable disette de ressources intellectuelles, faire présent d'un livre à une église, à une abbaye, c'était offrir un trésor. Le donateur

---

1. « Libros tanquam *sempiternum animarum nostrarum cibum* « cautissimè custodiri, et studiosè volumus fieri. »
2. *Claustrum sine armario quasi castrum sine armamentario.*

le déposait sur l'autel comme une chose sainte, pour montrer le cas qu'il en faisait et qu'en devait faire le donataire.

Abbon avait trop souffert de la privation des livres pour ne pas chercher à faire cesser une pénurie qui aurait été fatale à la piété autant qu'aux lettres. Par une heureuse innovation qu'on ne saurait trop exalter, il exigea de chaque écolier, au profit de l'abbaye, un honoraire annuel de *deux manuscrits*, ainsi que l'affirme le P. Dubois et, après lui, Mabillon[1]. Telle est l'origine de la célèbre bibliothèque de Fleury, si souvent citée dans l'histoire bibliographique de notre pays. Le dixième siècle la vit naître dans les murs d'un cloître. L'œuvre une fois fondée n'eut qu'à se développer.

L'abbé Macaire (1144-1161), un des successeurs d'Abbon, et un émule de son amour pour la science, imposa à perpétuité aux monastères relevant de Fleury une taxe annuelle en faveur de la bibliothèque de l'abbaye-mère. Le prieuré de la Réole, dont nous parlerons plus tard, était taxé pour *dix sous*[2].

Abbon et Macaire furent donc, chacun à sa manière, chacun dans son siècle, les bienfaiteurs des sciences et des lettres bannies du reste de la terre. Les monastères, celui de Fleury surtout, recueilli-

1. *Bina manuscripta.* (*Annales Ordinis Sancti Benedicti*, t. IV, p. 174.)
2. *Floriacensis vetus bibliotheca benedictina*, etc., p. 140.

rent les monuments de l'esprit humain échappés au naufrage général qui avait englouti toute la gloire des siècles passés. Ils transmirent à des âges plus heureux des trésors et des richesses, dont l'ingratitude s'est quelquefois servie pour dénaturer leurs intentions et calomnier leurs services.

Les humbles habitants du cloître appréciaient mieux que leurs détracteurs la valeur des livres qu'ils avaient réunis avec tant de patience. Les livres étaient restaurés ou renouvelés, et le bâtiment qui les renfermait était entretenu et orné comme un sanctuaire. Le *clavaire* ou gardien de la bibliothèque, pompeusement décoré du titre de *Porte-clef tout-puissant*[1], prenait place à Fleury, comme à Fulde, parmi les premiers dignitaires de l'abbaye.

Le pieux objet des soins d'Abbon et de ses successeurs, l'œuvre sainte de plusieurs siècles, ne furent point respectés par le vandalisme des hérétiques. Le prince de Condé s'était emparé d'Orléans le 2 avril 1562. Il fit de cette ville le siége des opérations militaires du parti protestant. Ses troupes pillèrent tous les environs; elles pénétrèrent sans résistance à Fleury, dont l'abbé commendataire, Odet de Coligny, cardinal de Châtillon, évêque de Beauvais, avait embrassé les erreurs de Calvin. Les nombreux manuscrits dont l'abbaye s'était enrichie

---

1. *Clavipotens frater*. Voy. ce mot dans le *Glossaire* de Ducange.

ne durent pas offrir un appât bien puissant à la cupidité ignorante des mercenaires du cardinal ; aussi furent-ils vendus à vil prix : Pierre Daniel, avocat à Orléans et bailli de la justice de l'abbaye de Fleury, en acheta un certain nombre ; les autres furent brûlés ou dispersés, quelques-uns sauvés par les moines. Daniel étant mort en 1603, sa bibliothèque fut vendue à deux savants orléanais, Paul Petau, conseiller au parlement de Paris, et Jacques Bongars, ministre auprès de divers princes d'Allemagne.

Paul Petau transmit ses livres à son fils Alexandre Petau qui les vendit à Christine, reine de Suède ; celle-ci les transporta à Rome, où elle mourut en 1689. Ils furent revendus en 1690, et une grande partie passa dans la bibliothèque du Vatican.

L'autre part, celle de Bongars, fut transportée à Strasbourg, où il faisait son séjour ordinaire. Lors de sa mort arrivée en 1612, il les laissa par testament à un nommé Goinus, fils de son hôtesse. Celui-ci les vendit à Frédéric V, électeur palatin, qui les plaça dans sa bibliothèque de Heidelberg. Cette ville ayant été prise, en 1622, par les troupes du duc de Bavière, commandées par le comte de Tilly, le vainqueur, usant des droits de la guerre, disposa de la bibliothèque palatine et en fit présent au pape Grégoire XV, par les ordres duquel elle fut portée à Rome et placée au Vatican. La *ville éternelle* acquit donc la presque totalité des manuscrits de Fleury. Les Huguenots, qui avaient pillé l'abbaye par haine de la science et de la Religion, ne soupçonnaient pas que la cité des papes recueillerait un jour les volumes échappés à leur fanatisme. C'est ainsi que la Providence se joue des desseins des hommes et arrive à ses propres fins par les voies les plus inaccoutumées.

Après le pillage de 1562, la bibliothèque de Fleury possédait encore quelques beaux et rares manuscrits. Elle s'augmenta considérablement à l'aide de la taxe annuelle et perpétuelle de l'abbé Macaire; mais elle fit quarante ans plus tard une perte nouvelle. Le P. Jean Dubois[1], Religieux célestin, vint à Fleury pour visiter la bibliothèque, et en emporta les principaux manuscrits, qu'il publia dans un ouvrage imprimé à Lyon, en 1605, sous le titre de *Floriacensis vetus bibliotheca*. D'autres manuscrits, confiés à différents auteurs, ne furent pas rendus. La révolution de 1793 dispersa le reste. La bibliothèque publique d'Orléans[2] en possède un nombre considé-

1. Jean Dubois (en latin *Joannes a Bosco* ou *Boscius*) dont le nom reparaîtra dans le cours de notre livre, fut successivement Religieux, soldat et encore Religieux de l'Ordre des Célestins. Il mourut en prison à Rome, au château Saint-Ange, le 28 août 1628, au bout de quinze ans de détention.

2. Un des principaux manuscrits provenant de Fleury et appartenant, aujourd'hui, à la bibliothèque publique d'Orléans, est celui de dom Chazal sous ce titre : *Historia cœnobii Floriacensis*. Dom François Chazal, né en Auvergne, en 1667, Religieux à Saint-Augus-

rable¹. Telle a donc été la destinée d'une bibliothèque universellement renommée dont Abbon avait glané les premiers éléments. Trop incomplète, au moment de sa formation, pour fournir à l'avidité intellectuelle du scolastique de Fleury des ressources suffisantes, elle ne fut utile à l'enseignement public qu'après plusieurs générations. Sans livres, sans guide, Abbon risquait de s'égarer dans le dédale obscur des idées de son époque. Un jugement droit, qui ne le trompa jamais, fut son fil conducteur. Il ne créa aucun système, aucune méthode; mais il exposa la doctrine avec tant de netteté et avec une si rare harmonie de langage, qu'on ne se lassait jamais de l'entendre. Il annonçait déjà, sans y songer, l'heureuse influence que son instruction, parée des grâces de l'esprit et des charmes de la vertu, devait bientôt obtenir.

Il y avait cependant des lacunes dans le cours scolaire d'Abbon, puisqu'il n'avait pas encore étudié lui-même tous les arts libéraux. L'enseignement embrassait ces grandes divisions des études, con-

tin de Limoges, puis à Saint-Maixent, en Poitou, devint abbé de Fleury, en 1717, fut janséniste et mourut prieur de Pontlevoy, en 1729. Son ouvrage, que nous avons eu entre les mains, n'est pas exempt d'erreurs. Il a été offert à la ville d'Orléans par Mgr de Beauregard, évêque de cette ville.

1. *Journal littéraire depuis* 1713 *jusqu'en* 1730. La Haye, 1703. Année 1730, t. XVI p. 126 et 127. — *Dictionnaire des manuscrits*, édit. Migne, t. I, col. 640-642. — *Histoire de l'abbaye royale de Saint-Benoît-sur-Loire*, par l'abbé Rocher, p. 289-292, 377-381.

nues sous le nom de *Trivium* et de *Quadrivium*, qui correspondaient à la division plus récente des *lettres* et des *sciences*. Les deux branches se décomposaient de la manière suivante :

Grammaire.	
Rhétorique.	Trivium.
Dialectique.	
Arithmétique.	
Géométrie	
Musique	Quadrivium.
Astronomie.	

Ces différentes sciences formaient comme une échelle dont il fallait franchir les degrés l'un après l'autre.

Le cours des études libérales terminé, les jeunes gens étaient confiés au théologal qui, à son tour, donnait des leçons de science divine, des Écritures, des Pères et des institutions ecclésiastiques.

Les mathématiques, la physique et la chimie, encore dans l'enfance, étaient enseignées comme des sciences occultes. Le droit civil et la médecine avaient des écoles particulières.

Le *Trivium* était pour nos aïeux la triple voie, *triplex via*, qui conduit à l'éloquence. On donnait le nom de *triviaux* à ceux qui le professaient ou l'étudiaient. Le *Quadrivium* était la quadruple voie, *quadruplex via*, qui aboutit à la sagesse. On appelait *quadriviaux* ceux qui l'enseignaient ou le suivaient.

Dans la pratique, cette division n'était pas tellement tranchée, qu'elle ne pût être modifiée par des suppressions, par des additions ou par le mélange des deux catégories, selon les goûts ou les capacités du maître. C'est ainsi qu'Abbon n'enseignait à Fleury que la dialectique, l'arithmétique et la grammaire qui embrassait l'étude des langues, les éléments des belles-lettres et la lecture des bons auteurs de l'antiquité. Il avait donc composé son *Trivium* de trois branches d'enseignement empruntées à l'une et à l'autre catégories ; son cours n'était ni complet ni homogène dans son espèce. Mais l'habile *scolastique* rachetait par la magie de son talent ce qui manquait à son savoir ; l'école de Fleury, bien qu'éloignée des grands foyers de population, fut fréquentée par des milliers d'élèves et considérée comme une des premières du royaume. Elle fut en son temps ce qu'avait été l'école de Luxeuil au septième siècle.

L'histoire du Moyen Age n'avait encore enregistré aucun succès d'école comparable à celui d'Abbon. Affluence toujours croissante des disciples, applaudissements, popularité, renommée, rien ne manquait à sa gloire. Combien d'autres auraient succombé à la tentation de l'orgueil dans une situation si enivrante! L'âme d'Abbon ne fut ni gonflée ni troublée par les vapeurs de la vanité. Viendra un moment où on lui demandera le sacrifice de sa chaire; il y renoncera sans hésitation et consentira à se faire oublier en s'éloignant du théâtre de ses triomphes.

Cette brillante phase oratoire est la partie la plus poétique de la vie accidentée d'Abbon. Qu'on se représente cinq mille étudiants, clercs et laïques, Francs et Aquitains, également avides d'une parole adorée, contenant par respect leur impatiente admiration, et éclatant enfin en *bravos* frénétiques, et l'on aura une idée du tableau que devait offrir cette jeune armée d'écoliers dans ce prétendu *siècle de fer*. De telles ovations ne sont réservées, dans le cours des siècles, qu'à un petit nombre de génies privilégiés. Près de trente ans après la mort d'Abbon, alors que l'enthousiasme qui s'était attaché à sa personne ou à sa parole avait pu s'éteindre ou se refroidir, Odolric, un de ses disciples, proclamait devant les Pères d'un concile de Limoges dont il sera question plus tard, qu'il avait été *très-florissant en philosophie et le maître le plus fameux de la France tout entière par sa science sacrée et profane*[1]. » La postérité a ratifié ce jugement dans un ouvrage

---

1. « Abbo florentissimus philosophiâ..... et omni divinâ et sæculari auctoritate *totius Franciæ magister famosissimus.* » (Hardouin, *Acta conciliorum*, t. VI, col. 855.)

moderne qui fait autorité; elle répète encore aujourd'hui qu'*Abbon fut dans ce temps un maître très-illustre*[1].

Parmi les disciples formés par un tel maître, quelques-uns ont conquis une place dans l'histoire. Nous ne craignons pas, en leur consacrant quelques lignes, de faire pâlir la gloire d'Abbon. Les fils n'ont pas éclipsé le père. Le scolastique de Fleury brillait comme un soleil au milieu de tant de satellistes qui recevaient de lui leur lumière, et il leur assurait par l'éclat de son nom une part à son immortalité. L'un d'eux fut capable de traduire Euclide[2]; d'autres remplirent dans l'Église de Dieu d'importantes fonctions ou confondirent d'une manière plus ou moins intime leur existence monastique avec celle de notre saint. Contentons-nous de mentionner les moins obscurs :

1° *Aimoin*[3]. — Nos lecteurs nous pardonneront quelques détails sur un écrivain à qui la postérité est si redevable. Aimoin est pour nous le type de la

---

1. « *Abbo clarissimus per ea tempora magister.* » (*Gallia Christiana*, t. II, col. 569.)

2. *Revue du monde catholique*, année 1868, p. 566, article intitulé : *L'ignorance au Moyen Age*, par M. Eugène Loudun.

3. *Aimoin*, en latin *Aimoinus*, se trouve aussi nommé par diverses altérations : *Aimoenus, Aimonius, Aimont, Aimomus, Ammoinus, Ammonius, Amonius, Annonius, Annonus, Aumonius, Aymoinus, Haimo, Hasmonius, Haymo, Haymon, Haymoneus, Haymonus, Heimon*. Peu de noms propres ont eu autant de variantes.

vie studieuse et savante. Il nous est particulièrement cher, à nous qui l'avons eu pour guide dans une tâche laborieuse et confuse. Quand on a passé plusieurs années en sa compagnie, on le vénère comme un saint, on l'aime comme un ami.

Aimoin, né à *Francs*[1] dans le territoire du département actuel de la Gironde, était fils d'Aunenrude, parente de Girault, seigneur d'Aubeterre. Son père, dont le nom nous est inconnu, était parent de Rosemberge, femme du vicomte Amalguin, avoué du prieuré de la Réole[2]. Postérieur d'un siècle à un écrivain du même nom, qui était moine de Saint-Germain-des-Prés[3], il a éclipsé son homonyme par l'élégance et par la valeur de ses écrits. *Auteur grave*[4], *très-savant dans toutes les sciences*[5], il sut être concis, lorsque la prolixité était un besoin de son siècle, et il écrivit avec plus de pureté qu'au-

1. *Francs*, commune du canton de Lussac, arrondissement de Libourne (Gironde). — Nous aurons occasion de parler plus longuement de la patrie d'Aimoin. Mais dès à présent nous revendiquons cet historien pour la Gironde. Il est une des illustrations les plus pures de ce département.

2. *Histoire littéraire de la France*, par dom Rivet, t. VII, p. 216.

3. On doit à ce moine écrivain plusieurs ouvrages arrivés jusqu'à nous.

4. *Aimoinus, auctor gravis*. (*Thaumasia benedictina*, auctore R. P. D. Carolo Stengelio, abbat. Anhusano. Augustæ Vindelicorum, 1650, p. 151.)

5. « *In omni genere scientiarum doctissimus.* » (Joannis Thritemii, Spanheimensis abbatis, tomus I *Annalium Hirsaugiensium*. Typis monasterii Sancti Galli, 1690, p. 112.)

cun de ses contemporains. *Poëte et prosateur*[1], comme son maître, il nous a laissé un poëme de deux cent vingt-deux vers sur la *Translation des reliques de saint Benoît* et *Deux livres sur les miracles de saint Benoît*, dédiés à l'abbé Gauzlin, successeur d'Abbon. Ce second ouvrage a une haute importance et contient beaucoup plus de choses que le titre ne le fait espérer ; on ne peut se dispenser de le consulter quand on veut étudier notre histoire nationale dans ses sources. Aimoin composa encore en l'honneur de saint Benoît un sermon dans lequel il inséra les vers élégiaques de Gauzbert dont nous avons déjà parlé. Nous n'avons pas lu sans intérêt les essais poétiques d'Aimoin. C'était un assez adroit versificateur pour un temps où la forme métrique elle-même était rabaissée comme l'inspiration. Quant au mérite de la prose, nous l'apprécierons bientôt.

Aux dons reçus du ciel, Aimoin joignait le bien le plus nécessaire dans le bonheur et dans le malheur : il possédait un ami, et cet ami était son maître, Abbon lui-même. Entre ces deux âmes dignes l'une de l'autre, il se forma une de ces fortes et tendres liaisons dont on retrouve tant d'exemples dans la vie des saints. Aimoin fut l'ami de cœur d'Abbon, le compagnon de son dernier voyage, et,

---

1. « *Metro exercitatus et prosâ.* » (*Ibid.*)

après sa mort glorieuse, le chantre de sa gloire. Abbon, poussé vers la science par un attrait irrésistible, usa utilement de son autorité sur son disciple chéri qui l'appelait son *père* et son *nourricier*[1]. Parmi les titres qui recommandent à l'estime le scolastique de Fleury, on peut compter le mérite d'avoir discerné de bonne heure le génie d'Aimoin. Sur les instances du maître, l'élève entreprit le plus vaste de ses travaux, l'*Histoire des Francs*, dont il est juste de parler. L'auteur la dédia à son *vénérable maître, à Abbon abbé*[2], et la soumit à son jugement. Il la commença donc avant l'année 1004, époque de la mort de ce dernier. Dans son épître dédicatoire, Aimoin nous trace lui-même tout le plan de son dessein. Il se propose de remonter à la prétendue origine troyenne de sa nation, et de conduire son ouvrage jusqu'au règne de Pépin le Bref, père de Charlemagne[3], c'est-à-dire jusqu'à l'an 755 ; circonstance essentielle qu'on n'a pas assez observée, puisque certains écrivains attribuent à Aimoin une suite de l'ouvrage qui va beaucoup au-delà de ce terme. Afin de répandre plus de lumière sur son livre, il crut, de l'avis d'Abbon[4], de-

---

1. « *Nutritoris* sui sancti *patris* nostri Abbonis haud segniter « recordatur. » (*Patrol.*, édit. Migne, t. CXXXIX, col. 387.)
2. *Domino venerabili..., Abboni abbati.* (*Ibid.*, col. 627.)
3. « Ab egressu Francorum e Trojâ usquè ad id temporis quo « Pipinus Magni Caroli pater regnare cœpit. » (*Ibid.*)
4. « Admonitionis tuæ non immemor. » (*Ibid.*)

voir débuter par une notice sur la Germanie et les Gaules, où s'étaient passés les événements qu'il se proposait de décrire. C'est ce qu'il exécute dans une assez longue préface, où il a pris pour ses guides Pline, Orose et principalement Jules César, qu'il copie presque intégralement dans la description de ces vastes pays et des mœurs de leurs habitants.

Aimoin a divisé son *Histoire des Francs* en quatre livres, comme il l'avait promis[1]. Mais soit que nous ayons perdu la fin du quatrième livre, soit que l'auteur ne l'ait pas achevé, ce qui nous en reste ne va que jusqu'à la seizième année du règne de Clovis II, qui correspond à l'an 654 de l'ère chrétienne. Entre le terme promis et le terme atteint, c'est une différence de quatre-vingt-dix-huit ans, au préjudice des lecteurs. Une main étrangère a ajouté soixante-quinze chapitres aux quarante-deux chapitres du quatrième livre, et même, contre le dessein de l'auteur, un cinquième livre divisé en cinquante-sept chapitres et s'arrêtant à l'année 1165. Ces additions sont l'ouvrage d'un ou de plusieurs moines de Saint-Germain-des-Prés, comme il est aisé de s'en convaincre par les diplômes et l'abrégé de l'histoire des abbés de ce monastère, qui ont été intercalés dans le second livre et les deux suivants.

---

1. *Patrol.*, édit. Migne, t. CXXXIX, col. 627.

Aimoin, en publiant son histoire, prévoyait des critiques sévères[1]. Il en a eu, en effet, surtout dans les derniers siècles. Valois, Pasquier, le P. le Cointe, Pierre Pithou, l'abbé le Beuf, Feller et, de nos jours, M. Chantrel, lui ont reproché, et quelquefois avec justice, des inexactitudes en histoire et en géographie. Les événements qu'il raconte, il ne les apprécie pas toujours sainement dans leurs causes et dans leurs conséquences. Son style manque de chaleur et d'élégance; il est cependant plus pur et plus correct que celui des auteurs du même siècle.

Malgré ces imperfections, l'ouvrage de l'humble auteur qui se croyait *le plus petit* dans le troupeau confié à Abbon[2], a été recommandé à l'attention des savants par de nombreuses rééditions. La première édition sortit en 1514 des presses de Badius Ascensius. Elle est en un volume in-folio, dédié à Guillaume *Parvi* ou le *Petit*, confesseur du roi, qui paraît l'avoir dirigée. Elle est classée par les bibliophiles au rang des *incunables*. En 1567, Jean Nicot, maître des requêtes et ambassadeur du roi en Portugal, en donna une édition moins fautive chez André Wechel. En 1602, dom Jacques du Breul, moine de Saint-Germain-des-Prés, en offrit une nouvelle édition. Les autres éditions sont celles de

---

1. *Patrol.*, édit. Migne, t. CXXXIX, col. 628.
2. « Totius gregis illi a Deo commissi *minimus Aimoinus.* » (*Ibid.*, col. 627.)

Marquard Fréher, en 1613; celle de François Duchesne, en 1641; celle de dom Bouquet, vers l'an 1750; et enfin celle de M. l'abbé Migne, en 1853[1].

Le succès ininterrompu de l'ouvrage d'Aimoin assigne une place à ce cher disciple d'Abbon parmi les historiens de notre pays. Honneur et reconnaissance au maître qui commanda et inspira ce livre tout patriotique! Honneur au disciple dont l'obéissance nous a valu un livre où nos ennemis eux-mêmes n'ont pas dédaigné de puiser!

Dans le recueil des miracles de saint Benoît à Fleury, Aimoin nous apprend[2] qu'il se proposait de raconter également les prodiges opérés en Neustrie par le même saint. Mais on ignore s'il a exécuté ce dessein, quoiqu'il ait vécu assez longtemps pour le réaliser.

Aimoin nous apprend ailleurs[3] qu'il avait composé l'histoire des abbés de Fleury, prédécesseurs d'Abbon; mais cet ouvrage n'existe plus; Mabillon en regrette la perte.

Quelque temps après la mort de saint Abbon, le B. Hervé, trésorier de l'église Saint-Martin de Tours, pria Aimoin d'écrire la vie de l'abbé de Fleury, leur commun maître. Aimoin avait assisté au mar-

---

1. *Patrol.*, édit. Migne, t. CXXXIX, col. 627-798.
2. *Ibid.*, col. 852.
3. *Ibid.*, col. 406.

tyre du saint et pouvait mieux que personne se livrer à ce travail. Il le fit[1] et, par une lettre particulière, dédia son ouvrage à Hervé, *homme d'une très-révérende vie*[2].

Cette *Vie de saint Abbon*, à laquelle nous aurons souvent recours, a mérité l'éloge de tous les savants. Partout un récit sobre et fidèle, bien ordonné, dégagé de lieux communs; la marche calme et paisible du livre a un air de dignité et de bonhomie qui touche et intéresse vivement. Si la latinité, malgré sa correction, n'a pas toutes les qualités de celle des anciens, elle ne laisse pas d'être claire et agréable. Il nous semble douteux qu'il nous fût donné aujourd'hui de faire mieux ou aussi bien, si nous avions à écrire dans la langue des anciens Romains. L'im-

---

1. Un chroniqueur anglais, *Joannes Pitseus* (Joannis Pitsei Angli *Relationum historicarum de rebus anglicis.* Parisiis, 1619, p. 181) attribue à un moine d'York qu'il nomme *Haimo* et qu'il fait vivre vers l'an 1010, une histoire du *martyre de saint Abbon de Fleury*. Un autre chroniqueur de la même nation, *Joannes Baleus* (*Scriptorum illustrium Majoris Britanniæ catalogus.* Basileæ, 1658. Centuria decima tertia, n° xi), partage la même erreur. Selon *Gérard Vossius*, historien allemand (*de Historicis latinis lib.* III. Lugduni Batavorum, 1651, p. 361) *Haimo*, moine anglais, bénédictin à Fleury, puis à York, ne vivait qu'en 1020. L'analogie ou l'altération des noms peuvent expliquer la méprise de ces écrivains. Comment le savant Ducange a-t-il pu se faire leur complice dans son *Glossaire* (édit. Firmin Didot, t. VII, p. 592), surtout après avoir reconnu ailleurs (art. *Era*) qu'Aimoin est l'auteur de la *Vie de saint Abbon*?

2. *Reverentissimæ vitæ viro domno Herveo.* (*Patrol.*, édit. Migne, t. CXXXIX, col. 387.)

mortel Mabillon faisait un si grand cas de l'œuvre d'Aimoin, qu'il osait écrire ces mots : « Il n'est pas « facile de juger lequel des deux a été le plus heu- « reux, ou Aimoin d'avoir eu Abbon pour maître, « ou Abbon d'avoir eu Aimoin pour historien de « sa vie[1]. » Avant et après Abbon, d'autres couples de grands hommes ont mérité et obtenu un semblable éloge ; il est glorieux pour Abbon et Aimoin de figurer sous ce rapport parmi les noms les plus connus de l'histoire.

La bibliothèque de l'École de médecine de Montpellier conserve un exemplaire manuscrit de la *Vie de saint Abbon*, par Aimoin[2]. Ce manuscrit que nous avons vu et compulsé, a peu de prix aujourd'hui ; mais il atteste l'importance que nos aïeux attachaient au livre d'Aimoin. Mabillon a mêlé à ses œuvres des fragments considérables de la *Vie de saint Abbon*[3]. Duchesne en a fait autant[4], ainsi que dom Bouquet[5].

1. « Non est facile æstimare uter felicior fuerit, Aimoinus, quòd « magistrum ac præceptorem habuerit Abbonem, an *Abbo* seu *Abo* « ipse, quòd Aimoinum, Floriacensem monachum, suumque discipu- « lum vitæ suæ scriptorem sortitus sit. » (*Acta sanctorum Ord. sancti Benedicti*, t. VIII, p. 30.)

2. Ce manuscrit est cité dans le *Dictionnaire des manuscrits*, édit. Migne, t. I, col. 565.

3. *Acta sanctorum Ord. S. Benedicti*, t. VIII, p. 50-58.

4. *Historiæ Francorum scriptores*. Lutetiæ Parisiorum, 1641, t. IV, p. 125-155.

5. *Recueil des historiens des Gaules et de la France*. Paris, 1760, t. X, p. 328-340.

Le P. Dubois l'a reproduite intégralement dans sa *Bibliothèque de Fleury*, en y intercalant des gémissements ou *lamentations* de sa façon sur la décadence de la discipline régulière dans l'Ordre de saint Benoît. L'édition la plus récente est celle de M. l'abbé Migne[1].

Matthieu Lauret, moine espagnol qui a fait imprimer à Naples, en 1616, une nouvelle édition de la Chronique du Mont-Cassin, reproche aux Religieux de Fleury un excès de vénération pour les écrits d'Aimoin, *leur grand auteur*, qu'ils enfermaient dans un même coffre avec les os de saint Benoît[2]. Ce fait, peut-être unique dans la république des lettres, donne à Aimoin et à ses écrits une importance peu commune. Les écrivains les plus impies auraient fait taire leur haine contre la Religion, s'ils avaient pu aspirer à l'honneur de confondre leurs œuvres avec les reliques des saints. Cette gloire a été accordée à un *grand auteur*, plus grand sur ce point que son maître. Abbon peut du moins revendiquer une portion des mérites de son disciple. Que de génies se seraient éteints dans l'ombre, s'ils n'avaient eu, pour éclore, la chaleur vivifiante d'une sage direction!

Aimoin ne survécut pas longtemps à son maître

---

1. *Patrol.*; édit. Migne, t. CXXXIX, col. 387-414.
2. *Lettres choisies de Simon.* Rotterdam, 1705, t. III, lettre 12.

et à son ami; il mourut en 1008. Dieu réunit promptement leurs âmes comme la postérité a rapproché indivisiblement leurs noms.

2° *Bernard* ou *Bernon*, nommé aussi *Quod vult Deus*. Poëte, rhéteur, hagiographe, musicien, philosophe, théologien, il quitta l'abbaye de Fleury pour aller enseigner dans celle de Prüm, non loin de Trèves. Ses succès fixèrent l'attention du roi saint Henri qui le nomma abbé de Richenaw, dans le diocèse de Constance.

3° *Bernard de Comborn*, qui avait été offert, comme Abbon, à l'abbaye de Fleury par son père Hugues, illustre Aquitain, pour y être consacré à Dieu. L'abbé Richard le recommanda à Abbon qui lui voua une amitié toute spéciale. Bernard devint abbé de Solignac vers l'an 979, puis abbé de Beaulieu, dans le diocèse de Tulle, et enfin évêque de Cahors. Abbon lui écrivit deux lettres[1] dont nous parlerons plus tard.

4° *Diéderic* ou *Thierry*, auteur d'un travail sur l'*Illation*, c'est-à-dire la translation des reliques de saint Benoît de l'église Saint-Aignan d'Orléans à l'abbaye de Fleury. Il a encore composé un recueil de *Statuts et coutumes de Fleury*, différent de celui que le P. Dubois a publié dans la *Bibliothèque de Fleury*. Il enseigna en Allemagne.

---

1. *Patrol.*, édit. Migne, t. CXXXIX, col. 398-401.

5° *Gauzlin*, ou *Gauslin*, ou même *Gauscelin*, fils naturel de Hugues Capet, depuis roi de France[1]. *Dès sa première enfance*[2], il avait été élevé à Fleury. Il est cité dans la Vie du roi Robert comme un admirable orfévre, un *faiseur de merveilles* ; sa science et sa piété, plus encore que la proximité du sang, le rendirent cher au roi Robert. Ce prince en fit son conseiller habituel et lui confia l'abbaye de Fleury après la mort de saint Abbon. En 1005, il l'éleva à la dignité d'archevêque de Bourges, en lui laissant sa charge d'abbé, qu'il continua de remplir avec le plus grand zèle. D'un voyage à Rome, Gauzlin rapporta une parcelle du saint suaire. Cette relique fut déposée dans une châsse d'or ornée de perles, qui avait la forme d'une main bénissante, et portait cette inscription :

GAUDIA LÆTA
FERT MANUS ISTA,
SINDONE CHRISTI
PLENA REFULGENS.

C'est à l'origine de la main bénissante qui formait le contre-scel de l'abbaye de Fleury. La main

---

1. Gauzlinus Hugonis Capeti filius *manzer* seu nothus.
2. *A puero.* (*Annales Ordinis Sancti Benedicti*, t. IV, p. 174.)

est entourée de cette légende : *Dextera Dei : main de Dieu.*

A son arrivée au monastère, Gauzlin établit, en l'honneur de la relique insigne qu'il avait obtenue à Rome, une procession solennelle qui devait avoir lieu tous les ans, le jour de l'Ascension. Cette fête s'est maintenue pendant des siècles, et maintenant encore une procession des reliques, le jour de l'Ascension, continue cette antique et respectable tradition.

Gauzlin mourut en 1029 et fut inhumé à Fleury, selon ses désirs. La *Société archéologique de l'Orléanais* a publié sa Vie en 1853.

Des œuvres littéraires de Gauzlin, il ne reste qu'un *discours sur saint Martial* et quelques lettres qui font partie de la *Patrologie latine* de M. l'abbé Migne[1]. L'une de ces lettres est une réponse au roi

---

1. *Patrol.*, édit. Migne, t. CXLI et CXLII.

Robert, qui avait écrit à Gauzlin et à quelques autres savants de son royaume touchant une espèce de pluie de sang qui était tombée sur une des côtes maritimes de l'Aquitaine.

6° *Gérard*, ou *Girard*, ou *Gérauld*, auteur d'un poëme sur la translation des reliques de saint Benoît d'Italie en France. Les Bollandistes en ont rapporté les premiers vers [1]. Abbon lui adressa deux lettres dont nous parlerons longuement dans le chapitre suivant.

7° Le B. *Hervé* [2], en latin *Herveus, Heriveus*. Voilà encore un nom qui a droit au respect de l'histoire et qui fait honneur à l'abbé de Fleury. A côté d'Abbon qui est le saint de la vie publique, de la polémique, de la lutte, Hervé nous apparaît comme le saint de la vie humble et retirée, de la solitude et de la prière. Hervé, fils de Sulpice de Busançais, seigneur de Châtillon, de Verneuil et de la Tour d'Amboise, fut élevé à Fleury et eut pour

---

1. *Acta sanctorum*, ad diem 21 martii.
2. Le nom d'*Hervé*, qui signifie *amer*, avait été illustré, au sixième siècle, par un saint breton, *saint Hervé, l'aveugle*, patron des chanteurs mendiants, honoré le 17 juin, et au dixième siècle, par un archevêque de Reims. Il appartient aussi à un saint du douzième siècle honoré à Chalonne, en Anjou, le 17 juillet, ainsi qu'au quatorzième général de l'Ordre de saint Dominique (quatorzième siècle) et à un savant oratorien qui nous a laissé, parmi ses œuvres, une *harangue* prononcée, en 1667, devant les jurats de Bordeaux, à l'occasion du collège de Guienne que la ville avait offert, dès l'an 1639, à sa Congrégation. Des familles honorables portent encore aujourd'hui, en France, le nom d'*Hervé*.

maître le savant Abbon. Le roi Robert l'investit de la dignité d'*archiclave* ou trésorier de l'église Saint-Martin de Tours. Cette charge ne s'accordait qu'aux personnages les plus considérables. Hervé prit possession de la trésorerie sous l'habit blanc des chanoines de Saint-Martin.

Une lettre d'Abbon, dont il sera question plus tard, est adressée à Hervé, *miroir du bon naturel* [1]. Nous avons déjà vu qu'Hervé usa de son influence sur Aimoin pour le déterminer à écrire la Vie de leur maître. Aimoin, qui avait été son condisciple, parle de la grâce de son caractère : « Il était, nous « dit-il, doux avec ses camarades, soumis à ses « supérieurs, toujours agréable à Dieu et aux « saints [2]. »

Amblard, abbé de Solignac, lui adressa la *Vie de saint Éloi*, en le priant de la faire lire au roi Robert. Ce prince qui était abbé de Saint-Martin, comme l'avait été son père, comme le furent ses successeurs jusqu'à la Révolution, paraît avoir conservé des privautés assez intimes avec le trésorier de cette vénérable église. Il lui offrit même la mitre, mais sans pouvoir la lui faire accepter. Hugues Capet et Robert, ces fondateurs de la troisième dynastie, qui hésitèrent quelquefois, au rapport de

---

1. *Bonæ indolis speculo.* (*Patrol.*, édit. Migne, t. CXXXIX, col. 423.)
2. *Ibid.*, col. 587.

Richer, sur la valeur de leur droit à la couronne, aimaient à se recommander aux saints de la terre en honorant ceux du ciel.

La chapelle bâtie par saint Brice sur le tombeau du grand thaumaturge des Gaules, dont il était le successeur immédiat sur le siége de Tours, avait été remplacée par une basilique qu'avait élevée saint Perpet, troisième successeur de saint Martin. Cette basilique subsistait encore à la fin du dixième siècle; mais elle avait essuyé beaucoup de dommages et plusieurs incendies, lorsqu'un nouveau désastre la détruisit, ainsi que tout le château de Saint-Martin, qu'on appelait la *Martinopole*. Hervé résolut de reconstruire cette église. Les travaux furent commencés en l'an 1001 et la dédicace se fit au mois de juillet dé l'an 1014. La rapidité des travaux, l'étendue des bâtiments et leur beauté, dont témoigne une tour qui est encore debout, prouvent que si les hommes du dixième siècle égalaient ou surpassaient en vertu et en véritables lumières nos progrès modernes, ils ne nous étaient pas de beaucoup inférieurs dans les beaux-arts.

Quand il eut heureusement terminé ces grands travaux, Hervé sentit renaître son penchant pour la solitude. En 1012, il se démit de sa charge de trésorier et se retira avec un seul domestique dans l'île de Saint-Côme, située un peu au-dessous de la ville de Tours. Cette île, aujourd'hui réunie au continent, appartenait au chapitre dont Hervé était trésorier. Bérenger y mourut pénitent en 1088 et y fut enterré; le poëte Ronsard y termina également ses jours en 1585 et ses restes y furent déposés dans un somptueux mausolée.

Hervé avait acquis un tel renom de sainteté, que lorsqu'on le vit décliner vers sa fin, on accourut auprès de lui dans l'espérance de voir à son dernier soupir quelque signe de la vertu de Dieu. Mais le *bienheureux*[1], connaissant la pensée et le désir des assistants, leur recommandait de conjurer pour lui la miséricorde divine ; élevant au ciel ses yeux baignés de larmes et étendant les bras, il ne cessait de répéter : Ayez pitié de moi, ayez pitié de moi, Seigneur, ayez pitié *de moi*[2]. Il expira de la sorte en 1022.

8° *Odolric*, d'une *prudence remarquable*[3], abbé pendant quinze ans de Saint-Martial de Limoges. Au concile réuni dans cette ville en 1031, il fit l'éloge d'Abbon dans les termes que nous avons rapportés plus haut. Il mourut en 1040.

9° *Vital*. Le monastère de Fleury possédait le corps de saint Paul de Léon depuis l'an 950 ; mais

---

1. Le titre de *Vénérable* ou de *Bienheureux* accompagne le nom d'Hervé dans quelques martyrologes. Ce nom, cher à l'histoire et à l'Église, n'a pas été cependant inséré dans le nouveau *Propre* des saints du diocèse de Tours imprimé en 1859.

2. *Miserere, miserere, Domine, miserere.*

3. *Prudentiâ insignis.* (*Gallia christiana*, t. II, col. 558.)

il importait de connaître la vie de ce saint. Gauzlin chargea Vital de l'écrire. L'œuvre hagiographique de Vital a été publiée par les Bollandistes[1]. Les deux ettres d'Abbon à Gérard étaient adressées en même temps à Vital.

Telle est la belle galerie de portraits dont se trouve encadrée l'imposante figure d'Abbon. L'homme capable de former de tels disciples ne se laissa point éblouir par l'éclat du succès. Il ne se dissimula point les lacunes de son enseignement et conçut le désir de se rendre plus utile dans un avenir prochain par le complément de ses études. Un attrait passionné, invincible, le poussait vers la science. Mais comment satisfaire de si nobles goûts dans l'étroite enceinte du monastère? Il renonce donc à sa chaire de professeur pour redevenir élève, s'éloigne de Fleury et va chercher au loin, comme Gerbert, de nouvelles occasions d'études et d'autres aliments pour l'exercice de son génie. Il se dirige vers le nord de la France et s'arrête d'abord à Paris[2]. Un *docteur distingué*[3], du nom de Remi, moine de Saint-Germain d'Auxerre, avait fondé dans ce siècle l'école de Paris, premier berceau de l'université de cette ville. Abbon y étudia, sous la direction des disciples de Remi, l'arithmé-

---

1. *Acta sanctorum*, ad diem 12 martii.
2. *Patrol.*, édit. Migne, t. CXXXIX, col. 390.
3. *Egregius doctor.*

tique, la géométrie et l'astronomie. De Paris il se rend probablement à Auxerre, à Metz, à Toul, à Verdun, à Liége, à Lobbes, à Gembloux, à Gorcum, à Trèves, dont les écoles formaient comme un réseau de haut enseignement. Son biographe ne nomme, après celle de Paris, que celle de Reims. Cette dernière, une des plus brillantes de l'époque, remontait aux temps voisins du grand roi : elle avait eu, sinon pour fondateurs, du moins pour régénérateurs, Remi et Hucbald, qui jetèrent un assez vif éclat au commencement du dixième siècle. Hincmar l'avait protégée de son influence et de son nom, et Flodoard y avait professé l'histoire avec distinction. A l'époque d'Abbon, elle était gouvernée par un maître bien autrement connu, l'immortel Gerbert. Autour de la chaire d'où tombait un enseignement si substantiel pour le temps, se pressaient les jeunes héritiers des premières familles de la Neustrie, de l'Allemagne et de l'Aquitaine. Parmi eux, nous ne citerons que Fulbert de Chartres et le chroniqueur Richer, dont l'*Histoire* découverte en 1833 par Pertz dans la bibliothèque publique de Bamberg en Bavière, et publiée dans le troisième volume des *Monuments historiques de l'Allemagne*, a jeté un si grand jour sur la dernière moitié du dixième siècle. Robert, depuis roi de France, y prenait place à côté de tant de disciples obscurs par leur nom, mais destinés à diriger, à leur tour, les écoles monastiques et épiscopales de leur pays. Abbon, à qui la Providence réservait une si haute mission, se confondit avec les élèves du grand maître et se lia avec le prince Robert, qui l'honora de son amitié.

Abbon avait visité les principales écoles du royaume, les *arsenaux de la philosophie*[1], pour parler le langage de saint Augustin, ou les *laboratoires de la sagesse*[2], ainsi que les appelle Aimoin. Cette belle et noble philosophie qui élève l'âme, qui est, selon Macrobe, *un don unique des dieux et la science des sciences*[3], il l'avait étudiée avec un zèle qui fut rarement égalé, et en avait orné son esprit et son cœur. Il n'était pas cependant entièrement satisfait ; une intelligence supérieure a des aspirations et une force de compréhension trop au-dessus du vulgaire pour se désaltérer aux sources communes. Il lui faut des aliments choisis, des substances généreuses en rapport avec sa nature privilégiée.

De retour à Orléans, Abbon fut initié par un clerc aux secrets de la musique ; mais il dut payer cher son goût pour cet art, et encore ne put-il l'ap-

1. *Arcem philosophiæ*. (*Sancti Augustini Opera omnia*, édit. Migne, t. I, col. 964.)
2. *Sapientiæ officinas*. (*Patrol.*, édit. Migne, t. CXXXIX, col. 590.)
3. « Philosophia, quod unicum est munus Deorum et disciplina « disciplinarum, honoranda est anteloquio. » (*Aurelii Macrobii Convivium primi diei Saturnalium*, lib. I, cap. XXIV.)

profondir sans se cacher, *à cause des envieux*[1]. Il subissait déjà le sort ordinaire des grands hommes et des saints. Le vrai mérite n'est jamais exempt de persécutions.

Des études si variées et si multipliées avaient dilaté au delà des limites communes l'horizon scientifique d'Abbon. Il lui restait cependant à se perfectionner dans la rhétorique et la géométrie qu'il n'avait pu encore qu'effleurer. Aucun maître de l'époque ne lui en expliqua les principes et les règles ; il fut donc son propre guide dans ses laborieuses recherches et ne consulta parmi les anciens que le rhéteur *Victorinus*, un des commentateurs de Cicéron[2]. Africain de naissance, Victorinus avait enseigné à Rome. Saint Jérôme nous apprend qu'il ne se déclara chrétien que dans son extrême vieillesse, quelques anées avant l'avénement de Julien[3].

C'est une des gloires d'Abbon d'avoir osé pour-

---

1. *Propter invidos.* (*Patrol.*, édit. Migne, t. CXXXIX, col. 390.)

2. Aimoin (*Ibid.*) et après lui dom Rivet (*Histoire littéraire de la France*, t. VII, p. 160), et l'abbé Rohrbacher (*Histoire universelle de l'Église catholique*, 2ᵉ édit., t. XIII, p. 289), se trompent, quand ils affirment que Victorinus fut le précepteur de saint Jérôme. Ce saint docteur nous apprend lui-même qu'il avait eu pour maître le célèbre Donat. (*Sancti Hieronymi Opera omnia*, édit. Migne, t. II, col. 410 ; — t. III, col. 1019.) Cet aveu impartial prouve à nos lecteurs que nous ne sommes pas un admirateur aveugle et systématique d'un écrivain qu'un double titre, sa patrie et ses travaux, recommandent à l'affection des Girondins.

3. *Sancti Hieronymi Opera omnia*, édit. Migne, t. II, col. 701.

suivre et d'avoir conquis par ses efforts individuels le couronnement de ses études. Ce seul fait atteste dans la société du dixième siècle le retour de l'activité, de la vie, et laisse entrevoir, à travers les ombres qui couvraient l'Europe, les heureux symptômes d'un meilleur avenir.

CHAPITRE III

**Dialectique d'Abbon. — Commentaire d'Abbon
sur le calcul de Victorius.
Découverte récente et appréciation
de ce commentaire, par M. Chasles, membre
de l'Institut.
Question du jour de Pâques.
Travaux d'Abbon sur ce sujet. — Découverte
de l'un de ces travaux, par M. Varin.
Divers écrits d'Abbon sur l'astronomie, le comput
et les sciences exactes.**

Abbon débuta dans la carrière littéraire et scientifique par un écrit sur la *dialectique* ou logique, qui n'est pour nous qu'une branche de la philosophie, mais qui chez nos aïeux du dixième siècle en résumait les plus hautes spéculations. Dans cet ouvrage mentionné par Aimoin et malheureusement perdu aujourd'hui, l'auteur développait *avec beaucoup de clarté*[1] une partie des difficultés qui concernent les syllogismes. Il fut regardé dès lors

---

1. *Enucleatissimè.* (*Patrol.*, édit. Migne., t CXXXIX, col. 390.)

comme un des plus habiles dialecticiens de son époque.

Abbon avait appliqué son intelligence à tous les problèmes qui préoccupaient alors l'esprit humain. Plus savant que son siècle, il voulut, après s'être abaissé jusqu'à son niveau, l'élever jusqu'à sa hauteur en lui communiquant le fruit de ses travaux. C'est ce qu'il entreprit dans quelques ouvrages qui furent accueillis avec admiration. Ces ouvrages dont nous allons parler maintenant pour suivre l'ordre chronologique, révélaient un esprit déjà mûr ; à travers les incertitudes et les incorrections du langage, on reconnaît dans Abbon un génie ferme, hardi, un logicien puissant qui, lorsqu'il a une fois conçu un principe ou un système, en démêle les conséquences, et, dans la liberté de sa pensée, les suit sans hésiter jusqu'à leur terme.

Ces ouvrages ne devaient être cependant que le brillant prélude d'autres compositions beaucoup plus remarquables.

L'histoire ne cite aucun autre ouvrage philosophique d'Abbon. Son activité intellectuelle s'exerça sur d'autres sujets plus conformes à ses goûts, aux idées courantes et aux besoins de l'époque. Examiner ces écrits d'une nature nouvelle, c'est pour nous un devoir dont l'aridité des matières ne peut nous dispenser. Il nous plaît d'ailleurs d'étudier dans notre saint toutes les aptitudes, c'est-à-dire tous les dons de l'esprit, comme ceux du cœur, dont la Providence l'avait comblé. Des découvertes récentes, des travaux modernes sur la question que nous allons aborder, simplifieront et soulageront notre tâche. Nous marcherons pendant quelques heures à la suite et à la lumière de quelques noms qui sont pour nous une garantie. Nous espérons pour nos lecteurs qu'ils ne regretteront pas leur patience dans l'examen de quelques ouvrages dont l'élaboration a dû exercer si longuement celle d'un auteur qui eut le courage de les entreprendre et de les finir.

On a longtemps erré sur le sens de l'*abaque* ou *abacus* des Romains. Ce mot d'origine grecque qui, par extension, s'entend de l'arithmétique, signifie proprement *tablette*. C'était une plaque recouverte de poudre sur laquelle on traçait des chiffres. Ces chiffres étaient distribués dans des colonnes où ils acquéraient des valeurs de position en progression décuple, exactement comme dans nos combinaisons numériques actuelles. Boèce a consacré à l'explication de l'*Abacus* un chapitre de son premier livre de la *Géométrie* [1]. Mais est-il le seul auteur qui ait fait mention de ce système? On ne peut le supposer, par la raison que le texte de l'écri-

---

1. *Patrol.*, édit Migne, t. LXIII. col. 1355-1336.

vain est si laconique et si obscur, qu'il n'aurait pas suffi pour en perpétuer l'enseignement dans les écoles du Moyen Age. D'ailleurs, Boèce ne parle pas des fractions d'après la méthode de l'*abacus*. Il y a donc là une lacune que les calculateurs venus après lui ont dû combler en recueillant, parmi les débris de la littérature latine, quelque autre pièce pour l'intelligence de l'*abacus*. Un ouvrage de Victorius d'Aquitaine, le *Calculus*, fut sans doute le livre classique où l'on continua à étudier la méthode de numération des Romains.

Victorius[1], docte Aquitain de Limoges, vivait au cinquième siècle de notre ère. Les contemporains s'accordent à lui donner le titre d'habile *calculateur*. Il composa deux ouvrages qui lui ont donné une certaine célébrité dans l'histoire de l'Église. Le premier est le *Calculus*, déjà nommé, dont nous ne possédons que le titre ; le second est un *Cycle pascal* qui nous a été conservé. Nous en parlerons plus tard.

Les auteurs de l'*Histoire littéraire de la France*, et tous les modernes après eux, se sont mépris en confondant ces deux ouvrages, pourtant bien distincts. Qu'était-ce que le *Calcul* de Victorius? Cet ouvrage a existé dans un manuscrit de l'abbaye de Saint-Victor, qui appartient aujourd'hui à la Biblio-

---

1. *Victorius* est aussi appelé *Victor* ou *Victorin*.

thèque de l'Arsenal¹. Malheureusement cette pièce ne se trouve plus dans le manuscrit, qui est incomplet ; mais le titre subsiste dans la liste des ouvrages que contenait le volume, et qui est écrite sur la feuille de garde. On y lit : *Calculus Victorii qui est finis Abaci*² ; ce qui semble dire que le *Calcul* de Victorius est la partie qui termine un traité de l'*abacus*, savoir le calcul des fractions.

D'autres explorations nous éclaireront encore plus sûrement : quelques historiens du onzième et du douzième siècle, notamment Sigebert, moine de l'abbaye de Gembloux, dans le Brabant, citent un *Commentaire d'Abbon sur le Calcul de Victorius*³. Ce *Commentaire* est inscrit dans le catalogue de la Vaticane⁴ sous ce titre : *Explicatio super Calculum Victorii, seu Isagoge arithmeticæ*⁵. Le *Calcul* de Victorius était donc vraiment une introduction à l'arithmétique, un véritable traité de calcul. Le travail d'Abbon, qui n'en était que le *Commentaire*, développait le même sujet. Nous en avons la preuve dans la préface de ce *Commentaire*, qui seule a été

1. N° 55 des manuscrits latins.
2. *Calcul de Victorius qui est la fin de l'Abacus.*
3. « Abbo, abbas Floriacensis, super Calculum Victorii commen-« tatus est. » (*Sigeberti, Gemblacensis cœnobitæ, Chronicon ab anno* 381 *ad an.* 1113. P. 87, an. 994.)
4. Cette pièce se trouve dans Ms. 1281, f° 19, de la Bibliothèque du Vatican (Mss. de la reine de Suède).
5. *Explication du calcul de Victorius ou introduction à l'arithmétique.*

mise au jour par les bénédictins Martène et Durand, d'après un manuscrit de l'abbaye de Lobbes dans le pays de Liége[1]. « Le but que s'est proposé Victo-
« rius, dit cette préface mal traduite dans l'*His-*
« *toire littéraire de la France,* est d'apprendre à
« faire les multiplications et les divisions des nom-
« bres, sans se tromper, soit dans toutes les ques-
« tions qui se rapportent aux sciences des nombres,
« telles que l'arithmétique, la géométrie, la musi-
« que et l'astronomie, soit dans les questions sur
« les mesures et les poids. »

La préface d'Abbon ne pouvait déterminer plus clairement le genre des matières traitées dans le *Calcul* de Victorius. Mais le corps de l'ouvrage ne contredisait-il pas la préface? ce *Commentaire* était-il, selon la promesse exprimée par le mot, une explanation, une élucidation du *Calcul* ou *Abacus* de Victorius ? On le pensait, mais on l'affirmait gratuitement jusqu'au jour où la Providence a révélé, pour la gloire de notre saint et de l'Église, ce célèbre *Commentaire.* Il y a peu de temps, le *Commentaire* d'Abbon fut découvert dans les manuscrits de la Bibliothèque royale de Bruxelles, par MM. Quételet et le baron de Reiffenberg, qui l'ont communiqué à M. Chasles, membre de l'Institut impérial de France. Depuis, l'illustre savant parisien s'est

---

[1]. *Thesaurus novus Anecdotorum,* t. I, col. 118.

procuré une seconde copie de ce *Commentaire*, faite en Allemagne, d'après un manuscrit ancien provenant de la bibliothèque du cardinal Nicolas de Cusa, dont le nom figure dans l'histoire des mathématiques et même de l'astronomie, puisqu'il avait conçu l'idée du mouvement de la terre[1]. Voilà donc l'ouvrage d'Abbon ressuscité ! Dès que les feuilles publiques[2] nous eurent appris cet événement, nous nous proposâmes de rendre visite à l'heureux détenteur de l'œuvre d'Abbon. A peine étions-nous à Paris, en septembre 1867, que nous nous transportâmes rue du Bac, chez M. Chasles. Nous vîmes, nous contemplâmes de nos yeux, nous touchâmes de nos mains avec une sorte de culte une des copies du *Commentaire* de notre cher Abbon. Notre joie était encore plus grande que notre curiosité. Le nom d'Abbon, naguère si obscur, presque oublié, maintenant prôné, glorifié par la presse, par les savants, faisait battre notre cœur d'une douce émotion. Dans la séance du 27 mai 1867, M. Chasles avait analysé l'œuvre d'Abbon devant l'*Académie des sciences* et avait démontré que le moine de Fleury avait été dans son livre l'interprète et le continuateur du *Calcul* de Victorius. Cette analyse a

---

1. Les deux copies du *Commentaire* d'Abbon que possède M. Chasles sont de deux mains différentes : celle du manuscrit de Bruxelles contient 91 pages in-f°, et l'autre 156 pages in-f°.

2. *Le Monde*, édition semi-quotidienne, n° du 29 juillet 1867.

été imprimée[1] ; il nous suffira de la consulter, pour faire apprécier un *Commentaire* trop longtemps ignoré.

« Cette pièce, dit M. Chasles, prouve surtout que
« le système de l'*Abacus* était enseigné au dixième
« siècle dans la célèbre abbaye de Fleury, en même
« temps qu'il l'était par Gerbert dans sa florissante
« école de Reims. Ce concours de Gerbert et d'Ab-
« bon, *les deux hommes supérieurs de l'époque*, et
« entre lesquels il y avait une certaine émulation,
« sans rivalité, suffisait pour assurer à la méthode
« de l'*Abacus* le rapide développement qu'elle a
« pris à cette époque.

« Dans ce *Commentaire*, Abbon énonce çà et là
« les règles de l'*Abacus* relatives surtout à la mul-
« tiplication, dans les termes mêmes où elles se
« trouvent dans Boèce et Gerbert. Il justifie donc le
« titre de *maître en abacus* qu'il prend sans orgueil
« en terminant son livre[2]. Mais cet ouvrage fort
« diffus, comme tous les commentaires de l'épo-
« que, n'est pas un traité proprement dit de l'*aba-
« cus*. L'auteur y parle de tout : philosophie, rhé-
« torique, grammaire, philologie, dialectique,
« astronomie, physique, etc. Il s'étend sur les pro-
« priétés platoniques des nombres et sur l'arithmé-

---

1. Chez Gauthiers-Villars, imprimeur-libraire, Paris, rue de Seine-Saint-Germain, 10.
2. ..... Hic abbas *abaci doctor* dat se Abbo quieti.

« que spéculative, telle qu'on la trouve dans les
« ouvrages de Nicomaque et de Boèce, et il parle
« très-peu de l'arithmétique pratique. Il cite une
« foule d'auteurs anciens : Socrate, Platon, Aris-
« tote, Térence, Cicéron, Virgile[1], Horace, Tite-
« Live, Pline, Chalcidius, Martianus Capella, Ma-
« crobe, Boèce, Isidore. Il définit tout. Un seul
« mot, pris peut-être du texte de Victorius, devient
« le sujet d'explications interminables, où se trou-
« vent quelquefois des mots grecs. Il décrit la con-
« struction des clepsydres d'eau, et la manière de
« les graduer pour qu'elles indiquent les divisions
« du jour et servent aux observations astronomi-
« ques. Il faut lire au moins la moitié de ce long
« *Commentaire*, avant d'apercevoir quelques tra-
« ces d'arithmétique pratique. Enfin on arrive à
« des explications sur la théorie des fractions. Ce
« sont les vingt-quatre fractions romaines, telles
« qu'on les trouve dans le traité de l'*Abacus*. L'au-
« teur y donne leurs noms, leurs signes et leurs
« rapports entre elles...... Au milieu de ces
« explications sans suite et peu claires, puisqu'elles
« se rapportent à un texte qu'il faudrait connaître

---

1. Indépendamment du poëte latin, Abbon cite deux fois un certain Virgile, de Toulouse, grammairien du sixième siècle, dont le
temps a sauvé huit épîtres *sur les parties du discours* et quinze
lettres sur *divers sujets de grammaire*. (*La Civilisation chrétienne
chez les Francs*, par Ozanam, 3ᵉ édit., p. 425-427.)

« pour le bien comprendre, on trouve la numéra-
« tion digitale, c'est-à-dire la manière d'exprimer
« les nombres par les doigts et les phalanges[1]. »

Une plus longue analyse n'est pas nécessaire pour nous faire juger l'ouvrage d'Abbon, son mérite scientifique et ses longueurs inutiles. Écartons la question de rédaction qui n'est ici qu'accessoire, et nous trouverons sous l'écorce d'une littérature imparfaite un savant, un *maître en abacus* qui a appris tout ce que son siècle a pu lui enseigner, et qui, véritable apôtre de la science et du progrès, dépose laborieusement dans un livre destiné au public le fruit de ses longues études. La valeur de ce livre providentiellement découvert au dix-neuvième siècle le grandit dans l'histoire des mathématiques et le place forcément à côté de Gerbert.

Non-seulement Abbon a *commenté* Victorius ; mais il a encore composé lui-même un traité de l'*Abacus*. On le conclut de ses propres paroles : « Ces règles appartenant, dit-il, au traité de l'*Aba-*
« *cus*, seront l'objet d'une *autre* dissertation[1]. »

M. Chasles ajoute : « Nous ne trouvons pas les

---

[1]. Abbon est donc, au dixième siècle, un précurseur de Christophe Clavius, jésuite, savant mathématicien, surnommé l'*Euclide du seizième siècle*, auteur d'un ouvrage sur la numération digitale qui a pour titre : *Computus ecclesiasticus per digitorum articulos mirâ facilitate traditus*. Romæ, 1597.

2. « Cùm hæc pertinent ad rationem Abaci, alterius sint dispu-
« tationis ac negotii. »

« règles de la division dans le *Commentaire* d'Ab-
« bon ; mais un second ouvrage y faisait suite sous
« le titre d'*Additions*, comme on le voit dans Tri-
« thème[1]. Cet ouvrage était-il le *Traité de l'Aba-*
« *cus* cité ci-dessus ? Il a laissé un traité intitulé :
« *Du nombre, de la mesure et du poids*[2]; opus-
« cule que Mabillon a eu entre les mains[3]. Un cata-
« logue des livres de l'abbaye de Gotwich, en
« Autriche, dressé au douzième siècle, indique un
« ouvrage d'Abbon sous ce titre : *Abbo de regu-*
« *lis*[4]. Peut-être est-ce l'ouvrage sur l'*Abacus* dont
« nous venons de parler ; le mot *Abaci*, qui de-
« vait compléter le titre, aura été omis par le co-
« piste. Dans un manuscrit qui contient le *Comput*
« d'Abbon, se trouvent, entre autres pièces sur
« l'*Abacus*, un *Libellus de regulis Abaci*[5], et un

---

1. « Scripsit (Abbo) super calculo Victorii (lib. I), — *Additio-*
« *nes in eumdem* (lib. I) — *et quœdam alia.* » (*De script. ecclesiast.*, t. XI, f° 72, v°.)

2. *De numero, mensurâ et pondere.* (*Patrol.*, édit. Migne, t. CXXXIX, col. 534.)

3. *Annales Ordinis Sancti Benedicti.* (Lutetiæ Parisiorum, 1707, t. IV. p. 175.)

4. *Abbon concernant les règles.* (*Thesaurus anecdotorum novissimus*, a R. P. Bernardo Pezio, Ord. S. B. Augustæ Vindelicorum, 1721, t. II, p. 11.) — M. Chasles a visité la bibliothèque de l'abbaye de Gotwich et n'y a pas trouvé ce manuscrit, perdu sans doute depuis longtemps. Malheureusement cette bibliothèque, comme celles de plusieurs autres grandes et riches abbayes des bords du Danube, a éprouvé bien des pertes à diverses époques.

5. *Petit Livre sur les règles de l'Abacus.*

« *Libellus de regulis numerandi*[1]. Peut-être dé-
« couvrira-t-on dans ces pièces l'ouvrage d'Abbon. »

Le zèle de la science avait fait affronter à saint Abbon les difficultés d'une étude fastidieuse et entièrement profane ; il trouva dans son amour de l'Église la force d'approfondir une question plus cléricale sans doute, mais non moins ardue et non moins compliquée. Nous voulons parler de la détermination du jour de Pâques. Cette dispute sur la date d'un jour remontait aux temps apostoliques et occupa encore l'Église pendant six siècles. Notre saint est un des principaux combattants dans cette arène où sont descendus tant d'esprits distingués. Il combattit avec gloire, sinon avec un succès complet. L'astronomie était encore dans l'enfance et guidait d'une manière bien incertaine les intelligences les mieux organisées qui lui demandaient des lumières.

Pour bien comprendre ce que nous avons à dire, exposons nettement l'état de la question. « Le chris-
« tianisme, dit dom Pitra, est la seule religion qui
« ait son point de départ et son terme au delà des
« siècles, et cependant il n'en est pas qui possède
« mieux la science du temps. L'Église, bien
« qu'elle ait toujours le regard tourné vers les col-
« lines éternelles, marche d'un pas trop ferme et

---

1. *Petit Livre sur les règles de la numération.*

« trop sûr dans la voie honorable pour ne pas se
« rendre compte exactement de toutes ses stations.
« Fille, dans le temps, de ces vieux Romains qui
« avaient mis une si rude main sur les années des
« peuples et si fièrement gravé leurs consulats sur
« les marbres du Capitole, l'Église romaine surtout
« hérita de leur génie rigoureux et précis[1]. » Les
intérêts sacrés de sa liturgie l'ayant conduite à une
question de calcul, elle fixa du même trait de
plume le culte et le mouvement du globe, et le
monde s'inclina avec reconnaissance devant ses
décisions irréformables.

La résurrection de l'Homme-Dieu s'accomplit un
dimanche, le jour où avait commencé l'œuvre de
la création : « Sa commémoration annuelle, dit
« dom Guéranger, ne pouvait avoir lieu un autre
« jour. De là résultait la nécessité de séparer la
« Pâque des chrétiens de celle des juifs, qui, fixée
« irrévocablement au quatorze de la lune de mars,
« anniversaire de la sortie d'Égypte, tombait suc-
« cessivement à chacun des jours de la semaine.
« Cette Pâque n'était qu'une figure ; la nôtre est la
« réalité dans laquelle elle s'efface. Il fallut donc
« que l'Église brisât ce dernier lien avec la Syna-
« gogue, et proclamât son émancipation en plaçant

---

1. *Notice sur les divers cycles et comptus ecclésiastiques.* Article de dom Pitra, publié dans les *Annales de philosophie chrétienne.* N° d'août 1862.

« la plus solennelle de ses fêtes à un jour qui ne
« se rencontrât jamais avec celui auquel les Juifs
« célébraient leur Pâque, désormais stérile d'espé-
« rances. Les Apôtres décrétèrent que dorénavant la
« Pâque pour les chrétiens ne serait plus au qua-
« torze de la lune de mars, ce jour fût-il même un
« dimanche, mais que nous la célébrerions dans
« tout l'univers le dimanche qui suivrait le jour où
« le calendrier périmé de la Synagogue continuait
« de la placer[1]. » Cette prescription était pleine
de sagesse. Elle établissait l'uniformité sur un point
capital entre les disciples d'un seul et même maître ; elle empêchait que dans une même famille,
comme était l'Église, les uns honorassent par le
jeûne et les larmes les souffrances de Jésus-Christ,
tandis que les autres, dans les transports de l'allégresse, célébreraient son triomphe sur la mort. La
fraternité chrétienne n'exigeait-elle pas la simulta-
néité dans les joies de la Pâque et dans les saintes
tristesses du jeûne qui la précède? Il ne s'agissait
pas d'ailleurs d'un seul jour ou d'une seule fête,
mais de toutes les autres grandes fêtes qui en dé-
pendent et qui composent une partie notable de
l'année liturgique. L'incertitude du jour de Pâques
aurait eu pour conséquence l'incertitude de toutes
les solennités dont la date est subordonnée à ce jour

1. *Le Temps pascal*, t. I, ch. 1er.

et aurait produit dans l'esprit des fidèles une lamentable perturbation.

La mesure prise par les Apôtres prévenait ces graves inconvénients. Elle ne fut pas cependant universellement adoptée. Les églises de l'Asie Mineure, où abondaient les Juifs convertis, gardèrent la coutume judaïque dans la célébration de la Pâque. Cette divergence, qui avait sa source dans un judaïsme mal éteint, dégénéra en scandale. La Sainte Église lutta tantôt par la douceur et l'insinuation, tantôt par la voie de l'autorité. Les papes saint Anicet et saint Victor se signalèrent par un zèle infatigable contre les opposants; le concile d'Arles, en 314, ordonna que la fête de Pâques serait célébrée par toute la terre le même jour. Efforts impuissants! malgré Rome, malgré les conciles, le schisme dans la liturgie persévérait et affligeait l'Église.

Cette variété obstinée d'usages touchant le jour de Pâques fut un des deux principaux motifs de la convocation du concile œcuménique de Nicée, en 325. Après une exacte supputation des temps, il fut décidé dans ce concile que la fête de Pâques serait célébrée désormais le premier dimanche après la pleine lune qui tombe, ou bien le jour de l'équinoxe du printemps, ou bien immédiatement après cet équinoxe. Cette décision supposant que l'équinoxe du printemps arrive toujours le 21 mars, et la pleine lune le 14 de chaque lunaison ou mois lunaire, si une pleine lune tombe le 21 mars et que le lendemain soit un dimanche, comme en 1818, ce sera Pâques. C'est le plus tôt qu'il puisse arriver. Au contraire, quand une pleine lune tombe le 20 mars, et que, forcé de recourir à la pleine lune suivante qui a lieu le 18 avril, on trouve un dimanche, il faut encore aller sept jours plus loin pour avoir le jour de Pâques, qui tombe alors le 25 avril. C'est le plus tard qu'il puisse arriver. Cette date extrême aura lieu en 1886. Ainsi Pâques tombe toujours du 22 mars au 25 avril, qui sont les limites ou ce qu'on appelle les *Termes de Pâques*.

Pour trouver plus aisément le premier jour de la lune, et ensuite son quatorzième ou la pleine lune, le concile statua que l'on se servirait du cycle de 19 ans, le plus commode de tous, parce que, au bout de ce terme, les nouvelles lunes reviennent, à quelque chose près, aux mêmes jours de l'année solaire. Ce cycle, que l'on nommait en grec *Ennéadécatéride*, avait été proposé longtemps auparavant par saint Anatole de Laodicée, et inventé, il y avait environ 750 ans, par un Athénien nommé Méton, qui l'avait fait commencer avec la première année de la quatre-vingt-septième olympiade, 432 avant la naissance de Jésus-Christ. On appelle *nombre d'or* le numéro de chaque année de cette période de 19 ans. L'*épacte* est le chiffre qui désigne l'âge de la lune au 1ᵉʳ janvier.

La règle adoptée par le concile de Nicée devint une loi générale de l'Église. Ceux qui ne reconnurent pas cette loi et continuèrent à célébrer la Pâque le quatorzième jour de la lune de mars, faisant par là acte de judaïsme, furent tenus pour hérétiques sous le nom de *quarto-décimans*, c'est-à-dire observateurs du 14 de la lune. De ce nombre furent les *Audiens*. La sainte Église fit prévaloir sa discipline et condamna les rebelles dans un concile d'Antioche, en 332.

Rien de plus clair que le décret du concile de Nicée. Le texte n'était susceptible d'aucune controverse et devait triompher avec le temps de toutes les résistances ; mais la pratique ne répondit pas aux saintes espérances de l'Église. Dès les premières années qui suivirent le concile, l'imperfection des moyens astronomiques produisit des variations dans la manière de supputer le jour de la Pâque. «Cette
« grande fête resta pour toujours fixée au dimanche ;
« on évita désormais de la célébrer avec les juifs ;
« mais, faute de s'entendre sur le jour précis de
« l'équinoxe du printemps, il advint que le jour
« propre de la solennité varia, à certaines années,
« selon les lieux. On s'écarta de la règle, que le con-
« cile de Nicée avait donnée, de considérer le
« 21 mars comme le jour de l'équinoxe. Le calen-

« drier appelait une réforme que personne n'était
« en état d'opérer ; les cycles se multipliaient en
« contradiction les uns avec les autres, en sorte que
« Rome et Alexandrie ne pouvaient pas toujours
« s'entendre. » L'année 454 se fit remarquer par
des discussions assez animées. Saint Protère, patriarche d'Alexandrie, et les Orientaux prétendaient, selon leurs calculs, qu'on devait, l'année suivante, célébrer la Pâque le 24 avril ; les Occidentaux plaidaient pour le 17 du même mois. Le pape saint Léon le Grand, qui a tant écrit sur cette matière, donna droit à saint Protère. On fit donc la Pâque cette année-là le 24 avril. Saint Prosper d'Aquitaine, auteur d'une *chronique* qui va jusqu'à l'an 455, protesta énergiquement. Le pape fit examiner de nouveau la question et chargea de ce travail de révision saint Hilaire, son archidiacre et plus tard son successeur. Celui-ci eut recours à Victorius, apparemment retiré à Rome en ce moment à cause des Goths, et lui confia le soin de concilier les calculs d'Alexandrie avec ceux de Rome[1]. En 457, parut le *Cycle de Victorius* qui, dès l'année 463, était déjà en vigueur à Rome, comme le prouve une inscription qui a servi de base aux tra-

1. L'Aquitaine était illustrée, au cinquième siècle, par deux de ses enfants, saint Prosper et Victorius. Elle avait moins souffert que d'autres provinces des invasions des barbares et elle avait conservé plus longtemps les goûts purs et sévères de l'étude. Sa position en faisait alors un centre de hautes sciences.

vaux du savant cardinal Noris. Moins d'un siècle plus tard, en 541, il fut adopté comme règle des calculs liturgiques par un concile d'Orléans et fut suivi en France jusqu'à Charlemagne, mais non universellement[1].

Le *Cycle Victorien* n'était pas cependant exempt d'erreurs; son autorité, amoindrie au sixième siècle par le cycle moins imparfait et plus tard seul en usage de Denys le Petit, le premier qui ait compté les années à partir de la naissance de Jésus-Christ, fut presque annihilée au septième siècle par les critiques du *vénérable* Bède, un des écrivains spécialistes dans cette matière[2]. Abbon, fidèle aux traditions de l'Église d'Orléans, sa mère et sa patrie, qui sans doute n'avait pas encore renoncé au cycle de Victorius, essaya de réhabiliter le savant aquitain. Peut-être aussi voulut-il, dans un sujet qui n'intéressait pas la foi, faire céder ses convictions aux instances de ses frères plus opiniâtres que lui à suivre un cycle fautif et déjà abandonné. Cet acte de complaisance, que nous ne jugerons pas, lui fut imposé par son cœur incapable de désobliger des frères chéris. « J'ai été violenté, nous dit-il, par « leurs prières importunes[3]. »

1. *Histoire de l'Église gallicane*, liv. VIII, année 577.
2. *Venerabilis Bedæ Opera omnia*, édit. Migne, t. I, col. 499-502.
3. « Summis eorum precibus coactus. » (*Patrol.*, édit. Migne, t. CXXXIX, col. 569.)

Pour corriger le *Cycle de Victorius* et en faire disparaître toutes les obscurités, il fallait posséder la doctrine des temps à un degré peu commun et avoir approfondi les sciences exactes. Abbon était, au dixième siècle, un digne précurseur du savant Gilles Boucher qui commenta, à son tour, au dix-septième siècle, l'œuvre de Victorius[1].

Du *Cycle de Victorius* on ne connaît depuis longtemps que le titre. Cet ouvrage, populaire au temps d'Abbon, a dû périr comme tant d'autres. Son commentateur a été plus heureux. L'opuscule de notre saint vivait dans la tradition littéraire; Casimir Oudin, en particulier, l'avait mentionné[2]. On en connaissait la *préface* imprimée parmi les œuvres de dom Martène[3] à qui M. Migne l'a empruntée pour la reproduire dans la *Patrologie latine*[4]. Il était réservé à notre siècle de découvrir le corps lui-même de l'ouvrage.

Parlons d'abord de la *Préface* adressée par Abbon aux moines de Fleury, *ses frères et ses enfants*[5].

1. Gilles Boucher (*Bucherius*), jésuite belge, a interprété le *Cycle de Victorius* dans l'ouvrage suivant : *Ægidii Bucherii Atrebatis S. J. in Victorii Aquitani Canonem paschalem, scriptum anno Christi vulgari 457 commentarius*, Antuerpiæ, 1633. In-fol.
2. *Casimiri Oudini Commentarius de scriptoribus Ecclesiæ antiquis*. Lipsiæ. 1722, t. II, p. 509.
3. *Thesaurus novus anecdotorum*. Lutetiæ Parisiorum, t. I, p. 118-120.
4. *Patrol.*, édit. Migne, t. CXXXIX, col. 569-572.
5. « Fratribus ac filiis suis. » (*Ibid.*, col. 404.)

On n'y trouve que des généralités sans importance; l'auteur, adonné à ces études dès son enfance, exposera avec toute la lucidité nécessaire un sujet qui lui est familier. Son dévouement soutiendra ses forces et triomphera de tous les ennuis.

Abordons maintenant l'ouvrage lui-même : Mabillon, dans ses Annales[1], avait dit, en énumérant les ouvrages d'Abbon : « Nous avons entre les mains « deux de ses lettres qui n'ont pas encore été pu- « bliées : l'une adressée à Gérard et à Vital, moi- « nes de Fleury, a trait aux cycles de la Pâque ; « l'autre roule sur l'année de la Passion ; elle est de « même adressée à Gérard et à Vital. » Mabillon avait promis de publier ces deux lettres; mais soit distraction, soit pour d'autres motifs, il ne les inséra pas dans les nombreux volumes de ses œuvres. Cette omission, regrettable pour nos aïeux, ne l'est plus pour nous aujourd'hui. La seconde de ces lettres a paru, il y a quelques années, dans la *Patrologie* éditée par M. Migne. Nous nous en occuperons bientôt ; la première, égarée sans doute par les successeurs de Mabillon, fait partie des riches manuscrits de la bibliothèque de l'école de médecine de Montpellier, où nous l'avons lue[2]. On la retrouve

---

1. *Annales Ordinis Sancti Benedicti*, t. IV, p. 173.
2. Cette lettre occupe six colonnes du t. XLVIII (in-folio sur vélin), des manuscrits de la bibliothèque de l'école de médecine de Montpellier.

encore dans un manuscrit du onzième siècle, in-4°, sur vélin, qui provient du chapitre de Chartres, et qui est classé sous le numéro 55 dans la bibliothèque de cette ville ; c'est de ce dernier manuscrit qu'elle a été extraite, vers l'année 1845, par M. P. Varin, un des membres les plus actifs du *comité historique des monuments écrits de l'histoire de France*. Elle n'a été publiée dans son texte latin qu'en 1849, après la mort de M. Varin, par les autres membres du *comité*[1]. Grâces soient rendues à ces savants pour avoir doté la France d'un ouvrage si longtemps inédit et pourtant si utile ! Oui utile, puisqu'il nous donne le niveau de la science astronomique au dixième siècle et du zèle de notre saint pour des études où la sécheresse des chiffres n'était pas même compensée, à cette époque, par l'exactitude des calculs. A ce double point de vue, la découverte de M. Varin a une importance réelle ; mais l'intérêt qui s'y attache est entièrement rétroactif. Notre siècle habitué aux communications toujours précises des mouvements célestes, jouit, comme de plein droit, des progrès de la science et ne s'est point ému de la mise au jour d'un travail comparativement imparfait. On nous dispensera donc d'en parler ; mais que notre silence ne soit pas mal in-

---

1. *Bulletin du comité historique des monuments écrits de l'histoire de France*, t. I, p. 115-127.

terprété, alors surtout que nous indiquons la source où l'on peut y suppléer.

Cet ouvrage d'Abbon nous en révèle un autre que nous ne soupçonnions même pas. Il est clairement indiqué dans ces paroles : « Comme nous l'avons « dit dans un *autre* opuscule[1]. » Ce doit être l'un de ceux qu'indique Aimoin[2], et qui n'ont pas encore vu le jour.

Ce qu'Abbon avait osé et exécuté pour Victorius, il l'entreprit aussi à l'égard de saint Cyrille d'Alexandrie et de Denys le *Petit* ou le *Romain*, dont il rectifia les supputations *d'après le texte même des Évangiles*[3]. Ce travail qui n'est autre chose que la seconde lettre adressée aux moines Gérard et Vital, est à peine indiqué par Aimoin sous le titre de *Préfacioncule*[4]. Son véritable titre est : *Préface d'un certain studieux*[5]. Quoique cette *préface* soit sous le nom de Bède et que pour cette raison sans doute elle ait été imprimée parmi les œuvres de ce pieux personnage[6], on ne pourrait sans injustice la contester à Abbon. D'abord le *vénérable* Bède y est

---

1. « Quomodò in *alio* nostro opusculo jam diximus. »
2. *Patrol.*, édit. Migne. t. CXXXIX, col. 404.
3. « Juxta veracem Evangeliorum fidem. » (*Ibid.*)
4. Præfatiunculam. (*Ibid.*)
5. *In circulos beati Cyrilli et Dionysii Romani ac Bedæ studiosi cujusdam præfatio.*
6. *Venerabilis Bedæ Opera omnia*, édit. Migne, t. I, col. 825-826.

cité deux fois à la troisième personne; or un auteur ne se cite jamais lui-même de cette façon. De plus, il est deux fois question de la mort de saint Benoît; or cette répétition ne peut guère s'excuser que sous la plume d'Abbon, moine d'une abbaye où le culte de saint Benoît, ranimé par les reliques du saint patriarche, occupait dans les cœurs une si large place. Cette pièce ne peut donc appartenir qu'à l'humble *studieux* du dixième siècle et devait lui être restituée parmi ses œuvres, comme elle l'a été en effet[1].

Analysons rapidement ce fragment épistolaire : Abbon y discute le grand cycle de Denys, ou cycle de 532 ans dont la base est le petit cycle de 95 ans dressé par saint Cyrille. Il le contrôle par les supputations d'Eusèbe sur l'origine du monde, et signale les différences qui existent entre ces supputations, celle de Denys et celle de saint Cyrille, relativement à la naissance de Jésus-Christ.

Après avoir ainsi ébranlé les calculs de Denys, Abbon arrive à l'application de ces calculs aux deux dates les plus importantes pour l'histoire de l'Église et pour celle de l'Ordre bénédictin dont il fait partie, aux dates qui indiquent l'époque exacte de la Passion de Notre-Seigneur, et de la mort de saint Benoît.

---

1. *Patrol.*, édit. Migne, t. CXXXIX, col. 573-578.

A la suite des cycles critiqués, vient un fragment de cycle[1] qu'Abbon propose d'y substituer. C'est le fragment anonyme mêlé à tort aux œuvres de Bède[2].

Nous n'examinerons pas si les calculs d'Abbon étaient plus ou moins fautifs que ceux de ses devanciers. Nous avouons toutefois qu'ils n'étaient pas assez parfaits pour trancher définitivement des difficultés que Gerbert et tant d'autres n'avaient pu résoudre. Le temps multiplia l'erreur, et le calendrier, fondement de la liturgie, comme il l'est des relations des hommes entre eux, tomba dans un désordre complet. La société chrétienne, quoique assurée de durer autant que le monde, supportait avec anxiété des incertitudes qui atteignaient son culte et sollicitait avidement une exacte mesure du temps. Enfin, la science se trouva assez avancée au seizième siècle pour permettre au pape Grégoire XIII d'entreprendre et de consommer la réforme du calendrier. L'équinoxe étant en avance de dix jours, il s'agissait de le rétablir au 21 mars, selon la disposition du concile de Nicée. Par une bulle du 24 février 1582, le pontife opéra cette mesure en retranchant dix jours de cette année du 4 au 15 octobre, et ainsi fut restaurée l'œuvre primitive de Jules César. Les nations hérétiques sentirent mal-

---

1. *Patrol.*, édit. Migne, t. CXXXIX, col. 577 et 578.
2. *Venerabilis Bedæ Opera omnia.* édit. Migne, t. I, col. 857-860.

gré elles la puissance divine de l'Église dans cette opération solennelle qui intéressait du même coup la vie religieuse et la vie civile ; elles protestèrent contre le calendrier comme elles avaient protesté contre la règle de la foi et refusèrent d'accepter de la main d'un pape une réforme que tout le monde reconnaissait indispensable. Elles finirent cependant par se soumettre au *nouveau style*, même l'Angleterre qui l'adopta en 1752 ; mais le schisme est encore plus haineux et plus aveugle que l'hérésie ; la Russie et la Grèce ont conservé le *vieux style*. Depuis 1800 la différence des deux styles est de douze jours.

Abbon ne se borna pas à des travaux de critique, à des calculs rectificatifs. Le *Comput*[1], terme usité dès le dixième siècle, était alors une étude en vogue, conformément aux prescriptions des conciles et des évêques. Il était justement considéré comme l'indispensable élément de la prière publique, comme la règle de l'année sainte, et conséquemment comme une branche de la science liturgique. Le concile de Trente, au seizième siècle, ordonna l'enseignement du comput ecclésiastique dans les séminaires[2]. L'attrait d'Abbon pour cette science, toute

---

1. *Comput* dérive du verbe latin *computare*, et signifie la supputation des temps pour régler le calendrier ecclésiastique et déterminer le jour de Pâques.

2. *Concil. Trid*, sess. xxiii, cap. 18.

de calcul, lui fit produire un traité sur le *Comput* supérieur à tous ceux qui avaient paru jusqu'alors. Les différentes supputations qu'il avait dressées en forme de tables chronologiques étaient, nous dit son historien, *aussi variées qu'intéressantes*[1]. Abbon avait en effet développé d'une main magistrale un sujet naturellement aride et l'avait embelli des richesses de son érudition et de la grâce attique de son style.

Le cycle d'Abbon s'arrête à l'année 1595[2]. Pour faire comprendre les huit colonnes dont se compose chaque tableau, l'ingénieux computiste joignit à son travail huit vers hexamètres, où il y a beaucoup d'art. Grâce à tous ces moyens créés pour les yeux et l'esprit, il est facile de saisir et de retenir le mécanisme de son système[3].

Nous ne fatiguerons pas nos lecteurs par de stériles détails sur une question que la science a depuis tant simplifiée. Mais à l'époque d'Abbon, il y avait quelque mérite à entrevoir la vérité et à s'en rapprocher. Son œuvre sur le *Comput* témoigne, mal-

---

1. « *Compoti* varias et delectabiles, sæcularium in morem tabu- « larum, texuit calculationes. » (*Patrol.*, édit. Migne, t. CXXXIX, col. 390.) — Fleury et Rohrbacher attribuent à Abbon quelques écrits sur les *compas*. C'est une traduction assez plaisante du terme *Compotum* (*Comput*) employé par Aimoin et clairement défini par du Cange dans son *Glossaire*. (Art. *Compulus*.)

2. *Patrol.*, édit. Migne, t. CXXXIX, col. 404.

3. *Ibid.*, col. 578.

gré son imperfection, une puissance de génie à laquelle nous devons rendre hommage.

Depuis le règne de Charlemagne, on s'était livré en France à des études considérables sur l'astronomie ; mais le goût de la nation dégénéra bientôt en astrologie judiciaire et autres superstitions ; on attribua une signification heureuse ou sinistre aux phénomènes célestes. Une éclipse de soleil consterna l'armée d'Othon I*er* et lui fit chercher un refuge dans les antres les plus profonds. Mais la fin du monde dont cette éclipse était le présage infaillible dans les idées des soldats, fut ajournée par la Providence ; on écouta les explications d'Everacle, depuis évêque de Liége, et les plus effrayés furent les premiers à rire de leur panique terreur.

Abbon avait trop de sens pour partager les puérilités de son siècle. Astronome et non astrologue, il se montra supérieur à Adelbode, évêque d'Utrecht, qui a écrit sur la sphère, et peut-être égal à Gerbert, dont la science eut un si grand retentissement. Il composa un traité intitulé : *Démonstrations de l'astronomie,* un autre sur le *Mouvement du soleil et de la lune,* un autre sur le *Cours des planètes* dont un manuscrit de la bibliothèque Cottonienne a conservé le texte. Ce traité a pour préface un autre opuscule, dans lequel Abbon établit son sentiment sur la différence entre le cercle et la sphère. Dans un autre manuscrit de la même bibliothèque on peut lire encore des *Éphémérides* touchant les douze signes. Abbon les avait extraites du livre de Germanicus sur l'astronomie en y ajoutant les dessins des figures des astres.

Nous regrettons de ne pouvoir apprécier les œuvres astronomiques d'Abbon. Son dernier éditeur, M. l'abbé Migne, qui a fait revivre tant d'ouvrages oubliés ou presque introuvables, n'a pu les reproduire dans le volume de la *Patrologie latine* où il a consigné les autres écrits du savant bénédictin. Étrange fatalité! Cruelle injustice du sort! L'homme le plus zélé peut-être du moyen âge pour la conservation des livres n'a pu assurer aux siens une existence inviolable; le fruit de tant de labeurs a péri à jamais ou gémit dans la poussière de bibliothèques inabordables; nous n'en connaissons plus que les titres; ces titres eux-mêmes ne sont pas assez explicites pour nous laisser entrevoir si Abbon avait deviné ou soupçonné le vrai système du monde. Mais le sens droit dont il était doué, la perspicacité peu commune qui le distinguait et qui lui fit répudier les vains pronostics de l'astrologie et la terreur de la fin du monde en l'an 1000, nous autorisent à croire qu'il fut en tout supérieur à son siècle, surtout en astronomie. Sa réputation était justifiée par ces nombreux ouvrages dont la postérité, quoique privée du texte, a gardé le souvenir.

De cette longue énumération des travaux d'Abbon

sur quelques branches des sciences exactes, nous pouvons et nous devons tirer une conclusion glorieuse pour le Moyen Age. Laissons de nouveau parler dom Pitra, l'un de ces modernes bénédictins qui perpétuent par leurs incessantes recherches les traditions d'étude et de science dont son Ordre est justement fier, et devant lesquelles notre siècle moqueur est forcé de s'incliner. « On voit que l'Église,
« d'une part, n'avait rien à emprunter aux Arabes,
« comme on l'a si souvent répété, et, d'autre part,
« qu'elle n'a jamais laissé s'éteindre le flambeau
« des sciences ; en sorte que la nuit des temps bar-
« bares, reprochée à satiété par des écrivains super-
« ficiels, pourrait bien n'être que la nuit de leur
« ignorance. Il nous coûte de dire que dans son
« histoire justement vantée des sciences mathémati-
« que, Montucla[1] n'a rien vu de ce mouvement
« scientifique des siècles obscurs du Moyen Age, au
« point qu'il affirme naïvement son étonnement de
« ne pas rencontrer un seul mathématicien jusqu'à
« Gerbert. M. Libri n'a pas manqué de répéter l'as-
« sertion avec l'accompagnement ordinaire de ses
« injures contre l'Église et les moines ignorants.
« Nous n'aurions qu'à étendre la main pour recueil-
« lir quelques notes et dresser, sans sortir des an-

---

1. J.-Étienne Montucla, né à Lyon en 1725, mort en 1799, est l'auteur de l'*Histoire des mathématiques*.

« nales monastiques, une liste de plus de *trente*
« *mathématiciens* appartenant de préférence à
« l'époque qualifiée de *siècle de fer*. »

Abbon est un *astre brillant* [1] de la glorieuse pléiade de mathématiciens et de savants qui ont illuminé les ténèbres de cette époque. Selon un auteur moderne, il fut avec Gerbert *un des trois ou quatre hommes supérieurs à leur siècle* [2]. Il ne fut

---

1. *Perlucidum sidus.* (*Martyrologium Gallicanum*, auctore Andreâ du Saussay. Lutetiæ Parisiorum, 1637, 13 nov.) — Saint Delphin, archevêque de Bordeaux, un des oracles du concile de Saragosse assemblé en 380 contre les Priscillianistes, est également appelé un astre éclatant de l'Aquitaine, *clarissimum Aquitaniæ sidus*. Combien nous sommes heureux de confondre dans notre culte l'*astre* des bords de la Loire et celui des rives de la Garonne ! — Le *Vénérable* Bède, autre lumière du monde, a mérité la même qualification de la part de l'auteur de son épitaphe :

Beda, Dei *famulus, monachorum nobile* sidus.

Dans une lettre de Gerbert (*Patrol.*, édit. Migne, t. CXXXIX, col. 225) saint Maïeul est appelé étoile très éclatante, *lucidissima stella*, et Ecbert, abbé de Saint-Julien de Tours, astre étincelant, *profulgidum sidus*. Tous ces *astres*, ces foyers de lumières, Delphin, Bède, Maïeul, Ecbert, Abbon, apparus providentiellement à diverses époques, parmi les ténèbres du Moyen Age, ne s'éteindront jamais dans le ciel de l'Église, ni dans notre mémoire.

2. *Histoire de Normandie*, par Licquet. Rouen, 1835, t. I, p. 171. — Un auteur moderne, M. A. de Lansade, qui ignore sans doute jusqu'au nom d'Abbon, ne le cite même pas dans un feuilleton de l'*Univers* (n° du 30 juin 1868), où il énumère *les hommes qui tiennent le premier rang dans l'histoire des lettres au dixième siècle*. On ne comprend pas, on excuse encore moins une semblable ignorance.

pas cependant, comme l'immortel enfant de l'Auvergne, accusé de magie et d'intelligence avec le démon [1]. Licquet l'affirme [2], mais sans preuve. Cette accusation manque à la gloire du scolastique de Fleury. Philosophe, mathématicien, astronome, il avait droit à une qualification qui serait aujourd'hui un outrage, mais qui, au dixième siècle, exprimait dans l'opinion du peuple l'apogée de la science universelle.

---

1. « Fertur de Gerberto quòd, dùm scholasticus esset, cum dæ- « mone locutus fuerit. » (Orderici Vitalis *Historia ecclesiastica*, lib. I, cap. xxvi.)

2. *Histoire de Normandie*, par Licquet. Rouen, 1835, t. I, p. 166.

CHAPITRE IV

**Abbon en Angleterre. — Abbaye de Ramsey.
Questions grammaticales. — Le Te Deum.
Vie de S. Edmond, roi et martyr.**

« Il n'y a pas de nation qui doive autant que « l'Angleterre à l'Église romaine [1]. » Si l'Angleterre jadis chrétienne a connu de nouveau Jésus-Christ, si elle a mérité, durant tant de siècles, d'être appelée l'*île des Saints*, n'est-ce pas à Rome qu'elle est redevable de cet immense bienfait? N'est-ce pas le pape saint Grégoire le Grand qui, touché de compassion pour ces *Angles* dont il voulait, disait-il, faire des *anges*, envoya dans leur île le saint moine Augustin avec ses quarante compagnons, tous enfants de saint Benoît comme Grégoire lui-même? « L'histoire de l'Église, dit Bossuet, n'a « rien de plus beau que l'entrée de saint Augustin « dans le royaume de Kent avec quarante de ses « compagnons, qui, précédés de la croix et de

[1]. M. Louis Veuillot.

« l'image de Notre-Seigneur Jésus-Christ, faisaient
« des vœux solennels pour la conversion de l'An-
« gleterre[1]. » Le souvenir de cet apostolat si fécond
en œuvres de salut vécut longtemps dans la mémoire des Anglo-Saxons et contribua au développement de la vie monastique dans la Grande-Bretagne. La foi y fit naître la science. Le désir de savoir gagna le trône, les couvents et jusqu'aux dernières classes du peuple. Le *vénérable* Bède, le *père de l'histoire d'Angleterre*, et l'immortel Alcuin nous donnent par leurs ouvrages la mesure des progrès qui furent atteints.

Cette période mémorable, durant laquelle l'Angleterre fournit des docteurs à l'Allemagne et à la France, embrasse deux siècles. À la suite de nombreuses vicissitudes, la science abandonna avec Alcuin le sol qu'elle avait si longtemps illuminé. Vers l'époque qui nous occupe, les études étaient tellement déchues chez nos voisins d'outre-Manche, *qu'on trouvait difficilement chez eux un prêtre qui eût appris le latin*[2]. Ignorante et dégradée, elle tendit les bras vers nous, cette Angleterre plus tard si fière et si dédaigneuse ; nous lui donnâmes des maîtres avant de lui donner des rois, et nous la

---

1. *Discours sur l'histoire universelle*, Ire partie, année 597.
2. « In Angliâ vix ullus sacerdotum latinè sciebat. » (*Annales Ordinis Sancti Benedicti*, auctore Johanne Mabillon. Lutetiæ Parisiorum, 1707, t. IV, p. 51.)

fîmes tributaire de nos progrès en tout genre.

L'Angleterre convertie par des moines devait être régénérée par des moines. C'est de l'un de nos cloîtres principalement que partirent ces conquérants pacifiques, ces nouveaux Esdras qui devaient relever dans la Grande-Bretagne les ruines amoncelées par la Barbarie. Telle était la réputation de Fleury, qu'on y accourait des pays les plus lointains pour y puiser, comme à une source plus pure, le savoir et la piété. Vers l'an 940, saint Ethelwold, abbé d'Abingdon, dans le comté de Berks, et plus tard évêque de Winchester, y députa Osgar, un de ses disciples, pour en étudier l'observance régulière. En 942, saint Odon, un des successeurs de saint Augustin sur le siège de Cantorbéry, fit venir des moines de Fleury pour se faire instruire par eux de la règle de saint Benoît qu'il voulait suivre, et pour recevoir de leurs mains l'habit religieux. En 960, son neveu, saint Oswald, qui devint évêque de Worcester[1] et ensuite archevêque d'York, vint à Fleury avec quelques prélats animés du même esprit, pour s'y former aux exercices de la communauté. Rappelé dans sa patrie par son oncle malade, il dut

1. Saint Oswald fut après sa mort le protecteur et le bienfaiteur de la ville dont il avait été évêque. Ses reliques portées en procession firent cesser subitement une peste cruelle qui ravageait Worcester et les pays voisins. (*Thaumasia benedictina*, auctore R. P. D. Carolo Stengelio, abbate Anhusano. Augustæ Vindelicorum, 1650, p. 155.)

quitter une solitude qui lui était déjà chère, et se résigna à accepter l'épiscopat qu'on lui imposait. Mais de pieux souvenirs vivaient dans son cœur. Exilé par ses fonctions des doux ombrages du cloître, il voulut au moins offrir à sa famille spirituelle les avantages auxquels il avait dû renoncer. Avec le concours d'Egelwin [1], parent du roi Edgard et alderman de toute l'Angleterre, il bâtit, en 974, le monastère de *Ramsey* [2], à vingt lieues de Londres. Ramsay ou Ramsey était, au dixième siècle, un îlot irrégulier qui ne mesurait que deux milles en longueur sur une largeur un peu moindre. Unie depuis au continent, l'antique abbaye fait aujourd'hui partie, vers l'est, du petit comté de Huntingdon [3]. Œdnothus fut le premier abbé de Ramsey [4]. Son ad-

1. *Ailwinus, Ethelwinus, Egelwinus, Hehelguinus.*
2. Willelmi, Malmesburiensis monachi, *Gesta regum Anglorum*, lib. II (*Patrol.*, édit. Migne, t. CLXXIX, col. 1117) ; — Willelmi, Malmesburiensis monachi, *de Gestis pontific. Angl.*, lib. IV (*Patrol.*, ibid., col. 1608). — *Monasticon anglicanum* per Rogerum Dodsworth et Gulielmum Dugdale. Londini, 1682, t. I, p. 234-242. — Le monastère anglais de Ramsey est désigné dans les auteurs par divers noms : *Ramescia, monasterium Rameseiæ, cœnobium Ramesense, Ramescey, Ramesceya, monasterium Rameseye, Ramesia, abbatia Ramesiensis, Ramseia, Ramseya, Ramsaye, Ramsia.*
3. *In agro Huntingroniæ*, ailleurs, *in orientali angulo territorii Huntingtonensis.*
4. L'histoire n'a rien conservé des actes du premier abbé de Ramsey. Un de ses successeurs, Herbert, surnommé *Losinga*, c'est-à-dire flatteur, devint évêque de Thetford. (*Patrol.*, édit. Migne, t. CLXXIX, col. 1290.) Un autre, nommé Edwin, fut déposé pour

ministration ne répondit pas sans doute aux espérances de saint Oswald ; car nous trouvons dans l'histoire qu'en 987 le saint évêque demanda à Fleury un abbé et un *scolastique* pour Ramsey, afin d'y faire régner la règle bénédictine et y faire prospérer les études. Ce témoignage de confiance exaltait, aux yeux de l'Europe chrétienne, les hautes vertus dont il avait été l'heureux témoin à Fleury et la suprématie littéraire de cette immortelle abbaye.

L'abbé Richard, homme d'esprit et de savoir, avait gouverné vingt et un ans l'abbaye de Fleury. Amalbert, abbé de Saint-Florent de Saumur, lui succéda en 986. Ce dernier, qui n'a laissé dans l'histoire d'autre souvenir que celui de sa douceur et de son humilité, fut remplacé, au bout d'un an, par *Oylbold*[1], religieux de Fleury, non moins distingué par ses vertus et son talent que par sa haute naissance. Oylbold était à peine investi de la prélature abbatiale, quand saint Oswald lui adressa la double demande dont nous venons de parler. Le zèle de la gloire de Dieu et de saint Benoît, la crainte de contrister par un refus un saint pontife à qui

cause de simonie par le concile de Londres, en 1102 ; il fut plus tard autorisé à reprendre son titre et sa charge d'abbé. Le dernier abbé connu de Ramsay est Crowland, mort en 1436.

1. Le nom d'*Oylbold* se trouve presque identiquement dans le *Dictionnaire de la basse latinité* de Ducange. *Hoybold* signifiait au Moyen Age le droit d'amasser le bois nécessaire pour des haies.

l'abbaye était redevable de pieux exemples, déterminèrent le nouvel abbé au pénible sacrifice que sollicitait l'Angleterre dans l'intérêt de la religion et des lettres.

Mais son cœur paternel était déjà trop attaché à sa famille adoptive pour prescrire impérieusement une sorte d'exil peut-être éternel à quelques-uns de ses enfants. Abdiquant dans cette circonstance l'autorité que lui conférait son titre, il se contenta d'exposer ses désirs à ceux qu'il croyait les plus aptes aux deux emplois en question. Germain accepta la charge d'abbé de Ramsey et signala son gouvernement par les plus utiles travaux [1]; Abbon n'était encore que diacre; mais le christianisme qui prolonge l'enfance de l'âme, selon la remarque de Châteaubriand, avait hâté en lui la virilité de l'esprit; non moins recommandable par sa *sagesse* que par sa *piété* [2], il renonça à la douce indépendance que donne l'obscurité au sein du cloître, pour aller diriger l'école du monastère anglais.

Il importe de remarquer les émigrations monastiques de cette époque et leur caractère de prosélytisme religieux et scientifique. L'amour de la science, expansif de sa nature, dominait celui de

---

1. Willelmi, Malmesburiensis monachi, *de Gestis pontif. Angl.*, lib. IV. (*Patrol.*, édit. Migne, t. CLXXIX, col. 1595.)
2. Orderici Vitalis, Uticensis monachi, *Historia ecclesiastica*, ars II, lib. IV. (*Patrol.*, édit. Migne, t. CLXXXVIII, col. 524.)

la solitude et de la patrie. Au premier appel, les heureux enfants du cloître abjuraient leurs habitudes tranquilles et la douce société de leurs frères, pour aller exercer le laborieux apostolat de la science même profane, loin des lieux qu'ils avaient habités et aimés, et avec l'incertitude de les revoir jamais. Voilà le siècle qu'on a osé appeler un *siècle de fer*.

Fleury fut de tous les monastères celui qui versa le plus de son abondance sur les autres pays. Outre Germain et Abbon, cédés à l'Angleterre, Bernon, un des disciples d'Abbon, alla enseigner à l'abbaye de Prüm avant d'être abbé de Richenaw; Diéderic, autre élève d'Abbon, fit entendre également ses leçons en Germanie. Nous en avons déjà parlé.

Un maître comme Abbon était difficile à remplacer. L'abbé Oylbold lui donna pour successeur un moine de l'abbaye nommé *Constantin*. Gerbert ne fut peut-être pas étranger à ce choix. Ce grand personnage aimait Constantin, l'appelait son *Théophile*, l'honorait de la communication de ses découvertes et entretenait avec lui un doux commerce épistolaire [1]. Au milieu de mille soucis, il lui demanda un jour dans une de ses lettres [2] de lui apporter des copies du livre de Cicéron sur la *République*, des harangues contre *Verrès* et des autres

---

1. *Patrol.*, édit. Migne, t. CXXXIX, col. 85, 223, 256, 257.
2. *Ibid.*, col. 223.

plaidoyers du *père de l'éloquence romaine*. Au reste, Constantin était un homme d'une grande érudition ; il justifia par ses succès la haute opinion qu'on avait conçue de son talent. On traversait les mers, on venait du fond de l'Angleterre pour entendre ses leçons [1]. Il fut plus tard nommé abbé de Mici, près d'Orléans.

La préférence si flatteuse dont Abbon avait été l'objet suscita contre lui l'envie et la calomnie. On lui insinua perfidement qu'on ne le reléguait au delà de l'Océan que dans l'espérance secrète qu'il ne rentrerait jamais dans sa patrie. Mais rien ne put ébranler sa docilité. Plein de confiance en Dieu, il trouva la force et même la consolation dans cette parole de l'Apôtre : « Tout se tourne à bien pour « ceux qui aiment Dieu [2]. » L'*intelligence du cœur*, comme parle l'Écriture, lui avait appris à aimer et à servir ses semblables, au prix de son repos et de sa vie même. Le miracle perpétuel de la charité chrétienne est d'avoir exalté jusqu'au dévouement le sentiment et le devoir du sacrifice.

Le moment était venu de quitter cette chère abbaye de Fleury, ces jardins, ces bâtiments, ces arbres séculaires, chers témoins de ses meilleures

---

1. *Histoire du pape Silvestre II et de son siècle*, par C.-F. Hock; traduit de l'allemand par M. l'abbé d'Axinger, p. 90.

2. « Diligentibus Deum omnia cooperantur in bonum. » (*Rom.*, VIII, 28.)

années. L'abbé Oylbold veut présider lui-même aux préparatifs du voyage. La communauté est convoquée; moment solennel ! La joie des embrassements est troublée par la crainte et l'incertitude de l'avenir. A une jeunesse écoulée sans orages entre l'étude et la prière va succéder une vie agitée et aventureuse dont le terme et l'issue lui sont inconnus. Se soustraire violemment, peut-être sans compensation, peut-être pour toujours, aux charmes des plus pures amitiés et aux doux enivrements d'un enseignement mille fois applaudi ; quel sacrifice ! Mais sa vertu triomphera de tout. Quelles que soient les séductions qui pourraient le retenir à Fleury, il partira pour la Grande-Bretagne. Il se prosterne humblement aux genoux de l'abbé Oylbold pour recevoir sa bénédiction ; il se relève, le cœur ému, les yeux pleins de larmes, et donne à ses frères le dernier baiser de paix. Quels adieux ! Quels déchirements ! Le ciel ne tardera pas à les récompenser.

Abbon presse le départ et se met en route, accompagné des moines députés à Fleury par saint Oswald. Au lieu de se diriger vers Leuconaüs (aujourd'hui Saint-Valery-sur-Somme), l'un des ports de la Manche les plus fréquentés pendant le Moyen Age, il gagna le pays des *Morins*[1], peuple naguère

---

1. *Ad Morinos.* (*Patrol.*, édit. Migne, t. CXXXIX, col. 391.) — La *Morinie* dont Thérouane était la capitale, correspondait au nord de l'Artois et à la Flandre.

intraitable [1], comme les Gascons, chez qui notre saint succombera plus tard. Il salue avec joie ces rivages de la Morinie qui lui rappellent un pieux enfant de saint Benoît et un grand missionnaire, saint Omer avec saint Antimond, saint Fuscien, saint Riquier, saint Victorin et saint Victrice, apôtres de la contrée. Abbon s'arrête à l'endroit où la traversée pour aller en Angleterre est la plus courte [2], c'est-à-dire à Calais, qui n'était alors qu'un village. Un auteur moderne est plus explicite et désigne nommément cette ville comme le lieu où s'embarqua notre saint [3].

La mer est là devant lui avec tous ses épouvantements ; c'est le *chemin de l'audace*, selon l'expression d'Alcuin. Les vents sont contraires et ajoutent aux terreurs de l'imagination les ennuis du retard. Un mois entier se consume dans une vaine attente. Abbon, impatient de travailler à l'œuvre de Dieu qui est le but de sa mission, se dirige un jour vers le port et demande au pilote s'il peut affronter la mer sans danger. — « Non, répond le pilote ; mais « la variation des vents me fait espérer que dans

---

1.   *Gens fera sunt Morini* et intractabile vulgus ;
    Ferre jugum renuunt, mutantur et omnia mutant.
              (*Acta SS. Belgii*, t. I, p. 160.)

2. *Patrol.*, édit. Migne, t. CXXXIX, col. 591.

3. *L'Année bénédictine ou les vies des Saints de l'Ordre de saint Benoît pour tous les jours de l'année*, par la mère Jacqueline Bouette de Blémur. Paris, 1673, t. V, p. 352.

« peu de jours nous aurons une heureuse naviga-
« tion. » Alors l'homme de Dieu, dans un de ces
mouvements spontanés de l'âme qu'on peut croire
inspirés, exprime en ces termes une résolution suprême : « Si par les mérites de notre très-saint
« père Benoît, il plaît au Seigneur tout-puissant
« que, pour l'utilité de mon prochain, je traverse
« cette mer, la tranquillité des flots me le fera com-
« prendre au lever du jour. Mais si le Ciel me ré-
« vèle une volonté contraire par une mer encore
« agitée, je reprendrai le chemin de Fleury[1]. » On
ne peut supposer dans notre saint la pensée de vouloir tenter Dieu ; il n'y a pas de parité entre son
langage et celui d'Ozias, qui devait livrer Bé-
thulie aux Assyriens, si dans cinq jours il ne recevait aucun secours, et qui, pour cette témérité, fut
si sévèrement repris par Judith[2]. Il n'appartient
pas à la créature de fixer à Dieu un terme soit pour
ses miséricordes, soit pour ses bienfaits. Les événements sont le moyen le plus ordinaire par lequel le
divin Maître nous manifeste sa volonté. Les inter-
roger dans le but de connaître un signe du bon
plaisir de Dieu, ce n'est point tenter le Seigneur.
Telle est la doctrine formelle de l'*Ange de l'école*[3].

1. *Patrol.*, édit. Migne, t. CXXXIX, col. 391.
2. *Judith*, vიი, 10-13.
3. « Aliquis signum petit a Deo... ad hoc quòd instruatur quid
« sit circa aliquod factum placitum Deo. Hoc nullo modo pertinet ad

Abbon ne s'écarta donc point des saintes règles au milieu de ses perplexités. L'esprit d'humilité et de soumission ne l'abandonna pas un instant. Après cette expansion d'une âme ardente au bien, il revient à l'hospice où il avait été accueilli et exhorte le moine Riculéus, chef de la caravane qui l'accompagnait, à unir ses prières aux siennes. Ils se prosternent ensemble, le front contre terre, et confondent leurs supplications. Ce devoir accompli, ils se livrent paisiblement au sommeil et attendent avec confiance la manifestation des volontés du Très-Haut.

Dieu qui *aime ceux qui l'aiment*[1], *faisant la volonté de ceux qui le craignent et exauçant leur prière*[2], récompensa la simplicité de ces cœurs innocents et obtempéra sans retard à leurs impatients désirs. Dès les premières lueurs de l'aurore, un messager du pilote accourt et annonce à grands cris qu'on peut se mettre en mer. Abbon se hâte donc, le cœur plein de joie et de reconnaissance, et monte sur un vaisseau escorté de huit barques[3]. Au

---

« Dei tentationem. » (*Secunda secundæ partis Summæ theologicæ.* Quæstio xcvii, articulus 11.)

1. « Ego diligentes me diligo. » (*Prov.*, viii, 17.)
2. « Voluntatem timentium se faciet et deprecationem eorum « exaudiet. » (*Ps.* cxliv, 19.)
3. « Comitantibus aliis *octo* navibus. » (*Patrol.*, édit. Migne, t. CXXXIX, col. 392.) — L'auteur de l'ouvrage intitulé *Annus Mariano-Benedictinus sive sancti illustres Ordinis D. Benedicti* se

départ, la mer est calme et tout fait espérer une heureuse traversée. Mais à peine a-t-on gagné le large, que l'on voit apparaître les symptômes menaçants d'une horrible tempête. Le ciel se couvre de nuages, le vent mugit, le tonnerre gronde, les oiseaux effrayés passent et repassent, et semblent chercher un abri contre les fureurs de la mer. Le vaisseau a perdu son gracieux équilibre; tantôt balancé sur les sommets mobiles d'une montagne écumante, tantôt précipité dans l'abîme, il vogue incertain à la merci des flots et n'obéit plus à la main qui veut encore le gouverner. Un nouveau sujet de terreur vient s'ajouter à tant d'autres : *les marsouins et les porcs marins*[1] se montrent parmi les vagues tumultueuses, et d'immenses cétacés laissent apercevoir leur formidable croupe à la hauteur qu'atteignent les plus grands toits[2]. Or, selon les croyances erronées de l'époque, la présence de ces géants de la mer était le pronostic d'un affreux orage. C'est du moins ce que les nautoniers tremblants firent entendre à notre saint. En ce moment critique, au milieu des plaintes et des lamentations qu'arrache la crainte de la mort, Abbon, comme

trompe en réduisant à *six* le nombre des vaisseaux qui accompagnaient celui d'Abbon. (13 novembris.)

1. *Marsuppas et porcipisces.* (*Patrol.*, édit. Migne, t. CXXXIX, col. 392.)

2. « Balœnas dorsa in modum maximorum tectorum attollere. » (*Ibid.*)

autrefois saint Paul dans une semblable circonstance, reste calme et tranquille. Une gravure que nous empruntons à l'*Année mariano-bénédictine*, et que nous sommes heureux de reproduire, le représente debout, les mains levées vers le ciel. Il n'y a rien de stoïque dans cette intrépidité en face du danger. Le juste formé par l'Évangile ne brave pas stupidement le ciel et la terre à la façon des héros d'Horace, mais il se tourne vers Dieu et puise dans la prière un courage surhumain.

Aimoin est le premier historien de cette tempête, une des plus mémorables parmi celles du Pas-de-Calais. Bucelin en a parlé longuement dans son *Ménologe bénédictin*[1]; il en est également question dans l'*Année mariano-bénédictine*. D'où vient donc que les *Histoires de naufrages* gardent un profond silence sur ce drame maritime du dixième siècle ? Sa triste importance devait cependant le signaler à l'attention des écrivains qui aspirent à émouvoir leurs lecteurs. De neuf vaisseaux partis ensemble, six périrent avec leurs équipages. Aimoin attribue leur perte non-seulement à la violence de la mer, mais encore aux coups redoublés des puissantes queues des poissons[2]. Les trois autres, c'est-à-dire celui d'Abbon et les deux autres qui le suivaient,

---

1. 13 novembris.
2. *Patrol.*, édit. Migne, t. CXXXIX, col. 392.

St Abbon preserve du naufrage

furent épargnés par la tempête. Un *insigne miracle*[1] avait sauvé notre saint. Le protégé de la Providence se montra plus tard propice aux *marins en détresse*[2] et devint un de leurs patrons les plus populaires.

Après une laborieuse navigation, Abbon touche enfin au sol de la Grande-Bretagne et arrive à Ramsey dans les premiers mois de l'année 987[3]. Sa réputation était, dès cette époque, presque universelle, selon Mabillon[4], et l'avait précédé dans cette île.

Le climat et l'aspect du lieu que venait habiter Abbon contrastaient singulièrement avec les merveilles et les délices de Fleury. Par le souvenir, il comparait l'un à l'autre et ouvrait malgré lui son

---

1. « Abbo insigni eo in itinere miraculo a Numine honoratus et « servatus. » (*Menologium benedictinum sanctorum, beatorum atque illustrium ejusdem Ordinis virorum elogiis illustratum*, operâ et studio R. P. F. Gabrielis Bucelini. Veldkirchii, 1655, 13 novembris.)

2. *Periclitantibus de vitâ*. (*Annus Mariano - Benedictinus*. 13 novembris.)

3. M. Hock s'est trompé en disant qu'Abbon fut appelé en Angleterre pour instruire les religieux des couvents de *Worcester*. (*Histoire du pape Sylvestre II et de son siècle*, par C.-F. Hock; traduit de l'allemand par M. l'abbé d'Axinger, p. 89.) — Un autre auteur, Guillaume Cave, s'est également trompé, quand il a dit qu'Abbon fut appelé en Angleterre avant l'année 960. (Guillelmi Cave, canonici Windesor. *Scriptorum ecclesiasticorum historia litteraria*. Genevæ, 1720.)

4. « Sanctus Oswaldus quemdam virum *nominatissimum* Abbo« nem, de cœnobio Floriacensi vocatum, apud Ramesiam scholas « regere constituit. » (*Acta sanctorum Ordinis Sancti Benedicti*, t. V, p. 741.)

cœur à la tristesse et aux regrets. Les arbres, les fleurs, les fruits, ces mille épanouissements de la nature qui dilatent si doucement l'âme et l'élèvent vers Dieu des rives enchantées de la Loire, n'existaient pas même en espérance à Ramsey. Le touriste qui visite indifféremment la petite ville de ce nom et les ruines encore debout du monastère fondé par saint Oswald, n'aperçoit aucun vestige de l'état primitif des lieux. Vers la fin du dixième siècle, Ramsey n'était qu'une sorte d'île aux eaux poissonneuses, un vaste marais, *vasta palus*, où l'on ne pouvait pénétrer que par un seul pont. C'est Abbon lui-même qui qualifie ainsi sa nouvelle demeure. La description qu'il en a faite dans la langue des poëtes se compose de sept distiques qui nous ont été conservés par Mabillon[1]. Elle ne manque pas de mérite et fait soupçonner une muse déjà exercée. Comme saint Paulin, l'immortel enfant de Bordeaux, Abbon fut capable d'écrire en vers et en prose.

Avant les défrichements opérés en Europe par les mains des moines, une foule d'abbayes étaient

---

1. « O Ramisega cohors, amplis quæ cingère stagnis,
. . . .
« *Vasta palus*, piscosa nimis, sua dyndima pandit,
. . . .
« Pons est indè suis pervius Angligenis.
« Anguillosa *palus*. . . . .
(*Annales Ordinis Sancti Benedicti*, t. IV, p. 688.)

dans des conditions semblables ou équivalentes à celle de Ramsey. En France, l'abbaye de Moissac avait été justement surnommée la *Boueuse, lutosa;* celles de Sithiu (plus tard Saint-Bertin) et de Moutier-la-Celle avaient mérité la même épithète. En Hainaut, l'abbaye de *Leuze* devait son nom à la boue, *lutum*, qui encombrait ses sentiers. Il en était de même en Angleterre. « C'était là, dit élo-
« quemment M. de Montalembert, la vraie nature
« des vastes territoires abandonnés aux moines, et
« qui avaient ainsi le double avantage d'offrir aux
« communautés une retraite plus longtemps inac-
« cessible qu'ailleurs, et d'imposer de moindres
« sacrifices à la munificence des donateurs. Ainsi
« placés en face de toutes les difficultés de la mise
« en culture d'un pays nouveau, ils les surmon-
« tèrent toutes : les forêts défrichées, les marais
« assainis ou desséchés, le sol irrigué ou drainé,
« selon les besoins de chaque localité, les ponts, les
« chemins, les digues, les ports, les phares créés
« partout où s'étendait leur patrimoine ou leur in-
« fluence, témoignaient de leur infatigable et vigi-
« lante ardeur... Medehamstede, Ely, Croyland,
« Thorney, *Ramsey*, furent les premiers champs de
« bataille de ces vainqueurs de la nature, de ces
« moines laboureurs, éleveurs et nourrisseurs, qui
« furent les véritables pères de l'agriculture an-
« glaise, devenue et demeurée, grâce à leurs tradi-

« tions et à leurs exemples, la première agriculture
« du monde[1]. »

L'état des lieux ne pouvait ni décourager ni ralentir le zèle d'Abbon. Suivons avec respect la trace lumineuse de son passage en Angleterre. Il commence par organiser les études à Ramsey et remet en honneur le travail intellectuel. De nombreux disciples viennent écouter sa parole. Le plus connu est un moine appelé *Britfrithus*[2], qui écrivit des *Gloses* ou commentaires sur les traités de Bède, qui ont pour titre : *De la nature des choses et des temps, du langage par le geste des doigts;* on a imprimé ces *Gloses* dans le tome Ier des *Œuvres de Bède*[3]. On trouve parmi les manuscrits de la bibliothèque de Bodleï, un Comput des Latins, des Grecs, des Hébreux, des Égyptiens et des Anglais, sous le nom de *Bridferth de Ramsey*. Mais le principal ouvrage du disciple d'Abbon, c'est la *Vie de saint Dunstan*, archevêque de Cantorbéry, mort en 988[4]. L'Angle-

---

1. *Les Moines d'Occident*, par M. le comte de Montalembert, t. V, p. 168-170.
2. Ce nom s'est encore écrit *Bridfertus, Brightefertus, Bridferht, Bridefertus,*
3. *Venerabilis Bedæ Opera omnia*, édit. Migne, t. I, col. 187-518; 686-690.
4. *Patrol.*, édit. Migne, t. CXXXIX, col. 1423-1456. Un abrégé de cette *Vie* parut, au commencement du onzième siècle, sous le nom d'*Adalard*, moine de Blandisberg, près de Gand, où saint Dunstan avait été exilé. *Eadmer* ou *Edmer*, Anglais de naissance, d'abord moine du Bec, puis de Cantorbéry, mort en 1137, composa, à son

terre ne doit pas oublier l'origine d'un livre qui raconte les gloires de l'un de ses prélats les plus remarquables, qu'elle honore encore aujourd'hui dans quatre-vingts églises. L'auteur de cette *Vie*, que les Bollandistes ont insérée dans leur collection au 19 mai, fut formé par le savant scolastique de Ramsey dont les conseils et les exemples le déterminèrent encore à écrire.

L'abbaye de Ramsey, disciplinée par Abbon, célébrée par ses vers, illustrée par son enseignement et ses disciples, acquit un développement considérable qui alla croissant de jour en jour et la fit classer plus tard parmi les monastères *insignes*[1] de l'An-

tour, une *Vie de saint Dunstan* et celle de *saint Oswald*, qu'on peut lire dans l'*Anglia sacra*, par Wharton. Londini, 1691, pars secunda.

1. *Disceptationis historicæ de antiquitate Benedictinorum in Angliâ tractatus*, operâ R. P. Clementis Reyneri. Duaci, 1626.

gleterre. De toutes les armoiries *parlantes* qu'on rencontre dans l'histoire du blason, celles de Ramsey qu'on voit à la page précédente, ne sont pas les moins intéressantes. Elles étaient : *d'or à la bande d'azur chargée de trois têtes de bélier* [1] *d'argent :*

Abbon ne se borna pas à instruire les moines assidus à ses leçons ; il voulut encore être utile par la plume à ceux qui étaient loin. L'opuscule qui fut le produit de cette idée généreuse nous est parvenu sous le titre de *Questions grammaticales* [2]. C'est une circulaire adressée à tous les moines anglais et à ceux de Fleury. Abbon l'écrivit pour résoudre toutes les hautes questions de grammaire et de prosodie qu'on l'avait prié d'éclaircir. Nous avons lu ce travail avec admiration et nous le signalons à tous les académiciens, aux philologues de notre époque et à tous les détracteurs du dixième siècle. Quelle docte dissertation sur les *conjugaisons*, qui étaient alors, comme aujourd'hui, réduites à quatre, sur la formation des *participes passés*, sur les *déclinaisons*, sur les mots simples et composés, sur la propriété des termes ! Il faut avoir pénétré bien profondément le secret et le génie d'une langue

---

1. Le nom de *Ramsey* se compose de deux mots anglais, *ram*, bélier, et *head*, tête. Il signifie donc *tête de bélier*. De là, les trois têtes de bélier de ses armes *parlantes*.

2. *Patrol.*, édit Migne, t. CXXXIX, col. 521-534. — M. l'abbé Migne est le premier qui ait publié intégralement les *Questions grammaticales* de saint Abbon.

pour en élucider les difficultés avec un style si didactique et une méthode si judicieuse. Les souvenirs de l'antiquité classique se pressent sous la plume d'Abbon : Virgile, Horace, Juvénal, Flaccus, Prudence, paraissent tour à tour sur la scène; chaque page est émaillée de quelque citation empruntée à ces grands maîtres.

Quelques mots grecs sont mêlés au travail d'Abbon; ils suffisent, avec les explications dont ils sont accompagnés, pour prouver que la langue du beau siècle de Périclès jetait encore quelque éclat dans les ténèbres du dixième siècle de notre ère.

Une variante du seizième verset du *Te Deum*[1] fournit à Abbon l'occasion d'émettre sur l'auteur de cet immortel cantique un sentiment particulier. Cette *Palinodie de Dieu*, ainsi qu'il l'appelle[2], daterait, d'après une opinion qui n'a pas prévalu, du baptême de saint Augustin, c'est-à-dire de l'an 387. Cette opinion n'a pour garant que la *Chronique* apocryphe de saint Dace, évêque de Milan, loué par

---

1. Ce verset, que saint Odilon ne récitait qu'à genoux par respect pour la sainte Vierge, est ainsi conçu : « Tu ad liberandum *susceptu-« rus* hominem, non horruisti Virginis uterum. » Du temps d'Abbon, on avait substitué *suscepisti* à *suscepturus*. Abbon combattit cette légende aujourd'hui oubliée et rétablit le futur *suscepturus* conformément au texte admis par les anciens, en particulier par le docte Alcuin. (*Alcuini Opera omnia*, édit. Migne, t. II, col. 597.)

2. *Dei palinodia*. (*Patrol.*, édit. Migne, t. CXXXIX, col. 532. — *Glossaire* de Ducange, art. *Palinodia*.)

saint Grégoire le Grand[1]. Les PP. Ménard[2] et Mabillon[3], suivis depuis par tous les savants, ont démontré que cette *Chronique* était postérieure de quatre cents ans à saint Dace. M. Poujoulat, à qui nous devons l'*Histoire de saint Augustin*, ne craint pas de dire dans une note : « Rien ne nous autorise « à penser que le *Te Deum* de saint Ambroise ait été « chanté pour la première fois après le baptême de « saint Augustin[4]. »

Smaragde, abbé de Saint-Michel de Verdun au neuvième siècle, attribue le *Te Deum* à saint Ambroise seul et l'appelle, pour cette raison, *hymne ambroisienne*[5]. Le célèbre Gavantus partage le même avis[6]. Selon d'autres, l'auteur du *Te Deum* serait saint *Abundius*, évêque de Côme au cinquième siècle, ou bien un moine nommé *Sisebut*, ou bien encore saint Nicet, évêque de Trèves au sixième siècle.

Deux des versets qui terminent le *Te Deum* ont fourni une nouvelle conjecture. La prière s'y adresse à Dieu en ces termes : « Nous vous bénissons chaque

---

1. *Sancti Gregorii Magni Opera omnia*, édit. Migne, t. III, col. 224 et 225.
2. *Sacr.*, p. 400.
3. *Analect.*, t. I, p. 3.
4. *Histoire de saint Augustin*, par M. Poujoulat, ch. vi.
5. *Smaragdi Opera omnia*, édit. Migne, col. 833.
6. *Thesaurus sacrorum rituum*, authore adm. R. P. D. Barth. Gavanto. Lugduni, 1685, t. II, p. 89.

« jour... Daignez, Seigneur, nous préserver en ce
« jour de tout péché[1]. » Ces mots supposent des
hommes attachés au chœur et obligés par état à
chanter chaque jour les louanges de Dieu. De là on
insinue que le *Te Deum* aurait bien pu être composé par quelque moine de Lérins, peut-être par
saint Hilaire d'Arles, prédécesseur de saint Césaire,
qui le prescrivit dans sa règle[2]. Mais on s'accorde à
penser que les versets qui servent de base à cette
opinion ne faisaient point primitivement partie du
Te Deum, et que, selon toute probabilité, ce cantique se terminait autrefois, par une conclusion naturelle, à ces mots : « Faites que je sois compté au
« nombre des saints dans la gloire éternelle[3]. »

Plus communément le *Te Deum* est attribué à
saint Ambroise et à saint Augustin conjointement.
La sainte Église l'a adopté sous le nom d'*hymne de
saint Ambroise et de saint Augustin*. Elle le chante
ou le récite à la fin de l'office matutinal, excepté
pendant l'Avent et le Carême ; elle en fait aussi son
cantique d'actions de grâces toutes les fois qu'elle
veut remercier Dieu solennellement pour quelque
faveur signalée.

De toutes ces opinions, la dernière seule a obtenu

---

1. « Per *singulos dies* benedicimus te... Dignare, Domine, *die
« isto* sine peccato nos custodire. »
2. Ch. xxi. (*Patrol.*, édit. Migne, t. LXVII, col. 1102.)
3. « Æternâ fac cum sanctis tuis in gloriâ numerari.

quelque crédit parmi les liturgistes. Nous ne voulons ni l'adopter ni la combattre ; mais nous ne savons comment expliquer le silence de saint Ambroise et de saint Augustin et de leurs historiens Paulin et Possidius sur l'origine d'une hymne aussi admirable ; nous nous demandons avec étonnement pourquoi cet immortel chef-d'œuvre n'a pas été inséré parmi les œuvres authentiques ou présumées des deux célèbres docteurs, quand même ils n'en seraient que les auteurs probables. Nous laissons de côté ces questions étrangères à notre sujet pour revenir à notre cher Abbon. Saint Benoît avait classé le *Te Deum* parmi les prières imposées à ses moines[1]. Cette hymne fut tellement goûtée par les enfants de saint Benoît, que l'usage s'introduisit et subsiste encore aujourd'hui dans le cloître bénédictin de la chanter tous les dimanches de l'année sans exception. De là le nom d'*Hymne dominicale* sous lequel Alcuin désigne le *Te Deum*[2]. Quelques conciles de la Gaule et de l'Italie réclamèrent, au onzième siècle, contre cet usage monastique ; on répondit en alléguant la règle de saint Benoît, et le privilége fut maintenu[3].

L'importance de cette pièce liturgique, surtout

---

1. *Sancti Benedicti Opera omnia*, édit. Migne, col. 436.
2. *Hymnum dominicale*. (*Alcuini Opera omnia*, édit. Migne, t. II, col. 597.)
3. *Glabri Rodulphi Historia*, lib. III, cap. III.

dans la famille de saint Benoît, autorisait Abbon à s'en occuper. Il nomme saint Hilaire, évêque de Poitiers, comme l'auteur bien connu du *Te Deum*[1]. Il en parle comme d'une chose constante et qui ne souffrait alors aucun doute. C'était transporter d'Italie en Aquitaine une origine que nous n'avions jamais revendiquée, et créer, au profit de notre gloire nationale, une opinion nouvelle qui peut paraître étrange à nos lecteurs, mais qui a conquis une certaine valeur dans les temps modernes. Cette opinion a été mentionnée sans un seul blâme par le savant Martène[2] et par l'auteur de la préface générale mise en tête des œuvres de saint Hilaire dans l'édition Migne[3]; elle a été surtout rajeunie de nos jours par M. l'abbé Cousseau, devenu ensuite évêque d'Angoulême, qui en a fait l'objet d'une thèse imprimée (sans date) à Poitiers[4]. Après avoir cité le texte d'Abbon, le savant critique ne craint pas d'ajouter : « Je ne pense pas qu'on puisse
« opposer rien de solide à un pareil témoignage,
« rendu par un homme si grave et si instruit, si cé-
« lèbre en son temps par sa vaste et profonde éru-

---

1. « *In Dei Palinodiâ*, quam composuit *Hilarius*, Pictaviensis « episcopus. » (*Patrol.*, édit. Migne, t. CXXXIX, col. 532.)

2. *Commentarium in regulam sancti Benedicti*, operâ et studio D. Edmundi Martene. Parisiis, 1690, p. 280.

3. *Sancti Hilarii*, *Pictaviensis episcopi*, *Opera omnia*, édit. Migne, t. I, col. 21.

4. *Mémoire sur l'auteur du* Te Deum, par M. l'abbé Cousseau.

« dition, et l'une des lumières qui brillèrent avec le
« plus d'éclat au milieu des ténèbres du dixième
« siècle[1]. » Il partage donc sans hésitation le sentiment d'Abbon et le corrobore par quelques preuves intrinsèques. — Parité de style dans le *Te Deum* et les œuvres de saint Hilaire. On chercherait en vain dans le *Te Deum* la plus légère trace de travail et de méditation ; c'est une effusion spontanée, un élan du cœur affranchi de tout mètre ; c'est un dithyrambe divin où l'enthousiasme, volant de ses propres ailes, méprise toutes les règles de l'art. Le sentiment des bienfaits du Seigneur ne s'est jamais traduit en un langage plus vrai et plus pénétrant. Or, tous ces traits, cette véhémence, ces saints emportements de la foi, *fidei æstus*[2], cette marche rapide, sont le caractère propre de la composition de saint Hilaire, si bien appelé par saint Jérôme le *Rhône de l'éloquence latine*[3]. — Parité de doctrine. On sait avec quelle constance et quelle énergie saint Hilaire défendit contre les Ariens la divinité du Fils de Dieu ; ni l'exil ni la persécution ne purent ébranler son courage, ni faire chanceler sa plume ou sa parole. Or, ce que nous lisons dans

---

1. *Mémoire*, etc., p. 9.
2. *Sancti Hilarii, Pictaviensis episcopi, Opera omnia*, édit. Migne, t. II, col. 199.
3. *Hilarius latinæ eloquentiæ Rhodanus.* (*Sancti Eusebii Hieronymi Opera omnia*, édit. Migne, t. VII, col. 555.)

ses écrits, nous le retrouvons, souvent avec les mêmes termes, dans le *Te Deum*. L'observateur attentif voit bien que tout est sorti d'un même fond et reconnaît le cachet d'un même génie. L'auteur des douze livres de la *Trinité* a exposé le même mystère dans le *Te Deum*, en insistant, à cause des nécessités de l'époque, sur la divinité de Jésus-Christ. Sa foi s'exalte et monte jusqu'au lyrisme; il s'écrie avec transport : « O Christ, vous êtes le roi de « gloire[1] ! » C'est le chant du triomphe sur les ruines d'une hérésie que le saint docteur poitevin avait combattue, au prix de son repos et de sa liberté. — Parité d'idées et d'expressions. Nous avons déjà cité le célèbre verset dont Abbon rétablit le texte primitif. Le poëte s'adresse en ces termes au Fils de Dieu : « Voulant entreprendre la délivrance de « l'homme, vous n'avez pas eu *horreur* de vous ren-« fermer dans le sein d'une vierge[2]. » Or, cette pensée avait déjà été exprimée dans le second livre de la *Trinité*, et avec des mots qui accusent une parenté unique : « Celui qui est l'image du Dieu in-« visible ne s'est point refusé à la *honte* d'une nais-« sance humaine; il n'a point hésité à passer par

---

1. « Tu rex gloriæ, Christe. » — Saint Thomas d'Aquin récitait ce verset et les suivants à l'élévation de la sainte hostie. (*Monasticarum disquisitionum pars altera*, auctore D. Benedicto Haefteno, monasterii Affligeniensis Ord. S. B. Antuerpiæ, 1644, p. 748.)

2. « Tu ad liberandum suscepturus hominem, non *horruisti* vir-« ginis uterum. »

« la conception, l'enfantement, les cris du premier
« âge, le berceau, en un mot par toutes les *igno-*
« *minies* de notre nature¹. » Rapprocher de semblables textes et les comparer, n'est-ce pas leur assigner une origine commune? Celui qui a écrit l'un a écrit l'autre. L'auteur du traité de la *Trinité* a donc aussi composé le *Te Deum*. Abbon, qui a le premier émis cette opinion, est donc justifié. Toutes les innovations ne sont pas des erreurs ou des témérités.

Pour les hymnes attribuées exclusivement à saint Ambroise, Abbon ne s'écarte pas de l'opinion commune et les appelle, par un terme qui fut longtemps usité, les *Ambroisiennes* ².

Abbon est lui-même auteur d'une *Séquence* sur saint Martial. M. l'abbé Arbellot l'a découverte dans deux manuscrits de la Bibliothèque impériale et l'a publiée intégralement dans un de ses ouvrages ³. C'est un petit poëme en prose découpé en versets, dans lequel Abbon rappelle les plus glorieuses prérogatives de l'apôtre de l'Aquitaine, sa présence à la dernière Cène, au lavement des pieds, à l'Ascen-

---

1. « Dei imago invisibilis *pudorem* humani exordii non recusavit, « et per conceptionem, partum, vagitum, cunas, omnes naturæ nostræ « contumelias transcurrit. » (*Sancti Hilarii, Pictaviensis episcopi, Opera omnia*, édit. Migne, t. II, col. 66.)

2. *Patrol.*, édit. Migne, t. CXXXIX, col. 526.

3. *Documents inédits sur l'apostolat de saint Martial*, par M. l'abbé Arbellot. Paris, 1860, p. 54-56.

sion et au Cénacle, son voyage à Rome et dans l'Aquitaine, principalement à Limoges. Cette pièce a une haute importance, surtout dans notre siècle où l'on a discuté si chaudement l'époque de l'apostolat de saint Martial. Abbon, un des meilleurs interprètes de l'opinion de son époque, ne soupçonne aucun doute dans une question qui lui paraît évidente, et affirme purement et simplement l'existence de saint Martial au temps de Notre-Seigneur et l'évangélisation de l'Aquitaine au premier siècle.

Selon Conrad Gesner [1], selon un calviniste anglais, Jean Ballée [2], et selon dom Ceillier [3], Abbon aurait composé encore une *Séquence* et des *Répons* pour la fête de saint Étienne, *protomartyr*. D'après dom Rivet, il serait aussi l'auteur de plusieurs *Homélies sur les Évangiles* [4]. Gesner lui attribue également un *Livre sur la Cène du Seigneur* et un *Livre des Catégories spirituelles* [5].

Cette longue série d'ouvrages issus de la plume de notre saint dépose en faveur de la variété et de l'étendue de ses connaissances. Rival du docte Gerbert pour les sciences exactes, il l'éclipse par les

---

1. *Conradi Gesneri Bibliotheca*.
2. *Scriptorum illustrium Majoris Britanniæ Catalogus*, auctore Joanne Baleo. Basileæ, 1658. Centuria decima tertia, n° 11.
3. *Histoire générale des auteurs sacrés et ecclésiastiques*, par le R. P. dom Remy Ceillier. Paris, 1757, t. XX, p. 52.
4. *Histoire littéraire de la France*, par dom Rivet, t. VI, p. 73.
5. *Conradi Gesneri Bibliotheca*.

autres titres de gloire que nous aurons à développer bientôt. Nous ne voulons en ce moment que nous prévaloir de ses œuvres retrouvées ou malheureusement perdues, et lui assigner sa place légitime parmi les liturgistes du dixième siècle. Nous regrettons que dom Guéranger ne l'ait pas même nommé dans ses *Institutions liturgiques*, quand il a énuméré les écrivains ecclésiastiques de chaque époque.

La gloire est souvent l'apanage de ceux qui la fuient. L'enseignement d'Abbon à Ramsey rendit son nom populaire dans la Grande-Bretagne et le fit rechercher par les plus grands personnages. Le roi Éthelred II lui fit entendre les paroles les plus gracieuses, et Egelwin, le pieux alderman dont nous avons déjà parlé, le combla de présents et de témoignages de respect. Deux admirables prélats, saint Oswald, archevêque d'York, et saint Dunstan, archevêque de Cantorbéry, lui prodiguèrent leur amitié.

Tant d'honneurs ne firent point oublier à Abbon le but pour lequel il avait été appelé en Angleterre. Apôtre et missionnaire de la science, il voulut la propager en dehors de Ramsey et ouvrit des écoles publiques dans un grand nombre de monastères, en particulier à York, à Bury-Saint-Edmund's et à Cantorbéry[1]. Il fonda encore celle de Cambridge,

---

1. Orderici Vitalis *Historia ecclesiastica.* (*Patrol.*, édit. Migne,

qui n'a pas cessé d'être florissante jusqu'à ce qu'elle ait donné Newton à l'Angleterre et au monde.

Charlemagne avait attiré Alcuin en France pour la restauration des sciences et des arts dans son vaste empire. Notre patrie contracta alors envers l'Angleterre une dette d'honneur qu'elle commença bientôt à acquitter en lui envoyant deux savants moines, Jean et Grimbaud. Nous sommes heureux de ressusciter deux noms qui rappellent des bienfaits trop tôt oubliés ; mais nous réclamons une bien plus haute reconnaissance pour les services autrement importants qu'Abbon rendit à l'Angleterre alors si arriérée. Il fit chez nos voisins ce qu'avait fait Alcuin chez nous par la création de quelques écoles. Les deux grands hommes se balancent dans notre estime. Si Abbon eût été placé près d'un trône comme Alcuin, peut-être aurait-il laissé un nom plus historique que celui du savant anglais. Il a d'ailleurs été justement surnommé l'*Alcuin du dixième siècle*.

Plus tard, la France, foyer de lumière et de vie pour l'Angleterre et l'Europe, acheva de payer, mais avec usure, ce qu'elle devait encore à nos frères d'outre-Manche ; ne se priva-t-elle pas, à leur profit, des vertus et des talents du B. Lanzon et de deux autres bénédictins de Cluny qui fondè-

---

t. CLXXXVIII, col. 524.) — *Flores historiæ ecclesiasticæ gentis Anglorum*, a Richardo Smith. Parisiis, 1654, p. 205.

rent à Saint-Pancrace de Lewes la première congrégation de leur Ordre en Angleterre? Quelques années après, ne leur céda-t-elle pas encore le B. Lanfranc et saint Anselme, qui étaient devenus ses enfants adoptifs?

« On compte, du septième au onzième siècle,
« vingt-trois rois et soixante reines, princes ou prin-
« cesses, issus des diverses dynasties anglo-saxonnes
« parmi les saints reconnus par l'Église. Aucune
« autre nation n'a jamais fourni un contingent pa-
« reil[1]. » De tous ces souverains canonisés, dont plusieurs furent martyrs, le plus vénéré par l'Angleterre, au dixième siècle, était saint Edmond. Un siècle s'était déjà écoulé depuis que ce glorieux martyr avait été immolé par les Danois avec saint Humbert, l'illustre prélat qui l'avait couronné. Mais le temps n'avait fait qu'accroître le concours des fidèles auprès de son tombeau. Il n'était bruit que de l'incorruption de son corps et des miracles opérés par sa puissante intercession. Aucun écrivain cependant n'avait encore rédigé les actes de son martyre. Saint Dunstan usa de son influence sur Abbon pour le déterminer à ce travail[2]. L'autorité

---

1. *Les Moines d'Occident*, par M. de Montalembert, t. V, p. 193.
2. « Abbo... *passionem Edmundi regis,* jubente Dunstano archie-
« piscopo, plenitudini litterarum adjecit. » (Willelmi, Malmesburiensis
« monachi, *de Gestis pontific. Angl.*, lib. III. — *Patrol.*, édit. Migne,
t. CLXXIX, col. 1573.)

ABBÉ DE FLEURY. 215

de ses vertus, le respect de ses cheveux blancs ou, pour parler comme Abbon, *la neige de sa tête*[1], et la tendresse d'Abbon pour celui qu'il appelait son *père en Jésus-Christ*, triomphèrent de l'humilité de notre saint. Il consentit à écrire la *Vie de saint Edmond, roi des Angles et martyr*[2]. Il appelait cette *Vie* les *prémices de son travail*[3], parce qu'il attachait sans doute peu de prix à ce qu'il avait déjà écrit, et que dans son opinion cet essai hagiographique était son premier ouvrage. Sans diminuer la valeur de ceux que nous avons déjà examinés et de ceux dont on regrette la perte, nous devons considérer celui-ci comme une des œuvres capitales d'Abbon et en étudier plus longuement le mérite.

L'historien d'Abbon, notre cher Aimoin, qui n'a consacré que quelques lignes au séjour du saint en Angleterre, n'a rien dit de cet ouvrage, malgré son importance. C'est une omission grave que nous lui reprochons. Le P. Dubois, dans sa *Bibliothèque de Fleury*, n'en parle pas davantage. L'abbé Ellies du Pin a classé cette *Vie* parmi les *ouvrages supposés*

1. *Nix capitis.* — Abbon aimait cette métaphore. Nous la retrouvons dans deux de ses lettres au roi Robert. (*Patrol.*, édit. Migne, t. CXXXIX, col. 424 et 468.)

2. *Vita sancti Eadmundi* (sic) *regis Anglorum et martyris.* Le martyrologe romain et le martyrologe gallican (20 novembre) ont adopté la même orthographe pour le nom latin de saint Edmond. Guillaume de Malmesbury écrit *Edmundus*.

3. *Primitias laboris.* (*Patrol.*, édit. Migne, t. CXXXIX, col. 508.)

d'Abbon[1]. Mais nous nous consolons de ce silence et de cette ignorance par le témoignage d'un célèbre annaliste anglais qui doit faire autorité dans la matière à cause de sa nationalité et de l'époque où il vécut. Nous voulons parler de Guillaume de Malmesbury, qui florissait moins d'un siècle après Abbon, et qui a consigné dans des pages précieuses pour l'histoire les *Gestes* des rois et des prélats de son pays. Le docte moine cite deux fois la *Passion*, c'est-à-dire le martyre de saint Edmond, et il en attribue le récit à Abbon[2]. Une assertion aussi positive suffirait pour clore un débat qui n'aurait jamais dû être soulevé; mais nous tenons à mentionner encore un autre Anglais, Alban Butler[3], traduit par le sceptique Godescard; nommons encore l'immortel Baronius[4], André du Saussay, auteur du *Martyrologe gallican*[5], et le bénédictin espagnol Yepès[6]. Tous ces écrivains citent, comme un fait

1. *Histoire des controverses et des matières ecclésiastiques traitées dans le dixième siècle*, par messire Ellies du Pin. Paris, 1699, p. 314.
2. *Patrol.*, édit. Migne, t. CLXXIX, col. 1573, 1659.
3. *Vies des Pères, des martyrs et des autres principaux saints*. 20 novembre.
4. *Annales ecclesiastici*, auctore Baronio. Antuerpiæ, 1618, t. X, p. 802.
5. *Martyrologium Gallicanum*, auctore Andreâ du Saussay. Lutetiæ Parisiorum, 1657, 20 nov.
6. « Abbo Floriacensis sancti *Eadmundi* regis vitam descripsit. » (*Chronicon generale Ordinis S. Benedicti*, auctore P. Ant. de Yepes, Ord. S. Bened. Salmanticæ, 1607, p. 68.)

incontesté, l'œuvre de saint Abbon et ne lui en disputent nullement la paternité.

La *Vie de saint Edmond* resta manuscrite jusqu'au seizième siècle, époque où elle fut publiée par le chartreux Surius. M. l'abbé Migne en a emprunté le texte à cet hagiographe et l'a reproduit parmi les œuvres authentiques d'Abbon[1]. On peut en lire la traduction en français dans les *Vies de plusieurs saints illustres des divers siècles*, par Arnaud d'Andilly. Le texte latin se retrouve encore dans un manuscrit de la bibliothèque de l'école de médecine de Montpellier, sous ce titre : *Passion de saint Edmond, roi*[2]. Il manque au texte le nom de l'auteur et la *préface à Dunstan, archevêque de Cantorbéry*. Il est d'ailleurs conforme en tout à celui de Surius.

A part quelques locutions barbares, en petit nombre, dont Abbon, un peu gâté par son siècle, ne sut pas s'affranchir, la *Vie de saint Edmond* est écrite dans un *style louable*, au jugement de Mabillon[3]. Elle se fait remarquer par le génie de l'expression, ainsi que par le talent de l'exposition, le charme des détails et l'intérêt des légendes. Comment se dispenser d'en dire quelques mots ?

1. *Patrol.*, édit. Migne, t. CXXXIX, col. 507-520.
2. *Incipit passio sci Eadmundi regis.*
3. « Abbo, ex mandato summi præsulis Dunstani, *passionem* « sancti Eadmundi regis et martyris *laudabili stilo* prosecutus. » (*Acta sanctorum Ordinis S. Benedicti*, t. V, p. 741.)

Dans une modeste préface, le pieux *lévite*[1] dédie son livre à saint Dunstan, archevêque de Cantorbéry[2], dont les instances nous ont valu ce chef-d'œuvre. Soit par vénération, soit pour se conformer à un usage local, il donne à l'archevêque le titre de *Sainteté, tua Sanctitas*[3]. Il lui soumet son œuvre et le prie d'y corriger ce qui serait contraire à la vérité, et d'y ajouter ce qui pourrait avoir été oublié. Il entre ensuite en matière.

Les habitants de la Grande-Bretagne avaient appelé à leur secours trois peuples de la Germanie, les Saxons, les Jutes et les Angles. Ces auxiliaires stipendiés, se sentant assez forts pour se substituer aux princes sans énergie qu'ils devaient se contenter d'assister, se firent usurpateurs et s'imposèrent au pays. Les Saxons eurent pour lot la partie orientale de l'île, qu'ils croyaient mieux arrosée et plus fertile. Dès lors commença une dynastie nouvelle qui devait donner à la Bretagne de nouveaux maîtres.

Parmi les Saxons qui régnèrent en Angleterre, il

1. « Abbo Floriacensis monachus *levita.* » (*Patrol.*, édit. Migne, t. CXXXIX, col. 507.)

2. « Domino sanctæ metropolitanæ *Dorobernensium* ecclesiæ « archiepiscopo Dunstano. » (*Ibid.*) — Le nom de *Dorobernum* désignait primitivement la ville de Cantorbéry, appelée plus tard *Cantuaria*. La primauté du siège de Cantorbéry, ancienne capitale du royaume de Kent et aujourd'hui chef-lieu de ce nom, s'étendait à toutes les îles Britanniques.

3. Le titre de *Sainteté* n'a été réservé aux papes que depuis le quatorzième siècle.

faut en distinguer un spécialement à cause de la précocité et de l'excellence de ses vertus. La nature avait imprimé à ses traits une majesté digne de l'empire ; mais la grâce avait embelli son âme d'une sérénité angélique. Affable envers tous, humble, doux, il ne faisait peser sur personne sa domination par le faste de l'orgueil. Encore enfant, il fit pressentir les prodiges de cette vertu qui devait un jour braver le martyre. La splendeur du rang n'ôta rien à la bénignité de son caractère envers ses sujets et à la juste sévérité de son gouvernement contre les méchants. La simplicité et la mansuétude de la colombe s'alliaient en lui à la finesse et à la prudence du serpent[1]. Il se défiait de lui-même et ne jugeait aucune cause sans l'avoir mûrement étudiée. Libéral pour les pauvres, il avait encore la clémence d'un père pour les veuves et les orphelins.

Tant de vertus devaient recevoir bientôt un magnifique complément par la patience du saint homme Job, qu'Edmond eut l'occasion de pratiquer.

Une flotte danoise, sous le commandement d'Inguar et de Hubla, accoste la partie orientale de l'Angleterre. Les barbares débarquent sans opposition et attaquent les Northumbriens. Leurs féroces excès

---

1. Les termes par lesquels saint Abbon exalte la prudence et la simplicité de saint Edmond sont identiquement ceux dont Aimoin s'est servi pour signaler ces mêmes vertus dans saint Abbon. Le disciple a copié le maître. On comprend et on excuse ce plagiat.

ne justifient que trop la réputation d'*anthropophages* qui les a précédés. Personne n'est épargné, ni les enfants, ni les femmes, ni les vieillards. Pendant que Hubla, las de carnage, se repose, Inguar poursuit sa course afin de se mesurer avec le roi Edmond, dont il redoute cependant la vigoureuse jeunesse et le magnanime courage. Celui-ci, convaincu de son impuissance contre les forces supérieures des assaillants, et craignant d'exciter leur colère par une résistance d'ailleurs inutile, licencie ses troupes et se renferme dans son château d'Hoxon, sur le Waveney. A ses yeux, une couronne valait moins que le sang qu'il aurait versé pour la conserver ; il pensait et il agit comme un autre roi d'Angleterre, saint Édouard le *Confesseur*, dont les paroles sont restées célèbres : « Mieux vaut pour moi « ne pas régner que de le faire au prix de l'hon- « neur et du sang[1]. »

Inguar expédie un messager à Edmond pour lui intimer de se déclarer son vassal. Les propositions du roi de la mer sont rejetées par le monarque chrétien comme attentatoires à sa dignité et à sa religion. Inguar se présente à son tour, le fait charger de chaînes et l'oblige de comparaître devant lui. Après de nombreux outrages et une flagella-

---

1. « Malle se regno carere quod sine labe et sanguine obtineri « non posset. » (*Brev. rom.*, 13 oct.)

tion cruelle, le noble captif est attaché à un arbre ; le fouet laboure et déchire son corps ; mais l'invincible constance du martyr, loin d'apaiser les bourreaux, les humilie et les irrite ; les coups se succèdent avec une effrayante rapidité, et bientôt les flèches aiguës s'accumulent sur ses chairs meurtries et donnent à ses membres les *apparences d'une surface hérissée comme celle du hérisson et du chardon.* Saint Sébastien avait moins souffert dans son martyre. Edmond respire encore ; il lui reste encore assez de force pour invoquer le nom de Jésus-Christ. Enfin, les Danois font trancher la tête par un licteur à la glorieuse victime. C'était le 20 novembre 870. Saint Edmond, roi et martyr, et *vraiment roi, parce qu'il est martyr,* ainsi que s'exprime saint Grégoire le Grand, en parlant de saint Herménégilde[1], fut adopté pour patron par les rois d'Angleterre ; un concile d'Oxford, de l'an 1222, déclara sa fête obligatoire ; mais cette fête ne se retrouve plus dans les *Constitutions* de l'archevêque Simon Islep, qui supprima, en 1362, un certain nombre de solennités.

Cette tête qui avait porté la couronne, c'est maintenant le glorieux chef d'un martyr que les chrétiens ne manqueront pas de révérer ; pour la soustraire à leurs hommages, les barbares la ramassent

---

1. S. *Gregorii Magni Opera omnia,* édit. Migne, t. III, col. 292.

et la cachent dans les buissons d'une forêt appelée *Haydesdum*.

Dieu rend la paix à l'Église d'Angleterre par le départ des Danois. A peine libres, les chrétiens se hâtent d'ensevelir le corps du martyr exposé jusqu'alors aux injures de l'air. Mais où est son chef précieux? Ils se divisent en petites troupes pour le chercher, et sonnent de la corne pour indiquer les lieux parcourus ou à parcourir. — Où êtes-vous? criait-on de temps en temps. — *Her, her*, répondait-on dans la langue de l'époque, c'est-à-dire, *ici, ici*[1]. Tout à coup, ô prodige! la tête de saint Edmond apparaît, elle fait entendre un son et roule au-devant des pieux chercheurs. Un loup énorme s'approche, prend cette tête entre ses pattes, s'étend sur le sol et protége la sainte relique contre la dent des autres bêtes. Les chrétiens pleurent de joie, remercient le ciel et reviennent au tombeau du saint pour y déposer son précieux chef. Le loup les accompagne, porteur de l'inestimable fardeau qu'il consent enfin à livrer près du tombeau de saint Edmond. Sa mission accomplie, il s'enfuit dans la solitude.

La Providence a confié plus d'une fois les reliques des saints à la vigilance des animaux les plus féroces. Elle adoucissait pour un moment le naturel des habitants des forêts et leur imposait, au profit

1. Le mot *her* est une corruption de l'adverbe latin *hic*, ici. Les Anglais disent aujourd'hui *here*.

des amis de Dieu, le rôle qu'avait répudié la créature raisonnable. La légende qu'on vient de lire n'est pas plus extraordinaire que celle du corbeau qui garantit des atteintes d'un loup le corps de saint Vincent de Saragosse, au dire de Prudence et de saint Augustin dont le texte a servi de base aux leçons du bréviaire romain et du *Propre* des saints d'Espagne[1]. Au neuvième siècle, un pieux ermite, saint Meinrad, dont la cellule et la chapelle ont donné naissance à l'abbaye et au pèlerinage d'Einsiedeln, en Suisse, périt victime de deux assassins à qui il avait donné l'hospitalité. Deux corbeaux, compagnons de sa solitude, et qui partageaient son pain, s'attachèrent aux pas des meurtriers, les poursuivirent jusque dans l'auberge de Zurich où ils s'étaient cachés, et appelèrent sur eux les soupçons de la justice. Interrogés, les coupables avouèrent leur crime et l'expièrent. L'auberge de Zurich, théâtre de ce fait, porte encore aujourd'hui pour enseigne : *aux Deux fidèles Corbeaux*. Selon le récit des graves Bollandistes[2], un aigle garda pen-

---

1. Le corps de saint Vincent fut enseveli près du cap *Saint-Vincent*, qui doit son nom à l'illustre martyr. Il fut transporté dans la cathédrale de Lisbonne en 1147, lors de la conquête de cette ville par Alphonse Ier, roi de Portugal. En souvenir et en reconnaissance du bon office du corbeau de la légende, deux corbeaux étaient nourris dans la cathédrale de Lisbonne aux frais des fidèles. (*Les Délices de l'Espagne et du Portugal*, par don Juan Alvarez de Colmenar. A Leyde, 1707, t. IV, p. 753, 754.)

2. *Acta sanctorum*, 23 aprilis.

dant trente jours le corps de saint Adalbert, l'apôtre bénédictin de la Prusse, martyrisé en 993. D'autres aigles se constituèrent, en 1079, les défenseurs des restes morcelés de saint Stanislas, évêque de Cracovie[1]. Qui ne connaît l'histoire du loup de Gubbio apprivoisé par saint François d'Assise? Ces légendes sont du nombre de celles qui font sourire certains esprits superficiels, mais qu'une piété éclairée accepte avec respect, sans en faire un article de foi. Abbon a raconté celle de saint Edmond sans aucune précaution oratoire ; Guillaume de Malmesbury en parle avec la même simplicité[2], et l'iconographie chrétienne en a fait l'objet de l'une de ses représentations favorites[3].

Reprenons la narration d'Abbon : Les chrétiens réunissent la tête au corps et construisent un superbe mausolée dans la ville de *Bedricesgueord*, qui prit plus tard le nom du glorieux martyr et s'appelle encore aujourd'hui *Bury-Saint-Edmund's* (tombeau de saint Edmond). C'est une petite ville du comté de Suffolk, dans une situation délicieuse. Nous avons déjà dit qu'Abbon y établit une école. Une église y fut bâtie ensuite ; mais c'était une

---

1. *Breviarium romanum*, 7 maii.
2. *De Gestis pontific. Angl.*, lib. II. — *Patrol.*, édit. Migne, t. CLXXIX, col. 1520, 1521.
3. *Dictionnaire iconographique*, par M. L.-J. Guénebault, col. 175, 828.

église pauvre qui fut remplacée, dans des temps meilleurs, par un temple plus somptueux. Une abbaye bénédictine y fut aussi fondée en l'honneur du roi martyr. Profanée par Suénon, elle fut restaurée par son fils, le roi Canut, et devint pour des siècles, grâce aux donations de ce prince, l'établissement monastique le plus riche du royaume. Un moine de cette abbaye, Jean Lydgate[1], écrivit en vers la vie de saint Edmond, et la dédia à Henri VI, son contemporain. De l'abbaye de Saint-Edmond il ne reste plus que des ruines.

De nombreux miracles révélèrent le puissant crédit du saint roi auprès de Dieu et attirèrent à son tombeau le peuple et les nobles ; l'église fut agrandie et ornée de *boiseries magnifiques*[2]. Quand on y transporta le corps du saint, on le trouva intact, exempt de corruption et même de cicatrices. Le tronc s'adaptait parfaitement à la tête ; mais la Providence avait laissé subsister sur le cou du saint, en témoignage de sa décollation, une ligne écarlate.

Voici les miracles que rapporte saint Abbon :

Pendant une nuit sombre, des voleurs, au nombre de huit, voulurent soustraire les objets d'or et d'argent offerts au tombeau du saint par la piété des

---

1. Jean Lydgate, moine anglais, né en 1380, mort en 1440. Comme poëte, il fut supérieur à Chancer, son maître et son modèle.
2. *Miro tabulatu.* (Patrol., édit. Migne, t. CXXXIX, col. 516.)

fidèles. Ils arrivent, munis de machines et d'instruments. Les uns appliquent des échelles contre les fenêtres ; d'autres attaquent la serrure et le pène avec la lime et le marteau ; d'autres creusent sous le mur avec des houes et des hoyaux ; mais le saint suspend miraculeusement leurs manœuvres criminelles et les fixe immobiles dans l'attitude de leurs opérations sacriléges. Le jour arrive ; ils ne peuvent ni fuir, ni changer de place ; sur l'indice accusateur de leur pose, ils sont arrêtés et exécutés par les ordres de l'évêque Théodrédas, qui se repentit plus tard de cette rigueur précipitée [1].

Un jeune homme, du nom de *Léofastan* [2], noble, puissant et encore plus téméraire, exige qu'on lui montre le corps de saint Edmond. On n'ose lui résister ; sa curiosité est satisfaite ; mais Dieu le punit en le frappant de démence. Alfgar, son père, homme religieux, ne peut supporter la vue de son fils coupable et le chasse de sa présence. Léofastan meurt peu de temps après, consumé par les vers.

1. Guillaume de Malmesbury rapporte le même prodige, mais en termes plus concis et plus ingénieux. Les voleurs, dit-il, furent captifs de leur proie : « *Præda prædones cepit.* » (*Patrol.*, édit. Migne, t. CLXXIX, col. 1521.) Le même auteur, suppléant sur un point au silence d'Abbon, rapporte un autre prodige non moins inadmissible pour certains incrédules : « Illud humana excedit mi-
« racula, hominis mortui crines et ungues pullulare, quos Oswen
« quædam sancta mulier quotannis hos tonderet, illos desecaret
« magnâ veneratione posteris futuros. » (*Ibid.*)

2. *Lefstan*, selon Guillaume de Malmesbury. (*Ibid.*)

Telle est en abrégé la *Vie de saint Edmond*, roi et martyr; c'est, comme on le voit, l'histoire d'un héros chrétien beaucoup trop ignoré. Le récit, déjà si touchant par la nature des faits, emprunte un nouveau charme à la plume élégante de l'écrivain qui devait être martyrisé plus tard, à son tour, et honoré dans le même mois que le monarque saxon. Sans le voyage et le séjour d'Abbon en Angleterre, nous aurions été privés peut-être à jamais des saintes légendes que nous venons de raconter. Grâce à son obéissance, l'Église de Dieu a pu inscrire avec connaissance de cause un saint de plus dans son *Martyrologe*, et la littérature chrétienne s'est enrichie d'un chef-d'œuvre qui a souvent servi de type à l'hagiographie du Moyen Age.

Plus heureux que nos ancêtres, nous possédons dans notre patrie, depuis le treizième siècle, l'illustre martyr dont Abbon a chanté la gloire. Le corps de saint Edmond fut apporté en France par Louis VIII, père de saint Louis. Ce prince, après ses guerres malheureuses en Angleterre, en fit don à Toulouse la *Sainte*. Le corps de saint Edmond fut déposé dans la crypte de la célèbre basilique de Saint-Sernin. On l'y vénère encore aujourd'hui tout entier, moins quelques parcelles obtenues par différentes églises, en particulier par la cathédrale de Bordeaux[1].

1. *L'Église métropolitaine et primatiale Saint-André de Bordeaux*, par M. Hierosme Lopes. Bordeaux, 1668, p. 57.

Pendant les années 1628-29 et suivantes, la cité languedocienne fut dévastée par une affreuse peste dont aucun secours humain ne pouvait arrêter la marche. Dans cette détresse, les capitouls se déterminèrent à invoquer la protection divine, et le 12 août 1636, ils firent un vœu solennel pour l'élévation du corps de saint Edmond dans une châsse d'argent donnée par la ville. L'exécution de ce vœu fut différée jusqu'au 13 novembre 1644; ce jour-là, Monseigneur de Montchal, archevêque de Toulouse, retira les reliques du saint de son tombeau de pierre et les plaça dans le magnifique reliquaire offert par la ville; elles furent exposées huit jours à la vénération des fidèles[1]. Durant cette octave, toutes les paroisses de la ville et de la banlieue se rendirent processionnellement à Saint-Sernin pour honorer le saint martyr. Il y eut des jours où l'on compta jusqu'à cinquante processions. L'octave se termina le 20 novembre, jour de la fête de saint Edmond, par une procession générale des corps saints, où l'on vit sortir de la basilique quarante-quatre châsses, la plupart d'argent et rehaussées d'or et de pierreries. La châsse de saint Edmond se

1. L'Élévation des reliques du glorieux martyr saint Edmond, roy d'Angleterre, et des SS. Symphorien, Claude, Castor et Simplice, martyrs, faite par messire Charles de Montchal, archevesque de Toulouse (dans l'Église de Saint-Sernin), pour l'accomplissement d'un vœu de ladite ville. Ensemble l'extrait des sermons dudit archevesque, et de Mgr l'évesque de S. Papoul. *Toulouse*, 1645, in-4.

faisait remarquer surtout par la perfection du travail. A chacun des angles étincelaient les figures des saints pontifes de Toulouse ; au milieu et sous un portique, saint Edmond, en argent massif. Quatre colonnes d'ordre corinthien supportaient une galerie formée par d'élégants balustres. La châsse était couronnée par un dôme quadrangulaire surmonté d'une brillante croix. Ce précieux reliquaire décorait encore la chapelle de Saint-Edmond au moment de la Révolution. Sa valeur matérielle l'exposait, plus que son mérite artistique, à la cupidité des prétendus patriotes qui voulaient affranchir le genre humain de ses vieilles superstitions. Il disparut comme tant d'autres choses et fut remplacé par une châsse bien modeste qui occupe encore aujourd'hui l'une des chapelles de la crypte de Saint-Sernin.

Quant aux reliques du saint, la Providence a veillé sur elles. Après avoir quitté cette *île des Saints* qui devait être plus tard le repaire de l'hérésie, elles ont conquis, après un séjour de six siècles, le droit de cité dans une des villes les plus religieuses du *royaume très-chrétien*, et figurent avec tout l'éclat qu'elles doivent à la plume d'Abbon, parmi tant de saints indigènes ou étrangers dont les ossements reposent dans l'immortelle basilique.

Nous devons donc compter Abbon parmi les hagiographes et les légendaires du dixième siècle. Son *Histoire de saint Edmond* lui donne droit à ce double titre. Dom Rivet[1] et dom Pitra[2] attribuent encore à saint Abbon une *Vie de saint Edouard*, autre roi d'Angleterre et martyr, mort en 979. Selon dom Ceillier[3] et encore selon dom Pitra[4], saint Abbon aurait aussi composé une *Vie de saint Martin de Tours*; mais ces opinions, que nous voudrions pouvoir justifier, ne s'appuient sur aucun fondement; nous n'avons d'ailleurs rencontré aucun vestige de ce double travail. Ce qui est incontestable, c'est qu'Abbon avait laissé à la postérité un récit de la *Translation des reliques de saint Benoît à Fleury*. Il nous l'apprend lui-même dans ses œuvres[5]. Le temps, qui a respecté les écrits de quelques-uns des auteurs qui ont traité le même sujet, n'a pas épargné celui d'Abbon. Mais pourquoi les historiens bénédictins ne l'ont-ils pas mentionné? La gloire de leur Ordre et celle de notre saint y étaient intéressées.

Deux auteurs anglais, Guillaume de Malmesbury[6] et Ordéric Vital[7], et plus tard notre savant Mabil-

---

1. *Histoire littéraire de la France*, par dom Rivet, t. VII.
2. *Études sur la collection des actes des saints par les RR. PP. jésuites Bollandistes*, par le R. P. dom Pitra. Paris, 1850, p. xcii.
3. *Histoire générale des auteurs sacrés et ecclésiastiques*, par dom Ceillier. Paris, 1757, t. XX, p. 52.
4. *Opere cit.* Ibid.
5. *Patrol.*, édit. Migne, t. CXXXI, col. 422, 423.
6. « Abbo... multam scientiæ frugem Angliæ invexit. » (*Patrol.*, édit. Migne, t. CLXXIX, col. 1573.)
7. « Abbo... monasticum usum docuit Ramesiæ, et in aliis mo- « nasteriis Angliæ. » (*Patrol.*, édit. Migne, t. CLXXXVIII, col. 324)

lon¹, ont exalté le succès de la mission d'Abbon dans la Grande-Bretagne. « Il fit, disent-ils, refleurir la « discipline monastique et l'amour de la science. » Double mérite qui suffirait à sa gloire s'il avait travaillé pour la gloire. André de Fleury, qui écrivait vers le milieu du onzième siècle, nous atteste un troisième fruit de son enseignement et de son édification : Séduits par sa vertu, entraînés par son éloquence persuasive, les nobles renonçaient à leur famille, à leurs biens, aux joies du monde, et se réfugiaient dans le cloître pour y vivre, obscurs et inconnus, selon la règle de saint Benoît². La vertu est, après Dieu, la maîtresse du monde, qui la voit, l'aime et subit d'une façon ou d'une autre son irrésistible prestige.

Nos voisins d'outre-mer se souviennent-ils aujourd'hui des éminents services dont ils sont redevables à Abbon et par lui à la France? Nous en doutons. Un de leurs auteurs, l'apostat Baléc, semble avoir voulu nier nos droits à toute reconnaissance en contestant à notre saint sa nationalité pour le classer parmi les *écrivains illustres de la Grande-Bretagne*³.

---

1. « Abbo... per quem litteræ in Angliâ refloruerunt. » (*Acta sanctorum Ordinis S. B.*, t. V, p. 539. — *Traité des études monastiques.* Paris, 1691, p. 134.)
2. *Les Miracles de saint Benoît*, réunis et publiés par E. de Certain. Paris, 1858, p. 270. — *Miraculorum sancti Benedicti* Andreæ, monachi Floriacensis, lib. IV, cap. XIII.
3. *Scriptorum illustrium Majoris Britanniæ Catalogus*, auctore Joanne Baleo. Basileæ, 1658. Centuria decima tertia, n° XI.

C'est la seconde fois que nous trouvons Abbon dans les rangs des personnages ou des écrivains *illustres*. Mais pourquoi faut-il que la froide Allemagne et la jalouse Angleterre aient apprécié avant nous, par l'organe de Trithème et de Balée, un auteur qu'elles n'ont vu naître ni mourir? Empressons-nous de recueillir ce témoignage et reconnaissons avec les étrangers la supériorité scientifique d'Abbon et l'excellence de ses vertus.

Constatons encore qu'Abbon, un moine français de cet Ordre si justement appelé l'*Ordre savant*, n'a pas trouvé moins de justice chez les historiens protestants que chez les catholiques. Il y a des mérites qui commandent le respect, malgré leur origine, et se font admirer dans tous les camps.

Le restaurateur des études en Angleterre n'avait point usurpé les louanges qui lui étaient prodiguées, mais il les repoussait de toute la force de son âme. Cet ange d'innocence et de pureté n'était à ses propres yeux qu'un *indigne lévite*[1] et il n'osait aspirer à un degré supérieur de la hiérarchie sacrée. Touchant aveuglement! Humilité des parfaits qui s'incline vers la terre, pareille à une branche chargée de fruits! Comme saint Benoît, l'immortel patriarche des moines d'Occident, comme Paul de

---

1. « Abbo Floriacensis monachus *levita etsi indignus*. » (*Patrol.*, édit. Migne, t. CXXXIX. col. 507.)

Mérida et Paul d'Aquilée, comme le savant Alcuin, qui ne furent jamais que diacres, notre saint ne voulait être lui-même rien de plus. L'auguste dignité du sacerdoce, dont il avait médité la sublimité, le pénétrait d'une secrète terreur. Ne réunissait-il pas cependant toutes les vertus que demandait autrefois saint Grégoire le Grand? Mais ses pieuses résistances durent fléchir devant la volonté absolue d'un prélat. Saint Oswald lui donna l'onction sacrée. Quel spectacle offrit le nouveau ministre du Seigneur le jour où, pour la première fois, il apparut revêtu des ornements sacerdotaux! Les yeux baignés de larmes, il s'avança vers l'autel du Dieu qui remplit sa jeunesse d'une sainte joie. Déjà il a *lavé ses mains avec ceux qui marchent dans l'innocence ;* il a demandé à Dieu de ne le point faire *périr avec les impies, ni avec les hommes sanguinaires, dont les mains sont pleines d'iniquités ;* ses pieds suivront éternellement le *droit chemin.* Bientôt il se prosterne devant le Dieu caché qu'il tient entre ses mains; puis, incliné sur l'autel, il se nourrit de l'aliment de vie, du pain des anges, de la chair sacrée de Jésus-Christ. Son âme s'abandonne dans un saint recueillement aux plus suaves émotions et s'offre en holocauste à l'immortelle victime qu'il vient d'immoler.

Saint Oswald considérait Abbon comme un ami et comme un fils, et, après l'avoir ordonné prêtre, il voulait le retenir auprès de lui dans l'intention probable de lui léguer le troupeau confié à ses soins. Mais il rencontra un rival dans saint Dunstan, à qui Abbon n'était pas moins cher. Les deux prélats appréciaient également le mérite du nouveau prêtre de Jésus-Christ et pressentaient ses hautes destinées. Une sorte de lutte éminemment honorable pour celui qui en était l'objet s'engagea entre eux et révéla à l'Angleterre le trésor qu'elle devait bientôt perdre pour toujours.

Abbon n'avait été cédé que temporairement à l'Angleterre et n'avait point cessé d'appartenir à l'abbaye de Fleury. L'abbé qui l'avait laissé partir conservait donc sur lui une entière juridiction. Une lettre de rappel d'Oylbold vint clore le pieux débat de saint Oswald et de saint Dunstan. Après un séjour de deux ans[1] dans une île chérie du ciel, où il

1. Aimoin fixe approximativement à *deux ans* la durée du séjour d'Abbon en Angleterre : « *Per duorum fermè annorum spatium.* » (*Patrol.*, édit. Migne, t. CXXXIX, col. 392.) Un auteur, qui s'est occupé spécialement des monastères anglais, a parlé dans les mêmes termes : « Abbo... martyr... qui *per biennium fermè* in monaste- « riis nostris scholas rexit. » (*Disceptationis historicæ de antiquitate benedictinorum in Angliâ tractatus secundus*, operâ et industriâ R. P. Clementis Reyneri. Duaci, 1626, p. 113.) Un chanoine de Windsor n'est pas moins explicite dans un de ses principaux ouvrages : « Abbo *post biennium* Floriacum repetiit. » (Guillelmi Cave, canonici Windsor, *Scriptorum ecclesiasticorum historiæ litterariæ*. Genevæ, 1720.) Mabillon s'est donc trompé en affirmant que notre saint habita la Grande-Bretagne pendant cinq ans, *quinquennium.* (*Annales Ordinis S. Benedicti*, t. IV, p. 29.) — Un savant émule de

avait allumé le foyer des lumières qui éclairent le monde, Abbon dut rentrer en France et regagner cette chère communauté des bords de la Loire qui le pleurait encore et soupirait si ardemment après son retour.

Mabillon dans nos temps modernes, dom Pitra, a rendu pleine justice aux succès d'Abbon en Angleterre; mais il a exagéré, à son tour, la durée du temps qu'Abbon passa hors de son pays : « Abbon « de Fleury, dit-il, n'eut besoin que de *trois ans* pour créer en An- « gleterre des écoles de mathématiciens qui, cinquante ans après « lui, le disputaient aux plus florissantes de la France et l'empor- « taient sur celles des Arabes de Cordoue. » (*Études sur la collection des actes des saints par les RR. PP. Bollandistes*, par le R. P. dom Pitra. Paris, 1850, p. xciii.)

CHAPITRE V

Abbon revient en France. — Il est nommé abbé de Fleury.

La lettre du vénérable Oylbold à Abbon respire une tendresse toute paternelle; elle est aussi un monument de la haute estime qu'on professait à Fleury pour notre saint. Nous allons la reproduire intégralement, pour l'édification de nos lecteurs et pour la justification de notre propre enthousiasme :

« Oylbold, abbé par la grâce de Dieu, et toute la
« congrégation de Saint-Benoît, d'un accord una-
« nime, au *très-doux* frère Abbon, comme un père
« à son fils, comme un ami à son ami.

« Grâces soient rendues au Dieu tout-puissant qui,
« durant votre captivité de Babylone, a conservé
« dans votre cœur le souvenir de la chère Sion ! Nous
« lui offrons une hostie de jubilation pour la joie
« dont nous a comblés votre lettre[1] en dissipant

---

1. Cette lettre est perdue.

« toutes nos craintes à votre sujet. Vos lèvres sont
« comme un rayon d'où distille le miel ; vos paroles
« sont plus douces que le miel le plus succulent ;
« nous les apprécions au-dessus de l'or et de l'ar-
« gent, et nous les gardons comme un trésor. Vous
« étiez pour nous une *lampe ardente et luisante*,
« un soleil véritable, un miroir de prudence, de
« justice et de tempérance qui illuminait notre mai-
« son. Les pères se réjouissaient dans leurs enfants,
« et notre père, saint Benoît, contemplait avec or-
« gueil des élèves à qui il avait distribué dès le ber-
« ceau le pain de la philosophie[1]. »

L'autorité, tempérée par l'amitié, est rarement
méconnue. Abbon céda aux instances plutôt qu'aux
ordres de son supérieur, et se disposa à rentrer dans
sa patrie. Les deux prélats qui voulaient le fixer auprès d'eux se résignèrent sans rancune à son départ
et lui témoignèrent une dernière fois leur affection
et leur gratitude par les plus riches présents. Saint
Dunstan lui offrit de magnifiques bijoux en argent
pour le sanctuaire de Saint-Benoît. En mémoire de
son ordination, il reçut de saint Oswald, qui l'avait
promu au sacerdoce, les vases et ornements sacrés
nécessaires à un ministre des autels. La tendresse
intime et persévérante qui liait à notre saint ces
deux illustres pontifes éclatait au dehors comme un

---

1. *Patrol.*, t. Migne, t. CXXXIX, col. 392, 393.

feu longtemps comprimé et dictait les accents les plus pathétiques. Les adieux, qui devaient être éternels, furent de part et d'autre pleins de larmes. Quel sacrifice pour des cœurs que le zèle du bien avait si étroitement unis!

Abbon laissait en Angleterre des amis et des admirateurs; mais l'un d'eux, *homme d'une vie louable*, n'eut jamais le courage de se séparer d'Abbon. Son attachement pour le saint fut plus fort que l'amour de la patrie et lui imposa un doux exil dans l'abbaye de Fleury. L'histoire a conservé son nom et quelques particularités de son existence qu'on peut lire dans le recueil des *Miracles de saint Benoît*[1]. Il s'appelait *Gunfredus*. Le disciple suivit le maître en France et renonça pour toujours à son pays.

Le retour d'Abbon à Fleury s'effectua vers la fin de l'année 988. Ceux qui l'avaient connu autrefois étaient heureux de le revoir; les autres apprirent vite à l'aimer. Abbon n'avait point changé; c'était bien toujours l'homme simple, modeste, pieux, affable, qui, à force de bonté et d'aménité, faisait oublier sa multiple supériorité. Avec un mérite nouveau qu'il semblait ignorer lui-même, il fut plus que jamais l'idole de l'abbaye. Dieu permet souvent

---

1. *Les Miracles de saint Benoît*, réunis et publiés par E. de Certain. Paris, 1858, p. 270, 271. — *Miraculorum sancti Benedicti* Andreæ, Monachi Floriacensis, lib. IV, cap. xiii.

que ses vrais amis rencontrent ici-bas un avant-goût des joies célestes dans l'affection de leurs semblables. Il était tout pour l'abbaye, parce que l'abbaye était tout pour lui. De tout ce qu'il avait apporté d'Angleterre, bracelets, colliers, calice d'or, ornements sacrés et autres objets précieux, témoignages non équivoques des regrets publics, il ne garda rien pour lui-même. Il en fit le sacrifice sans effort, au profit de l'abbaye[1]. Son âme, plus pure que le cristal, plus brillante que l'or, ne pouvait s'attacher à rien de périssable ; Dieu l'occupait tout entière.

Abbon, qui avait renoncé si douloureusement à la solitude du cloître pour les travaux moins recueillis de l'apostolat, se remit avec joie sous le joug de la règle de saint Benoît. Confondu, en qualité de simple moine, avec les derniers des religieux, il ambitionnait en tout lieu la place la moins recherchée et déclinait sans affectation les préférences les plus vulgaires, tant il est vrai que Dieu tient les âmes dans une sainte égalité, malgré les distances du savoir et du talent. Servir Dieu et ses frères en s'oubliant lui-même, prier, méditer, étudier, cette vie si peu comprise du siècle était la sienne et suffisait à ses goûts et à son bonheur.

Saint Benoît énumère dans le premier chapitre de sa règle quatre espèces de moines : 1° les *Cénobites*,

---

1. *Patrol.*, édit. Migne, t. CXXXIX, col. 395.

c'est-à-dire ceux qui vivent en commun sous la direction d'un abbé ; 2° les *Anachorètes* ou *Ermites*, c'est-à-dire ceux qui se sont retirés dans le désert, loin des créatures ; 3° les *Sarabaïtes*, c'est-à-dire ceux qui vivent pour eux-mêmes, selon l'étymologie égyptienne de leur nom, race détestable, natures rebelles à toute règle, molles comme le plomb, encore attachées au siècle, mentant à Dieu par la tonsure, n'ayant d'autre loi que leurs désirs et leurs jouissances, déclarant saint ce qui leur plaît et condamnant tout le reste ; 4° les moines appelés en hébreu *Massaliens* ou en latin *Gyrovagues*, c'est-à-dire vagabonds, passant leur vie à courir de province en province, de cellule en cellule, ne restant que trois ou quatre jours dans le même endroit, vivant d'aumônes extorquées aux fidèles, asservis à leurs passions, enfin, selon le témoignage de l'immortel législateur des moines, menant une vie si misérable qu'il valait mieux se taire que d'en parler. Autant Abbon recherchait et cultivait les uns, autant il évitait les autres. Moine par le cœur, non moins que par l'habit, il était animé de l'esprit de son état et ne comprenait pas qu'on pût allier une vie mondaine et dissipée à des vœux qui supposent ou du moins prescrivent la perfection.

Abbon ne jouit pas longtemps de son repos. Dieu, qui le destinait à de grandes choses, l'exalta au moment où il voulait le plus ardemment s'abaisser et rester inconnu. Le *très-excellent* Oylbold mourut en 988[1]. Le choix de son successeur ne pouvait être douteux. Après s'être livrés au jeûne et à la prière pour obtenir du prince des pasteurs un pasteur selon son cœur, les *fils d'adoption* se réunissent pour procéder à l'élection. La pensée de Dieu et le désir du bien général inspirent leurs suffrages. Abbon, déjà *très-saint, égal, sinon supérieur à ses frères par toute sorte de mérites*[2], Abbon, *aimé de Dieu et des hommes* comme Moïse[3], est nommé abbé de Fleury par la plus grande et la plus saine partie de la communauté[4]. On chante l'antienne *Confirma hoc, Deus*[5], etc., Abbon s'asseoit sur le siége abbatial et reçoit l'hommage de ses frères. On l'entoure, on l'honore, on le félicite. Il est à l'apogée des honneurs monastiques. Il recevait cependant de la prélature abbatiale moins d'éclat qu'il ne lui en donna par sa gloire.

1. Grandcolas a écrit (*la Critique abrégée des ouvrages des auteurs ecclésiastiques*. Paris, 1716, t. II, p 172) qu'Abbon ou *Albo* fut abbé de Fleury en 960. Erreur considérable, puisque Abbon ne fut nommé qu'après la mort d'Oylbold arrivée en 988.

2. « Contigit ut tantorum cathedra principum *sanctissimum* Abbonem, *nulli priorum secundum*, sortiretur abbatem. » (*Les Miracles de saint Benoît*, réunis et publiés par E. de Certain. Paris, 1858, p. 202.)

3. « Abbo, Deo et hominibus vir amabilis. » (*Patrol.*, édit. Migne, t. CXXXIX, col. 825.) — Le livre de l'*Ecclésiastique* (ch. xlv, v. 1) dit en parlant de Moïse : « Dilectus Deo et hominibus Moyses. »

4. *Patrol.*, édit. Migne. t. CXXXIX, col. 579, 593, 825.

5. « O Dieu, affermissez ce que vous avez fait en nous. »

Une intrigue faillit annuler cette heureuse nomination. Un moine ambitieux, soutenu par Hugues Capet et par son fils Robert, s'empara du pouvoir et l'exerça contrairement à tous les saints canons. Une des victimes de l'émeute fut le scolastique du monastère, Constantin, l'ami de Gerbert, qui lui donna asile à Aurillac. Gerbert, affligé de la *lascive ambition et de l'audace détestable de l'envahisseur*, écrivit à saint Maïeul, de Cluny [1], qu'il appelait une *étoile resplendissante* [2], et à Ecbert, de Saint-Julien de Tours [3], *astre non moins brillant* [4]. Il sollicitait, par leur crédit sans doute bien puissant, la punition publique du coupable et la réintégration de l'autorité légitime. Adalbéron, archevêque de Reims, écrivit, à son tour et dans le même sens, aux mêmes abbés [5]. L'intérêt que prirent à cette affaire les personnages les plus considérables de l'époque ne démontre pas seulement leur zèle pour la cessation d'un grand scandale, mais aussi leur dévouement à notre saint et les espérances qu'ils fondaient sur lui pour l'abbaye de Fleury et l'Église de France.

1. *Patrol.*, édit. Migne, t. CXXXIX, col. 220.
2. « An non *lucidissima stella* reverendus pater Maiolus ? » (*Ibid.*, col. 225.)
3. *Patrol.*, édit. Migne, t. CXXXIX, col. 219, 220. — Ecbert est appelé ailleurs *Ecberd*, *Ebrard*, *Eward*.
4. « An non *præfulgidum sidus* pater Ecberdus ? » (*Patrol.*, édit. Migne, t. CXXXIX, col. 225.)
5. *Patrol.*, édit. Migne, t. CXXXVII, col. 512.

Ce que firent saint Maïeul et Ecbert en réponse aux lettres pressantes qu'ils avaient reçues, nous l'ignorons. Mais l'histoire nous apprend les persévérants efforts de Gerbert en faveur de la cause d'Abbon. Gerbert n'était alors que simple moine; il n'avait pu encore imposer à son siècle l'ascendant de son génie. Il n'hésita pas cependant à mettre son énergie et ses lumières au service du droit. Élevant la discussion au-dessus des mesquines questions de personnes et d'influences, il posa la tradition comme la règle toujours vivante de l'Église et la meilleure sauvegarde de son unité disciplinaire. Au nom des abbés du diocèse de Reims, il écrivit aux moines de Fleury : « L'Église catholique est une ; elle est for-
« mée par l'union de tous les fidèles, et nous ne de-
« vons jamais nous écarter du sentiment de ces
« pères vénérables qui brillent dans l'Église de Dieu
« comme autant d'étoiles au firmament du ciel...
« Peu importe que l'intrus se glorifie de l'appui des
« rois et des princes du siècle; peu importe qu'il
« allègue la protection des grands et des seigneurs.
« C'est à la faveur qu'il doit son élection, et il a osé
« usurper une charge que son indignité lui faisait
« un devoir de ne briguer jamais[1]. » Cette lettre est une des gloires de Gerbert. Pourquoi ce beau caractère se démentit-il dans d'autres circonstances ?

1. *Patrol.*, édit. Migne, t. CXXXIX, col. 225, 226.

La discorde ne triompha que quelques mois ; Dieu y mit un terme par la mort prématurée du faux abbé[1]. Gerbert n'a pas daigné transmettre à la postérité le nom de l'intrus. Est-ce mépris ou ménagement pour un *envahisseur*, pour un *loup ravageur de brebis ?*

Les difficultés aplanies par les événements, l'élection d'Abbon fut agréée par Hugues Capet[2], selon un des priviléges de la couronne à cette époque ; elle fut aussi acceptée par toute la communauté, et Abbon fut mis en possession d'une autorité qui n'était plus méconnue.

Selon une vieille coutume, ou plutôt en vertu des franchises de Fleury[3], l'abbé nouvellement élu avait le droit de recevoir la bénédiction abbatiale d'une autre main que celle du prélat diocésain ou métropolitain, c'est-à-dire d'Orléans ou de Sens[4]. Mais nous avons lieu de croire, comme nous l'expliquerons plus loin, que cette franchise est postérieure à l'élection d'Abbon, et rien n'empêche de supposer qu'Arnulfe, en sa qualité d'évêque d'Orléans, ait donné la bénédiction abbatiale au nouvel abbé de Fleury, son diocésain, avec lequel il n'avait en-

---

1. *Patrol.*, édit. Migne, t. CXXXIX, col. 236.
2. *Ibid.*, col. 379, 395, 825.
3. *Floriacensis vetus bibliotheca benedictina*, etc., p. 408.
4. L'évêché d'Orléans a dépendu de la métropole de Sens jusqu'en 1622, époque où il devint suffragant du siége de Paris érigé en métropole.

core eu à démêler aucune question de juridiction.

L'année 988, date mémorable de la promotion de notre saint à la dignité d'abbé, inaugura pour Fleury une ère nouvelle de ferveur et de prospérité. Avec un tel homme pour chef et pour modèle, l'abbaye devint plus que jamais un *monastère d'élite* [1] et atteignit ces hauteurs sereines de la perfection que la faiblesse humaine ne contemple qu'avec étonnement.

« Croyez à mon expérience, écrivait saint Ber-
« nard à Henri Murdach, vous trouverez quelque
« chose de plus dans les bois que dans les livres ;
« les arbres et les rochers vous enseigneront ce que
« vous ne sauriez apprendre dans les plus grands
« maîtres. On tire ici du miel de la pierre, et de
« l'huile du rocher le plus dur [2]. » Abbon avait étudié à cette école de la nature. La solitude fleurie du *Val d'or*, si favorable à la méditation, élevait son âme sensible vers le Créateur et l'embrasait d'un pieux enthousiasme. Tout l'instruisait et le touchait ; précieux privilége inconnu aux esprits distraits ou dissipés, mais familier à ceux qui savent

---

1. *Magistratus cœnobialis*. (*Patrol.*, édit Migne, t. CXXXIX, col. 226.)

2. « Experto crede : aliquid ampliùs invenies in sylvis quàm in
« libris. Ligna et lapides docebunt te quod a magistris audire non
« possis. An non putas posse te sugere mel de petrâ, oleumque de
« saxo durissimo ? » (*S. Bernardi Opera omnia*, édit. Migne, t. I, col. 242.)

sentir et comprendre. Nous voudrions pouvoir raconter à nos lecteurs les intimes entretiens du saint avec Dieu et le zèle qu'il y puisait pour l'exercice de sa charge. Mais notre siècle goûte peu les vertus purement intérieures, les mérites silencieux. Cette pensée nous console de la pénurie des détails où nous laisse l'histoire sur ce point. Pour le plus grand nombre des saints du Moyen Age, on ne peut les tirer à part en les séparant de l'événement et du flot qui les portent ; nous ne connaissons guère des hommes de ce temps que les actes de leur vie publique et leurs travaux littéraires ou scientifiques. Eurent-ils même, la plupart, une existence domestique? Le fond manque pour leur histoire personnelle ; les rares particularités qui nous ont été conservées de l'histoire privée d'Abbon conviennent à beaucoup d'autres saints et ne suffisent pas au peintre qui voudrait faire non un groupe, mais le portrait achevé d'un seul personnage. Un instant seulement le nuage se déchire et nous permet de découvrir Abbon seul ou au milieu de ses frères.

Aux termes de la règle de saint Benoît, *un abbé doit connaître la loi divine*[1]. Abbon n'avait cultivé jusqu'alors que les arts libéraux ; mais dès qu'il fut placé à la tête de l'abbaye, il devint, par l'étude,

---

1. « Oportet abbatem esse doctum lege divinâ. » (S. *Benedicti opera omnia*, édit. Migne, col. 884.)

très-habile dans les Écritures[1] et dans la patristique[2], les deux branches principales de la science théologique à cette époque. Sa laborieuse dignité ne put l'absorber tout entier. L'*Écriture*, approfondie non pas seulement comme science pour l'esprit, mais surtout méditée comme vérité et lumière divine pour le cœur, c'était là qu'il découvrait sa consolation et sa force. Ces pages, toutes vivantes de l'esprit de Dieu, devinrent la nourriture de son âme et la règle de ses jugements.

La transcription des manuscrits était, avant la découverte de l'imprimerie, une occupation des plus méritoires. Qui n'a lu les vers d'Alcuin à la louange des copistes[3]? A cette époque, un manuscrit était une immense œuvre d'art que se léguaient entre elles des générations, qui coûtait souvent la vue, la santé, la vie même à plus d'un cénobite ; qu'on bénissait solennellement quand elle était achevée, comme on bénit les cloches de nos églises, et qu'on cachait sous l'or ou le cèdre. Entre saint Jérôme (cinquième siècle) et saint Antonin (quinzième siècle), qui ont été peut-être les premier et dernier modèles de ce travail patient, nous rencon-

---

1. *Potens in scripturis.* (*Act.*, xviii, 24.)
2. *Patrol.*, édit. Migne, t. CXXXIX, col. 394.
3. « Est decus egregium sacrorum scribere libros,
   « Nec mercede suâ scriptor et ipse caret. »
   (*Poema* 126.)

trons dans l'histoire des exemples mémorables de la même vertu. Le grand empereur Théodose, tout en gouvernant le monde, avait trouvé le moyen de copier les dix-huit livres du grammairien Priscien [1]. A quatre-vingts ans, Cassiodore occupait ses frères à transcrire des livres, payait d'habiles ouvriers pour relier les volumes précieux, avait établi dans son monastère un atelier de miniature et composait exprès pour les *antiquarii* un traité d'ortographe [2]. Un moine-évêque d'Irlande, saint Dagée, représenté parmi les ouvriers chrétiens qui décorent les vitraux modernes de la chapelle Saint-Joseph, dans la cathédrale de Bordeaux, passait ses nuits à transcrire des manuscrits. Il était si laborieux, qu'on lui attribue la fabrication de trois cents cloches et de trois cents crosses d'abbés ou d'évêques, et la transcription de *trois cents évangéliaires*[3]. Saint Columba, l'apôtre de la Calédonie, avait la passion des beaux manuscrits. Un de ses biographes lui attribue assez de courage pour avoir transcrit de sa main *trois cents exemplaires* de l'Évangile ou du Psautier [4]. Le *vénérable* Bède nous apprend, en parlant de lui-même, que sa vie était exclusivement consacrée à méditer, à chanter au

1. *Les Moines d'Occident*, par M. le comte de Montalembert, t. V, p. 56.
2. Tiraboschi, *l. c.*, t. III, p. 24.
3. *Les Moines d'Occident*, t. III, liv. X, ch. III.
4. *Ibid.*, liv. XI, ch. I.

chœur, à apprendre, à enseigner et à écrire[1]. Les
Chartreux, suivant les préceptes de saint Bruno,
ont été d'infatigables copistes de livres. Le travail
même de leurs mains était une propagande scientifique, tandis que leurs usines *à fer*, *à verre* appliquaient les secrets industriels les plus rares.

En France, saint Yrieix et saint Babolein furent
des copistes infatigables. Saint Léobard, reclus à
Marmoutier, employait tout le temps que ne réclamait pas la prière à tailler des pierres, à faire du
parchemin et à transcrire des manuscrits. Ce dernier travail était, au témoignage de saint Sulpice
Sévère[2], l'occupation ordinaire des moines de Saint-Martin. Abbon, qui connaissait et aimait Marmoutier, fut un des émules des vertus pratiquées dans
cette sainte solitude, et en particulier de la reproduction des livres. *Il lisait et écrivait presque continuellement*[3]. On sait qu'un édifice à part, le *scriptorium*, ordinairement bâti dans l'enceinte du
cloître, était spécialement affecté aux copistes des
abbayes[4]. On aime à se représenter Abbon dans ce
laboratoire de la science, entouré de volumineux
manuscrits grecs et latins, encourageant par son

1. *Venerabilis Bedæ Opera omnia*, édit. Migne, t. VI, col. 288.
2. *Patrol.*, édit. Migne, t. XX, col. 106.
3. « Nullum ferè intermittebat tempus quin legeret, scriberet. »
(*Patrol.*, édit. Migne, t. CXXXIX, col. 395.)
4. A l'abbaye d'Hirsauge, en Allemagne, on comptait jusqu'à
douze pièces réservées aux copistes.

exemple ceux de ses frères que leurs aptitudes assujettissaient au même exercice. Ainsi s'exécutait dans le monastère de Fleury, comme ailleurs, ce travail de copie qui était une loi universelle dans les monastères : « Loi, dit Ozanam, la plus utile peut-être
« qui ait jamais été portée, si on considère ce qu'elle
« a sauvé. » L'Église n'a-t-elle pas été dans tous les temps la gardienne inviolable des productions de l'intelligence humaine? Il y a dans l'histoire du monastère de Novalèze une belle page que nous n'avons pas la force de passer sous silence. En 906, arrivent les Sarrasins; après une courte prière à Marie, les moines courent à la bibliothèque et se chargent les uns les autres de manuscrits qu'ils emportent à travers les montagnes jusqu'à Turin comme de véritables bêtes de somme, dit la chronique [1].

Les connaissances religieuses qu'Abbon acquit par l'étude complétèrent celles qu'il possédait déjà dans les lettres profanes et le placèrent au rang des esprits les plus cultivés de son siècle. Il suffit de jeter un coup d'œil sur les résultats encore vivants de ses nobles labeurs pour reconnaître dans l'abbé de Fleury les goûts opiniâtres du bibliophile et le parfait disciple du *Dieu des vertus et des sciences*.

---

[1]. Muratori, *Antiq. Italiæ*, t. III, p. 187. — Pingonio. Aug. Taur, p. 25 et 26.

Un style pur, une imagination bien réglée, un cœur chaud, donnaient la forme et la vie aux éléments réunis par un travail manuel, et le public ne se lassait pas d'admirer l'inépuisable fécondité de son génie. On croit, en le lisant, entendre un écho de Bède ou de saint Grégoire de Tours, un prélude de Mabillon; prélude lointain, écho affaibli, il est vrai, mais qui ne laisse pas néanmoins d'offrir, avec l'édification au cœur, quelque charme à l'oreille chrétienne.

On a beaucoup parlé, on parle encore des ténèbres du dixième siècle. Mais quel phare lumineux pour éclairer ces ténèbres! Que de gloires menteuses ont été exhumées! Que de gloires véritables on laisse dans l'ombre! Abbon, un des hommes les plus considérables et les plus considérés de son époque, n'a pas obtenu de la postérité le degré d'estime qui lui était dû. Il a été jugé plus équitablement par un auteur d'un nom connu dans les lettres et dans l'histoire du onzième siècle : « Le très-« saint Abbon, dit André de Fleury, ne fut inférieur « à aucun de ceux qui l'ont précédé[1]. » Combien d'autres, venus après lui, ne l'ont pas égalé, malgré leur renommée!

---

1. « Sanctissimum Abbonem, nulli priorum secundum. » (*Miraculorum sancti Benedicti Andreæ, monachi Floriacensis, liber secundus*, c. vi. — *Les Miracles de saint Benoît*, réunis et publiés par E. de Certain. Paris, 1858, p. 201.)

Tel fut Abbon. La célébrité que d'autres poursuivent sans succès vint à lui malgré lui; un bruit flatteur se fit autour de son nom, on invoqua ses conseils, on tint à honneur d'entretenir avec lui un commerce épistolaire. Les principaux courtisans de sa vertu et de son talent furent le B. Fulbert, évêque de Chartres, saint Odilon, abbé de Cluny, et Létalde, moine de Micy, au diocèse d'Orléans. Il était lui-même en correspondance habituelle et familière avec tous ces pieux personnages, avec le roi Robert et le pape Grégoire V, comme le témoignent celles de ses lettres que le temps a épargnées. Son savoir presque universel, son crédit auprès des rois et des papes, l'estime dont il jouissait, nous expliquent déjà ce que nous examinerons bientôt, la haute influence de l'abbé de Fleury sur son siècle.

Mais Abbon ne pouvait négliger les devoirs essentiels des maîtres de la vie claustrale; moine pour lui-même, il était abbé pour les autres et ne faillit jamais à ses obligations d'état. Il observa scrupuleusement cette prescription si évangélique de la règle bénédictine que tous les dépositaires du pouvoir devraient méditer : *Plus servir que commander*[1]. Cet éloge, qu'il avait décerné dans les mêmes termes à saint Edmond[2], il le mérita à son tour par

1. *Prodesse magis quàm præesse.* (*Sancti Benedicti Opera omnia*, édit. Migne, col. 881.)
2. *Patrol.*, édit. Migne, t. CXXXIX, col. 512.

un dévouement sans relâche à ses frères. Il était pour eux un ami, un père, un pasteur vigilant. Aimoin a tracé en quelques lignes le tableau de sa pieuse sollicitude : « Il exhortait, dit-il, ses moines « à arracher de leurs cœurs les épines des vices « pour y faire croître les plantes embaumées des « vertus divines. Il les exhortait à opposer aux sug- « gestions de la chair une lutte éternelle, et à re- « chercher soigneusement avec quelles armes on « peut repousser ses attraits impurs. Il leur recom- « mandait, dans ce but, la prière, les *mâles com-* « *bats du jeûne*[1], l'étude et surtout les exercices « de la dictée... Il dictait lui-même[2]. »

C'est donc par son concours et par son impulsion que s'élaborèrent à Fleury ces précieux manuscrits dont quelques rares spécimens, dispersés dans nos musées et nos grandes bibliothèques, font encore l'étonnement du siècle actuel. Là, ces vélins éblouissants aux brillantes enluminures, écrits en caractères d'or et d'argent sur champ de pourpre, champ violet, champ bleu d'outremer ou d'azur ; ces bestiaires merveilleux où les allégories bibliques ne sont pas seulement expliquées à l'intelligence, mais où on les voit en action sur des miniatures charmantes de grâce et de naïveté ; ces diurnaux, ces

---

1. *Jejuniorum virilia certamina.* (*Ibid.*, col. 595.)
2. *Ibid.*

livres d'heures, ces pieux et mystiques traités, même ces classiques païens aux caractères magnifiques, aux initiales d'or, aux marges couvertes d'enroulements délicats, d'arabesques et de rinceaux peuplés d'exquises figurines, ou disparaissant sous des fleurs qui ne se sont épanouies avec ce goût et cet éclat que sous le ciel voilé des cloîtres.

La prospérité morale d'une maison religieuse a toujours eu pour base l'exacte observation de la règle. Mais la règle qui soutient a besoin elle-même d'être soutenue par un chef sage, vigilant, énergique, qui en fasse pratiquer la lettre et l'esprit et en châtie au besoin les infractions, surtout quand elles sont publiques et scandaleuses. Ce devoir, le plus pénible peut-être de la charge abbatiale, notre saint l'accomplit avec un zèle qui ne calcula jamais le danger et qui le conduisit plus tard au martyre. Le trait que nous allons rapporter, sur la foi d'André de Fleury, atteste la sollicitude d'Abbon pour le maintien de la discipline monastique.

Le cinquante-septième chapitre de la pieuse règle de Saint-Benoît prescrit aux artisans du monastère de vendre moins cher que les laïques le produit de leur travail[1]. Gautier (*Gauterius*), cellerier de Fleury au temps d'Abbon, discutant un jour avec

---

1. « In ipsis pretiis non subripiat avaritiæ malum : sed semper
« aliquantulum vilius detur quàm ab aliis sæcularibus datur, ut in
« omnibus glorificetur Deus. »

les frères ce point de la règle, fait disparaître, à l'aide d'un rasoir, les mots *moins cher* dans l'exemplaire qu'il avait à la main et y substitue, avec une plume trempée dans un oignon, les mots *plus cher*. Abbon, informé de ce fait, adresse au coupable une modeste réprimande et lui inflige une pénitence proportionnée à sa faute. Le cellerier, condamné à chasser aux oiseaux en faveur des religieux malades, reçoit de mauvaise grâce les avis et les ordres de son abbé. Ne pouvant se dispenser d'obéir, il se rend vers le milieu de la nuit sur les bords de la Loire, tend les *panthères*[1] d'une rive à l'autre et attend debout le gibier, pendant que les serviteurs qu'il a amenés se livrent au sommeil. Mais les démons le transportent de l'autre côté du fleuve et le flagellent si violemment que, lorsqu'il se retrouve à sa première place, il conserve à peine l'espérance de survivre à tant de coups. La folie et une infirmité incurable furent le dernier châtiment du cellerier avare qui avait résisté à Dieu, à saint Benoît et à saint Abbon[2].

Abbon, en sa qualité d'abbé, avait encore à s'occuper des possessions de son monastère, soit pour subvenir aux besoins de ses frères, soit pour faire

---

1. On appelle encore aujourd'hui *panthères* ou *pantières* de grands filets en usage dans les plaines de la Beauce.
2. *Les Miracles de saint Benoît*, réunis et publiés par E. de Certain. Paris, 1858, p. 229, 230.

respecter les intentions des donateurs ; obligation sérieuse, mais d'une nature trop matérielle pour être acceptée sans répugnance par un esprit cultivé et ami des lettres. Mais le savant abbé de Fleury faisait par conscience ce qu'il n'aurait pas fait par goût. Aimoin nous en fournit une preuve dans une histoire naïvement racontée que nous nous garderons bien d'altérer :

Un champ, qui était la propriété de l'église de Saint-Étienne à Auxerre, confinait à une *terre de Saint-Benoît* donnée à l'abbaye de Fleury. Un certain Walterius, ayant acquis ce champ à titre de bénéfice, conçut le désir de s'approprier, pour en jouir, une partie de la terre de Saint-Benoît. Il invente donc une calomnie et prétend que cette parcelle de terrain avait été détachée de son bénéfice et injustement envahie par les colons de l'abbaye de Fleury. Il porte sa plainte à Abbon un jour que le saint se rendait à la cour. Il l'attend à son retour, le conduit au point du litige et lui dit : « Maintenant, seigneur abbé, je vais vous montrer, si vous le voulez, la limite de ma possession. » Abbon l'avertit de ne rien déterminer au delà de son droit, ajoutant qu'il ne le ferait pas impunément. Walterius pique son cheval et s'élance jusqu'à la limite arbitraire qu'il a fixée, malgré les protestations des gens qui entouraient l'abbé et qui affirmaient que telle n'était point la borne d'un juste partage. Walterius, s'efforçant de retenir son cheval et désignant de la main la portion de la terre qu'il ambitionne, s'écrie : « D'ici à ce point voilà mon droit, que je « ferai valoir, s'il le faut, en combat singulier. » Son coursier qu'il ne peut dominer l'emporte, et dans sa course désordonnée butte deux fois et le renverse. Abbon, se tournant vers les siens, leur dit : « Le juge souverain va prononcer sa sentence. » I. avait à peine achevé ces mots que le cheval tombe pour la troisième fois et jette son maître par derrière. Walterius, meurtri, brisé, est transporté dans une ferme du monastère où il meurt vers le déclin du jour, victime de sa propre convoitise. Abbon, touché de son malheur, rendit à sa dépouille mortelle les derniers devoirs et pria pour le salut de son âme[1].

L'administration temporelle et spirituelle d'Abbon ne nous est connue que par ces trop rares particularités. Dieu, qui intervenait avec une sorte de complaisance pour venger et glorifier son serviteur, lui fit remplir par sa grâce tous ses devoirs d'état et l'éleva à une perfection dont les merveilles ignorées de la terre n'appartiendront jamais au domaine de l'histoire.

1. *Les Miracles de saint Benoit*, p. 152, 154. — *Patrol.*, édit. Migne, t. CXXXIX, col. 860, 841.

CHAPITRE VI

Influence de saint Abbon sur son siècle.

La piété, qui est utile à tout, s'impose, sans y prétendre, au respect de la société; elle séduit par sa douceur, elle règne par ses bienfaits. Mais sa puissance, parfois méconnue, devient irrésistible quand elle s'allie avec la science. La science et la piété combinées dans la même âme sont deux flambeaux placés par la Providence sur la route du temps pour éclairer et vivifier l'humanité. Le monde gravite autour de leur orbite et puise à leur foyer une intarissable fécondité.

Abbon fut un de ces hommes rares en qui brille le double prestige de la vertu et du savoir. A ces qualités supérieures il ajouta le génie du cœur qui triomphe de tout, et sembla prédestiné par le ciel à une haute mission sociale. Son influence s'étendit en effet au delà de l'étroite enceinte du cloître. Nous n'osons pas dire qu'il dirigea son siècle, mais il lui fit accepter de salutaires impulsions, lui épargna des fautes et redressa plus d'une fois ses torts.

L'action de l'humble abbé sur ses contemporains se mesure à l'importance des événements et des affaires où il fut mêlé, et à la difficulté des solutions qu'il obtint au profit de la paix et de la moralité publique. Il n'interposa jamais en vain son crédit et son zèle, et le monde apprit à vénérer le pieux bénédictin qu'il admirait déjà depuis longtemps. Presque toutes les pages que nous avons encore à écrire auront pour objet de faire apprécier les services dont notre saint dota son siècle ; nous ne voulons raconter dans ce chapitre que quelques faits qui trouveraient difficilement leur place ailleurs.

En ce temps-là, les idées religieuses dominaient dans la société tous les intérêts matériels ; les saints, les amis de Dieu, les bienfaiteurs de l'humanité, étaient plus considérés que les héros ; la foule se pressait autour de leurs tombeaux ou de leurs châsses sacrées, et les miracles qui récompensaient si souvent les élans d'une foi naïve, mais sincère, alimentaient les récits aux foyers du château comme à ceux de la chaumière. Aucune autre époque peut-être n'a été plus féconde en prodiges et en livres hagiographiques. Presque tous les auteurs du dixième et du onzième siècle ont été computistes, mathématiciens, astronomes, mais surtout hagiographes. Ils divisaient généralement en trois parties l'histoire du saint : *sa vie, ses miracles et la translation de ses reliques*.

De tous ces auteurs, si injustement ignorés aujourd'hui, nous ne citerons qu'un abbé de Moutier-en-Der, dans le diocèse de Châlons, mort en 992. Il se nommait *Adson*[1]. Nos romanciers modernes connaissent peu ce nom, qui rappelle cependant une des grandes figures du dixième siècle. L'immortel Gerbert, écrivant à Adson, l'appelle son *père* et le conjure de le venir voir à Reims[2]. Le seul énoncé des œuvres littéraires d'Adson nous en révèle l'importance :

Livre des miracles de saint Valbert[3], troisième abbé de Luxeuil, dans le diocèse de Besançon ;

Vie de saint Frobert[4], fondateur et premier abbé du monastère de Moutier-la-Celle, près de Troyes en Champagne ;

Vie de saint Basle[5], ermite en Champagne ;

Vie de saint Bercaire, abbé de Haut-Villiers en Champagne, et plus tard fondateur et premier abbé de Moutier-en-Der. Saint Bercaire nous intéresse

---

1. *Adson* est aussi appelé *Azon* et *Asson*.
2. *Mi pater*. (*Patrol.*, édit. Migne, t. CXXXIX, col. 222.)
3. *Saint Valbert*, *Walbert*, *Vaubert* ou *Gaubert*, en latin *Waldebertus*, mourut en 667.
4. *Saint Frobert* ou *Flobert*, en latin *Frodobertus*, mourut en 673.
5. *Saint Basle* ou *Bâle*, en latin *Basolus*, mourut vers l'an 620.

par sa naissance et par sa mort ; il était Aquitain, de race noble[1], et il mourut, à la fin du septième siècle, victime, comme saint Aygulphe, comme plus tard saint Abbon, de son admirable zèle pour la discipline monastique. Un moine nommé Daguin, qu'il avait repris pour des fautes graves, le perça d'un coup de poignard pendant la nuit[2].

L'abbé Adson écrivit encore un *Livre sur l'Antechrist*, pour satisfaire au désir de la reine Gerberge, la *mère des moines*[3], et la *Vie de saint Mansuet*, premier évêque de Toul, sur les instances de saint Gérard, évêque de cette même ville[4]. Un autre de ses ouvrages, malheureusement perdu, atteste sa liaison intime avec Abbon et l'influence littéraire de l'abbé de Fleury sur les écrivains de son siècle. Adson était à la fois prosateur habile et poëte élégant. Quelques-uns de ses vers, arrivés jusqu'à nous[5], font discerner chez ce favori des muses une facilité peu ordinaire de versification. L'abbé de Fleury mit à profit pour la gloire de son Ordre le talent poétique de son ami. Jouissant auprès d'Adson d'un crédit au moins égal à celui de la reine

---

1. *Nobilis Aquitanus.* (*Patrol.*, édit. Migne, t. CXXXVII, col. 669.)
2. *Ibid.*, col. 685. — On conserve à la cathédrale d'Arras des reliques de saint Bercaire.
3. *Annales Ordinis S. Benedicti*, t. III, p. 594.
4. *Ibid.*, p. 595.
5. *Patrol.*, édit. Migne, t. CXXXVII, col. 599-602, 619, 620.

Gerberge et de l'évêque de Toul, il le détermina à traduire en *vers héroïques* le second livre des *Dialogues* de saint Grégoire le Grand, où est racontée, comme on sait, l'histoire de saint Benoît[1]. L'*anonyme* de Moutier-en-Der exalte le mérite de ce travail qu'il compare et préfère aux poésies des anciens. Mabillon va plus loin encore : à l'entendre, l'élégante prose de saint Grégoire se transformait et *s'anoblissait* en quelque sorte par le rhythme que lui prêtait Adson. Ces jugements, si exagérés qu'ils soient, nous font encore plus regretter le chef-d'œuvre dont notre saint avait été l'inspirateur.

Nous avons déjà rapporté un autre fait non moins digne d'être noté dans l'histoire littéraire de cette époque. Abbon avait distingué dans Aimoin, son disciple et son ami, un rare talent d'historien ; il lui ordonna de condenser en un corps d'histoire tout ce qu'il pourrait trouver dans les écrivains antérieurs sur la nation des Francs et sur les rois qui les ont gouvernés, et de rajeunir tous ces matériaux en les coordonnant. Aimoin obéit et composa dans une latinité irréprochable l'*Histoire des Francs* dont il a été déjà question.

---

1. « Adso familiarissimus fuit Abboni, abbati Floriacensi, *cujus
« supplicatione victus*, secundum librum *Dialogorum* sancti Gre-
« gorii papæ, id est, gesta sancti monachorum patris Benedicti, car-
« mine *nobilitavit* heroico. » (*Annales Ordinis S. Benedicti*, t. III,
p. 595. — *Histoire littéraire de la France*, par D. Rivet, t. VI,
p. 491. — *Histoire de l'Église gallicane*, t. VII, p. 100.)

Bernard II de Comborn, abbé de Beaulieu en Limousin, avait eu pour père un des plus riches seigneurs de l'Aquitaine, nommé Hugues. Il avait été élevé à Fleury comme Aimoin, comme tant d'autres Aquitains attirés par la réputation du maître qui enseignait. Il fut autant l'ami que le disciple d'Abbon. Rappelé par son père, il fut pourvu, vers l'an 979, de l'abbaye de Solignac; au bout de quelques années, vers l'an 984, il obtint celle de Beaulieu, que son père avait acquise par le droit de la guerre[1]. L'évêché de Cahors étant venu à vaquer, en 990, par le décès de Frotaire, Guillaume Taillefer, comte de Toulouse et du Quercy, et Dagobert, archevêque de Bourges, qui comptait parmi ses suffragants le siége de Cahors[2], offrirent la place à Bernard moyennant une somme considérable. Bernard, peu séduit par l'appât des honneurs, consulte son ancien maître. Abbon lui rappelle les lois de l'Église et l'exhorte à ne pas dégénérer de la piété et de la vertu dont il donnait des preuves dans le gouvernement de son abbaye. Il combat les vendeurs et acheteurs de la grâce du Saint-Esprit qui déguisent leur commerce criminel sous ce vain argument, qu'ils ne vendent ou n'achètent pas la

---

1. *Patrol.*, édit. Migne, t. CXXXIX, col. 398.
2. Les auteurs du *Gallia christiana* placent le siége épiscopal de Cahors parmi les suffragants de Bourges. Il relève aujourd'hui de la métropole d'Alby.

bénédiction, mais les revenus de l'Église. « C'est,
« dit-il, comme s'ils se couvraient de fragiles toiles
« d'araignées ; car à qui est l'Église, sinon à Dieu ?
« Qui en est le seigneur, sinon Dieu ? Si l'Églis
« présente a besoin de deux avocats, l'un pour les
« affaires temporelles, l'autre pour les spirituelles,
« elle ne les regarde ni l'un ni l'autre comme ses
« maîtres, et ne leur reconnaît point le droit de la
« vendre ou de l'acheter, elle que Jésus-Christ a ra-
« chetée de son sang. » Il conseille donc à Bernard
de ne point accepter l'évêché de Cahors, et le pré-
serve ainsi du crime de simonie. Sur le refus de
Bernard, Gausbert fut élu [1].

Cependant Bernard, dégoûté de la vie parce qu'il
voyait la charité de plusieurs se refroidir et l'iniquité se multiplier, songeait à tout quitter pour
aller à Jérusalem où son père l'avait précédé. Mais
ne voulant rien entreprendre sans l'avis de son
maître, il vient à Fleury et soumet à Abbon son
pieux dessein. Abbon lui interdit le pèlerinage sans
doute trop dangereux de la Terre-Sainte, et lui permet en compensation celui de Rome, où il pourra
vénérer le tombeau des saints apôtres, et celui du
mont Gargan, célèbre depuis le cinquième siècle
par l'apparition de saint Michel. Avec une affection

1. *Cartulaire de l'abbaye de Beaulieu*, publié par Maximin De-
loche. — *Le Clergé de France*, par l'abbé Hugues du Tems, vicaire
général de Bordeaux et d'*Acqs*. Paris, 1774, t. I, p. 219.

toute paternelle, il lui adjoint quelques frères qui pourront le servir en chemin, et le bénit en formant pour son bonheur les vœux les plus ardents.

La caravane part ; mais bientôt la discorde divise ses membres. Bernard, ennuyé et découragé, expédie à son maître, à son conseiller dans tous les cas difficiles, un de ses compagnons de voyage, le prêtre Constantin ; il lui adresse par ce messager une lettre où il lui expose la nécessité de renoncer à son double pèlerinage, sauf pourtant son consentement ; il lui demande en même temps s'il vaut mieux s'exiler du monde ou rester encore dans le siècle pour être utile à ses frères. C'était fournir à Abbon le sujet d'une nouvelle lettre qu'Aimoin nous a conservée[1]. Le prudent abbé de Fleury n'ose pas répondre en termes absolus à une question trop générale dont la solution est subordonnée au caractère des personnes et aux circonstances du moment ; il représente cependant à Bernard que c'est un bien de remplir les fonctions d'abbé et de chercher à gagner des âmes à Dieu, mais aussi qu'il vaut mieux pourvoir à son propre salut que de commander à des indociles.

Une chose nous a frappé dans cette lettre : c'est l'humble titre qu'Abbon se donne dès la première ligne. Les anciens inscrivaient leur nom en tête de

---

1. *Patrol.*, édit. Migne, t. CXXXIX, col. 399-401.

leurs lettres : *M. T. Cicéron à un tel, Pline à un tel*, etc., et terminaient invariablement par un souhait de santé : *Vale*. Telles étaient les formules de la civilité épistolaire dans le monde romain. Le christianisme les a adoptées, mais en leur imprimant le sceau de l'humilité. Le plus grand génie de l'humanité, saint Augustin, écrivant à la riche veuve Proba, se qualifie *serviteur du Christ et des serviteurs du Christ*[1]. Dans sa lettre à Vital, nous retrouvons presque les mêmes mots : *serviteur du Christ et par lui serviteur de ses serviteurs*[2]. Un sentiment si chrétien ne pouvait ni se perdre ni dégénérer dans l'Église de Dieu. Pendant que le patriarche de Constantinople, Jean, surnommé le *Jeûneur*, s'intitulait orgueilleusement *patriarche œcuménique* ou *universel*, l'évêque de Rome, l'évêque des évêques, le véritable et seul *évêque universel*, signait ses lettres du titre de *serviteur des serviteurs de Dieu*[3]. Mais autant il s'abaissait, autant Dieu l'a exalté en permettant qu'il fût appelé par la postérité *saint Grégoire le Grand;* sainteté là-haut, grandeur ici-bas, double couronne sur le front de l'immortel pontife qui n'était à ses propres

---

[1]. *Servus Christi servorumque Christi.* (S. Augustini *Opera omnia*, édit. Migne, t. II, col. 494.)

[2]. *Servus Christi et per ipsum servus servorum ipsius.* (*Ibid.*, col. 978.)

[3]. S. *Gregorii Magni Opera omnia,* édit. Migne, t. I, col. 87.

yeux que le dernier des *serviteurs*. Ce beau nom de *serviteur des serviteurs de Dieu* n'a point passé avec la circonstance qui l'a fait naître ; il est devenu, après saint Grégoire, le titre distinctif de ses successeurs. A l'exemple du pape, de l'homme qui est avant tous les autres et qui touche de si près à Dieu, que de rois, que de prélats, que d'abbés, que de pieux disciples de Jésus de Nazareth venu dans ce monde *pour servir et non pour être servi*, ont rehaussé leurs prérogatives sociales ou religieuses par l'expression de ce saint abaissement ! Notre abbé de Fleury, que tant de qualités et tant de titres recommandaient déjà à l'admiration de ses contemporains, doit être compté parmi ces *humbles d'esprit* qui honorèrent la Religion et leur siècle. Sa lettre à l'abbé Bernard qui lui était en tout inférieur, se fait remarquer par cette sainte épithète de *serviteur des serviteurs de Dieu*.

Cinq siècles après Abbon, les souverains pontifes se réservèrent cette formule comme un des plus beaux apanages de leur pouvoir suprême. Étrange monopole que ceux-là seuls comprennent qui sont animés de l'esprit de Dieu ! Rome a déteint sur la société, sur ses mœurs, sur sa langue. Celui qui termine une lettre en se disant l'*humble serviteur* de celui à qui il écrit, imite, en l'abrégeant, la sainte formule des pontifes romains.

Nous avons heureusement renchéri sur le Moyen

Age pour un autre point. Contrairement à ce qui se pratiquait encore au temps d'Abbon, nous reléguons notre nom à la fin de nos lettres et nous faisons ainsi oublier jusqu'au dernier moment notre personnalité.

La lettre d'Abbon à Bernard était empreinte de l'amitié la plus affectueuse et d'une sagesse consommée. Elle détermina l'abbé de Beaulieu à quitter un fardeau trop lourd pour ses épaules et à accepter enfin l'évêché de Cahors qu'on lui offrait de nouveau, mais sans aucune condition de simonie, après la mort de Gausbert. L'église de Cahors est donc redevable à notre saint de deux insignes bienfaits : par lui elle fut préservée du scandale de la simonie; par lui elle fut dotée d'un pasteur digne des nombreux saints qui l'avaient déjà gouvernée. L'épiscopat de Bernard, inauguré vers l'an 1000, fut aussi glorieux que fructueux. Son nom et son portrait figurent avec honneur dans la galerie des évêques de Cahors conservée au château de Mercuès, près de cette ville.

Les particularités que nous venons de raconter démontrent une influence réelle, mais restreinte, telle que beaucoup d'autres personnages ont pu l'exercer; l'action d'Abbon sur son siècle fut-elle universelle? L'amitié et l'estime dont il fut constamment honoré par le roi Robert, la renommée de son talent et de sa vertu, sa participation active, prépondérante aux luttes de son époque, n'autorisent aucun doute à cet égard. Un auteur moderne est plus explicite et dresse à notre héros un piédestal du haut duquel il aurait gouverné la société. Si l'amour de la vérité n'était encore plus fort chez nous que l'amour du héros dont nous écrivons la vie, nous accepterions sans examen les paroles de M. Chatelet. Nous les rapporterons cependant, non pour rehausser notre saint, assez grand par ses propres œuvres, mais pour constater un panégyriste de plus dans la foule des écrivains qui ont étudié consciencieusement le Moyen Age : « Le premier soin « des rois Robert et Henri fut de choisir pour minis- « tres des hommes éclairés, vertueux et habiles; il « s'en trouva sous leur main auxquels rien ne man- « qua de ce qui peut fonder les empires : Fulbert, « évêque de Chartres; Enguerran, abbé de Saint- « Riquier; *Abbon, abbé de Fleury;* Gerbert, moine « d'Aurillac, qui devint dans la suite Sylvestre II, « furent successivement appelés à diriger la poli- « tique française dans la nouvelle voie où elle en- « trait; la France n'eut pas à s'en plaindre[1]. »

Abbon ne fut jamais le ministre d'aucun roi dans le sens actuel de ce mot; mais il jouit de la confiance la plus intime de Robert; son crédit constant

---

1. *L'Église et la France au Moyen Age,* par C. Chatelet, t. II, p. 147, 148.

à la cour de ce prince lui assura une influence que son humilité n'avait point ambitionnée, mais que le zèle du bien public tourna au profit de son pays. Soit par lui-même, soit par ses amis et ses disciples, il combattit le mal et protégea la vertu. Nous en avons déjà donné la preuve; d'autres conjonctures feront encore resplendir un genre de mérite, une utilité sociale qui n'a été l'apanage que d'un petit nombre de saints. Dieu seul est nécessaire; mais certains hommes sont entre ses mains comme l'astre vivificateur dont il se sert pour illuminer, échauffer et féconder la terre.

CHAPITRE VII

Recueil des canons d'Abbon.

Aimoin, en parlant des œuvres scientifiques d'Abbon, s'exprime en ces termes : « Il a laissé des ou-
« vrages remarquables qui profiteront aux siècles
« futurs... Comme une abeille intelligente qui com-
« pose son miel du suc de diverses fleurs, il déro-
« bait aux saints Pères quantité de sentences choi-
« sies qui forment un recueil tout *emmiellé*[1]. »

Aimoin ne nomme pas cet ouvrage, qui d'ailleurs ne se trouvait pas à Fleury lorsqu'il en parlait, soit à cause de l'incurie des frères, soit par suite d'un larcin de quelque main étrangère. Cet ouvrage, cependant, qui n'est autre que le *Recueil des canons d'Abbon*, dont nous allons nous occuper, n'était pas définitivement perdu. Il a été restitué au public par le savant Mabillon[2], à qui M. Migne l'a em-

---

[1]. *Mellitum opus.* (*Patrol.*, édit. Migne, t. CXXXIX, col. 394.)
[2]. *Veterum Analectorum tomus II*, Lutetiæ Parisiorum, 1676, p. 248-348.

prunté pour le reproduire dans sa *Patrologie latine*[1].

Par ces études, Abbon n'avait pas seulement en vue d'acquérir une science qui est presque exclusivement ecclésiastique ; il voulait se préparer à la lutte qu'il prévoyait devoir soutenir bientôt contre les injustes prétentions de l'évêque d'Orléans. Nous parlerons plus tard de ces tristes démêlés qui ressuscitèrent, sous certains rapports, la trop célèbre querelle de Rufin et de saint Jérôme. Occuponsnous en ce moment des canons que nous a laissés le savant abbé de Fleury.

Il existait déjà d'autres recueils de canons soit en Orient, soit en Occident. Ceux qui émanaient directement de la sainte Église avaient force de loi et étaient placés dans les conciles à côté des saints Évangiles. Les autres n'avaient d'autre autorité que celle qu'ils tiraient du nom plus ou moins considérable de leur auteur, ou des collections sacrées auxquelles on avait emprunté. Parmi les recueils les plus renommés de l'Église occidentale, il faut compter celui de Denys le Petit, que le pape offrit, à Rome, en 787, à Charlemagne. Nos rois, depuis Pepin jusqu'à Charles le Chauve, firent dans les assemblées des états du royaume des *Capitulaires* qui ne sont plus maintenant obligatoires, mais qui

---

[1]. *Patrol.*, édit. Migne, t. CXXXIX, col. 473-508.

nous fournissent des documents précieux pour la discipline ecclésiastique de cette époque ; le code des *Capitulaires* de Charlemagne a fait l'admiration des étrangers, la gloire de la France et la loi du Moyen Age.

Le neuvième siècle vit apparaître le recueil privé de Réginon, abbé de Prüm, au diocèse de Trèves. Une constitution ou ordonnance donnée en 889 par Riculfe, évêque de Soissons, est regardée comme un des monuments les plus précieux de la discipline de ces temps reculés. C'est aussi l'époque qu'on assigne aux *Fausses décrétales*, ainsi appelées parce qu'elles sont attribuées à des papes qui n'en sont pas les auteurs, mais injustement critiquées, puisqu'elles ne s'appuient que sur des principes déjà établis et reconnus.

Enfin arrive Abbon, une des lumières de son siècle. Son recueil est un monument important, non-seulement parce qu'il supplée au texte de plusieurs anciens canons des conciles perdus ou altérés, mais encore parce qu'on y apprend en quel état se trouvait alors l'Église de France, et de quels moyens l'on croyait devoir user pour remédier à ses maux et rétablir son antique prospérité. Une grande lucidité d'exposition signale l'ouvrage de notre saint ; sa science et sa mémoire s'y révèlent par une richesse peu commune de citations. Abbon y cite Cicéron, Virgile, saint Augustin, saint Grégoire le Grand, la règle de saint Benoît, le Code théodosien, les *Novelles* de Justinien et les *Capitulaires* de nos rois. Il n'y a inséré aucun fragment des *Fausses décrétales*. L'ouvrage, divisé en cinquante-deux chapitres, débute par ces mots : *Ici commencent les canons de dom Abbon, abbé, et du roi Hugues et de Robert, son fils, rois des Francs.* A juger de la collection par ce titre, on peut dire qu'elle doit être mise au nombre des capitulaires de nos rois. Ainsi pense le docte Mabillon[1]. Il faut cependant observer que ce recueil n'est composé que de quelques canons et de passages de divers auteurs; on n'y trouve aucune loi de Hugues et de Robert qui régnaient simultanément, en vertu d'une association qu'une politique de dynastie avait rendue nécessaire; mais ce n'est pas une raison d'exclure ce recueil des ordonnances royales, puisque l'on a mêlé aussi plusieurs canons aux capitulaires de Charlemagne, de Louis le Débonnaire et de Charles le Chauve, qui, en les acceptant, leur ont donné force de loi. Il y a lieu de croire que Hugues Capet et Robert, princes éminemment chrétiens, amis et admirateurs d'Abbon, ont adopté pour leur royaume la collection de ses canons et ont ainsi emprunté à l'Église quelques-unes de ses lois pour gouverner leurs sujets. A cette époque, la fusion était presque complète entre l'Église

---

1. *Analecta*, nov. edit., p. 133.

et l'État; tout était commun, les destinées et les volontés.

Dans la préface, Abbon rappelle au roi Hugues Capet les difficultés qui signalèrent le commencement de son règne, à l'instigation des seigneurs du royaume. En même temps, il lui représente que Dieu, qui l'avait affligé par un secret jugement, l'avait, par sa bonté, délivré de ses ennemis; il prend de là occasion de lui dire, ainsi qu'à son fils Robert : « Souvenez-vous des bons rois, vos prédé-
« cesseurs; souvenez-vous de l'équité de leurs ju-
« gements; ayez toujours dans l'esprit de pardonner
« à des sujets soumis, et de ne combattre que les
« superbes. » Abbon se propose ensuite d'établir les devoirs des rois et ceux de leurs sujets, comme aussi les droits du *sénat des moines,* dont les princes sont les défenseurs et les avocats.

Analyser l'ouvrage, c'est tracer le tableau des mœurs de notre pays au dixième siècle, et écrire une page d'histoire du plus piquant intérêt. Quel contraste entre le siècle d'Abbon et le nôtre ! On va en juger :

Chap. Ier. — Le respect est dû aux églises et aux monastères, et le droit d'asile s'étend, conformément aux lois de Théodose et de Valentinien, non-seulement aux édifices sacrés, mais encore aux maisons et places contiguës. Ceux qui s'y réfugient doivent déposer leurs armes; ou bien on peut les en tirer par la force ; on doit punir de mort le téméraire qui aura tenté de se saisir d'un coupable réfugié dans un lieu saint.

Tel était chez nous, au dixième siècle, le *droit d'asile*. François Ier l'abolit par ordonnance, en 1539. Aujourd'hui le Code de procédure (art. 781) défend d'arrêter les débiteurs dans les églises consacrées au culte, mais seulement pendant les exercices religieux. C'est un faible vestige d'une *immunité* qui s'est conservée intacte dans d'autres pays. En Espagne, outre les cathédrales, il y a des églises secondaires qui jouissent de ce privilége. En 1860, nous avons lu au frontispice d'une église de Saint-Jacques de Compostelle, en Galice, ces mots que nous avons copiés : *Iglesia reservada para refugio*.

Chap. II. — Abbon se plaint de la vexation de ces seigneurs qu'on appelait *avoués*, à qui les abbés avaient donné des terres en fief, à condition qu'ils défendraient leurs monastères contre ceux qui les attaqueraient ; mais il était arrivé que ces avoués, au lieu de protéger l'église, la pillaient, laissant les biens des monastères en proie aux malfaiteurs et ravissant eux-mêmes ce que ceux-ci n'avaient point emporté. Ces avoués agissaient donc en maîtres et devenaient une cause incessante de ruine pour les abbayes.

La sainte Église a donc été spoliée dans tous les siècles sous une forme ou sous une autre. Quelle amère ironie, quelle révoltante injustice, que d'accuser d'avarice ou de cupidité une mère qu'on a tant de fois dépouillée et qui a toujours pardonné !

Abbon rapporte l'origine des avoués aux conciles d'Afrique qui firent demander aux empereurs des *scolastiques* ou avocats pour soutenir les intérêts de l'Église devant les tribunaux séculiers. Nous aurons occasion de parler de nouveau de cette institution.

Chap. III. — La justice du roi consiste à n'opprimer aucun de ses sujets, à juger sans acception des personnes, à protéger l'étranger, le pupille et la veuve, à soulager le pauvre, à punir l'adultère, à faire triompher l'homme de bien. Il doit éviter la superstition, vaquer à la prière et régler ses repas. Qu'il imite la douceur de Constantin, la foi de Marcien, la prudence de Charlemagne et de Louis, son fils. Ces vertus assurent la prospérité dans ce monde et conduisent le prince au royaume des cieux, bien préférable à toutes les couronnes d'ici-bas.

Chap. IV. — Chargé de toutes les affaires de ses États, le roi ne peut les terminer ni même les connaître sans le secours des évêques et des grands. Comme ils doivent au roi l'honneur et le respect, ils ne peuvent lui refuser leurs avis et leur ministère.

Voilà ce que pensait notre saint de la participation du clergé aux affaires publiques. Pourquoi, en effet, priver un gouvernement des conseillers les plus éclairés et les plus intègres que puisse offrir une société ?

Chap. V. — L'autorité du siége apostolique de Rome s'étend sur toute l'Église ; car Pierre est le prince de toute l'Église, *princeps totius Ecclesiæ*, et les papes ont succédé à sa charge et à ses pouvoirs.

La primauté du siége de Rome n'est donc pas un dogme nouveau.

Chap. VI. — Refuser d'obéir aux ordres des souverains, c'est marquer qu'on les méprise au lieu de les craindre et de les aimer. Mais d'où cela provient-il, sinon d'une trop grande mansuétude du roi ? Tous les excès sont nuisibles ; voilà pourquoi il faut tempérer *la simplicité de la colombe par la finesse du serpent*.

Nous sommes déjà accoutumés à cette dernière expression. Nous l'avons déjà rencontrée deux fois sous la plume d'Abbon, qui en faisait sans doute un fréquent usage, et une fois sous celle d'Aimoin, son disciple. Maître et disciple aimaient donc à recommander et à exalter deux vertus, la simplicité et la prudence, qui sont le fond du vrai caractère chrétien.

Chap. VII. — Il y est question, en termes fort peu intelligibles pour notre époque, de diverses sortes de testaments.

Chap. VIII. — Il est des cas où l'on peut dispenser

des lois; et c'est ce qui sert à expliquer les canons de divers conciles qui paraissent contradictoires. Les conciles de Nicée et de Chalcédoine défendirent les translations d'évêques; elles furent permises dans celui d'Antioche, pourvu qu'il y eût nécessité ou utilité. Abbon rapporte plusieurs exemples de ces translations faites dans les siècles postérieurs à ces conciles.

Chap. IX. — Au défaut de loi, la coutume oblige dans un État; mais elle doit céder aux édits des princes et n'oblige que quand elle s'accorde avec l'utilité publique.

Chap. X, XI, XII. — Règlements concernant le clergé.

Chap. XIII. — Abbon rapporte les lois et décrets qui proscrivent la simonie. Nos lecteurs n'ont pas oublié avec quelle vigueur il l'avait combattue dans une lettre à Bernard, abbé de Beaulieu.

Chap. XIV. — L'élection de l'abbé ou *archimandrite* doit être libre, indépendante et confirmée par l'évêque à qui le monastère est soumis.

Le terme d'*archimandrite*, qui n'est plus en usage aujourd'hui que dans l'Église grecque où il désigne le supérieur d'un couvent d'hommes ou de simples caloyers, était employé en France, du temps d'Abbon, comme synonyme d'*abbé*.

Chap. XV-XXII. — Règles qui définissent la forme de l'élection d'un abbé; qui mettent des bornes aux entreprises des évêques sur les monastères. Tout abbé doit être prêtre. Un abbé accusé de quelque prévarication doit être jugé par plusieurs évêques réunis. Les monastères où s'introduit quelque désordre seront réformés par l'évêque ou par le métropolitain, ou même par un synode. Un moine qui est prêtre doit être plus régulier que les autres. Règlements à l'égard des moines fugitifs ou prévaricateurs.

Chap. XXIII, XXIV. — Le clerc qui veut être moine peut entrer dans le cloître sans l'autorisation de l'évêque. Les droits de l'évêque sur les monastères sont réglés et limités par les canons. On ne doit pas admettre un clerc soupçonné de vouloir se faire moine par vanité; on doit préalablement le soumettre à de longues épreuves.

Chap. XXV. — Les propriétés d'un moine sont acquises, après sa mort, au monastère, à moins que l'évêque n'en dispose autrement.

Chap. XXVI. — Défense aux moines et aux religieuses de comparaître en justice autrement que par un défenseur ou avocat.

Notre loi civile n'a point respecté cette vieille défense ou plutôt cet antique privilége.. Tandis que le militaire, dont la considération importe beaucoup moins à la patrie, est jugé par ses pairs, l'homme revêtu d'un froc ou d'un habit clérical est traîné, malgré son caractère sacré, devant un tribunal laïque où les habiletés de l'interrogatoire peuvent, alors même qu'il est innocent, le compromettre pour toujours aux yeux d'un public qui juge les apparences non moins sévèrement que les réalités.

Chap. XXVII-XXXIV. — Lois concernant la validité de la prescription trentenaire pour le bien des églises; droits que les évêques peuvent exiger dans la visite de leurs diocèses; droit de patronage dans les églises ou oratoires fondés par des laïques; soin qu'ils doivent en prendre, afin qu'ils ne tombent pas en ruine; obligation de subvenir aux besoins de ceux qui ont employé leurs biens à fonder ou à doter des églises.

Chap. XXXV-XLII. — Ce que dit Abbon contre l'avarice des clercs, contre les excommunications injustes, sur le pouvoir qu'a l'évêque de disposer de la troisième partie des revenus de l'église, de la continence des prêtres et des diacres, de la défense faite à un évêque de choisir son successeur, n'est qu'un extrait des canons des conciles ou des décrétales des papes.

Chap. XLIII. — Règles tirées des saints Pères touchant la fréquente célébration de la messe, la fréquente communion et les dispositions requises pour la réception de ce sacrement.

Chap. XLIV-LII. — Les derniers chapitres traitent de la manière d'examiner les accusateurs des prêtres, des peines que l'on doit infliger aux clercs qui ont rendu de faux témoignages, des devoirs de ceux qui portent les armes ou qui sont enrôlés dans la milice spirituelle, c'est-à-dire des ecclésiastiques.

Ce sommaire aperçu est plus que suffisant pour donner à nos lecteurs une idée de la vaste érudition de l'abbé de Fleury. Il faisait ses délices de l'étude des saints Pères et des conciles, et il y puisait de préférence les textes des canons disciplinaires. Ami des belles-lettres, il l'était encore davantage des bonnes mœurs, et son zèle pour le bien, pour la gloire de Dieu et de la sainte Église, imprimait à toutes ses œuvres une direction utile. Il rappela à son siècle des règlements oubliés ou méconnus, il montra la loi aux coupables et aux chancelants, releva les uns, empêcha les autres de tomber, et remit en honneur la vertu et ses salutaires prescriptions. Il fut donc apôtre à sa façon, apôtre, moralisateur et bienfaiteur de l'humanité; ces mots sont synonymes dans l'esprit du vrai penseur. Inclinons-nous donc devant cette sainte figure du dixième siècle et vouons-lui une impérissable reconnaissance.

Les canons colligés par Abbon ne sont plus, depuis longtemps, une des sources du droit canonique; le *Décret* de Gratien, autre bénédictin, qui parut vers l'an 1150, remplaça et fit oublier tous les recueils antérieurs; mais qui pourrait affirmer que l'illustre bénédictin bolonais ne s'est pas inspiré du livre de l'abbé de Fleury?

CHAPITRE VIII

**Démêlés d'Abbon avec Arnulfe, évêque d'Orléans.
Incident tragique.
Abbon défend les chanoines de Saint-Martin
de Tours contre leur archevêque.
Apologétique d'Abbon. — Charte de Huges-Capet.
Lettre d'Abbon au roi Robert.**

La *science* qui *enfle* les partisans du siècle ne pouvait être un instrument de vanité entre les mains d'Abbon. La gloire de Dieu, qui avait été le mobile de ses études, en fut aussi le but unique et constant. Mais s'il a été dit de la *piété* qu'elle *est utile à tout*, il est aussi permis de croire, sans établir de parallèle, que la science est souvent profitable. Une circonstance douloureuse se présenta où l'abbé de Fleury, défenseur naturel des droits de son monastère, dut apprécier les avantages même temporels de ses longues études. C'est en effet dans son savoir qu'il puisa les convictions profondes, les arguments victorieux qui éclairèrent et consolèrent sa lutte contre de hautes et injustes prétentions.

C'est l'histoire impartiale de cette lutte qui va nous occuper en ce moment. Il nous en coûte de mettre en scène deux personnages dont le caractère commande le respect, alors qu'il nous est impossible de justifier tous les actes de l'un d'eux. Mais l'histoire n'est pas une flatterie, c'est un juge. La vérité qui pèse sur la mémoire de l'un est glorieuse pour l'autre. La cacher et la taire serait presque une injustice à l'égard d'un innocent, autant qu'un acte de déférence pour le coupable. D'ailleurs, l'âme du chrétien trouve encore à bénir Dieu en assistant au combat des passions humaines, au choc d'intérêts opposés; car si d'un côté l'on déplore quelqu'une de ces faiblesses trop communes dans l'humanité, de l'autre on contemple avec ravissement le sublime spectacle d'une grande âme persécutée et triomphante, récompensée même ici-bas par cette Providence qui attend quelquefois, mais qui n'abdique jamais. L'historien, à son tour, se sent moins timide quand il est obligé de raconter des torts abondamment compensés par d'éclatantes vertus.

Les conciles des Gaules s'étaient occupés plus d'une fois de la discipline monastique. Ils se montraient tous animés de l'esprit qui avait dicté le canon du concile de Chalcédoine en 451, en vertu duquel les moines étaient subordonnés aux évêques. Ceux d'Orléans (511 et 523), d'Épaône (517) et d'Arles (558) soumettaient complétement les monastères à l'autorité et à la surveillance des évêques. Mais ces règlements n'étaient pas d'une nature invariable. Un concile de Châlons (813) interdit aux évêques d'exiger des prêtres, à leur ordination, un serment d'obéissance. Cette prescription concernait non-seulement les prêtres séculiers, mais encore les abbés des monastères qui, aux termes des saints canons, en particulier de ceux d'Abbon, ne pouvaient exercer leur charge sans être prêtres. Mais, soit que cette discipline n'eût pas été adoptée en dehors du diocèse de Châlons, soit qu'elle fût tombée en désuétude, nous trouvons, au dixième siècle, un cas mémorable de dérogation à cette loi. Arnulfe II gouvernait alors l'église d'Orléans. Bon, instruit, régulier, il n'aima jamais cependant les abbés de Fleury, ses diocésains [1]. Les abbés des monastères avaient alors plus d'importance que ceux de nos jours. Aimoin les appelle des *prélats*, *prelatos* [2]. L'étendue de leur juridiction, leurs priviléges, l'influence que leur assuraient le nombre des moines soumis à leur autorité et le produit des taxes qu'ils administraient, les faisaient considérer par le peuple comme les rivaux ou même comme les égaux des évêques. Arnulfe, jaloux peut-être de l'abbé de Fleury, que les intérêts du monastère,

---

1. « Nunquam ad purum *prælatos* hujus Floriacensis loci dilexit.» Patrol., édit. Migne, t. CXXXIX, col. 822.)
2. *Ibid.*

possesseur du *clos de la Bourie*[1], appelaient jusque sous les murs de sa ville épiscopale toutes les fois qu'il venait visiter cette vigne, voulut abaisser et amoindrir le prestige de son diocésain en lui imposant un double serment. Outre la subordination spirituelle, à laquelle on ne se refusait pas malgré des priviléges anciens, mais peut-être surannés, il sollicitait encore un serment de fidélité pour les choses temporelles, au préjudice de la couronne de qui les monastères tenaient leurs terres médiatement ou immédiatement, à titre gratuit ou onéreux.

Oylbold, alors abbé de Fleury, ne consentit point à devenir le vassal de l'évêque d'Orléans. Il en fut puni par l'invasion arbitraire du clos de la Bourie, qu'Arnulfe encouragea ou autorisa. Les *satellites de l'évêque* se mirent donc en possession de cette vigne et déclarèrent qu'ils en resteraient les maîtres. L'abbé envoya des parlementaires pour protester contre cette usurpation ; ils ne furent pas écoutés ; Oylbold tint conseil avec les *anciens* du monastère, et il fut décidé qu'à l'approche des vendanges il se rendrait sur les lieux processionnellement, avec les reliques des saints ; il espérait que la vue de ces *gages* sacrés ferait reculer les agents d'un prélat contre lequel la force matérielle eût été impuis-

---

1. *Boaria in suburbano*, le clos de la Bourie, faubourg Bannier. Ce clos a été transformé de nos jours par de nombreuses constructions.

sante. L'époque venue, on vit sortir de Fleury les reliques vénérées de saint Benoît et de saint Maur (qu'on possède encore aujourd'hui) et celles de saint *Frongence*[1]. La foule accourt, se prosterne, un infirme est guéri miraculeusement. Le pieux cortége franchit triomphalement la distance de huit lieues qui sépare Fleury d'Orléans, arrive enfin sous les murs de la ville et entre sans obstacle dans le clos de la Bourie. La victoire est complète; l'abbé, réintégré dans la possession de cette vigne, revient à Fleury avec ses frères, le cœur plein de joie et de reconnaissance[2].

Tel était le Moyen Age : les idées religieuses conservaient leur ascendant même sur ceux qui les violaient ; une faute n'avait jamais de résultats désespérés ; on pouvait compter sur une réparation aussi solennelle que l'avait été le scandale.

Cependant la querelle était plutôt suspendue que terminée. Arnulfe la renouvela sous Abbon. Nous entrons ici forcément dans une série de faits regrettables ; il nous faut assister au spectacle d'une de ces grandes luttes qui furent, au dixième siècle, l'épreuve particulière de l'Église. L'évêque d'Orléans voulait obtenir de l'abbé de Fleury le double

---

1. *Patrol.*, édit Migne, t. CXXXIX, col. 823. — Nous ne connaissons de saint *Frongence* que son nom. Les reliques de ce saint furent profanées et dispersées en 1562 par les Huguenots.

2. *Ibid.*, col 822-824.

serment dont nous avons parlé. Abbon était prêt à se soumettre, selon les prescriptions de l'Apôtre, à tout pouvoir légitime ; mais, comprenant combien l'abus de pouvoir qu'il apercevait dans cette affaire serait fatal, s'il ne l'empêchait, à une abbaye dont il était appelé le père, il refusa constamment à Arnulfe l'obéissance qu'il lui demandait pour le temporel. L'abbaye, en effet, ne dépendait que du roi pour le temporel, et Abbon ne pouvait, sans félonie, se soustraire à l'autorité royale pour se plier aux prétentions gratuites de l'évêque d'Orléans.

L'argumentation n'eut pas plus de succès que la menace. Arnulfe ne pouvant convaincre Abbon ni par le raisonnement ni par l'Écriture sainte, se déclara ouvertement son ennemi[1] et écrivit contre lui un ouvrage qui a pour titre *De cartilagine*, qui existe en manuscrit à la bibliothèque du Vatican, et dont un fragment a été analysé par dom Gérou[2]. Il alla même plus loin : le pape Léon VII, par une lettre comminatoire de l'an 936, avait placé nommément sous la protection du saint-siége une des possessions de l'abbaye appelée *Evera*[3] et toutes ses

---

1. « Manifestum se ostendit inimicum. » (*Patrol.*, édit. Migne, t. CXXXIX, col. 394.) — « Infensissimus ei semper fuit. » (*Gallia christiana*, t. VIII, col. 1430.)

2. *Les Évêques d'Orléans*, par l'abbé Pelletier. Orléans, 1855.

3. *Evera*, aujourd'hui *Yèvre-le-Châtel*, canton de Pithiviers, département du Loiret.

adjacences[1]. Le domaine d'Évéra avait été donné avec d'autres à l'abbaye par Charles le Chauve. Sans égard pour l'antiquité du titre, sans respect pour le haut patronage de Rome, Arnulfe s'empara de cette terre et la ravagea[2]. L'illégalité de cette invasion envenima la querelle et fit craindre d'autres excès.

Abbon avait eu déjà à se prononcer contre un autre prélat dans des circonstances non moins épineuses. Voici à quelle occasion : le chapitre de Saint-Martin de Tours, en vertu d'un privilége accordé par le pape Adéodat (septième siècle) et confirmé par saint Nicolas (neuvième siècle), jouissait du droit de se choisir un évêque qui exerçait sa juridiction dans le cloître et était indépendant, dans les limites de ses fonctions, du prélat qui administrait la ville et le diocèse[3]. De là peut-être l'usage des abbés mitrés et crossés dans certaines abbayes. Or, en 990, Pierre avait été élu par le chapitre après la mort de l'évêque Philippe. Archambaud de Sully, archevêque de Tours, ce prélat trop célèbre qui fut plus tard interdit pour avoir béni le mariage illégitime du roi Robert avec Berthe, refusa de sacrer l'élu du chapitre ; il se concerta même avec les évêques des diocèses voisins pour obtenir d'eux le même refus. C'était annuler par une voie indirecte un pri-

1. *Cartulaire* de la Réole, folios 26 et 27.
2. *Patrol.*, édit. Migne, t. CXXXIX, col. 581, 582.
3. *Ibid.*, t. CXXXVII, col. 907.

vilége déjà ancien, mais qu'il regardait sans doute comme une restriction de sa juridiction. A quoi bon nommer un évêque, si l'on ne pouvait le faire sacrer? Le pape eut beau confirmer au monastère de Saint-Martin son privilége d'épiscopalité par une lettre de l'an 996 qui nous a été conservée[1], Archambaud et ses adhérents n'en persistèrent pas moins dans le refus de sacrer Pierre. L'animosité réciproque fut portée à ce point que le chapitre refusa un jour de recevoir la bénédiction de l'archevêque de Tours. Celui-ci n'en fut que plus ardent à attaquer toutes les immunités dont jouissait l'église de Saint-Martin, et il se prétendait d'autant mieux fondé à vouloir remettre les choses dans l'ordre commun, que l'abbaye avait été récemment réunie à la couronne dans la personne de Hugues Capet, qui ne manquerait pas de soutenir la cause de l'archevêque de Tours; de plus, des chanoines ayant succédé à des moines, la présence d'un évêque particulier dans un chapitre dont les dignitaires ne recevaient aucune consécration, devenait superflue et devait conséquemment être supprimée.

Tel était l'état de la question. Cette affaire, peu sérieuse par son objet, s'envenima par l'exaltation des parties intéressées et donna lieu à des débats qui ont retenti dans l'histoire. Pourquoi les auteurs mo-

---

1. *Patrol.*, édit. Migne, t. CXXXVII, col. 907-909.

dernes qui l'ont discutée l'ont-ils si mal exposée ? Dom Liron, qui l'a traitée avec quelques détails[1], l'a obscurcie plus que personne. Il importe cependant de discerner le vrai du faux et d'attribuer à chacun ce qui lui revient de blâme ou d'éloge.

Archambaud sollicita l'appui du savant Gerbert qui était alors archevêque de Reims et très-puissant auprès du roi de France. Gerbert lui répondit en ces termes : « Nous avons reçu votre plainte avec
« une compassion fraternelle. C'est pourquoi nous
« ne différons pas de vous donner conseil et secours
« autant qu'il nous convient. Ainsi, puisque le
« clergé de Saint-Martin a refusé, comme vous
« dites, votre bénédiction, qu'il lui arrive, selon
« qu'il est écrit dans le psaume (cviii, 18) : *Il a
« rejeté la bénédiction, elle s'éloignera de lui*. Pour
« ce qui est de l'injure que vous avez reçue lors-
« qu'ils vous ont repoussé, Notre-Seigneur nous
« apprend (*Marc*, vi, 11) qu'il faut secouer contre
« eux la poussière de vos souliers[2]. » Gerbert se prononçait donc sévèrement contre les chanoines de Saint-Martin, puisque, selon lui, l'archevêque de Tours avait droit de les traiter comme on traite ceux qui ne veulent pas écouter les apôtres.

Soit que les évêques blessés dans la personne d'un

---

1. *Singularités historiques et littéraires*, par D. Liron. Paris, 1738, t. II, p. 15-36.
2. *Patrol.*, édit. Migne, t. CXXXIX, col. 262, 263.

de leurs confrères se fussent rassemblés spontanément, soit que Gerbert les eût convoqués, il est certain que plusieurs se réunirent en concile et qu'ils écrivirent aux chanoines de Saint-Martin, par la plume de Gerbert, une lettre très-comminatoire ainsi conçue : « Tous les évêques qui sont venus au « concile dans l'église de Saint-Paul (on ne sait en « quel lieu) à tous les clercs de Saint-Martin. In- « formés de votre révolte contre notre frère l'évêque « de la ville de Tours, nous vous adressons cette « lettre pour vous marquer que nous avons statué « en commun ou que vous rentriez en grâce avec « votre évêque, ou que vous veniez à l'assemblée « qui doit se tenir à Chelles le 7 des ides de mai, « pour y rendre raison de la discorde que vous en- « tretenez depuis longtemps. Si vous ne le faites, « sachez que vous serez frappés des censures cano- « niques[1]. »

L'histoire est muette sur ce concile de Chelles. Il est probable que les prélats, revenus de leurs prétentions, y renoncèrent et suspendirent leur jugement sur l'affaire des chanoines de Saint-Martin. Ceux-ci cependant étaient inquiets ; ils redoutaient la haute influence de Gerbert. Ils lui opposèrent saint Abbon, l'homme le plus capable, à leurs yeux, de les conseiller et de les défendre. La situation de-

[1]. *Patrol.*, édit. Migne, t. CXXXIX, col. 265.

venait dramatique; *les deux hommes les plus distingués du temps*[1] entraient en lutte, l'un champion de l'épiscopat avec l'autorité de son savoir, de son nom et de son caractère sacré; l'autre champion des moines avec son cœur, son zèle de la justice et son amour pour le faible et l'opprimé. Il faut en convenir, les chances et les probabilités du succès n'étaient pas du côté de l'abbé de Fleury, moins connu et moins prépondérant à cette époque qu'il ne le fut plus tard. Mais les calculs de la prudence humaine ne réglèrent jamais son dévouement. Au-dessus de la gloire par ce dédain trop rare parmi les hommes, mais si ordinaire chez Abbon, il accepta chaleureusement une cause dont l'issue, incertaine pour ses clients, pouvait compromettre sa réputation naissante, et s'abandonna sans trembler à ses généreuses inspirations. L'*ami des amis du Christ* écrivit donc aux *pères et aux frères du monastère de Saint-Martin, principalement à Hervé*, son ancien disciple, alors trésorier de l'église Saint-Martin et *miroir du bon caractère*[2]. Cette lettre est un vrai chef-d'œuvre de modération et de délicatesse. En commandant aux autres, Abbon savait se commander à soi-même et se contenir en défendant ses protégés; il proclame cependant leurs droits, mais en

---

1. *Histoire littéraire de la France avant le douzième siècle*, par M. J.-J. Ampère. Paris, 1840, t. III, p. 303.
2. *Patrol.*, édit. Migne, t. CXXXIX, col. 425.

termes pleins de respect pour le pontife qui avait voulu les violer :

« J'ai appris, dit-il, par la rumeur publique que
« le seigneur Archambaud, archevêque de Tours,
« s'oppose aux priviléges de Saint-Martin, votre
« commun patron. Quelqu'un serait-il assez insensé
« pour croire qu'un prélat d'une si haute autorité,
« mais d'une si grande douceur, veuille combattre
« les décrets des papes et les ordonnances des saints
« canons?

« L'Église romaine, par sa prééminence sur toutes
« les Églises, a le droit de conférer des priviléges
« à ses membres répandus parmi les *quatre climats*
« *du globe*[1]. Celui qui s'oppose à l'Église romaine
« se retranche de son sein et se déclare du nombre
« des adversaires du Christ. Le grand et inviolable
« concile de Nicée ordonne que l'on conserve à
« chaque église son privilége. Le très-saint pape
« Grégoire qui vénérait, à l'instar de l'Évangile, les
« actes de ce concile, a mandé la même chose à
« l'évêque Jean[2]... A Dieu ne plaise que les décrets

---

1. « *Per quatuor climata totius orbis.* » Cette façon de diviser le globe en *climats* ou zones est trop curieuse pour n'être pas remarquée. Elle ne fut pas adoptée par l'art chrétien qui, jusqu'à la découverte de l'Amérique, partagea constamment en trois parties la boule du monde pour signifier les trois continents connus jusqu'alors.

2. Abbon cite un fragment d'une lettre de saint Grégoire le Grand (*Sancti Gregorii Magni opera omnia*, édit. Migne, t. III, col. 935-937) à Jean, évêque de Scylla (auj. *Scilla, Siglio* ou *Sciglio*).

« des saints et surtout des anciens pontifes romains
« soient exposés à la révision et à la censure des
« modernes! A Dieu ne plaise que de nouveaux cri-
« tiques méprisent les écrits des anciens dont ils
« honorent la mémoire[1] ! »

« Abbon étoit un des plus *sçavants* hommes de
« son siècle. Il avoit une très-grande connaissance
« des canons[2]. » Il lui avait donc été facile d'opposer à l'archevêque de Tours les textes du concile de Nicée et d'une lettre de saint Grégoire écrite à un évêque pour l'exhorter à respecter les priviléges d'un monastère de son diocèse. Il empruntait à l'autorité la plus sainte et la plus inattaquable un argument qui devait sembler péremptoire dans la question débattue.

Quel fut le dénoûment d'une affaire si violemment suscitée et si habilement défendue? Nous l'ignorons. Nous savons seulement que le sacre de Pierre eut lieu, que ce prélat fut le dernier des évêques spéciaux de Saint-Martin, et que ce privilége fut aboli, en 1096, par le pape Urbain II qui prit une mesure conciliatrice en déclarant l'évêché de Saint-Martin réuni pour toujours au siége de Rome.

L'amitié d'Abbon pour les chanoines de Saint-Martin ne fut pas étrangère peut-être au pèlerinage

1. *Patrol.*, édit. Migne, t. CXXXIX, col. 423, 424.
2. *Singularités historiques et littéraires*, par D. Liron. Paris, 1738, t. II, p. 21.

qu'il voulut entreprendre au tombeau du grand thaumaturge des Gaules. Son cœur l'attirait auprès de ses chers clients, et sa piété dans un sanctuaire qui était alors le plus vénéré du royaume. Pour juger de l'influence qu'exerçait en Europe, surtout en France, l'immortel évêque de Tours, il faut lire les quatre livres de saint Grégoire, un de ses successeurs, sur les *Miracles de saint Martin*, ouvrage dont la *Société de l'histoire de France* a publié récemment une nouvelle édition due aux soins de M. Bordier. Ces innombrables miracles renouvelés dans les siècles suivants nous expliquent la vénération passionnée de nos pères pour saint Martin et pour son tombeau.

Les fêtes des *martyrs* remontent aux premiers âges chrétiens; plus tard, les peuples honorèrent la mémoire des *confesseurs*, c'est-à-dire des saints qui, sans avoir versé leur sang, avaient édifié l'Église par l'héroïsme de leurs vertus. Ils vouèrent un culte particulier aux saints dont ils pouvaient plus facilement visiter les reliques. Saint Martin, la *perle des prêtres*[1], est le premier *confesseur* dont on ait célébré la fête, du moins en Occident.

Quand les Francs firent leur entrée dans la Gaule, ils n'y trouvèrent pas de nom plus respecté que celui de saint Martin, dont l'apostolat venait de porter le

---

1. « Martinus vivit in Christo *gemma sacerdotum*. » (Office de saint Martin, XI novembre, 8ᵉ répons.)

dernier coup au paganisme. Les rois mérovingiens, ne pouvant déplacer le tombeau du saint, voulurent au moins se faire suivre et garder par ses reliques. La châsse où elles étaient renfermées contenait quelques-uns de ses ossements et son manteau ou *cape*, que saint Fortunat appelle *abolla*[1]. Cette *cape*, étendard national qui a précédé de plusieurs siècles l'oriflamme, devint l'objet d'un culte tout spécial. Elle parcourait les provinces, portée sur les épaules des clercs et accompagnée des héritiers de la couronne. Les rois se glorifiaient de toucher de leurs vaillantes mains ce trophée de la pauvreté et s'inclinaient devant cet humble vêtement du saint thaumaturge, qui avait été soldat avant d'être apôtre; c'est sur cette *cape* que juraient les rois, les leudes et les grands[2], à moins qu'un excès de respect ou la crainte d'un parjure qui aurait pu échapper à une volonté encore peu affermie ne fît expirer la formule du serment sur des lèvres tremblantes. Saint Éloi, pleurant et éperdu, ne put jamais s'y résoudre. On faisait présider la relique aux deux fonctions capitales de la vie sociale, la justice et la guerre. Après le combat, on la déposait dans l'oratoire du palais. « Cet oratoire prit le nom de la petite *cape* et s'ap-« pela *cappa* ou *cappella*. Ce nom s'attacha aux

---

1. *De Vitâ S. Martini*, lib. III, v. 45.
2. *Patrol.*, édit. Migne, t. LXXXVII, col. 723.

« clercs-*chapelains*[1] qui, devant la vénérable châsse,
« psalmodiaient et célébraient les saints offices. Ce
« nom passa à tout ce qui appartenait à ces clercs,
« à leurs vêtements, aux vases sacrés de leur ora-
« toire, à l'école qu'ils formèrent, aux maîtres qu'ils
« dirigèrent, aux disciples qui en sortirent. Ce nom
« s'étendit à tous les oratoires particuliers (*cha-
« pelles*) élevés à la gloire de Dieu, et il demeure
« encore attaché à toute une cité bâtie autour du
« tombeau de Charlemagne, qui voulut s'abriter,
« en son dernier asile, sous l'humble *cape* de saint
« Martin, transférée à Aix-la-*Chapelle*[2]. »

Le culte de saint Martin était déjà ancien dans son église quand on y célébra un concile en 461. De Tours il s'étendit rapidement dans tout l'univers chrétien, spécialement en Écosse, où saint Ninien, apôtre des Pictes, l'inaugura vers la fin du quatrième siècle[3]. De là tant d'églises dédiées sous son patronage ; on en compte encore aujourd'hui plus de quatre mille en France[4] et cent soixante en Angleterre, où l'on mange une oie à la Saint-Martin en

---

1. En Languedoc, en Provence et en Espagne, le prêtre est encore aujourd'hui désigné sous le nom de *capellan*.
2. *Histoire de saint Léger, évêque d'Autun et martyr*, par le R. P. dom J.-B. Pitra, p. 17. — *La Civilisation chrétienne chez les Francs*, par A.-F. Ozanam, p. 450, 459.
3. *Les Moines d'Occident*, par M. le comte de Montalembert, t. III, p. 20, 21.
4. On en compte 100 dans le diocèse du Mans, 87 dans celui de Verdun.

souvenir de l'oie qui, par ses cris, fit découvrir la retraite où le saint s'était caché pour se dérober à l'épiscopat.

Nos pieux ancêtres avaient institué dès le huitième siècle, pour se mieux préparer à la solennité de Noël, un carême qui commençait vers la fête de ce saint et s'appelait, pour cette raison, le *carême de saint Martin*[1]. Un concile de Mayence de l'an 813 avait classé parmi les fêtes obligatoires celle de ce grand saint. Ne jugeons pas de la ferveur de nos pères par notre indifférence moderne ; la fête de saint Martin, qui n'est plus chômée aujourd'hui, était jadis une grande solennité dont personne ne se dispensait. Saint Jean-Baptiste, saint Michel et saint Martin marquaient trois points importants du calendrier du peuple et servaient de date, comme aujourd'hui encore en certains lieux, aux transactions, aux baux de ferme, aux partages des cheptels, aux usages et prescriptions agricoles.

L'Ordre de Saint-Benoît ne pouvait se montrer indifférent au culte d'un saint à qui saint Benoît lui-même avait dédié une chapelle sur le Mont-Cassin[2], tandis que saint Maur, le disciple du grand patriarche des moines, en faisait autant à Glanfeuil en Anjou ; il ne pouvait que s'associer aux hommages prodigués à un saint dont la gloire, popula-

---

1. *Glossaire* de Ducange, au mot *quadragesima*.
2. Légende de l'office de saint Benoît, au 21 mars.

risée par une hymne de saint Ambroise [1] et les nombreux récits de saint Grégoire de Tours, remplissait déjà tout l'univers chrétien. Saint Martin était d'ailleurs considéré comme le fondateur de la vie monastique dans les Gaules; car c'est à l'influence de Ligugé et de Marmoutiers, le *grand monastère*, deux admirables créations du zèle de saint Martin, qu'il fallait attribuer l'extension des monastères dans le centre du royaume. Cette influence fut si prompte et si féconde que, lorsque le saint moine-évêque mourut à Candes, le 11 novembre de l'an 397 ou 400, moins d'un demi-siècle après la première de ses fondations, on compta à la cérémonie de ses obsèques plus de mille religieux. Une sorte de confraternité monastique unissait donc les deux mémoires de saint Martin et de saint Benoît. La maison de Cluny en particulier professait pour l'immortel thaumaturge des Gaules une admiration si enthousiaste, qu'après toutes les hymnes des *heures* canoniales chantées à l'office de la fête du saint, on ajoutait ce verset : *Martin, égal aux apôtres* [2].

1. *Sancti Ambrosii Opera omnia*, édit. Migne, t. IV, col. 1217.
2. « *Martine, par apostolis.* » (*Patrol.*, éd. Migne, t. CXLIX, col. 689.) — Par une expression analogue, saint Joseph a été comparé aux esprits célestes, *superis par* (Hymne des premières vêpres), et saint Gérard, abbé de la Grande-Sauve, près de Bordeaux, a été appelé l'*égal des martyrs, confessor par martyribus* (hymne des Laudes de l'office de saint Gérard, au 5 avril, dans le Propre des saints du diocèse de Bordeaux).

Animé de l'esprit de son Ordre, Abbon désirait ardemment être rendu à Tours le 11 novembre, pour la fête de saint Martin. Nos aïeux appelèrent plus tard cette fête la *Saint-Martin d'hiver*[1], par opposition à la fête de *Saint-Martin-le-Bouillant*[2], célébrée le 4 juillet, en souvenir de la translation des reliques de saint Martin.

Malgré la rigueur de la saison, l'abbé se met en route ; la joie diminue la fatigue du chemin, la prière en sanctifie les ennuis. Mais Dieu ne permet pas qu'il arrive jusqu'à Tours. Le mois de novembre devait être deux fois fatal à Abbon, d'abord dans la circonstance dont nous allons parler, et plus tard à la Réole. Pendant que l'humble pèlerin s'entretient avec Dieu durant la route, les gens de l'évêque d'Orléans l'arrêtent à la faveur des ténèbres, l'outragent gravement et blessent à mort quelques personnes de sa suite. Le scandale et l'audace de cet

---

1. *Festum S. Martini Hiemalis*. — Les huit ou dix jours qui précèdent cette fête composent l'*été de Saint-Martin*. La fête du saint, 11 novembre, inaugure ordinairement le froid de l'hiver ; de là ce proverbe rimé :

> Si l'hiver va droit son chemin,
> Vous l'aurez à la Saint-Martin.

2. *S. Martinus Calidus* ou *Festum S. Martini Bullientis*. — La pluie de ce jour (4 juillet), comme celle de saint Médard (8 juin) et celle de saint Gervais (19 juin) pronostique quarante jours de pluie :

> Martini Magni translatio, si pluviam det.
> Quadraginta dies continuare solet.
> (*Reliquiæ antiquæ*, t. 1, p. 93.)

attentat eurent un immense retentissement ; Séguin, archevêque de Sens, homme d'un rare mérite, et Odon, évêque de Chartres, excommunièrent les meurtriers et les vouèrent ainsi à l'indignation publique [1].

L'ombre que ces faits jettent sur l'épiscopat d'Arnulfe ne nous donne pas le droit de contester ses qualités qu'Aimoin n'hésite point à proclamer [2]. Arnulfe n'était sans doute ni l'instigateur ni le complice de ce crime odieux ; mais il n'en témoigna aucune peine et communiqua avec les coupables *enfants de Bélial*, quoiqu'ils eussent été anathématisés par son métropolitain [3]. La conscience publique s'émut de son silence et réclama une satisfaction solennelle. Il fit donc comparaître devant Abbon quelques-uns des assassins pour qu'ils fussent battus de verges en sa présence. Mais la douleur ne laissait dans Abbon aucune amertume ; de même que la terre est plus belle après l'orage, ainsi il sortait meilleur de ces secousses inévitables qui endurcissent tant de cœurs et en exilent trop souvent la bonté. L'élévation naturelle de son âme, et plus encore la grâce de Jésus-Christ et le travail de la vertu, l'avaient entièrement préservé de la séche-

---

1. *Patrol.*, édit. Migne, t. CXXXIX, col. 394, 469.
2. « Cùm in reliquis actibus suis honestis semper se demonstraret pollere moribus. » (*Ibid.*, col. 394.)
3. *Ibid.*, col. 469.

resse et de la hauteur que l'orgueil du savoir et le prestige du succès engendrent dans d'autres âmes. Quoique victime d'un odieux attentat, quoique exposé à tout ce que les intentions peu sincères d'Arnulfe faisaient redouter [1], le serviteur de Dieu refusa la réparation qui lui était offerte et confia au Très-Haut le soin de sa vengeance. Dieu se chargea du châtiment. De tous ces meurtriers, les uns furent frappés de mort subite; les autres, objet d'horreur ou d'épouvante, dévorèrent leurs propres membres dans les accès d'une rage incurable [2].

Ce formidable exemple ne ralentit pas la persécution. On n'avait à reprocher à Abbon d'autre crime que celui d'Aristide; mais c'est celui que l'envie pardonne le moins : le collecteur des canons que nos lecteurs connaissent maintenant, le théologien consommé qui nourrissait son intelligence de la lecture de la Bible et des saints Pères, fut attaqué jusque dans sa foi par d'autres prélats et même par quelques moines de Fleury [3]. Aimoin, qui nous a raconté simplement, sans surprise et sans colère, les faits iniques qu'on vient de lire, contient encore ici son indignation et consent à ne pas livrer à la postérité les noms des moines qui pour-

---

1. « Perpendens hæc non rectà fieri intentione. » (*Patrol.*, édit. Migne, t. CXXXIX, col. 394.)
2. *Ibid.*
3. *Ibid.*

suivaient de leur jalousie son ami et son maître[1].

Abbon, en sa qualité d'abbé, avait besoin de l'intégrité de sa réputation; il ne pouvait donc, à aucun prix, en faire le sacrifice. Son honneur intéressait ses frères, son abbaye, son Ordre et la sainte Église; il se devait à lui-même et aux autres de le conserver intact. Il pouvait encore moins laisser planer des doutes sur sa foi; l'orthodoxie pour un docteur de l'Église est comme la pudeur pour une vierge : elle ne doit pas être soupçonnée. C'est surtout dans les questions religieuses qu'un cénobiarque doit être et paraître irréprochable. On ne doit donc pas s'étonner qu'Abbon ait vengé son honneur et sa croyance; à une attaque publique il répondit par une apologie publique sous le nom d'*Apologétique;* ce livre rappelle l'immortel écrit de Tertullien en faveur des chrétiens; il en imite aussi à un certain degré la vigoureuse énergie. Jamais travail ne lui coûta davantage, jamais plus pénible contrainte ne fut imposée à son âme; on sent la modération apportée par Abbon dans sa défense, et son effort pour contenir l'indignation que de telles attaques faisaient bouillonner dans son cœur; mais son style s'émeut malgré lui, se passionne sous le feu de l'innocence outragée; l'homme perce sous l'écorce du saint. L'impassibilité ne fut jamais une vertu,

---

1. *Patrol.*, édit. Migne, t. CXXXIX, col. 594.

et les nécessités de la défense autorisent l'usage des armes qui peuvent blesser un agresseur. Les serviteurs de Dieu ne sont pas des êtres surnaturels, inaccessibles aux chagrins et aux émotions; leur mérite et leur gloire consistent bien plus à régler les mouvements de l'âme qu'à les prévenir.

Abbon avait été attaqué par ses supérieurs hiérarchiques; il ne pouvait donc point plaider sa cause devant leur tribunal; il aurait pu en appeler au pape ou à d'autres évêques délégués par le pape; mais les intérêts en litige appartenaient exclusivement à l'ordre temporel; l'accusation d'hérésie n'était ni sérieuse ni importante et n'avait été imaginée que pour motiver les tracasseries et les spoliations. L'abbé de Fleury pouvait donc recourir à la juridiction civile et lui demander justice. Il adressa son *Apologétique* aux rois Hugues Capet et Robert, qui l'affectionnaient vivement et professaient la plus haute estime pour son équité et sa loyauté [1].

L'*Apologétique* d'Abbon fait honneur à ses principes et à son caractère; nous ne pouvons nous dispenser de l'analyser sommairement.

Le saint abbé dit en gémissant qu'après avoir

---

1. « Quapropter ad dominos rerum, inclytos scilicet Franciæ re-
« ges, Hugonem ac ejus filium Robertum, a quibus, pro summæ
« æquitatis ac veritatis tramite quem ipse Dei famulus inoffensè dili-
« gens tenebat, *quàm maximè amabatur*, apologeticum scripsit li-
« brum. » (*Patrol.*, édit. Migne, t. CXXXIX, col. 594.)

accepté la lourde charge du gouvernement pastoral contre son inclination qui le portait à la retraite et à l'étude de la philosophie, il n'a pour nourriture de chaque jour que le *pain de la tribulation et les eaux de l'angoisse*[1] ; qu'il est déchiré par la dent acérée des envieux et des perfides qui veulent le supplanter et qui aboient méchamment autour de lui, quoiqu'ils ne puissent lui reprocher que d'avoir défendu le *sénat des moines*[2] et d'avoir aspiré à l'accroissement de son monastère ; que son zèle est l'unique cause qui porte ses ennemis à lui tendre des embûches et à attenter à sa vie, malgré la protection dont les rois l'honorent.

Il prie Dieu de juger sa cause et il se soumet au jugement des évêques : « Je souhaite, dit-il, qu'on
« m'examine d'abord sur la foi, sans laquelle je ne
« puis être sauvé... car quiconque pense de Dieu,
« de la Religion ou de l'Église catholique autre-
« ment que l'enseigne Jésus-Christ ou l'Église ca-
« tholique, ou que les saints apôtres l'ont transmis
« à leurs successeurs, n'est ni catholique ni fidèle :

---

1. Ces paroles du III° livre des *Rois* (ch. xxii, v. 27) ont été répétées bien des fois par la douleur, avant de faire retentir les échos attristés de Fleury. Au sixième siècle, nous les rencontrons sous la plume d'un pape martyr, saint Silvère, qui, exilé dans l'île *Palmaria* (*in insulâ Pontiâ*), vis-à-vis de Terracine, écrivait à l'évêque Amateur : « Sustentor *pane tribulationis et aquâ angustiæ*. » (Légende du bréviaire romain, 20 juin.)

2. *Monachorum senatum*. (*Patrol.*, édit. Migne, t. CXXXIX, col. 595.)

« c'est un hérétique. Or, les saints Pères ont eu
« tellement en horreur les hérétiques que dès qu'ils
« les ont découverts, ils les ont retranchés du
« corps de l'Église ; et tous les orthodoxes n'ont pas
« plus craint de toucher un serpent qu'ils n'ont eu
« peur d'avoir quelque commerce avec des per-
« sonnes infectées de cette lèpre. C'est pourquoi
« l'Église, dans le canon de la messe, ne prie que
« pour ceux qui font profession de la foi catholique
« et apostolique, et nullement pour les hérétiques
« ou les schismatiques. Quant aux pécheurs, on doit
« les tolérer non comme des étrangers, mais comme
« des frères. » Saint Abbon croyait donc que les
pécheurs sont du corps de l'Église, ainsi qu'elle
l'a défini contre Wicleff et contre plusieurs autres
sectaires qui en ont renouvelé les erreurs.

Abbon distingue dans l'Église trois états différents dans les femmes comme dans les hommes :
dans celles-là, les femmes mariées, les veuves, les
vierges ; dans ceux-ci, les laïques, les clercs, les
moines. Mais il ne compte pour *clercs* que les évêques, les prêtres, les diacres, disant que les autres
ministres inférieurs, ayant la liberté de se marier,
ne portent qu'abusivement le nom de *clercs*. A cette
époque, on n'accordait donc le titre de *clercs* qu'aux
ministres sacrés revêtus de l'un des Ordres qui sont
d'institution divine. Le sous-diaconat, que les Grecs
regardent encore aujourd'hui comme un Ordre mi-

neur, ne fut classé par les Latins parmi les Ordres majeurs qu'au douzième siècle[1].

Après avoir traité de l'excellence de la virginité et de la dignité de l'état monastique, Abbon combat en passant les prétentions de certains évêques, en disant que l'Église étant à Dieu seul, aucun d'eux ne peut dire qu'une église lui appartient. « En effet, le « Seigneur dit à Pierre, prince des apôtres : Tu es « Pierre, et sur cette pierre je bâtirai mon Église, « la *mienne* et non pas la *tienne*. Si donc l'Église « n'est point à Pierre, à qui sera-t-elle? Les suc- « cesseurs de Pierre oseront-ils s'attribuer une puis- « sance que lui-même n'avait pas[2]? »

Abbon prie les deux rois de rétablir dans le Symbole de saint Athanase ce terme : *ni engendré*, que quelques novateurs en avaient ôté à l'article du Saint-Esprit, se contentant de dire : *ni fait ni créé*. Il leur demande aussi d'arrêter le faux bruit de la fin du monde[3] ; mais nous ne voulons que mentionner ici ce second point, nous réservant d'en faire l'objet d'un chapitre spécial. Il souhaite encore qu'on fixe au même jour, dans toutes les églises, le commencement de l'*Avent*, très-variable jusqu'à cette époque[4]. Ce passage de l'*Apologétique*, un des

---

1. *Tractatus de Ordine*, auctore R. P. Perrone.
2. *Patrol.*, édit. Migne, t. CXXXIX, col. 396.
3. *Ibid.*, col. 471, 472.
4. *Ibid.*, col. 472.

indices les plus anciens que l'on rencontre de la réduction de l'Avent à quatre semaines, est un document précieux pour la liturgie historique de ce saint temps. Le savant dom Guéranger n'a pas manqué de citer Abbon parmi les témoins de cette tendance du dixième siècle à l'uniformité de durée telle qu'elle s'est établie plus tard[1].

Les articles sur lesquels Abbon a formulé sa profession de foi ou son opinion nous font suffisamment comprendre les griefs ou plutôt les erreurs qu'on lui imputait. Après sa justification, il prend à son tour l'offensive et gronde sévèrement contre la simonie. Il ne répond que par le sarcasme de l'indignation à l'excuse de ceux qui prétendaient ne pas acheter la grâce de l'ordination, mais les biens temporels de l'Église. « C'est, réplique-t-il, « comme si l'on voulait avoir le feu sans la matière « qui lui sert d'aliment, ou du miel sans douceur, « ou de l'absinthe sans amertume[2]. »

Arnulfe reprochait à l'abbé de Fleury d'avoir indisposé contre lui les deux rois. Abbon daigne à peine se disculper. D'accusé il se fait accusateur et laisse échapper de son âme irritée par l'injustice ces foudroyantes paroles : « Suis-je donc un Dieu pour « changer ainsi les cœurs? Je ne sais ni la magie

---

1. *L'Année liturgique*, par le R. P. dom Prosper Guéranger. *L'Avent liturgique*, p. 4.
2. *Patrol.*, édit. Migne, t. CXXXIX, col. 466.

« ni aucun art funeste. Celui qui se plaint de moi
« ne doit, princes, s'en prendre qu'à vous ou plutôt
« qu'à lui-même. C'est en nous enlevant nos biens,
« dont vous étiez les protecteurs et les maîtres, qu'il
« s'est attiré votre colère[1]. »

Abbon avait défendu éloquemment et victorieusement sa cause; son honneur et sa foi étaient vengés. Les deux rois qu'il avait pris pour juges en leur adressant son mémoire firent restituer à son abbaye la propriété usurpée par Arnulfe. A cet effet, le roi Hugues Capet lui octroya une charte datée de Paris l'an 993 de l'Incarnation de Notre-Seigneur; cette charte est un des monuments les plus importants et les plus précieux de l'histoire ecclésiastique de cette époque. En voici le texte complet :

« Au nom de la sainte et indivisible Trinité,
« Hugues, par la grâce de Dieu, roi des Francs.

« La coutume et l'usage des rois nos prédéces-
« seurs ont toujours été d'exalter les églises de
« Dieu, d'écouter favorablement les justes de-
« mandes des serviteurs de Dieu et d'alléger leurs
« oppressions, afin d'avoir Dieu propice, après
« avoir agi pour son amour. C'est pourquoi, après
« avoir entendu les plaintes du *vénérable* Abbon,
« abbé du monastère Sainte-Marie, Saint-Pierre et
« Saint-Benoît de Fleury, et celles de ses moines

---

1. *Patrol.*, édit. Migne, t. CXXXIX, col. 468.

« comparus devant nous, après avoir appris les
« coupables procédés et les rapines continuelles,
« jusqu'alors inouïes, par lesquelles Arnulphe s'est
« emparé d'Évéra, nous y avons envoyé le roi Ro-
« bert, notre fils, afin qu'il remît cette terre sous
« notre protection et sauvegarde, et qu'aucun des
« gens de l'évêque, serf ou libre, n'eût désormais
« la témérité d'en rien enlever ; mission dont il
« s'est acquitté avec le plus grand zèle. Cependant,
« le comte Odon nous ayant fait des réclamations,
« et l'évêque d'Orléans nous ayant demandé par
« son neveu Arnulfe le maintien des coutumes
« dont il se prévaut, *quoique à tort*, et nous, ne
« voulant pas l'offenser, nous avons prié le susdit
« abbé de payer trente mesures de vin, après les
« vendanges, à Arnulfe, tant que l'évêque, son
« oncle, vivra, mais à la condition qu'aucun
« des siens, serf ou libre, ne sollicitera rien de
« plus. Après la mort de l'évêque, ni Arnulfe ni
« aucun de ses successeurs n'auront plus rien à
« réclamer, ni la susdite redevance, ni le droit
« d'entrer dans la propriété ou d'en enlever quelque
« chose.

« Pour notifier et garantir cette pleine immunité
« dudit lieu, j'ai signé de ma main la présente
« charte, j'ai fait signer le roi Robert, mon fils,
« j'ai apposé le sceau de mon anneau, afin que dé-
« sormais personne, ni évêque, ni abbé, ni duc,

« ni comte, ni vicaire, ni percepteur d'impôts, ni
« aucun autre agent du fisc, soit aujourd'hui, soit
« plus tard, ne puisse entrer dans cette propriété
« pour en exiger quelque chose ou s'approprier
« quelque fruit; mais qu'il soit permis à l'abbé et
« à la congrégation dudit monastère, sous la ga-
« rantie de cette franchise, de posséder cette terre
« sans souci et sans trouble.

« Ainsi nous le voulons et confirmons pour le
« salut de notre âme et de celle de notre fils, et
« pour la stabilité perpétuelle de notre empire[1]. »

L'autorité royale fit donc triompher dans ce siècle *barbare* la cause du faible et de l'opprimé. Les tempéraments dont usa Hugues Capet pour adoucir et pallier aux yeux de la nation la défaite de l'évêque d'Orléans, témoignent de son respect pour les hauts ministres du sanctuaire, en même temps que l'énergie de son arrêt nous démontre son amour pour la justice, la première vertu des rois.

Il eût manqué, ce semble, quelque chose à la vertu d'Abbon, s'il n'eût été encore éprouvé par une de ces humiliations dont Dieu se sert pour faire éclater la grandeur de certaines âmes. L'abbé de Fleury fut accusé de mensonge par un secrétaire de la cour. Il dut se justifier et écrivit, dans ce but, au roi Robert une courte lettre que la Providence

---

1. *Patrol.*, édit. Migne, t. CXXXIX, col. 381, 382.

a conservée comme un monument de la malice de certains hommes et de la patience des serviteurs de Dieu dans les attaques les plus odieuses.

« A *Rotbert*, illustre roi des Francs, Abbon, ser-
« viteur des serviteurs de Dieu, non oublieux du
« *sel qu'il a mangé autrefois au palais*[1]. »

C'est dans ces termes bibliques[2], encore en usage chez les Arabes et en Russie, qu'Abbon rappelle au roi l'honneur qu'il a eu de s'asseoir à sa table. On peut donc supposer qu'il jouissait de son intimité. Il lui adresse avec confiance sa justification contre un accusateur qu'il ne nomme pas, mais que tout le monde devait connaître.

1. *Patrol.*, édit. Migne, t. CXXXIX, col. 424, 425.
2. I *Esdr.*, iv, 14.

CHAPITRE IX

Concile de Saint-Denis.
Abbon accusé par l'évêque d'Orléans, réfute les griefs qui lui sont imputés.
Une coutume de l'abbaye de Fleury.

Vers l'an 993[1], un concile provincial fut convoqué dans l'enceinte du célèbre monastère de Saint-Denis, près Paris, qui avait alors Vivien pour abbé. Seguin (*Sewinus, Siguinus*), archevêque de Sens et métropolitain du diocèse de Paris, se qualifia dans ce concile, qu'il présida sans doute, *primat de la Gaule*[2]. C'était un *prélat d'un haut mé-*

1. Selon Longueval en 995, ou 997 selon les auteurs du *Gallia christiana* (t. VI, col. 362, 363), et selon Grandcolas (*la Critique abrégée des ouvrages des auteurs ecclésiastiques*). Hugues Capet, à qui saint Abbon rendit compte de ce concile, étant mort en 996, on ne peut reculer au delà de cette date l'époque où se tint le concile de Saint-Denis.

2. *Patrol.*, édit. Migne, t. CXXXIX, col. 396. — La question si souvent agitée de la *primatie* des Gaules remonte donc au dixième siècle, sinon plus haut. Nous sommes heureux de fournir aux amateurs de l'archéologie ecclésiastique un des éléments les plus anciens de la question.

rite[1], un vieillard vénérable qui avait accordé depuis longtemps son amitié à Abbon et l'avait comblé de bienfaits. La présence de l'abbé de Fleury à ce concile s'explique donc non-seulement par la réputation de son savoir et par le privilége de sa charge, mais encore par l'affection d'un prélat qui lui donnait, en l'invitant à cette auguste assemblée, une nouvelle preuve de son estime et de son attachement.

Abbon se rencontra au concile de Saint-Denis avec Arnulfe, évêque d'Orléans, dont nous avons déjà parlé. A cette époque, le diocèse d'Orléans, comme celui de Paris, faisait partie de la province ecclésiastique de Sens, et son pasteur spirituel assistait de droit à tous les conciles tenus dans la circonscription de cette province.

Mettre en présence deux hommes inégaux en qualité, deux caractères dont le conflit récent était à peine apaisé, c'était créer une situation périlleuse et risquer de graves inconvénients. Un grand scandale, que la sincérité de l'histoire nous empêche de dissimuler, fournit à Arnulfe le prétexte de nouvelles attaques contre Abbon. Ne justifions pas ce qui ne doit pas l'être. C'est une loi de l'histoire, selon Cicéron, de n'oser rien dire de faux, de n'oser rien taire de vrai.

Interrogeons donc l'histoire dans le consciencieux

---

1. *Archiepiscopus singularis meriti Siguinus.* (*Patrol.*, édit. Migne, t. CXXXIX, col. 469.)

Aimoin et racontons, à l'abri de son nom, un de ces rares épisodes qui caractérisent l'époque agitée où vivait notre saint. Les guerres intestines et étrangères qui troublèrent le royaume après le règne fort et vigoureux de Charlemagne avaient causé de grands maux à l'Église de France ; foulant aux pieds les lois les plus saintes, divers seigneurs s'emparèrent des biens ecclésiastiques ; les uns envahirent les abbayes, les autres se mirent en possession des dîmes et des offrandes des paroisses rurales. Parmi ces derniers, quelques-uns, pressés par leurs remords, restituèrent les dîmes qu'ils avaient usurpées ; mais ils en firent profiter les monastères, à l'exclusion du clergé séculier qui en paraissait le destinataire naturel, puisqu'il avait la charge de la conduite spirituelle du peuple.

Telle était la situation des choses, malgré les efforts de Hugues Capet, qui travailla à faire refleurir la piété et le bon ordre. Les nombreux évêques réunis à Saint-Denis voulaient faire des règlements pour enlever toutes les dîmes aux laïques ; ils voulaient même, contre l'avis d'Abbon, qui prévoyait sans doute ce qui survint en effet, en dépouiller les religieux qui en jouissaient[1]. Cette proposition alarma les moines et leur rendit odieux un concile assemblé chez eux et contre eux. On ameute le

---

1. *Patrol.*, édit. Migne, t. CXXXIX, col. 396.

peuple, on crie, on menace. Au premier bruit de ce tumulte séditieux, les évêques épouvantés se dispersent de toutes parts; Seguin lui-même, l'archevêque-primat, cède à l'orage, et, malgré ses années, s'échappe précipitamment. On le poursuit, on le blesse d'un coup de hache; il parvient cependant à se sauver, tout inondé de boue et de sang. Un autre prélat, égaré par la terreur, s'enfuit à jeun jusqu'à Paris[1].

Un incident si scandaleux eut tout le retentissement qu'on devait redouter; les évêques l'imputèrent aux moines de Saint-Denis et les excommunièrent; les moines rejetèrent la faute sur Arnulfe et lui reprochèrent une hostilité systématique contre l'état religieux. Arnulfe, de son côté, attaqua l'abbé de Fleury et le représenta comme l'auteur de la sédition excitée contre le concile. Il lui reprocha aussi d'avoir violé les saints canons et d'avoir communiqué avec des excommuniés. L'accusation de l'évêque d'Orléans contre Abbon a été répétée au bout de huit siècles; un auteur moderne a osé écrire ces lignes : « Abbon de Fleury fut le champion des moines, leur « représentant le plus énergique, on peut dire leur « *tribun...* Abbon de Fleury, en véritable *agitateur*, « souleva le peuple contre les évêques[2]. » Nous li-

1. *Patrol.*, édit. Migne, t. CXXXIX, col. 396.
2. *Histoire littéraire de la France avant le douzième siècle*, par M. J.-J. Ampère. Paris, 1840, t. III, p. 294 et 305.

sons avec le même étonnement et avec plus d'indignation dans un autre ouvrage : « Abbon, abbé de « Fleury, excita les religieux de l'abbaye de Saint- « Denis à se jeter sur les prélats avec une impétuo- « sité préparée et à les mettre en fuite[1]. »

Abbon n'avait jamais abusé des dons de la Providence. Modèle de l'*homme vertueux habile à bien dire*, athlète de la vérité et de la justice, entouré des respects du monde, il manquait encore à son mérite ce *je ne sais quoi d'achevé* que l'innocence emprunte au malheur. Il semble que Dieu, en permettant à la calomnie de l'attaquer, ait voulu donner à cette âme choisie cette consommation de sainteté, comme il faut quelquefois un dernier rayon d'automne pour mûrir pleinement certains fruits exquis.

Les griefs hasardés contre l'abbé de Fleury étaient trop graves pour être méprisés ; le silence de la résignation les eût accrédités au préjudice de son sacerdoce et de son administration, et sans aucune compensation. Il y a des accusations qu'une humilité éclairée ne peut endurer. Les devoirs d'une position obscure et indépendante diffèrent de ceux d'un supérieur dont le gouvernement a besoin, pour être obéi et respecté, de jouir d'une estime non contestée. La justification d'Abbon fait partie de l'*Apologétique* dont nous avons parlé.

1. *Philosophie de l'histoire des conciles tenus en France*, par l'abbé Cacheux. Paris, 1844, p. 195.

« On me reproche, dit-il aux deux rois Hugues
« Capet et Robert, d'avoir soulevé les moines
« contre les évêques, d'avoir violé les saints ca-
« nons, d'avoir communiqué avec des excommu-
« niés. Mais quel règlement des canons ai-je pu
« enfreindre, moi qui, dans ce concile, ai vu à
« peine un livre ouvert? Peut-on même dire que
« c'était un *concile*, puisque loin de *concilier* les
« esprits, il a divisé ceux qui auparavant étaient
« unis? Et que m'ont fait personnellement les évê-
« ques pour me supposer la pensée d'avoir voulu
« leur nuire?... Je prends Dieu à témoin que je
« dis la vérité : je fus saisi d'horreur quand j'en-
« tendis cette émeute. Je me souvins alors de l'ami-
« tié et des bienfaits de ce grand personnage si
« vénérable par ses cheveux blancs, sans parler de
« sa dignité d'archevêque et de primat... Quant à
« ce qu'Arnulfe me reproche d'avoir communiqué
« avec des excommuniés, je l'ai fait à son exemple ;
« il a reçu à sa communion des *enfants de Bélial*
« qui marchaient la nuit pour m'assassiner ; il les
« a reçus, quoique leur archevêque et Odon de
« Chartres les eussent excommuniés. O temps! ô
« mœurs[1]! »

Abbon improuvait l'excommunication qui avait
frappé les moines de Saint-Denis ; il émet le vœu

1. *Patrol.*, édit. Migne, t. CXXXIX, col. 468 et 469.

qu'on excommunie moins légèrement et il exhorte les deux rois à interposer leur autorité pour faire cesser un abus si regrettable. « Car il n'y a presque « plus personne, dit-il, qui ne soit excommunié, « du moins pour avoir communiqué avec des ex- « communiés dans un banquet ou dans un baiser « de paix [1]. »

Après tant de luttes, Abbon put enfin jouir en paix de l'estime de ses contemporains et du suffrage de sa propre conscience. La postérité a ratifié la sentence du dixième siècle, celle de l'histoire et de l'Église. Aucun auteur n'a osé reproduire la téméraire accusation de l'évêque d'Orléans ni dans le cours du Moyen Age, ni à l'époque de la *Renaissance*; l'hérésie elle-même a respecté notre saint. La gloire de saint Abbon est donc restée intacte; elle ne saurait être ternie par quelques phrases du dix-neuvième siècle dictées par l'ignorance plutôt que par la malice.

La publicité des démêlés, le double échec de l'évêque agresseur, devaient suspendre ou refroidir tout rapport amical entre Orléans et Fleury. De nouvelles attaques n'étaient pas impossibles et une défiance mutuelle pouvait altérer ou gêner des contacts nécessaires ou de convenance entre un abbé influent et le chef spirituel d'un diocèse. Il impor-

1. *Patrol.*, édit. Migne, t. CXXXIX, col. 470.

tait donc à l'édification publique d'affranchir l'abbaye et de solliciter ailleurs qu'à Orléans, pour les abbés futurs, une bénédiction qui avait été la cause première ou le prétexte de si tristes débats.

C'est à cette considération que nous attribuons une coutume écrite dont l'origine nous est inconnue, mais dont l'heureuse idée a pu être conçue dans l'esprit d'Abbon. Nous empruntons au savant livre du P. Dubois le texte de cette curieuse coutume : « L'abbé élu sera béni par un évêque de son choix, « excepté toutefois l'évêque d'Orléans et l'archevêque de Sens[1]. » Ce dernier n'était exclu sans doute, malgré sa qualité de métropolitain, que dans un but de ménagement pour les évêques d'Orléans.

Le pape Boniface VIII, par une charte du 28 janvier 1296, régla que tous les monastères et prieurés conventuels, par là même qu'ils dépendaient en tout et pour tout de l'abbé et du monastère principal de Fleury, devaient nécessairement dépendre du Saint-Siége et en relever directement, comme le monastère de Fleury lui-même. Cette décision tranchait toutes les difficultés que les évêques diocésains pouvaient soulever à propos de la juridiction.

---

1. *Floriacensis vetus bibliotheca benedictina*, operâ Joannis a Bosco Parisiensis, Cœlestini Lugdunensis. Lugduni, 1605, p. 408.

CHAPITRE X

**Déposition successive d'Arnulfe et de Gerbert,
archevêques de Reims.
Conciles de Saint-Basles, de Mouzon
et de Reims.
Liaison d'Abbon avec un légat du pape.**

Louis V le *Fainéant* ne comptait que dix-huit ans lorsqu'il succéda, le 2 mars 986, à Lothaire, son père. Il mourut sans postérité, d'un accident de chasse, le 22 mai 987. Il ne restait du sang de Charlemagne que Charles, duc de Basse-Lorraine et oncle du roi défunt. Par droit héréditaire, ce prince devait succéder à son neveu; mais il avait perdu l'estime et l'affection de la nation gallo-franque en recevant son duché, à titre d'hommage, de l'empereur Othon II, qui gouvernait directement la Haute-Lorraine, et en devenant par là même son vassal. Son impopularité profita à Hugues Capet, déjà comte de Paris et duc de France, et universellement apprécié pour sa bravoure et sa sagesse. Hugues n'eut donc qu'à se laisser conduire au trône, dont il était déjà maître par l'exercice du pouvoir suprême. Les grands de tout le royaume se réunirent à Noyon et lui décernèrent la royauté. Devenu ainsi roi de son duché de France, Hugues court à Reims et s'y fait sacrer, le 3 juillet 987, par Adalbéron, archevêque de cette ville. L'année suivante, le prince Robert, âgé de seize ans, fut associé à la couronne de son père et reçut l'onction royale à Orléans, où il était né, des mains du vénérable Seguin, archevêque de Sens.

Cependant, le duc de la Basse-Lorraine revendiquait ses droits les armes à la main, et avait déjà obtenu quelques succès. Arnulfe, frère naturel du dernier roi et neveu de Charles, s'était dévoué chaudement à la cause de son oncle; mais l'ambition entra dans son cœur et le jeta dans une politique tortueuse où n'ont point encore pénétré les clartés de l'histoire. Nous n'indiquerons qu'à grands traits les chances diverses d'une lutte dynastique à laquelle il participa et d'une conspiration dont il fut la victime.

Adalbéron était mort en 988. Il fallait donner un pasteur à l'Église de Reims. Cette ville avait une importance considérable. Placée aux frontières de la France, puisque la Lorraine appartenait alors à l'Allemagne; voisine de la résidence royale, Laon; riche des richesses de son archevêque et des puissants monastères que renfermait son territoire, elle devait sa haute influence moins peut-être à tous ces avantages qu'à la grandeur personnelle de ses métropolitains, dont le siége était vénéré comme le premier du royaume. Arnulfe, qui était chanoine de Laon, demande à Hugues Capet l'archevêché de Reims, en promettant de le servir et d'abandonner pour toujours Charles, son oncle. Hugues Capet, heureux d'enlever à son compétiteur un appui redoutable, fait nommer Arnulfe archevêque de Reims, en 989. Le nouveau prélat jure fidélité aux deux rois, *en présence de la Majesté divine et des bienheureux esprits*, et prie ses *frères et ses fils* de signer après lui son serment. Les termes de ce serment mémorable sont consignés dans les actes de la province ecclésiastique de Reims [1].

C'est ainsi qu'un dernier rejeton direct de la seconde dynastie reconnut solennellement le chef de la troisième et que celui-ci favorisa son élévation sur le siége de saint Sixte et de saint Remi. Les deux dynasties s'embrassaient au pied des autels.

Quelque temps après, le duc de la Basse-Lorraine assiége la ville de Reims, s'en empare et la ravage. Arnulfe est accusé d'en avoir fait ouvrir les portes à l'armée de Charles. Hugues Capet et les évêques de la province de Reims demandent sa déposition au

---

1. *Patrol.*, édit. Migne, t. CXXXIX, col. 1543 et 1544.

pape Jean XV. Mais le pape temporise sagement, dans l'espérance que les esprits se calmeront.

Le duc de la Basse-Lorraine est trahi à son tour par l'évêque de Laon et envoyé sous bonne escorte dans les cachots d'Orléans. Il y meurt au bout d'une année, laissant deux enfants qui s'éteignirent dans l'obscurité. Arnulfe, désormais sans prestige et sans puissance, est jeté dans un cachot, en attendant qu'on procède à son jugement. A cet effet, un concile est convoqué, le 17 juin 991, dans l'abbaye bénédictine de Saint-Basle[1], près de Reims. Quelques auteurs classent à tort ce concile parmi ceux de Reims, sans doute à cause de la proximité de l'abbaye de Saint-Basle ; d'autres le suppriment, ne lui reconnaissant aucun caractère canonique. Concile ou *conciliabule*, cette assemblée, dont les actes ont été publiés à Francfort en 1600, eut une triste importance, bien propre à alarmer un esprit droit et impartial. Treize évêques ou archevêques assistèrent à ce concile avec les deux rois et un grand nombre d'abbés. Parmi les évêques, nous retrouvons Arnulfe d'Orléans, qui soutint ici comme ailleurs la mauvaise cause et vota contre l'archevêque de Reims, son homonyme. Seguin, archevêque de Sens, présidait à ce concile.

---

1. Concilium Basolense. — L'antique abbaye de Saint-Basle n'offre plus au visiteur que des ruines dépendant de la paroisse de Verzy (*Verisiacum*), à 22 kilomètres de Reims.

Ce concile, convoqué sous la pression de deux rois, ne sut point s'affranchir des influences laïques qui l'inspiraient. Il s'érigea schismatiquement en tribunal suprême et osa discuter une question réservée de plein droit au Souverain Pontife; car le pape seul peut déposer les évêques que lui seul a pu instituer.

Soit vengeance, soit politique, Hugues Capet voulut à tout prix faire révoquer l'archevêque de Reims et lui substituer une de ses créatures. Mais ne risquait-il pas d'augmenter par une sentence anticanonique l'odieux qui, dans tous les temps, s'attache au nom d'un usurpateur? Il crut éviter cet écueil en déclinant la responsabilité de cette sentence ; il reconnut ou feignit de reconnaître son incompétence et laissa aux évêques qu'il avait intimidés la périlleuse tâche de déposer un autre évêque.

On donna cependant au procès une forme juridique : l'archevêque captif eut ses accusateurs et ses défenseurs. Parmi les premiers, on remarquait Arnulfe d'Orléans ; parmi les seconds, Seguin de Sens. Il faut rendre à Seguin cette justice, qu'il ne négligea rien pour sauver l'archevêque de Reims, malgré ses fautes possibles, et pour faire triompher les saints canons. Non-seulement il le soutint, mais encore il invoqua en sa faveur le talent oratoire et les lumières de trois hommes également distingués par leur piété et leur érudition [1]. Nous voulons parler de Jean, scolastique d'Auxerre, de Romulfe, abbé de Saint-Remi à Sens [2], et de notre saint Abbon. De ces trois personnages, Abbon était le plus éloigné de Saint-Basle; mais son mérite était si universellement apprécié, même au début de son abbatiat, qu'on l'avait appelé du centre à l extrémité de la France pour le faire assister au concile. On attendait donc beaucoup de ses lumières, de son équité et de son éloquence.

Abbon s'immortalisa dans cette affaire solennelle par une haute indépendance de caractère. Au lieu de suivre, comme d'autres, les conseils de la sagesse humaine, qui dans ces conjonctures commandaient le silence ou le servilisme, ce *grand défenseur de l'autorité papale*, ainsi que l'appelle un auteur moderne [3], n'obéit qu'à sa conscience, se fit l'avocat d'une cause iniquement persécutée et brava en martyr toutes les conséquences de sa sainte audace. Inflexible comme les lois sacrées de l'Église dont il avait fait son étude chérie, l'œil fixé au ciel ou sur

---

1. « Tres abbates admissi pro defendendâ Arnulphi causâ, *summæ sanctitatis* atque scientiæ viri. » (Henrici Spondani Mauleosolensis, Apamiarum in Galliâ episcopi, *Epitome Annalium ecclesiasticorum Cæsaris Baronii*. Lugduni, 1660, p. 568.)

2. On trouve dans les œuvres de Gerbert trois lettres de ce haut personnage à Romulfe. (*Patrol.*, édit. Migne, t. CXXXIX, col. 230, 248 et 249.)

3. *Histoire de France*, par M. Henri Martin. Paris, 1844, t. III, p. 37.

Rome, il proclama des droits au-dessus de la force et les établit irréfutablement, sans aucun souci des puissants personnages qu'il s'exposait à offenser. Le respect, l'amitié, la reconnaissance lui dictaient des devoirs, mais des devoirs limités par des considérations d'un autre ordre ; il s'agissait avant tout de défendre la sainte Église menacée dans sa constitution par les empiétements du pouvoir royal ; il s'agissait de faire prévaloir contre les calculs de la politique une autorité sacrée, mais désarmée. Sa voix douce se change en tonnerre ; il gronde, il menace et fait trembler son souverain et tous ses flatteurs. On sent que le feu pénétrant de sa parole jaillit d'une âme passionnée pour tout ce qu'il y a de bon et de juste sur la terre. Quel intérêt, fût-il dynastique, aurait pu faire varier ou fléchir l'éloquence d'Abbon, quand on mettait en question l'inviolabilité des priviléges du pape ?

Avouons-le cependant : la situation d'Abbon dans cette assemblée était pleine de perplexités. Ses auditeurs et ses juges étaient deux rois à qui il était redevable pour leur amitié et leur protection. Comment se résigner à les irriter ou à les affliger dans un débat dont l'issue ne peut paraître douteuse à leur omnipotence ? Arnulfe d'Orléans est encore là ; disert, instruit, il n'est pas moins à redouter pour son talent que pour son antagonisme susceptible contre l'abbé de Fleury. Gerbert, le savant Gerbert, l'ancien maître d'Abbon, d'Othon III et du roi Robert, le prétendant secret au siége de Reims, est également là pour l'écouter et le combattre; l'autorité de son savoir, ses services publics lui ont acquis une influence qui doit nécessairement peser sur la décision de l'assemblée. Apparaître avec un rôle de contradicteur devant ces éminents personnages, se faire contre eux le champion de la sainte Église, sans espoir de succès et avec la crainte de s'aliéner des princes qui ont été ses amis, et de choquer des antipathies ou des prétentions redoutables, c'est un trait de courage ou plutôt de vertu que les historiens n'ont pas assez exalté, et qui doit nous faire admirer l'intrépide abbé qui en fut capable.

On avait apporté dans le concile un grand nombre de volumes à l'usage des trois défenseurs d'office qui pouvaient y puiser de nouveaux arguments au profit de leur client. Abbon dut les consulter; mais son érudition en droit canon lui fut plus utile que des livres trop longs à parcourir, plus longs encore à méditer. Nous regrettons qu'une plume attentive n'ait pas recueilli les discours de Jean, de Romulfe et d'Abbon. Pourquoi ne nous a-t-elle point transmis les accents généreux de ces trois hommes qu'une même pensée, qu'un même amour inspirait ou embrasait? Un auteur contemporain, Adémar de Chabannes, moine de Saint-Cibard à Angoulême, nous laisse conjecturer par le pompeux éloge qu'il fait

d'Abbon le charme irrésistible de sa parole. Il s'exprime ainsi sur le compte de l'abbé de Fleury : « La sagesse avait établi en lui son *domicile;* aucun
« érudit de l'époque ne l'égalait en autorité et en
« influence ; toute la Gaule, la Germanie et la na-
« tion des Angles le révéraient comme un oracle ;
« n'importe la question qui fût agitée, son avis pré-
« valait et terminait les débats, parce qu'on pensait
« que tous ratifiaient ce qui sortait de la bouche d'un
« si grand homme ; il était considéré pour ses juge-
« ments comme un *autre Salomon ;* malgré sa qua-
« lité de *Français,* il parlait avec distinction la
« langue romaine, et on le regardait comme un
« *nouveau Cicéron* [1]. Dans les assemblées des Pères,
« devant les rois et les princes, il discernait mieux
« que personne les difficultés, et, sans de longs dis-
« cours, résolvait en maître tous les doutes. Les
« plus savants paraissaient suspendus à ses lèvres
« et n'osaient parler en sa présence. Sa sagesse, ses
« lumières, son crédit, ses vertus faisaient l'orne-
« ment de l'Église. Il honora les réunions épisco-
« pales dont il faisait partie et prouvait par l'auto-
« rité des divines Écritures tout ce qu'il avançait ;
« toutes les fois qu'il parlait, on croyait entendre
« Dieu lui-même plutôt qu'un homme [2]. »

1. Abbon comparé au roi des orateurs partage donc avec Lactance, saint Jean Chrysostome et saint Paulin l'honneur d'avoir été appelé *Cicéron chrétien.*

2. *Patrol.,* édit. Migne, t. CXLI, col. 111 et 112.

Ce n'est pas en vain que Dieu produit chacun de ses saints à telle époque plutôt qu'à telle autre sur le théâtre du monde. Dans le plan divin, rien n'est laissé au hasard. Toutes les fois que l'Église traverse une période de crise, Dieu donne un saint à la terre, et ce saint est doué de toutes les grâces qui sont plus particulièrement nécessaires en ce moment à la guérison du siècle et à la victoire de l'Église. Rien ne manquait à Abbon, ni du côté de l'esprit ni du côté du cœur, pour l'accomplissement de sa haute mission. Mais au milieu des défaillances de la conscience publique, sa fidélité obstinée à la justice ne prend pas les caractères d'une turbulente passion ; il résiste au césarisme qu'il croit oppressif, combat des résolutions qu'il juge criminelles, mais ne semble jamais se complaire dans la lutte ; il l'accepte comme une nécessité et ne la cherche pas comme un honneur.

A ce titre, on peut considérer saint Abbon comme un des meilleurs représentants de ces principes sacrés que la Providence ne laisse jamais périr dans la société. Il personnifie le droit qu'on persécute, mais qui reste invaincu. Dans notre siècle tout matériel, où l'on semble peser les hommes et leurs œuvres dans la balance de l'intérêt, il n'est pas superflu de rappeler le souvenir d'un homme dont la parole, toujours libre et incorruptible, ne voulut servir que la vérité et la justice.

Les conclusions des avocats d'Arnulfe furent conformes à l'esprit des saints canons; elles portaient: 1° qu'Arnulfe serait rétabli sur son siége; 2° qu'il serait appelé juridiquement; 3° que sa cause serait réservée au Souverain Pontife; 4° que l'accusé, les accusateurs, les témoins et les juges seraient examinés dans un concile plus nombreux.

Par ces prudentes et magnanimes conclusions, Abbon et ses collègues voulaient rendre à la procédure son véritable caractère canonique et ramenaient la cause devant sa juridiction naturelle; en sauvegardant le privilége inaliénable de la cour de Rome, ils épargnaient au concile l'humiliation de voir sa sentence revisée et réformée par un juge supérieur. En d'autres termes, Abbon déclarait le concile incompétent dans une cause épiscopale qui ne lui avait pas été déférée. Voilà ce qui reste vrai, voilà l'inflexible arrêt de l'histoire, en dépit de toutes les exagérations de nos jugements modernes.

L'importance du but poursuivi, sinon atteint par Abbon, le justifie amplement à nos yeux d'avoir assisté à une réunion schismatique. S'il n'empêcha pas le mal dont il voulait détourner ses supérieurs, du moins il ne le partagea pas. Plus calme que Gerbert et Arnulfe d'Orléans, il garda la modération dans le feu de la lutte, discuta avec un raisonnement plein de vigueur la question de principe plutôt qu'une question de personne et prépara le triomphe du droit contre la force. C'était ouvrir à ses contradicteurs, dans des régions plus hautes, un horizon nouveau et leur faire contempler malgré eux l'éternelle lumière de la vérité. La pureté de ces intentions, malgré leur inefficacité actuelle, aura été pour ce généreux athlète une excuse et un mérite devant l'infaillible juge qui *sonde les cœurs et les reins*.

Le sort d'Arnulfe était décidé d'avance dans les conseils des deux rois et dans ceux de quelques Pères de ce conciliabule. L'archevêque de Reims, toujours prisonnier, humilié, obsédé, s'avoua coupable, abdiqua son siége et déposa les marques de la dignité épiscopale devant les évêques qui, n'étant en droit ni de les demander ni de les garder, les remirent à ceux que cette grande affaire intéressait personnellement.

Cette démission forcée n'avait pas même été notifiée à Rome, quand le roi Hugues Capet fit élire Gerbert archevêque de Reims par les évêques encore réunis. L'illégalité si habilement ourdie à laquelle on voulait arriver semblait donc consommée. Mais Rome n'avait pas parlé; une parole du successeur de Pierre suffit pour ruiner tout cet échafaudage d'iniquité. Le pape Jean XV, instruit par quelques évêques de ce qui s'était passé au conciliabule de Saint-Basle, cassa les actes de cette assemblée et suspendit de leurs fonctions tous les prélats qui avaient souscrit à la déposition d'Arnulfe. La sentence sans appel de Rome, qui réprouvait si hautement le fait accompli, retentit comme la foudre dans le ciel orageux du dixième siècle. Gerbert, dont l'élection se trouvait ainsi annulée, tenta les efforts les plus désespérés pour conjurer les résultats de la censure et la rendre odieuse ou dérisoire aux coupables qu'elle atteignait. Le vénérable Seguin de Sens, qui n'avait consenti ni à la dégradation d'Arnulfe ni à la consécration de Gerbert, et à qui cette résistance avait fait encourir la colère du roi [1], reçut de l'intrus une lettre dont les termes peu mesurés ne convenaient ni à la dignité de celui qui parlait, ni à celle du Souverain Pontife dont il parlait [2].

Le pape ne pouvait fléchir devant les obstacles qu'on suscita dans cette affaire. Il prit le parti d'envoyer, en qualité de légat, l'abbé du monastère de Saint-Boniface et de Saint-Alexis à Rome [3]. Person-

1. *Recueil des historiens des Gaules et de la France*, par dom Bouquet, t. X, p. 226.
2. *Patrol.*, édit. Migne, t. CXXXIX, col. 267, 268.
3. Le docte Baluze s'est trompé en donnant au légat le titre d'*Abbé de Fulde*. (*Stephani Baluzii Miscellanorum* liber primus. Parisiis, 1678, p. 409.) — Le monastère de Saint-Boniface et de Saint-Alexis, qui existe encore aujourd'hui sur le Mont-Aventin, à Rome, avait été fondé par Sergius, métropolitain grec de Damas, qui avait fui la Syrie bouleversée par les Sarrasins, et qui mourut en 981. La légende si dramatique de ses deux patrons, saint Boniface, martyr à Tarse, au quatrième siècle, et saint Alexis, y attira de hauts et saints personnages. Destiné d'abord exclusivement aux Grecs, il était, au temps de l'abbé Léon, ouvert aux Latins aussi bien qu'aux Grecs. Il est habité aujourd'hui par des religieux Somasques.

nage distingué, pieux, négociateur habile, le légat, que l'histoire appelle *Léon*, indiqua un concile à Mouzon[1], dans le diocèse de Reims, pour le 2 juin 995. En arrivant en France, le légat s'était fait précéder d'une lettre adressée aux rois Hugues et Robert[2], et dans laquelle était blâmée très-énergiquement la conduite des évêques français.

L'assemblée de Mouzon se tint dans la basilique de Sainte-Marie; on y remarquait les évêques de Trèves, de Liége, de Munster et de Verdun. L'abbé Léon siégea au milieu d'eux comme légat du pape. Auprès des évêques assistaient des clercs, des laïques et les abbés des divers monastères. Parmi ces derniers figurait Abbon. Son âme, fortement trempée pour les grandes luttes, prévoyait de nouveaux combats; mais il était prêt; il voulait être fidèle jusqu'à la dernière heure à la bonne cause, et il la défendit avec une sainte passion qui a pu être égalée, mais non surpassée dans les siècles suivants.

A Mouzon, comme ailleurs, Abbon fit usage du latin, la langue de la foi, tandis qu'Aymon, évêque de Verdun, s'exprima en *français*[3]. La langue romane, que nous pouvons considérer comme l'embryon de notre langue française, avait commencé à

[1]. Concilium *Mosonse, Mosomense, Mosoniense*.
[2]. *Patrol.*, édit Migne, t. CXXXIX, col. 337-344.
[3]. « *Gallicè* concionatus est. » (Apud Pertz, *Monumenta Germaniæ historicæ script.*, t. III, p. 690. — *Patrol.*, édit. Migne, t. CXXXIX, col. 344.)

se produire dès le neuvième siècle. On sait que le concile de Tours, tenu en 813, ordonna aux évêques de traduire les passages des Pères en *tudesque* pour les Francs, et en *rustique* pour les Gaulois qui commençaient, surtout dans les campagnes, à ne plus bien entendre le latin. Qui eût dit, à cette époque, que ce langage sans forme et sans règle grandirait et serait appelé à dominer comme le soleil et à éclairer toute la civilisation européenne ?

Le neuvième siècle ne nous a laissé en français qu'un seul monument écrit : « Nous n'avons d'une
« si haute antiquité que le serment des fils de Louis
« le Débonnaire. Le dixième siècle n'est guère plus
« riche en textes. La langue vulgaire, cela est certain, ne faisait que bégayer, et quand il s'agissait
« d'écrire, c'était au latin que l'on recourait. Deux
« très-courts échantillons du parler d'alors ont été
« conservés : c'est le *chant d'Eulalie* et le *fragment*
« *de Valenciennes*. Le *chant d'Eulalie* n'est qu'une
« petite composition qui n'a que vingt-huit vers.
« Le *fragment de Valenciennes* est un lambeau
« de sermon trouvé sur la garde d'un manuscrit,
« décollé à grand'peine et lu avec non moins de
« difficulté. Quelque courts qu'ils soient, ces
« textes sont précieux et curieux par leur date[1]. »
Le discours d'Aymon, prononcé en 995, dans une circonstance solennelle, prouve que notre langue,

1. *Dictionnaire de la langue française*, par Littré. Préface.

déjà assez ébauchée pour être parlée et comprise, avait acquis une certaine popularité à la fin du dixième siècle.

Gerbert se présenta devant l'assemblée et eut à rendre compte de la déposition anticanonique d'Arnulfe et de sa propre élection non moins irrégulière. L'astuce et la violence de son langage ne le justifièrent aux yeux de personne. Léon lui signifia, au nom du pape, qu'il eût à s'abstenir de l'office divin. Le prononcé du jugement fut remis à un autre concile convoqué pour le 1er juillet de la même année dans le monastère de Saint-Remi, à Reims. Gerbert, obligé de comparaître à ce concile, y défendit vivement sa cause; mais le légat, plus savant que lui et non moins éloquent, le confondit facilement. C'est ce que nous apprend Abbon dans une lettre qu'il écrivit, vers le mois de juin 996, au légat du pape. « En entendant, lui dit-il, vos paroles bril-
« lantes comme l'éclair, accablantes comme la
« foudre, je me suis senti plein d'admiration pour
« vous et j'ai été contraint de publier partout que
« vous êtes le tonnerre de l'Esprit-Saint qui des-
« cendit sur les apôtres en forme de langues de
« feu ; vous êtes ce glaive étincelant que l'Esprit-
« Saint a aiguisé par ses sept dons pour chasser
« les méchants de son temple[1]. »

Le concile de Reims, vrai concile, annula les

---

[1]. *Patrol.*, édit. Migne, t. CXXXIX, col. 459.

actes du conciliabule de Saint-Basle. Gerbert, qui avait concouru à la déposition d'Arnulfe et l'avait remplacé sans l'agrément de Rome, fut déposé à son tour ; ses torts avaient été bien graves dans cette longue affaire, mais il les répara noblement en reconnaissant sa faute et en se soumettant à la sentence qui venait de le frapper. Il se retira en Allemagne auprès de l'empereur Othon III, dont il avait été le précepteur, suivit ce prince en Italie et fut nommé canoniquement à l'archevêché de Ravenne. Gerbert fut plus tard pape, le premier pape français, sous le nom de Silvestre II. Le pouvoir suprême entre les mains de cet enfant des montagnes de l'Auvergne n'enfla point son cœur et ne lui dicta aucune vengeance; il écrivit à Arnulfe, *son cher fils en Jésus-Christ*, une lettre[1] où il semblait lui prodiguer à dessein les termes de respect et d'affection, en le confirmant d'une manière irrévocable sur le siége de Reims. Sa lettre au prélat affirme en même temps la suprématie de la papauté en des termes que nous sommes heureux de reproduire : « Il ap-
« partient, dit-il, au Saint-Siége de relever ceux
« qui sont tombés, afin que la puissance de délier,
« accordée à Pierre, brille partout avec la supré-
« matie de Rome. Voilà pourquoi nous venons à
« votre secours, Arnulfe, vous qui avez été dé-

---

1. *Patrol.*, édit. Migne, t. CXXXIX, col. 273, 274.

« pouillé de la dignité épiscopale à cause de quel-
« ques excès ; du reste, comme votre abdication
« n'a pas été approuvée par Rome, nous voulons
« fournir en votre personne la preuve que l'on
« peut être rétabli par la faveur apostolique ; car
« Pierre possède une puissance à laquelle nulle
« autorité humaine ne saurait être comparée[1]. »

Après la mort de Hugues Capet, arrivée le 25 octobre 996, l'infortuné Arnulfe, dont la politique d'une dynastie mal affermie avait prolongé la détention, fut enfin rendu à son église de Reims. Grégoire V le consola de ses chagrins par une bienveillance toute paternelle et le décora du *pallium*. Abbon, qui était alors à Rome, fut chargé par le pape de remettre au prélat cette distinction honorifique[2].

Arnulfe ne mourut qu'en 1024 et fut enterré dans l'église de Saint-Remi. L'auteur de son épitaphe vante sa piété et son dévouement à l'indigence, à la vérité, à l'honnêteté et à l'état monastique[3].

Ainsi s'était terminée la lutte funeste qui avait

---

1. *Patrol.*, édit. Migne, t. CXXXIX, col. 273.
2. *Ibid.*, col. 403, 419 et 1542.
3. « Hic jacet Arnulfus regali stemmate fusus,
    « Remorum præsul, nulli pietate secundus,
    « Spes inopum, pes debilium, pastor monachorum,
    « Assertor veri, rigidi servator honesti. »
    (*Ibid.*, col. 1544.)

menacé la France d'un schisme déplorable. Rome, selon sa coutume, avait été patiente, mais inébranlable, contre les habiles calculs de la politique, de l'intrigue et de l'ambition. Elle triompha, et avec elle triomphèrent le bon droit, le sens moral, base des nations civilisées. La conduite d'Abbon, dans ce drame mémorable, fit épanouir une de ces âmes viriles, sublimes dont une nation tout entière et l'humanité doivent s'enorgueillir. Les prudents selon le monde demandaient une parole plus modérée, plus de ménagements et moins de zèle. En s'inspirant de leurs timidités, il n'eût pas risqué la faveur du prince et eût affermi son crédit à la cour; mais la foi, mais l'Église eussent été trahies ; il préféra combattre le bon combat. Ce sont ces affirmations opiniâtres qui sauvent la vérité, alors que c'est bien elle qu'on entend faire périr.

Le légat du pape avait pu apprécier Abbon à Mouzon et à Reims. Il voulut être son ami et lui demanda pour son monastère de Saint-Boniface quelques parcelles des reliques de saint Benoît. Notre saint acquiesça à son pieux désir; il lui envoya les reliques sollicitées et les lui annonça par une lettre que nous avons encore[1], dans laquelle il le priait de lui faire parvenir en échange, pour Fleury, des reliques de saint Boniface et des autres corps saints que possédait l'abbaye romaine.

1. *Patrol.*, édit. Migne, t. CXXXIX, col. 459-462.

Abbon était donc lié avec les personnages les plus illustres de son époque. Tant d'illustres amitiés avaient leur source dans l'aménité de ses relations sociales, dans la constance de ses affections et dans la noblesse d'un caractère qui ne connut jamais la faiblesse ni l'enivrement et ne consentit jamais à transiger avec le devoir.

CHAPITRE XI

**Premier voyage d'Abbon à Rome.
Amour d'Abbon pour les Beaux-Arts. — Ses travaux
artistiques.
Influence architectonique de l'abbaye de Fleury
sous Abbon.**

L'heureuse issue de cette grande affaire à laquelle notre saint avait mêlé son nom et son influence dut réjouir son cœur et le consoler de ses nombreuses tribulations. S'il nous était permis d'appliquer à Abbon une qualification moderne, nous dirions volontiers qu'il fut un des plus zélés *ultramontains* du dixième siècle. Rome avait pour lui un attrait irrésistible ; mais Rome et son pontife se confondaient dans son esprit et dans son cœur. Il est de notre devoir et de notre goût de faire remarquer jusqu'à quel degré les vrais serviteurs de Dieu ont été, même dans les temps appelés *barbares*, soumis et attachés au vicaire de Jésus-Christ. Nous nous arrêtons avec complaisance sur ce sujet et nous sommes heureux de pouvoir louer à notre aise dans notre saint une vertu sans laquelle toute piété est essentiellement incomplète.

Le voyage de Rome, aujourd'hui si rapide, était pour nos ancêtres du dixième siècle d'une difficulté et d'une longueur excessives. Que de fatigues et de dangers! Mais nos bons aïeux voyageaient beaucoup plus par dévotion que par plaisir. Se déplacer, traverser les Alpes et la mer, était pour eux un acte de foi ou de pénitence; or, un mobile si chrétien ne se décourage pas comme un caprice : rien ne l'arrête. Une joie intime, inénarrable, une paix surnaturelle, étaient la douce récompense du pèlerin arrivé au terme de son voyage. Rome, deux fois grande, et par ses souvenirs et par ses monuments; Rome, le théâtre de l'ancienne civilisation et le berceau de la nouvelle; Rome, la capitale des âmes, le sanctuaire de la charité, de l'autorité et de la justice, n'est-elle pas une seconde patrie pour le penseur, et encore plus pour le chrétien? Là, quand tout flotte ailleurs dans le doute, on se repose dans la certitude; là, quand tout s'incline sous la brutalité de la force, on salue librement la sereine majesté du droit; là on se console des triomphes éphémères de la violence en relisant, à toutes les pages des annales de l'Église, le victorieux accomplissement des promesses de Dieu.

Qui pourrait énumérer tous les pèlerins notables

ou obscurs, prêtres ou laïques, que l'ineffable séduction de la *Ville éternelle* avait déjà attirés? Saint Egwin, évêque de Worchester, alla deux fois à Rome; saint Wilfrid, quatre fois; saint Benoît Biscop, abbé, six fois; saint Kentigern, évêque de Glascow, sept fois. Pendant les septième et huitième siècles, les Anglo-Saxons se trouvèrent si nombreux à Rome, que, se groupant autour de la fondation de leur roi Ina, ils donnèrent leur nom à tout un quartier, le *Vicus Saxonum*, situé dans le voisinage immédiat de Saint-Pierre, et habité exclusivement par eux. D'où le nom de *Sassia*, encore conservé dans ce quartier de Rome. Notre nation ne fut pas moins zélée : saint Riquier, saint Furcy, saint Omer, saint Vindicien, apparurent à Rome dans le courant du septième siècle; saint Humbert de Marolles y apporta deux fois ses hommages et ses respects; trois fois saint Landelin, le fils repentant de saint Aubert, de Cambrai, y était allé déplorer les égarements de sa jeunesse; saint Boniface, l'apôtre de l'Allemagne, alla trois fois prier au tombeau des saints apôtres; l'illustre fille de Pépin de Landen et mère de Pépin d'Héristal, sainte Begge, fit le même pèlerinage avec un esprit de piété admirable : elle montrait déjà la voie à ses héroïques petits-fils, Pépin et Charlemagne, qui plus tard la suivirent pour défendre le Saint-Siége contre ses oppresseurs et lui donner, en leur qualité de chefs du premier-né d'entre les peuples catholiques, ce patrimoine sacré qui garantit à jamais l'indépendance spirituelle et temporelle du Pontife suprême au milieu des variations de la politique.

Le dixième siècle ne fut pas moins édifiant. Quatre fois nous retrouvons saint Odon à Rome, trois fois saint Mayeul, trois fois saint Abbon. Des nécessités d'affaires, dont la piété filiale se félicitait, les conduisaient les uns après les autres aux pieds de leur souverain spirituel, pour le servir, le consulter, recevoir et rapporter aux frères ses avis et ses décisions. Guillaume, duc d'Aquitaine, surnommé le *Grand*, avait pris la coutume, dès sa jeunesse, d'aller à Rome tous les ans; et s'il manquait une année de faire ce pèlerinage, il y suppléait par celui de Saint-Jacques en Galice[1].

Les trois voyages d'Abbon à Rome sont une démonstration manifeste de son sincère attachement pour le Saint-Siége; mais ils témoignent aussi de son zèle pour son abbaye et pour la morale publique. L'enfance d'Abbon, sa jeunesse, ses études, son enseignement, ses luttes elles-mêmes, ses souvenirs les plus purs et les plus glorieux, tout fixait son cœur dans cette chère solitude de Fleury. Après avoir combattu pour elle contre l'évêque d'Orléans, il voulut consolider la paix et le repos par une de

1. *Patrol.*, édit. Migne, t. CXLI, col. 56.

ces *exemptions* qui plus tard dégénérèrent en abus flétris par saint Bernard et par le concile de Trente[1], mais que la nécessité justifiait à l'origine des grandes fondations monastiques. « Saint Grégoire le Grand, « dit M. de Montalembert, peut être regardé comme « le principal auteur de ce qu'on a appelé depuis « les *exemptions*. En exceptant de la juridiction « épiscopale, sur divers points essentiels, ces « grandes communautés de la Gaule et de l'Italie, « il n'avait évidemment en vue que de fortifier en « elles la vie spirituelle et de créer autant de foyers « énergiques de résistance aux désordres que les « invasions et les luttes de races diverses entre elles « faisaient prévaloir dans les rangs du clergé sécu- « lier[2]. » Un autre pape, Jean IV, accorda le privilége de l'exemption de l'autorité épiscopale au monastère de Luxeuil. Lérins l'avait obtenu du concile d'Arles en 451, et Agaune du concile de Châlons, en 579 ; mais d'autres conciles, dont nous avons déjà parlé, soumettaient le monastère au pouvoir et à la surveillance des évêques. Tôt ou tard les décrets de ces conciles pouvaient servir de prétexte à l'ombrageux évêque d'Orléans pour faire subir à l'abbaye de Fleury des excès de pouvoir et des vexations. Afin d'éviter des contacts pénibles, peut-être

1. Sess. XXIV, cap. xi.
2. *Les Moines d'Occident*, par M. de Montalembert, t. II, liv. V, ch. vi.

de nouvelles querelles scandaleuses, Abbon ambitionna une exemption qui devait le soustraire à la juridiction épiscopale et annuler exceptionnellement pour sa communauté les actes des conciles diocésains. Mais le pape seul pouvait octroyer cette faveur. C'est pour l'obtenir qu'Abbon fit son premier voyage à la capitale du monde chrétien.

Jean XV gouvernait alors la sainte Église. Romain de naissance, pieux, érudit, ce pape soutint avec vigueur les droits du Saint-Siége et la discipline ecclésiastique. Il interdit les prélats qui avaient déposé Arnulfe, le légitime archevêque de Reims, et déposa le fameux Gerbert, qui avait été nommé irrégulièrement à la place de l'infortuné prélat. Il refusa péremptoirement de ratifier le coupable mariage du roi Robert avec Berthe.

Le règne de ce pape, trop sévèrement jugé par Aimoin[1], est compris entre les années 986-996. C'est durant cette période de dix ans, probablement après le concile de Saint-Denis, qu'Abbon partit pour Rome, dans le désir d'obtenir pour son abbaye l'*exemption* dont nous venons de parler. Sacrifiant sa modestie personnelle au respect dû au représentant de Jésus-Christ devant lequel il devait se présenter, il s'entoura d'un appareil assez solennel que son biographe a jugé à propos de mentionner[2].

1. *Patrol.*, édit. Migne, t. CXXXIX, col. 401.
2. « Eximius Abbo condigno apparatu Romam proficiscitur » (*Ibid.*)

Les incidents de ce premier voyage nous sont inconnus ; mais il est facile de conjecturer les impressions qui agitèrent l'âme du pieux et savant abbé de Fleury. En franchissant la porte de la ville des Césars, il dut sentir s'éveiller en lui de hautes pensées. Il se voyait au centre du grand empire qui avait eu pour limites le Tage et l'Euphrate, l'Atlas et les monts Calédoniens. Il se trouvait au pied de cette chaire apostolique dont les enseignements avaient civilisé le monde. Pourquoi ce grand empire avait-il péri? Pourquoi, au contraire, des plus lointaines régions les pèlerins venaient-ils s'agenouiller devant la croix plantée par saint Pierre au milieu du Forum? Pourquoi les plus fiers conquérants, Charlemagne, Othon, s'empressaient-ils d'aller recevoir la couronne impériale au Vatican? L'empire païen n'avait eu pour lui que la force barbare, et voilà pourquoi il devait tomber un jour ou l'autre ; Rome chrétienne avait reçu de Dieu la force morale, et voilà pourquoi elle sera éternelle comme son auteur.

Livrée depuis près d'un siècle aux factions, la Rome d'alors portait la trace des agitations qui s'y étaient produites. Les colonnes, surmontées autrefois des statues des empereurs, laissaient voir leurs ornements détruits ou mutilés ; sur le sol gisaient épars les débris des anciens temples, et le voyageur s'arrêtait confondu, attristé, devant le forum de

Trajan, dont les constructions gigantesques avaient inspiré tant d'enthousiasme aux historiens de l'ancienne Rome. Autour de Rome, plus de ces somptueuses villas, de ces superbes palais, où l'art avait accumulé ses chefs-d'œuvre, périssables comme l'orgueil qui les avait produits. Tel fut le spectacle de grandeur et de décadence qui s'offrit à l'imagination et aux regards de l'abbé de Fleury. On devine facilement le double sentiment d'admiration et de tristesse qui surgit dans cette âme si bien faite pour comprendre les leçons de la Providence.

Dieu réservait à son serviteur une épreuve bien sensible : le pape Jean XV, qui sans doute ne crut pas le moment opportun, n'accorda pas le privilége qu'Abbon était venu solliciter. L'humble abbé accueillit sans murmure ce refus, et n'osa pas insister.

Mais les vrais serviteurs de Dieu ne font jamais inutilement le voyage de Rome. Un des esprits les plus élevés de notre siècle a reconnu, avec une sincérité qui l'honore, que Rome est la ville unique entre les grandes villes de la terre, « attrayante et « puissante par la seule vertu des croyances et des « souvenirs[1]. » Comment ne pas céder au charme des impressions pieuses dont l'âme est inondée en présence des monuments de la foi? Avant de revenir au

1. Réponse de M. Guizot à M. Prévost-Paradol installé membre de l'Académie française le 8 mars 1866.

pays des Francs, Abbon alla se prosterner au tombeau des saints apôtres. Que de soupirs embrasés s'échappèrent de son cœur auprès de ce sépulcre, le plus *glorieux* entre tous, si l'on excepte celui du Sauveur! Que de choses il dut implorer pour son Ordre et pour son abbaye! Notre saint visita encore dans la *Ville éternelle* les églises des divers saints qu'on y honore [1] ; on peut supposer qu'il satisfit longuement sa dévotion bien connue pour saint Martin, dans l'église que le pape Sergius II avait dédiée, dès l'an 850, à l'immortel évêque de Tours. On le rencontrait partout dans l'attitude de l'humiliation et de la prière; mais son cœur, fixé vers Dieu, se reposait encore moins que ses lèvres.

Abbon occupe donc un rang parmi les *Romieux* [2] du dixième siècle. Ce titre n'est pas un des moins beaux fleurons de sa couronne.

Les devoirs de la piété accomplis, Abbon visitait avec une admiration saintement passionnée les merveilles qu'il avait sous les yeux. Rome était alors, comme aujourd'hui, la reine des arts, le *paradis de l'artiste;* elle dictait au monde, sauvé par elle de la barbarie, les règles du beau comme celles du vrai, et lui imposait sans violence, mais avec

---

1. « Perlustratis orationis gratià sanctorum locis. » (*Patrol.*, édit. Migne, t. CXXXIX, col. 401.)

2. Au moyen âge, on désignait par le nom de *Romieux* les pèlerins de *Rome*.

une persévérance admirable, le bon goût et les bonnes mœurs. Elle révéla à l'abbé de Fleury des horizons nouveaux ; l'amour de l'art, cette grande volupté de l'âme, exalta son imagination poétique et lui fit apprécier les splendeurs qui frappaient ses regards. Il contempla avec ravissement ce que les Romains nous ont laissé de plus parfait, mais il accorda une attention plus suivie à l'art transfiguré par le christianisme. Ses idées, son cœur, tout son être sembla grandir au contact du génie inspiré par le souffle de Jésus-Christ. Si l'on peut dire, avec un orateur moderne, que *tout chrétien est un artiste*, nous pouvons affirmer que le séjour de Rome développa dans Abbon le sentiment des beaux-arts ; il était entré à Rome avec des instincts généreux, il en sortit avec cette illumination artistique qu'enfante soudainement dans les natures d'élite l'examen d'un chef-d'œuvre.

Au septième siècle, saint Wilfrid, évêque d'York, emporta de Rome une ample provision de riches vêtements sacerdotaux pour ses églises saxonnes[1]. A l'exemple de ce saint, Abbon fit à Rome l'acquisition d'étoffes en soie du plus grand prix, pour le culte de son église abbatiale[2]. A peine rentré à

1. *Les Moines d'Occident*, par M. de Montalembert, t. IV, p. 340.
2. « Emptis optimæ speciei aliquantis holosericis palliis ornatui « ecclesiastico congruis. » (*Patrol.*, édit Migne, t. CXXXIX, col. 401.)

Fleury, il consacra au service de Dieu un goût et un zèle qui, en s'éclairant, étaient devenus plus ardents que jamais.

Une vertu aussi importante que le zèle de la maison du Seigneur ne pouvait manquer à qui en possédait tant d'autres. Aimoin nous en fournit la preuve dans le récit d'un fait que les achéologues de notre siècle ne devraient pas ignorer, et que nous rapporterons avec une sorte de satisfaction, à cause de son importance dans l'histoire de l'art chrétien. L'autel de l'Église catholique a deux origines, toutes deux glorieuses. C'est tantôt une table, tantôt un tombeau. Dans le premier cas, il rappelle et il imite la table du Cénacle où, pour la première fois, fut offert l'adorable sacrifice par Jésus-Christ, pontife éternel. Pour reproduire plus complétement le grand acte de la Cène, les apôtres employaient, selon toute probabilité, une table de la même forme que celle du Cénacle. C'est sur une table que les Grecs célèbrent encore aujourd'hui la messe, comme nous avons pu nous en convaincre dans notre voyage d'Orient. Parmi les pouvoirs exceptionnels que Pie IX, dans sa haute sagesse, a donnés, en 1864, aux prêtres polonais exilés en Russie et en Sibérie, un des principaux est celui d'offrir le saint sacrifice sur une *table*. Nos autels ne sont, dans la langue liturgique, qu'une table, *mensa*.

A Rome, les premiers chrétiens, pour fuir la persécution, furent obligés de se cacher dans les entrailles de la terre. Le sacrifice eucharistique, dans ces refuges peuplés par la mort, était offert sur les tombeaux des martyrs. Saint Jean y fait déjà une allusion manifeste dans l'Apocalypse : « J'ai vu, « dit-il, *sous l'autel*, les âmes de ceux qui ont versé « leur sang pour la parole de Dieu [1]. » Le sang de la divine Victime se mêlait, pour ainsi dire, à celui de la victime humaine qui venait d'être répandu pour la défense de la foi.

Après l'ère des persécutions, les chrétiens de l'Occident conservèrent un usage que la nécessité leur avait imposé. Habitués à célébrer sur des tombeaux, ils construisirent leurs autels en forme de sarcophage. De cet usage est née une loi liturgique encore aujourd'hui en vigueur. L'Église, comme aux premiers jours, n'immole l'Agneau divin que sur les reliques de ses martyrs. Leur présence est si nécessaire que le prêtre, dans aucun cas, ne pourrait célébrer sans elles. Jésus-Christ ne veut reposer dans le saint sacrifice que sur les ossements de ceux qui l'ont aimé jusqu'au sang.

On ne renonça pas cependant à la forme primitive, celle d'une table. L'histoire ecclésiastique nous parle assez souvent d'autels posés sur des colonnes. Au sixième siècle, le pape Vigile, poursuivi par les

---

1. Apoc., vi, 9.

soldats de Justinien, se retira dans la basilique de Saint-Pierre, où il tenait embrassées les colonnes de l'autel de Sainte-Euphémie. Entre ces colonnes, dont le nombre était variable, on ne plaçait rien, afin de représenter par ce vide celui du saint sépulcre d'où le Sauveur était sorti triomphant. Plus tard, aux dixième et onzième siècles, par exemple, on fixa l'autel sur une colonne unique de maçonnerie dans laquelle on ménageait une logette pour y mettre des reliques. Cette disposition perpétuait la double tradition de la table et du tombeau. Nous la trouvons encore en usage au treizième siècle, en parcourant les cérémonies consécratoires de l'autel dans le *Pontifical romain* attribué à Durand de Mende (treizième siècle), et suivi encore aujourd'hui. La colonne de l'autel est désignée dans le *Pontifical*, et toujours au singulier, par le mot *stipes*, un pieu. Nous pouvons même affirmer, avec M. Viollet le Duc, que l'usage des autels creux, ou portés sur des points d'appui, s'est conservé jusqu'au quinzième siècle[1]. On conçoit que de tels autels avaient besoin d'être parés d'étoffes précieuses, lorsque les marbres n'étaient pas d'un emploi commun et que le bois était encore banni de leur construction. La piété de l'artiste les décorait quelquefois avec une rare magnificence.

1. *Dictionnaire raisonné de l'architecture chrétienne du onzième au seizième siècle,* par M. Viollet le Duc, art. *Autel.*

Cette revue rétrospective, qui ressemble à une digression, était cependant nécessaire pour expliquer et justifier la forme et les ornements de l'autel que termina notre saint. Laissons parler Aimoin :
« Je ne crois pas, dit-il, amoindrir la gloire de mon
« maître en racontant les nombreux embellisse-
« ments qui furent exécutés sous lui, ou par lui,
« dans la maison de Dieu, puisque parmi les louan-
« ges données à Salomon, une des principales s'ap-
« puie sur les dépenses excessives qu'il s'imposa
« pour construire le temple du Seigneur. Certes,
« ces petits travaux ne peuvent être comparés aux
« somptuosités de Salomon ; mais, malgré leur in-
« fériorité, il ne me paraît pas convenable de lais-
« ser tomber dans l'oubli les œuvres qu'il exécuta
« avec les ressources si modiques dont la pauvreté
« de notre demeure et la malignité des temps lui
« permettaient de disposer. Son prédécesseur Oyl-
« bold avait commencé un *parement*[1] en or pour
« l'autel de la Sainte Mère de Dieu ; Abbon le ter-
« mina. Il fit augmenter deux autels voisins revê-
« tus d'argent ; et, pour tout dire en peu de mots,
« six autels de son monastère reçurent de sa piété
« un brillant revêtement du même métal : l'un fut
« consacré à Dieu sous le nom de saint Benoît ; un
« autre en l'honneur de la *Souveraine et Indivisi-*

1. *Anterior tabula, Frontale, antependium, antipendium,* un parement d'autel.

« *ble Trinité*, et les autres en l'honneur de saint
« Étienne, de saint Aignan, de saint Jean l'Évangé-
« liste, et de son frère saint Jacques le *Majeur*. La
« clôture de bois placée autour du tombeau de saint
« Benoît se couvrit semblablement de revêtements
« métalliques, et l'art du ciseleur y retraça les mi-
« racles de ce maître chéri. Tous ces travaux, et
« quelques autres, furent achevés dans le monas-
« tère de Fleury, sous l'immortel P. Abbon, par
« les soins et la direction de l'honorable moine
« *Gauzfredus*, qu'il avait préposé à la garde des
« trésors sacrés (c'est-à-dire des reliques). Ces tré-
« sors furent enfermés prudemment par ce moine
« dans une châsse de pierre où le feu, dans un cas
« d'incendie, ne pouvait les atteindre[1]. »

Nos lecteurs ont remarqué l'abondance d'or et d'argent dont l'abbaye de Fleury, même aux jours de sa pauvreté, décorait les autels. Cette sainte prodigalité, qui étonne notre froide indifférence, était alors assez vulgaire; on se dépouillait avec joie, on s'imposait les plus héroïques privations pour orner plus richement l'autel où s'immole la Victime sans tache.

Notre siècle qui, malgré ses prétentions, est beaucoup plus imitateur que créateur, surtout en matière d'art religieux, jette parfois un regard de mépris sur le Moyen Age et ses œuvres. Certains beaux

1. *Patrol.*, édit. Migne, t. CXXXIX, col. 405, 406.

esprits frémissent avec des airs capables, en songeant à la longue nuit de la barbarie du dixième siècle. Nous croyons, nous, que nos ancêtres n'accepteraient ni leur pitié ni leurs lamentations, s'ils pouvaient se réveiller au fond de leur tombe. Ils méritent plus de respect de notre part, ces hommes qui travaillaient sous l'œil de Dieu et préféraient à la gloire de finir vite celle de faire peu et bien. Leurs œuvres, plus lentes que les nôtres, étaient aussi plus dignes du Très-Haut. Il fallait des siècles pour bâtir une cathédrale; Fleury vit s'éteindre deux générations d'abbés avant de contempler un autel où rien ne manquât.

Est-il besoin de faire remarquer que la forme la plus usuelle de nos autels modernes trouve son modèle dans ceux du dixième siècle? Les traditions artistiques ou liturgiques de l'Église qui n'ont pas, qui ne peuvent pas avoir pour origine une mobile fantaisie, seront toujours les plus durables, parce que l'idée chrétienne, qui est leur raison d'être, ne meurt jamais.

Les reliques de saint Benoît étaient pour les moines de Fleury un sujet de joie et de consolation, un trésor auquel les autres abbayes ne pouvaient comparer leurs plus saintes richesses. Aussi quel culte d'amour et de vénération ne leur décernait-on pas! On supposait que saint Benoît avait adopté Fleury comme une seconde patrie, et, au lieu d'une châsse, on lui avait élevé un tombeau, comme s'il était mort sur les bords de la Loire. Ce tombeau, *tumulus*, fut protégé contre la piété indiscrète des pèlerins par un MUR EN BOIS[1], dans le genre de ces clôtures qu'on est convenu d'appeler CANCEL ou CHANCEAUX. Ce mur fut ensuite recouvert de métal et ciselé. On savait donc ciseler au dixième siècle. Qui s'en doute aujourd'hui?

Jusqu'au treizième siècle et au delà, la plupart des églises qui sont encore la meilleure parure de l'Europe chrétienne, ont été élevées par des moines. Leurs mains ont tout exécuté, de la porte du temple aux vitraux de l'abside. Les arts, aussi bien que les lettres, ont trouvé dans les cloîtres ou leur berceau ou leur refuge. L'orfévrerie, en particulier, s'enseignait dans toutes les abbayes importantes. Il fut donc facile à Abbon de l'étudier à Fleury. En Angleterre, saint Dunstan, dont la main avait toutes les habiletés, puisqu'il était peintre, calligraphe, ciseleur en or, en argent, en airain et en fer, dut lui faire aimer cet art par ses leçons et ses exemples. Nous avons raconté, dans nos *Études archéologiques*, une circonstance curieuse où le saint, privé de sa crosse épiscopale, la remplaça par une autre qu'il fabriqua lui-même[2]. Abbon devint donc artiste, soit par goût, soit par imitation; il le fut

1. *Paries ligneus*. (*Patrol.*, édit. Migne, t. CXXXIX, col. 406.)
2. *Patrol.*, édit. Migne, t. CXXXVII, col. 436.

aussi pratiquement par la mise en œuvre des métaux. L'ami et le conseiller des rois, le chef érudit de l'une des abbayes les plus renommées de l'Europe, ne dédaignait pas de vaquer aux travaux d'embellissement que réclamait le culte. Il échangeait la plume pour le marteau et le burin des argentiers ; après avoir *réglé* le parchemin et lui avoir livré ses conceptions et ses recherches, l'écrivain descendait jusqu'à l'atelier et élaborait l'or et l'argent. Sous la main de l'abbé-artiste, ces matières assouplies, évidées et ductiles se transformaient en rinceaux capricieux, en édicules élégants, en figures de toute sorte. A trois siècles de distance, il fut l'émule de son homonyme Abbon, maître de saint Éloi ; et, au jugement d'un auteur compétent dans la question, il conquit la première place parmi les quinze moines orfévres de son époque qui nous sont connus[1]. Nous manquons de détails pour apprécier les travaux artistiques de l'abbé de Fleury ; mais il est vraisemblable que la perfection du travail égalait le prix de la matière et que le génie chrétien avait déployé toutes ses ressources pour la décoration des autels ; on ne conçoit guère, en effet, des autels grossièrement travaillés, riches de la valeur seule du métal.

Rendons grâces à Aimoin d'avoir sauvé de l'oubli

1. *Dictionnaire d'orfévrerie religieuse*, par l'abbé Texier, col. 29 et 30.

le nom de Gauzfredus[1], simple moine qui s'inspirait de sa piété beaucoup plus que de l'ambition ; prier et travailler était toute sa vie et toute sa joie ; le travail lui-même était dans son cœur une hymne à Dieu et à la sainte Église. Heureux temps où les arts sacrés avaient pour précepteurs des hommes voués à Dieu, qui n'attendaient leur salaire que dans l'autre monde ! Quelle différence entre le moine qui prie ou médite, le marteau ou le ciseau à la main, et nos ouvriers libertins, avares de leur labeur envers Dieu qu'ils blasphèment, envers le patron qu'ils jalousent, regrettant les courtes heures qu'ils ne peuvent refuser à un travail taxé, et passant de l'église en construction au théâtre somptueux dont les doctrines sensualistes flatteront leurs instincts abjects ou révolutionnaires !

Avec des éléments si puissants, quelle devait être l'influence morale et artistique de Fleury ? Grâce à son importance territoriale, à son école si fréquentée, au tombeau de son glorieux patron visité par toutes les maisons du même Ordre, cette immortelle abbaye était à son apogée, alors que les autres monastères qui devaient remplir le monde

---

[1]. L'abbé Texier a altéré ce nom et l'a métamorphosé en *Gauzbert*. (*Dictionnaire d'orfévrerie religieuse*, col. 29 et 806.) — Un autre auteur, M. Jules Labarthe, écrit *Hauzbert*. (*Histoire des arts industriels au Moyen Age et à l'époque de la Renaissance*. Paris 1864, t. II, p. 178.)

du bruit de leur nom, n'étaient pas encore nés. Fleury est pour le dixième siècle ce que furent pour les siècles suivants Cluny, Cîteaux, la Sauve [1], c'est-à-dire une école qui exerçait son influence architectonique non-seulement sur les prieurés qui dépendaient de sa juridiction, mais encore sur les églises séculières. Un style *fleurisien* dut précéder celui de Cluny. Nous sommes persuadé qu'un examen sérieux en ferait découvrir des traces dans l'Orléanais et ailleurs. L'église si ravissante de la Réole a des sculptures dont le type est inconnu dans le département de la Gironde. Ce ne peut-être, à notre avis, qu'une imitation de l'abbaye-mère à laquelle était soumis le prieuré bénédictin de cette ville.

On peut donc affirmer sans témérité que l'abbaye de Fleury et son abbé le plus illustre ont eu leur part dans la propagation de l'art chrétien. C'est une des gloires d'Abbon, un mérite qu'Aimoin ne fait qu'insinuer, mais qu'il était de notre devoir d'exalter pour répondre au reproche d'*obscurantisme* si injustement infligé au dixième siècle.

1. *Influence architectonique de l'église de Notre-Dame de la Grande-Sauve sur les églises des environs*, par M. Léo Drouyn. Bordeaux, 1852.

CHAPITRE XII

**Second voyage d'Abbon à Rome.
Mariage du roi Robert avec Berthe, sa parente.
Troisième voyage d'Abbon à Rome,
succès de ce voyage.
Liaison et correspondance d'Abbon avec le pape
Grégoire V.
Excommunication et soumission du roi Robert.**

Le pape Jean XV mourut à Rome le 7 mai 996, la même année que le roi de France, Hugues Capet. Sur la prière du clergé et du peuple de Rome, Othon III, qui était alors à Ravenne, appuya la candidature de Brunon, son chapelain et son proche parent, quoiqu'il ne fût âgé que de 24 ans. Brunon fut élu le 19 mai. Le nouveau pape, premier pape allemand, prit le nom de Grégoire V. Pontife austère et ferme, il rêvait de marcher sur les traces de saint Grégoire le Grand qu'il avait adopté pour patron.

La vacance du Siége apostolique n'avait duré que douze jours. C'est pendant ce court intervalle que nous retrouvons à Rome l'abbé de Fleury. Le zèle d'Abbon pour sa chère abbaye dont il se regardait comme le père, le désir longuement mûri d'obtenir pour elle des priviléges qui devaient assurer sa tranquillité, l'avaient déterminé à un second voyage sous le même pape. Un second refus du Souverain Pontife l'aurait contristé et humilié à la face de l'Europe, mais aurait appris à ses frères son dévouement et son infatigable persévérance à poursuivre un but plus utile encore à ses successeurs qu'à lui-même.

Il ne plut pas au *Dieu des miséricordes* de soumettre à une nouvelle épreuve l'humilité de son serviteur. Jean XV mourut pendant qu'Abbon s'acheminait vers Rome. Ce triste événement, après lequel le voyage du célèbre abbé n'avait plus de but, ne parvint que trop tard à sa connaissance. Il continua sa marche jusqu'à Rome et trouva dans le deuil la *Ville éternelle*. Dans sa lettre au légat apostolique, lettre dont nous avons déjà parlé, il raconte en ces termes la situation : « O douleur ! « L'Église romaine était veuve de son *digne* pas- « teur [1]. » Sans rancune à l'égard d'un pontife qui lui avait refusé ce qu'il avait tant à cœur d'obtenir, juste envers les morts comme envers les vivants, il apprécie plus sainement qu'Aimoin et quelques détracteurs systématiques les nobles qualités de Jean XV. Par un seul mot il venge la mémoire de

1. *Patrol.*, édit. Migne, t. CXXXIX, col. 460.

ce pape des calomnies ignorantes ou calculées des sectaires et sollicite notre respect non moins énergiquement qu'une pompeuse, mais véridique épitaphe où l'on exaltait le *vénérable Jean, docteur mémorable, édifiant par ses mœurs et par sa vie, inaccessible à la crainte et à la cupidité*[1]. On est heureux de rencontrer dans l'histoire de tels caractères ; l'aspect de ces hommes console, fortifie et encourage les amis de la justice et de la vérité.

Abbon n'attendit pas à Rome la nomination du successeur de Jean XV, ne pouvant en prévoir ni l'époque, ni les circonstances. Mais ses adieux à la ville des papes ne seront pas les derniers ; deux voyages également pénibles et infructueux seront suivis d'un troisième qu'il fera, à la prière d'un roi. Nous aurons donc à raconter une nouvelle pérégrination de l'abbé de Fleury ; mais l'ordre des faits et des temps veut que nous exposions auparavant un événement qui troubla la marche de la société chrétienne et qui, par sa nature, intéresse à la fois l'histoire de l'Église et l'histoire de France. Ce que l'impiété ou l'ignorance des matières ecclésiastiques

1. Le pape Jean XV, né et mort à Rome, fut enseveli à Saint-Pierre, dans la chapelle de la Sainte-Vierge, et sur son tombeau fut gravée une inscription en vers latins dont nous avons extrait le partie laudative qu'on vient de lire. (*Histoire du pape Silvestre II et de son siècle*, par C.-F. Hock, traduite de l'allemand et enrichia de notes et de documents inédits par M. l'abbé J.-M. Axinger, p. 300, 301.)

ont dénaturé ou altéré dans les livres les plus répandus[1], nous le raconterons avec une consciencieuse intégrité. A côté du scandale apparaît encore ici la mâle figure d'Abbon qui l'attaque, le poursuit dans ses retranchements et le fait succomber.

Eudes Ier, comte de Tours et de Chartres, était mort au commencement de l'année 995. Sa veuve était Berthe, fille de Conrad, roi de la Bourgogne transjurane, et de Mahaut, fille du roi Louis d'*Outre-Mer*. Entre Berthe et le roi Robert qui l'aimait tendrement, il existait un lien de parenté, puisqu'ils étaient cousins issus de germains. De plus, Robert avait tenu sur les fonts sacrés un enfant du premier lit de Berthe, et avait par là contracté avec elle une affinité spirituelle. Malgré ce double empêchement dirimant, malgré ses qualités chrétiennes qui lui ont valu le surnom de *Pieux*, le roi Robert, aveuglé par sa passion, résolut d'épouser Berthe.

C'était là une faiblesse avec laquelle l'Église n'a jamais pactisé. « Autres, en effet, dit saint Jérôme, « sont les lois des Césars, et autres celles du Christ; « autres les décrets de Papinien, et autres ceux de « saint Paul[2]. » L'empêchement résultant de la

1. Nos reproches s'adressent surtout à Marchangy, auteur de la *Gaule poétique*. Il y a beaucoup à redire contre son *dix-neuvième récit*.
2. « Aliæ sunt leges Cæsarum, aliæ Christi : aliud Papinianus, « aliud Paulus noster præcipit. » (*S. Hieronymi Opera omnia*, édit. Migne, t. I, col. 691.)

parenté naturelle s'étendait autrefois jusqu'au septième degré. Le quatrième concile de Latran, en 1215, sous Innocent III, le restreignit au quatrième degré inclusivement. Même sous cette dernière législation qui régit encore aujourd'hui le mariage catholique, l'alliance du roi Robert eût été non-seulement criminelle, mais encore nulle de plein droit, faute de dispense. A plus forte raison, l'était-elle sous le droit canonique du dixième siècle. Le vice de cette union s'aggravait encore de l'empêchement d'affinité spirituelle dont nous avons parlé. Rien n'arrêta l'amant de Berthe; il passa outre et fit bénir son union par Archambaud, archevêque de Tours. Le scandale fut immense au milieu d'un peuple élevé dans le plus profond respect des lois de l'Église. Mais le fait accompli ne légitima point la conduite du prince au tribunal de l'opinion publique, et l'histoire vengeresse a flétri un scandale royal qui avait affligé l'Europe chrétienne.

La lutte était engagée entre un coupable couronné et le représentant suprême de la morale publique; la terre et le ciel sont attentifs; qui triomphera? Victorieuse ou non, la papauté fera son devoir et ne laissera pas périr un principe dont elle est la gardienne et la protectrice. « Jamais, dit le premier
« homme de notre siècle pour la profondeur des
« idées, jamais les papes et l'Église, en général, ne
« rendirent de service plus signalé au monde que

« celui de réprimer chez les princes, par l'autorité
« des censures ecclésiastiques, les accès d'une pas-
« sion terrible même chez les hommes doux, mais
« qui n'a plus de nom chez les hommes violents, et
« qui se jouera constamment des plus saintes lois du
« mariage partout où elle sera à l'aise. L'amour est
« un animal féroce capable des plus terribles excès.
« Si l'on ne veut pas qu'il dévore tout, il faut qu'il
« soit enchaîné, et il ne peut l'être que par la ter-
« reur; mais que fera-t-on craindre à celui qui ne
« craint rien sur la terre? La sainteté des mariages,
« base sacrée du bonheur public, est surtout de la
« plus haute importance dans les familles royales,
« où les désordres d'un certain genre ont des suites
« incalculables.... Les papes ont lutté et pouvaient
« seuls lutter sans relâche pour maintenir sur les
« trônes la pureté et l'indissolubilité du mariage, et
« pour cette raison seule, ils pourraient être placés
« à la tête des bienfaiteurs du genre humain [1]. »
Rien ne les a effrayés ou découragés, ni la splendeur du rang chez les coupables, ni la menace du
glaive, ni la perspective de longs et cruels désastres.
Le monde a appris par eux que les lois de la morale
sont également obligatoires pour tous, et que le
vicaire du Christ ne fait acception de personne,
quand il s'agit d'en assurer l'exécution, même contre un roi prévaricateur.

1. *Du Pape*, par de Maistre.

Deux Souverains Pontifes s'inspirèrent successivement de ces principes immuables dans leur conduite à l'égard du roi Robert. Jean XV, inflexible pour un prince qui avait bravé à la fois deux empêchements dirimants, deux lois morales de la plus haute gravité, refusa péremptoirement de ratifier son mariage. La mort vint trop tôt arrêter son zèle. Grégoire V ne se montra pas moins magnanime dans la défense des saintes règles. Nous en donnerons plus tard la preuve.

Le dénoûment que poursuivait le pape, et qu'il obtint plus tard, importait à la société chrétienne beaucoup plus qu'on ne le pense aujourd'hui. Le pouvoir civil n'était plus obéi ; l'Église, puissance spirituelle, était seule restée debout et pouvait seule ramener les peuples au sentiment et au respect de l'autorité et les guider dans la route bordée d'abîmes qu'ils avaient à parcourir. Que fût-il arrivé, si ce dernier rempart eût disparu? Les notions du bien et du mal, obscurcies par l'intérêt, par la passion et par la rapide contagion du scandale des princes, eussent fait place au chaos, et la barbarie, conséquence inévitable de la confusion des idées, eût précipité l'univers dans les plus épaisses ténèbres. La papauté, en assouplissant le Moyen Age au joug de la foi, a préparé les beaux jours des temps modernes. Le nier, serait une injustice et une ingratitude.

Mais, dira-t-on, le pape, sans rester spectateur impassible d'une iniquité dangereuse, pouvait, par une dispense, tout concilier, les égards dus à Rome, ceux qu'on doit à la royauté, et la tranquillité de la France. La réponse est facile : d'abord, Grégoire V était le seul juge de l'opportunité d'une double dispense qui n'avait été demandée qu'après coup et qui par là même avait été peu méritée. De plus, il était urgent, pour dominer utilement l'humeur batailleuse d'une époque où la force matérielle était en si haute estime, d'accoutumer à l'observance des règles sacrées ceux qui devaient l'exemple aux petits et aux faibles. Une dispense eût été considérée comme un acte de lâche courtoisie ; la loi n'eût plus été qu'une lettre morte, et le mariage qu'un caprice affranchi de toute entrave. Mais jusqu'à la fin des âges, le défenseur indéfectible de la saine doctrine et de la morale outragée dira aux princes voluptueux : « *Il ne vous est pas permis.* »

Avec une autorité moindre et dans un degré bien inférieur. Abbon servit courageusement la cause de la morale catholique. Compatriote et condisciple du roi Robert, il en était encore l'ami et l'obligé ; mais il n'en fut jamais l'adulateur. Le respect, la reconnaissance ou la crainte de tarir la source des bienfaits dont le monarque comblait l'abbaye de Fleury, ne lui firent jamais trahir son devoir. Plus ami des principes que des princes, il appartenait à cette race de moines dont parle saint Jérôme, qui n'ont pas coutume de céder à la peur[1]. « C'était avant « tout, pour emprunter à M. de Montalembert son « brillant langage, c'était une grande âme, virile « et résolue, ardente et enthousiaste, d'une énergie « indomptable, inaccessible au découragement, née « pour habiter ces sommets qui attirent à la fois « les regards de la foule et la foudre. » Qu'on ne nous accuse pas d'exagération; cette force d'âme est un des traits les plus apparents de la physionomie de notre saint. Il suffit, pour s'en convaincre, de lire Helgaud, moine de Fleury au onzième siècle, qui nous a laissé une *Vie abrégée du roi Robert.* Cet auteur raconte en ces termes la conduite d'Abbon dans cette délicate conjoncture : « Peu lui importe la mort; il reprend sévèrement « le roi en particulier et en public ; ses reproches « ne cessent qu'avec le scandale[2]. » Ces lignes valent plus que de longues pages et immortalisent notre cher Abbon. Nouveau Nathan, il annonce au prince, mais sans parabole, les volontés de la sainte Église, sa Mère, et réfugié dans l'inexpugnable asile de la conscience, que n'atteignent pas les orages de

---

1. « Hoc monachus... non novit terrori natio ista succumbere » (*Sancti Hieronymi Opera omnia*, édit. Migne, t. I, col. 742.)

2. « *Spretâ mortis formidine*, durè increpuit privatim et publicè. « Cujus sancti viri increpatio tam diù perstitit, donec rex mitissi= « mus reatum suum agnosceret. »

ce monde, il fait revivre sous le froc monastique la liberté des prophètes de l'ancienne loi et les pieuses hardiesses de saint Benoît gourmandant Totila[1] ou de saint Riquier et de saint Amand en présence de Dagobert.

Peu d'hommes se sont rencontrés, d'un caractère aussi élevé, aussi désintéressé, d'un zèle aussi indépendant et aussi généreux. Que de personnages vantés par l'histoire qui pâliraient à côté d'Abbon ! Quelle injustice d'avoir caché si longtemps *sous le boisseau* cette lumière de la nation française ! Comment comprendre le silence de l'histoire à l'égard de cet intrépide censeur des iniquités d'un roi, envers ce vaillant protecteur du mariage chrétien ? Nous nous accusons nous-même, et, dans l'intime conviction de notre insuffisance, nous regrettons qu'une plume plus exercée que la nôtre n'ait pas déjà doté le pays d'une biographie qui étonne encore plus qu'elle n'intéresse.

Les rois aiment plus qu'on ne croit la vérité. Robert du moins l'écouta religieusement de la bouche d'Abbon ; loin de s'irriter contre un moine qui lui prêchait clairement son devoir, loin de lui retirer son amitié, il lui confia une mission qui, dans les circonstances actuelles, était le témoignage d'estime le plus flatteur qu'un favori eût pu ambitionner.

---

1. *Patrol.*, édit. Migne, t. LXVI, col. 162.

Il choisit Abbon pour médiateur dans l'importante affaire de son mariage et le députa vers Grégoire V, non pour faire ratifier son union, ce qu'il ne pouvait espérer, mais pour obtenir un délai « nécessaire, « disait-il, pour prendre des arrangements conve- « nables à l'égard d'une princesse alliée aux plus « puissantes maisons du royaume de France. » Ce n'était, dans la réalité, que les atermoiements d'une passion impuissante à se vaincre.

Abbon n'avait pu décliner ni cet honneur ni cette fatigue. Il était cependant incommodé par un certain embonpoint que son historien attribue au régime alimentaire qu'il avait dû suivre dans ses voyages d'outre-mer[1]. Cette corpulence avec laquelle nous avons dû représenter notre saint en tête de notre livre, n'altérait point les harmonieuses proportions de ses organes et ne gênait point la liberté de ses mouvements ; mais elle pouvait s'accroître et dégénérer en infirmité. Cette éventualité ne peut le retenir ; il quitte de nouveau son abbaye, repasse les monts et se dirige pour la troisième fois[2] vers la *ville de la vérité*[3]. Un désir extrême de rétablir la concorde entre le Souverain Pontife et le roi Robert soutient son courage et rajeunit ses

---

1. *Patrol.*, édit. Migne, t. CXXXIX, col. 401.
2. Moréri s'est trompé en affirmant que saint Abbon ne fit que *deux* voyages à Rome.
3. *Civitas veritatis.* (Zach., VIII, 3.)

forces. Il arrive; il veut aller sans retard se prosterner au pied du trône où l'infaillibilité est assise. Nouvelle déception! le sénateur Crescentius, qui avait usurpé tyranniquement la domination dans Rome, y avait fait éclater une violente sédition en mai 997. Il avait fait chasser Grégoire V avec ses Allemands, et avait fait nommer à sa place Philagate, évêque de Plaisance. Cet antipape, dont le succès devait être de courte durée, prit le nom de Jean XVI. Grégoire V, pour sauver ses jours, avait dû fuir dans le dénûment le plus complet. Lorsque Abbon arriva à Rome, le pape en était parti pour rejoindre Othon III dans la vallée de Spolète, où ils avaient cherché un refuge contre les chaleurs excessives de l'été. Spolète, ville de l'Ombrie, n'est pas loin de Norcia, patrie de saint Benoît; vingt lieues seulement la séparent de la capitale du monde chrétien. Elle a donné son nom à un prêtre du nom de *Grégoire*[1], immolé dans ses murs en 304. Vers la fin du dixième siècle, elle offrit l'hospitalité à un autre Grégoire que la majesté du souverain pontificat n'avait pu préserver des outrages de ses enfants rebelles, et à un moine, simple prêtre, que la Providence destinait prochainement à la gloire des martyrs.

Au lieu de se reposer, Abbon quitte la ville des

---

1. *Saint Grégoire de Spolète*, prêtre et martyr, honoré le 24 décembre.

sept collines, et se dirige vers cette incomparable vallée de l'Ombrie que les vertus de saint François et de ses disciples devaient faire appeler plus tard la *Vallée des Saints*. Peu de jours après il rejoignait à Spolète le père commun des fidèles. La réputation du pieux et savant abbé l'avait précédé auprès de Grégoire V, qui l'honora de l'accueil le plus bienveillant. Mais laissons parler Aimoin :
« Dès que ces deux lumières de l'Église sont en
« présence, une joie indicible inonde leurs âmes;
« ils se précipitent dans les bras l'un de l'autre.
« L'humble Abbon salue le premier et fait agréer
« au pape les respects du roi Robert. Le pape,
« homme vraiment apostolique, repond à ces hom-
« mages par une bénédiction et dit au Bienheu-
« reux : *Votre arrivée réjouit mon cœur, ô mon*
« *fils, ardent défenseur de l'Église et de la vé-*
« *rité; car je sais que vous méritez ce nom. La*
« *renommée m'avait appris que vous excellez dans*
« *la sagesse divine et humaine et qu'aucune ami-*
« *tié n'a eu assez d'empire sur vous pour vous*
« *faire abdiquer les droits de l'équité. Je dois vous*
« *l'avouer, depuis longtemps je désirais contempler*
« *vos traits, et goûter amicalement votre entretien.*
« *Jouissons donc de ce que nous avons tant sou-*
« *haité et délassons notre esprit par des récits pro-*
« *fanes ou sacrés. Or sachez bien que j'accueille*
« *favorablement votre ambassade et que je me*

« *prêterai à vos désirs. C'est à vous de demander,*
« *à moi d'accorder dans les limites du possible;*
« *car je sais que vous ne solliciterez rien de con-*
« *traire au droit et à la morale, et que j'aurais*
« *tort de repousser vos prières*[1]. »

Telle fut l'entrevue d'Abbon et de Grégoire V. Jamais éloge plus pompeux ne fut adressé par une bouche auguste à un abbé de monastère. Après des paroles qui exaltaient à la face de l'univers cette noblesse de caractère, cette rectitude de jugement si remarquable dans Abbon, ne devrions-nous pas déposer notre plume? Après cette solennelle confirmation de nos timides appréciations, ne devrions-nous pas laisser le lecteur sous le charme d'un panégyrique sans contrôle et d'une si haute valeur? Mais l'esprit humain est ainsi fait : il veut assister jusqu'à la dernière heure au pieux spectacle d'une carrière déjà dignement et glorieusement remplie; un beau jour ne fait-il pas espérer un coucher de soleil encore plus resplendissant? Poursuivons donc notre œuvre et poursuivons-la avec sécurité ; nos lecteurs n'oublieront pas les louanges prodiguées à Abbon par le vicaire de Jésus-Christ et ne s'étonneront plus de notre enthousiasme pour notre héros.

Le jeune pape traita Abbon en ami ou plutôt en frère ; il le retint huit jours auprès de sa personne,

---

1. *Patrol.*, édit. Migne, t. CXXXIX, col. 401 et 402.

l'admit fréquemment à sa table, s'entretint avec lui à fond de tout ce qui concernait les affaires de la France et lui demanda des conseils. L'abbé de Fleury doit donc être compté parmi les conseillers du Souverain Pontife; nouveau titre à nos respects, nouveau mérite qu'il partagea avec les prélats les plus éminents de son époque : Gerbert, Willigis de Mayence, saint Adalbert de Prague, Notker de Liége.

Grégoire V donna à Abbon les instructions nécessaires relativement à la réintégration d'Arnulfe sur le siége métropolitain de Reims, et lui confia, pour être remis à ce prélat, le *pallium*, qui était alors comme aujourd'hui le signe consacré de la satisfaction du Saint-Siége envers le chef spirituel d'un diocèse. Il lui communiqua également ses intentions à l'égard du mariage de Robert et ne lui permit de repartir qu'après lui avoir fait accepter une belle chasuble et de l'encens précieux pour la célébration du saint sacrifice[1]; aimable attention qui supposait autant de piété chez le donateur que chez le donataire. Le vrai chrétien aime Dieu dans ses semblables et transforme en acte de religion un acte qui ne serait pour le mondain qu'une banale convenance.

L'ambassadeur du roi Robert avait réussi dans sa négociation; Grégoire V avait consenti à tempo-

---

1. *Patrol.*, édit. Migne, t. CXXXIX, col. 402.

riser ; ce n'est en effet que plus tard qu'il usa de rigueur envers le roi de France. Mais l'importance de sa mission diplomatique n'avait point fait oublier à Abbon sa chère abbaye. Il avait plaidé auprès du pape pour la cause de Fleury et en avait obtenu plusieurs faveurs, en particulier un privilége en vertu duquel l'évêque d'Orléans ne pouvait plus entrer dans le monastère sans y être spécialement invité ; de plus, dans le cas où tout le royaume serait frappé d'excommunication, l'interdit ne devait jamais atteindre l'abbaye de Fleury [1].

Abbon revint en France pleinement satisfait ; tous ses désirs n'avaient-ils pas été exaucés ? Que pouvait-il manquer à son cœur retrempé, rasséréné au contact de celui du Souverain Pontife ? A peine de retour, il fit rendre la liberté à Arnulfe et lui remit le *pallium* [2]. Quant au mariage du roi, le pape n'avait suspendu la foudre que pour un temps ; mais il avait chargé Abbon d'exhorter et de menacer de sa part ; le saint abbé transmit à Robert les ordres du pape, et peu après écrivit à ce dernier la lettre suivante :

« Au vénérable seigneur en Jésus-Christ, à Gré-
« goire, le chef du Saint-Siége apostolique et ro-

---

1. *Patrol.*, édit. Migne, t. CXXXIX, col. 402. — L'abbaye de Fleury fut plus tard affranchie de toute juridiction épiscopale par Grégoire VII.
2. *Ibid.*, col. 403.

« main, et par conséquent le *docteur* de l'Église
« universelle, salut en Jésus-Christ de la part
« d'Abbon, recteur des moines de Fleury.

« Souvent il arrive que la simple vérité se ternit
« en passant par la bouche d'un interprète infidèle.
« Afin de prévenir ce malheur, vénérable Père, j'ai
« rapporté votre pensée d'une manière exacte et sans
« détour, comme vous me l'aviez ordonné, et je n'ai
« point craint la colère du roi. Je voulais avant tout
« remplir consciencieusement la promesse que je
« vous avais faite. Je n'ai donc rien ajouté à vos
« paroles, ni rien retranché, ni rien changé, ni rien
« omis. La preuve, c'est la délivrance d'Arnulfe
« de sa prison, voire même son entière liberté. J'ai
« remis à ce prélat le *pallium* avec les propres
« termes dont vous vous êtes servi, quand je l'ai reçu
« de vos mains. Je puis encore prouver la fidélité
« de ma mission par le témoignage de mon seigneur
« *Rodbert*, l'illustre roi des Francs, mon fils spiri-
« tuel en Jésus-Christ qui a résolu de vous obéir
« comme à saint Pierre, le prince des apôtres, dont
« vous tenez la place sur la terre. Je prie Votre *Ma-*
« *jesté* d'indiquer à l'archevêque Arnulfe comment
« il doit se conduire vis-à-vis de ses clercs, comment
« il doit ramener les fils de son Église de leurs éga-
« rements antérieurs, et comment il doit s'y prendre
« pour recouvrer les possessions et les biens que son
« Église a perdus. Car, comme a dit un profane,

« *lorsque les rois sont en fureur, les Achéens sont*
« *obligés d'en porter la peine*[1]. Voilà quel a été le
« sort de l'Église de Reims : le patrimoine de la
« Sainte Vierge a payé les torts d'Arnulfe et de
« Gerbert. Puisque j'ai vénéré et que je vénère encore
« l'un et l'autre comme des amis, je ne me suis point
« tu quand j'ai découvert en eux quelque chose de
« blâmable, alors même que ma franchise leur de-
« venait importune. Leur lamentable différend a
« été cause que la plus noble de toutes les églises de
« la Gaule a été appauvrie, méprisée, avilie et dé-
« solée. Hâtez-vous de secourir cette église par votre
« irréfragable autorité, et rendez-lui son antique
« splendeur et la prospérité dont elle jouissait à l'é-
« poque d'Adalbéron de pieuse mémoire. Au sur-
« plus, je conjure Votre *Sainteté* de se rappeler la
« recommandation dont m'avait chargé le comte
« Foulques, à savoir qu'il aimait mieux restaurer
« des monastères ruinés que d'en bâtir de nou-
« veaux. Pour nous convaincre combien ses raisons
« sont vaines et frivoles, nous n'avons qu'à consi-

---

1. « Quidquid delirant reges, plectuntur Achivi. »
(Horat., *Ep.* L, 11, 14.)

« Du délire des rois les peuples sont punis. »

La Fontaine a traduit moins littéralement :

« Hélas ! on voit que de tout temps
« Les petits ont pâti des sottises des grands. »
(Liv. II, *fabl.* IV.)

« dérer le monastère de Saint-Pierre, qui n'est pas
« loin d'ici, et qui se nomme *Ferrières*¹ : riche-
« ment doté par la libéralité des anciens rois, ce
« monastère avait été soumis à l'Église romaine ;
« aujourd'hui, le comte Foulques l'a donné à ses
« vassaux comme un fief, et il se trouve tellement
« appauvri, qu'il reste à peine de quoi nourrir un
« petit nombre de frères. Les intéressés sollicitent
« avec larmes l'appui de la main secourable que le
« Seigneur a étendue du haut du ciel pour briser les
« liens des captifs, quand il vous a choisi pour être
« notre chef à nous tous. Il faut aussi que vous sa-
« chiez ce que je souffre moi-même : un certain
« Qauz, neveu du comte Wal de Nantes, ravage
« les possessions de notre monastère. Comme le
« comte se trouve présentement à Rome, je vous
« supplie de lui parler et de menacer son neveu de
« la verge d'excommunication, s'il n'offre une satis-
« faction convenable. En souvenir de votre libéra-
« lité, je vous réitère mes remercîments, comme le
« serviteur à son maître ; puisque je me sers de vos
« présents à la sainte Messe, je ne puis vous oublier
« dans mes prières. Au reste, je suis toujours prêt
« à vous obéir, à vous à qui le Seigneur daigne
« conserver la charge apostolique dans une paix
« éternelle. Adieu². »

1. *Ferrarias.*
2. *Patrol.*, édit. Migne, t. CXXXIX, col. 403 et 419-421.

Le ton presque familier de cette lettre atteste un degré d'intimité peu ordinaire entre un Souverain Pontife et un simple abbé de monastère ; les distances hiérarchiques s'effacent devant le mérite des saints ; ceux qui sont assis sur des trônes accordent volontiers leur estime et leur amitié aux humbles d'esprit et s'inclinent jusqu'à eux en implorant leur protection auprès du roi des rois. Abbon avait conquis sans y songer et parce qu'il n'y songeait pas, la considération de Grégoire V ; l'ami du roi Robert devint l'ami du pape, mais sans adulation comme sans profit pour la vanité.

On a dû remarquer le titre de *Docteur* qu'Abbon donne au pape dès le début de sa lettre. Esprit éminemment théologique et profondément devoué au Saint-Siége, il est peut-être le premier écrivain qui ait décerné au successeur de saint Pierre un nom ou plutôt une prérogative que le concile général de Florence, au quinzième siècle, devait sanctionner d'une manière solennelle, et que le concile du Vatican, au dix-neuvième siècle, devait interpréter encore plus glorieusement.

Abbon appelle encore le pape *Majesté*. Ce titre d'honneur, réservé aujourd'hui aux souverains, a été accordé, dans le Moyen Age, à de simples évêques. C'est depuis Louis XI que nos rois ont été généralement appelés du nom de *Majesté*. Henri VIII, roi d'Angleterre, qui se fit d'abord nommer *Altesse*,

exigea ensuite le titre de *Majesté*. « Au quinzième
« siècle, on ne donnait encore aux rois en Espagne
« que le titre d'*Altesse*; celui de *Majesté* fut intro-
« duit dans l'étiquette seulement sous le règne de
« Charles-Quint[1]. » Le titre d'*Altesse* n'est attribué
aujourd'hui qu'aux princes.

Un esprit argutieux trouverait peut-être dans
l'épithète de *Majesté* donnée au pape, au dixième
siècle, une preuve implicite de la reconnaissance
de son pouvoir temporel à cette époque. A la rigueur, Abbon pourrait être considéré comme un
précurseur de notre siècle, comme une sentinelle
avancée des innombrables défenseurs du *pape-roi*.
L'induction tirée de cette épithète se fortifie du rapprochement du titre de *Sainteté* accordé au pape
dans la même lettre. Pourquoi ces deux titres de
Majesté et de *Sainteté* dans l'espace de quelques
lignes? Ne valait-il pas mieux employer deux fois le
second qui est plus honorifique? Ou bien l'un ne
s'applique-t-il pas au roi temporel dont Rome est la
capitale, et l'autre au roi spirituel qui a pour
royaume l'univers chrétien? Cela soit dit en passant
et sans entrer dans une discussion naguère bruyante
et non encore assoupie. Mais qui pourrait nous
blâmer d'avoir hasardé une interprétation qui flatte
une de nos opinions, ou plutôt une de nos convic-

---

1. *Christophe Colomb*, par Roselly de Lorgues, t. I, p. 170.

tions les plus profondes ? Nous l'avons fait sans crainte, et nous avouons hautement nos sympathies pour un pouvoir que la Providence a ménagé au vicaire de Jésus-Christ, afin d'assurer la liberté de ses augustes fonctions.

Vers l'an 418, saint Jérôme écrivait de sa solitude de Bethléem à saint Augustin : « J'ai toujours vénéré « Votre *Béatitude*[1]. » Les évêques présents au concile de Rome en 601, disaient au pape saint Grégoire le Grand : « Nous confirmons ce que Votre *Béatitude* « ordonne. » A son tour, ce même pape écrivant à son ami, saint Léandre, évêque de Séville, affligé comme lui de la goutte, l'appelle *Sainteté*[2]. Ces deux qualifications de *Béatitude* et de *Sainteté* pouvaient donc être accordées primitivement aux évêques. Les abbés de monastères, les princes séculiers, même un personnage infime[3], pouvaient y prétendre. Elles ne furent réservées au pape que vers le quinzième siècle.

Grégoire V répondit amicalement à la lettre d'Abbon. Il s'était entretenu avec le porteur que lui avait expédié l'abbé de Fleury et profitait de son retour un peu précipité pour lui faire parvenir sa réponse. Le pape se déclare touché des sentiments

---

1. *Sancti Hieronymi Opera omnia*, édit. Migne, t. I, col. 1179.
2. *Patrol.*, édit. Migne, t. LXXVII, col. 1052.
3. Aimoin a décerné une fois à Hervé le titre de *Sainteté*. (*Patrol.*, édit. Migne, t. CXXXIX, col. 414.)

que lui exprime Abbon et le prie de lui adresser le frère R....... et de lui transmettre par ce courrier des nouvelles de sa santé, de la fidélité du roi à sa promesse et de l'état d'Elfrice, archevêque de Cantorbéry, qui était alors malade. Il le prie encore de lui envoyer un des meilleurs missels de Fleury, afin que par l'usage de ce livre à l'autel, il puisse se souvenir de l'ami dont il l'aura reçu [1].

Jamais pape n'a écrit avec plus d'abandon et de tendresse. Grégoire V avait voué à l'abbé de Fleury une amitié toute cordiale et il tenait à l'en convaincre. Après l'avoir comblé de faveurs, il voulait encore devenir son obligé comme pour établir entre eux une sorte d'égalité et lui faire oublier, au profit de leur liaison, le rang suprême auquel la Providence l'avait élevé.

Il se forma entre Grégoire V et Abbon un commerce épistolaire, également honorable pour l'un et pour l'autre. Nous voudrions pouvoir mettre sous les yeux de nos lecteurs toutes les pièces de cette fraternelle correspondance ; mais de toutes les lettres du pape à Abbon, il n'existe plus que celle dont nous avons donné l'analyse. Elle fut écrite en 997. Les autres sont perdues. Celles d'Abbon ont eu une meilleure fortune. Si quelques-unes ont péri, deux au moins nous restent encore, que nous allons traduire :

1. *Patrol.*, édit. Migne, t. CXXXVII, col. 920.

« Je suis importuné par beaucoup de personnes,
« qui me supposent du crédit auprès de Votre *Clé-*
« *mence* et me prient d'intercéder pour leurs pé-
« chés. Leur confiance en vous m'a paru si sincère,
« que j'ai cru devoir vous transmettre les accents de
« leur supplique, persuadé que je serais utile à votre
« Église, que recherchent ceux qui veulent *vivre*
« *avec piété en Jésus-Christ*. J'ai au contraire re-
« poussé avec indignation la demande de certains
« hommes pleins d'eux-mêmes, de peur qu'une
« intercession opiniâtre et importune de ma part
« n'attirât sur moi-même une colère que j'aurais
« voulu écarter de leurs têtes. C'est ainsi que Moïse,
« le plus doux des hommes, voulant favoriser le
« peuple rebelle auprès des *eaux de la contradic-*
« *tion*, encourut un blâme sévère de la part de
« Dieu. J'ai donc tâché de concilier les intérêts de
« mes amis avec ma propre conscience, et en parais-
« sant devant Votre *Majesté*, j'ai exposé, aussi bien
« que je l'ai pu, ce qui méritait d'être commu-
« niqué, et j'ai gardé le silence sur le reste. Car la
« bienveillance dont vous avez daigné m'ho-
« norer m'a appris que votre âme compatit
« aux infortunes des malheureux, aux tribula-
« tions des affligés, aux chutes des faibles. Durant
« nos entretiens sur les passions de l'âme, qu'ai-je
« découvert en vous, sinon la douceur d'une élo-
« quence toute *grégorienne* et une juste sévé-

« rité tempérée par une paternelle indulgence?

« C'est sous l'empire de ces souvenirs que je suis
« revenu à Fleury, le cœur plein de joie; en toute
« occasion, j'ai raconté vos discours si saints et si
« dignes de respect; j'ai donc fait comme la *reine*
« *du Midi*, qui était venue des confins de la terre
« pour entendre la sagesse de Salomon ; de retour
« dans son pays, elle fit le bonheur du roi et de ses
« serviteurs par ses récits merveilleux. Quoiqu'il
« ne m'ait été donné de partager votre société que
« peu de jours en Italie, tant que mon âme animera
« mes membres, je ne cesserai de publier les pro-
« diges que j'ai vus et entendus. Ravie de tant de
« merveilles, une vénérable femme nommée Ilde-
« garde, se disposant à partir pour Rome, m'a
« supplié avec larmes, au nom de notre parenté,
« de vous la recommander par une lettre. Elle est
« pécheresse et noble, non pas noble parce qu'elle
« est pécheresse, mais pécheresse parce qu'elle
« est noble; car ayant prêté l'oreille aux séduc-
« tions de l'ennemi du genre humain, elle a
« commis dans le siècle beaucoup de fautes pour
« lesquelles elle a sollicité le remède de la péni-
« tence, et par le conseil d'hommes bons, elle a
« construit à ses frais deux monastères, l'un de
« chanoines, l'autre de religieuses, à neuf milles
« environ de distance l'un de l'autre[1], et elle les a

[1] On ne connaît pas les noms de ces deux monastères.

« dotés de revenus assez considérables pour nourrir
« plus de personnes que n'en contiennent ces deux
« maisons ; l'un de ces monastères est dédié à saint
« Pierre, prince des apôtres, l'autre à saint André,
« apôtre ; elle désire les rendre tributaires tous les
« deux de l'Église romaine et les placer sous la ga-
« rantie de votre inviolable autorité. C'est pourquoi
« je conjure instamment Votre *Sérénité* de vouloir,
« à l'exemple de ses prédécesseurs, protéger les
« nouveaux monastères en confirmant leurs titres,
« afin que ceux qui les habitent puissent servir
« Dieu loin du bruit du siècle, sous la sauvegarde
« de l'excommunication réservée aux perturba-
« teurs[1]. »

Quand même cette lettre serait sans titre et ne porterait pas les noms de Grégoire et d'Abbon, il serait encore évident qu'elle ne peut appartenir qu'à notre saint. Les entretiens avec le pape et le retour à Fleury que l'écrivain y rappelle, en sont une preuve manifeste. Pourquoi donc le célèbre dom Cellier conteste-t-il à Abbon la paternité de cette lettre et l'attribue-t-il à Albert, abbé de Mici[2]? La lettre de ce dernier, que nous avons lue dans Mabillon[3], ne ressemble à celle d'Abbon que par la

1. *Patrol.*, édit. Migne, t. CXXXIX, col. 421 et 422.
2. *Histoire générale des auteurs sacrés et ecclésiastiques*, par le R. P. dom Remy Ceillier. Paris, 1757, t. XX, p. 45.
3. *Veterum analectorum* tomus III, operâ et studio Johannis Mabillon. Lutetiæ Parisiorum, 1682, p. 439, 440.

dernière phrase qui paraît copiée littéralement[1]. Albert, dont l'abbaye était située, ainsi que celle de Fleury, dans le diocèse d'Orléans, pouvait être lié avec Abbon, son contemporain, son voisin, son égal dans une maison du même Ordre. L'amitié amena sans doute des communications littéraires, et Albert qui voulait obtenir du pape Jean XVII un privilége dont jouissait déjà Fleury, crut ne pouvoir mieux faire que d'emprunter à Abbon une phrase exprimant une demande identique. C'est cette phrase, identique dans deux lettres qui ne sont pas de la même époque, ni adressées au même pape, qui aura induit en erreur dom Cellier. Il est juste de laisser à chacun ses œuvres, surtout quand il suffit de lire pour reconnaître les droits respectifs de deux auteurs.

Nous avons tenu à démontrer contre un écrivain généralement exact l'authenticité de cette lettre, parce qu'elle nous révèle dans Abbon des nuances délicates que nous n'avions pas encore signalées. C'est dans les trop rares fragments de sa correspondance que l'on peut juger du cœur d'Abbon, et ce cœur nous semble très-supérieur à son esprit. Nature fine et affectueuse, l'abbé de Fleury, un des hommes les plus lettrés du Moyen Age, montre en des temps si *barbares* une douceur de sentiment, une politesse

---

1. Du Cange a reproduit cette phrase d'après Mabillon. (*Glossarium mediæ et infimæ latinitatis*, art. *Epitimium*.)

de mœurs qui, mieux encore que la science, est le signe de la civilisation chrétienne. Par un tour ingénieux, il donne au langage une transparence qui laisse deviner ce qu'il ne pourrait exprimer plus clairement sans adulation. Les obscurités grammaticales, moins fréquentes chez Abbon que chez les chroniqueurs de la même époque, ne nuisent jamais à sa pensée. Il y a même un certain charme à découvrir sous des constructions un peu embarrassées une souplesse et des habiletés que l'orateur romain n'eût pas dédaignées.

Remarquons les titres de *Clémence*, *Sérénité*, et encore de *Majesté*, attribués au pape dans cette lettre. Ces titres variés et multiples nous prouvent qu'au dixième siècle aucun n'était encore réservé exclusivement au Souverain Pontife.

La dernière lettre d'Abbon à Grégoire V est la plus curieuse. On va en juger :

« J'ai appris par expérience que *plus on sait,*
« *plus on souffre*[1]. L'intelligence de la loi divine
« me fait discerner ce qui est précieux de ce qui est
« vil, et réveille douloureusement dans mon cœur
« le souvenir des maux passés et le regret d'avoir
« trop peu pratiqué la vertu. Il arrive, par les en-
« traînements de la fragilité humaine, que la *science*
« *enfle plus que la charité n'édifie*[2], comme je

---

1. « Qui addit scientiam, addit et laborem. » (*Eccl.*, I, 18.)
2. « Scientia inflat, charitas verò ædificat. » (I *Cor.*, VIII, 1.)

« m'en suis convaincu par nos entretiens sur les
« passions de l'âme, alors que nous cherchions par
« nos causeries à utiliser les loisirs de la route dans
« la province de Spolète. Plein de ces souvenirs, je
« prie et je supplie Votre *Paternité* de m'aider de
« ses prières et de me faire obtenir le sort des chré-
« tiens agréables au Seigneur. Je réclame aussi
« pour votre fidèle serviteur, nommé Humbold [1],
« cette bienveillance que tout l'univers convoite
« pour sa perpétuelle paix.

« Enfin, vous m'avez demandé comment le corps
« de saint Benoît, le législateur des moines, a été
« transporté dans la Gaule, et quels événements his-
« toriques se sont passés dans les contrées cisalpi-
« nes. Conformément à vos ordres, j'ai tracé le ré-
« cit de cette translation, et je vous l'ai adressé
« sans retard, afin qu'on puisse le lire au delà des
« Alpes. C'est ainsi que j'ai répondu à vos désirs.

« Je vous ai encore expédié deux petits vases *ma-*
« *zés* qui représentent en figures de relief la Cha-
« rité et l'*Éthique*. La première, c'est-à-dire la Cha-
« rité, tient en ses mains l'Ancien et le Nouveau Tes-
« tament ouverts; l'autre, l'*Éthique* (c'est-à-dire la
« morale), enveloppe de ses ailes l'histoire et l'al-
« légorie; en sorte que chacune de ces vertus, la
« Charité et l'*Éthique*, offre sur le bord de ces

---

1. Humbold était sans doute le porteur de cette lettre.

« vases, par le travail de l'artiste, le symbole des
« quatre vertus cardinales [1]. »

La lettre se termine par douze vers élégiaques qui rappellent la triste situation de Rome et la translation des reliques de saint Benoît : « Les gé-
« néreux enfants de la *Ville* [2] sont privés des fais-
« ceaux consulaires qui faisaient leur sécurité, et
« Rome frémit, soumise à des maîtres étrangers [3].
« La scène devient plus sombre de jour en jour;
« cruelle d'abord, elle sera bientôt sanglante. Ga-
« rantissez vos jours, ô vous, nouveau Mage, ô vous,
« Grégoire V, sentinelle vigilante de l'univers. Et
« toi, Abbon, c'est pour l'amour de l'*évêque uni-*
« *versel* que tu gravis, courbé par la fatigue, la
« chaîne des Alpes, et que tu suivis ses pas à tra-
« vers les neiges de l'Éridan (le Pô). Habitants de
« l'Hespérie, et vous, saint de Dieu, accueillez le ré-
« cit de la translation de notre Père, justement ap-
« pelé *Benoît* [4]. Nous Français, nous vénérons avec
« allégresse ses cendres déposées dans un tombeau;
« vénérez-les, vous aussi, à qui j'ai donné à lire les

---

1. *Patrol.*, édit. Migne, t. CXXXIX, col. 422 et 423.
2. Dans le langage des auteurs chrétiens, la *Ville*, *Urbs*, la cité par excellence, c'est Rome où habite le vicaire du Christ. Aucune autre ne peut lui être comparée ni prétendre aux mêmes destinées. Le mot *civitas* désignait les autres villes.
3. Allusion à la domination du tyran Crescentius dans Rome et à l'exil momentané de Grégoire V.
4. *Benoît*, en latin *Benedictus*, béni.

« prodiges opérés par son puissant crédit[1]. »

Cette lettre respire un doux parfum d'humilité et d'amour de la vertu. Les citations de la Bible qu'on y rencontre sont une preuve nouvelle de l'étude assidue des Livres saints dont l'abbé de Fleury nourrissait son esprit et son cœur.

Les vers qui couronnent cette épître sont, il faut en convenir, d'une facture un peu barbare. Abbon est à la hauteur de ses contemporains par la versification; il est, comme eux, un patient ouvrier en vers, mais il est au-dessus d'eux par la verve et le lyrisme; il ne lui a manqué que de vivre dans un des siècles de la belle littérature latine.

Abbon semble avoir épuisé, dans ses lettres à Grégoire V, tous les titres de respect qu'on donnait de son temps au Souverain Pontife. Dans sa dernière, il l'appelle *Paternité*. Le nom de *Pape* dérive du latin *papa*, père. Le christianisme, ayant institué la paternité spirituelle, avait dû adopter le langage de la famille. Dans les premiers siècles, le nom de *pape* se donnait à tous les évêques et même à de simples prêtres[2], parce qu'ils étaient investis de la paternité, ou qu'ils y participaient envers les Églises particulières qui formaient leurs familles

---

1. *Patrol.*, édit. Migne, t. CXXXIX, col. 422, 423.
2. *Sancti Hieronymi Opera omnia*, édit. Migne, t. I, col. 830, 851, 834, 916, 935, 1161. — *Sancti Augustini Opera omnia*, édit. Migne, t. II, col. 125, 953.

spirituelles. Au dixième siècle, Abbon s'incline affectueusement devant la *Paternité* de *l'évêque de Rome*, de *l'évêque des évêques*, du *père des pères*. Un siècle plus tard, sous un autre Grégoire, saint Grégoire VII, le titre de *pape* fut exclusivement réservé au Pontife suprême, au représentant de Jésus-Christ sur la terre. Après la paternité de Dieu, il n'en est pas de plus grande et de plus élevée.

L'autorité prend donc dans l'Église le titre le plus doux qu'elle ait jamais porté. Tandis que les princes ordinaires s'appellent des rois, des empereurs, des Césars, le chef de la chrétienté est désigné sous le nom sympathique de *Père*. Du lieu élevé d'où il domine l'univers, ses yeux, de quelque côté qu'ils se tournent, n'aperçoivent que des enfants; les nations qui s'agitent à ses pieds sont sa famille; les rois qui les gouvernent sont ses fils. Pour distinguer cette paternité de tant d'autres moins augustes et plus métaphoriques, les respects du monde ont ajouté : *le Saint-Père!* A ce nom, qui exprime si bien la majesté unie à la tendresse, et qui nous rappelle si vivement nos premières et nos plus douces affections, la catholicité est émue jusqu'au fond des entrailles par des inquiétudes ou des espérances filiales; tout ce qui touche à une telle personne devient une question de famille d'un pôle à l'autre.

D'autres explications ne sont pas moins nécessaires pour l'intelligence des petits vases *mazés* dont Abbon fit présent à Grégoire V. Dans le langage industriel ou plutôt artistique des temps modernes, le *mazéage* est un affinage préliminaire au coke que subissent les fontes. Ces vases avaient-ils passé par une opération semblable ou équivalente? Pourquoi pas? Le nier, sous prétexte que le dixième siècle n'était pas capable d'une telle perfection, c'est multiplier gratuitement les difficultés. D'où provenaient ces vases, de quel atelier, de quelle époque? Puisque l'on connaissait au dixième siècle le terme *mazer*[1], on devait aussi sans doute en percevoir le sens et l'opération qu'il désignait. Le *Glossaire latin* de Ducange, source inépuisable d'érudition sacrée et profane, rapporte le texte d'Abbon sans l'interpréter[2]; mais il entre ailleurs[3] dans des détails suffisants pour nous initier au secret d'un art cultivé au Moyen Age. Son *Glossaire français*[4] nous apprend encore que nos aïeux appelaient *Mazelins*, *Mazerins* certaines coupes à boire. D'où nous conjecturons que les vases offerts au pape par l'abbé de Fleury n'étaient autre chose que de petits vaisseaux à boire, en fonte *mazée*, et ornée des sujets religieux que nous avons décrits.

1. Le texte porte : vascula *manzerina*.
2. *Glossarium mediæ et infimæ latinitatis*, art. *Manzerina*.
3. *Ibid.*, art. *Mazer*.
4. Art. *Mazer*.

L'histoire compte peu de saints qui aient obtenu au même degré qu'Abbon la confiance, l'estime et l'amitié du vicaire de Jésus-Christ. Rien ne le démontre plus sûrement et plus glorieusement que la correspondance que nous venons d'exposer. Mais la faveur dont notre saint était honoré par Grégoire V lui imposait des devoirs exceptionnels et une sorte de solidarité dans la conduite des œuvres de Dieu. Il fut donc jusqu'à la fin le coopérateur dévoué du Saint-Siége dans l'importante affaire du mariage de Robert. Condamnant une alliance que Rome condamnait, il ne chercha point à faire proroger le délai moral qu'il avait obtenu pour le roi de France; et comme Robert flottait encore entre son cœur et sa conscience et différait la rupture promise, Abbon l'exhorta plus instamment que jamais et lui fit entrevoir les terribles conséquences de ses hésitations.

Crescentius, l'oppresseur de la papauté, avait été livré à la mort par Othon III[1]. Le pape rentra à Rome en février 998. Avant de laisser tomber du Vatican cette parole qui bénit ou châtie le monde, il épuisa à l'égard du roi de France toutes les pieuses industries du zèle et de la douceur; il avertit, il pria, il attendit. Lenteurs paternelles, mais inutiles. Grégoire V convoqua un concile à Rome au mois de

1. M. Henri Martin (*Histoire de France*, t. III, p. 33) a cru réhabiliter le tyran Crescentius en l'appelant le *premier martyr de l'indépendance italienne*.

mai 998. Othon et Gerbert, le maître et l'ami de Robert, assistèrent à ce concile avec les évêques, les clercs, les seigneurs du territoire romain, tous les prélats italiens et allemands, les nobles et les dignitaires, tant civils qu'ecclésiastiques, qui faisaient partie de la suite de l'empereur ou du pape. Ce concile solennel déclara la nullité du mariage incriminé, et prononça contre Robert et ses complices cette sentence foudroyante :

« Le roi Robert quittera Berthe, sa parente, qu'il
« a épousée au mépris des lois canoniques. Il fera
« une pénitence de sept années, selon la discipline
« de l'Église à l'égard des mariages incestueux.
« S'il refuse de se soumettre, qu'il soit anathème.
« — Archambaud, archevêque de Tours, qui leur
« a donné la bénédiction nuptiale, et tous les évê-
« ques qui y ont assisté, seront suspendus de la
« communion catholique jusqu'à ce qu'ils soient
« venus à Rome pour y donner satisfaction. »

A une faute publique le concile avait infligé une expiation publique. A cette époque, l'esprit chrétien, quoique affaibli, mais non pas au degré où certains auteurs le supposent, était encore assez puissant pour maintenir les rigueurs de la pénitence publique.

L'effet de la censure pontificale fut immédiat. Le roi, excommunié pour avoir refusé d'obéir, resta seul dans son palais, comme un homme frappé d'une contagion de mort. Peuple et grands, officiers et soldats, se hâtèrent de le fuir, pour n'être pas atteints comme lui. Deux serviteurs seulement se dévouèrent pour le servir; encore avaient-ils soin d'éviter son contact et de purifier au feu les objets qui avaient passé par ses mains, les vases où il avait mangé, ceux où il avait bu, tout ce qu'il avait touché.

L'infortuné monarque luttait encore contre son devoir; mais la Providence, par une de ces rigueurs qui sont des coups de grâce, brisa la dernière attache de son cœur. Berthe était enceinte et devait bientôt lui donner un fils. Ce qu'il attendait comme une consolation ne fut pour lui qu'un sujet de désespoir : saint Pierre Damien nous apprend, dans une de ses lettres à Didier, abbé du Mont-Cassin, qu'il appelle l'*archange des moines*, que Berthe mit au monde un monstre [1]. Quand l'empire désordonné d'une femme peut influer sur le sort des nations, faut-il s'étonner que Dieu la châtie? L'histoire bien faite serait le tableau des justices du ciel. Le roi, effrayé de ce phénomène, et pressé par les remontrances des évêques, et particulièrement par celles de saint Abbon, se résigna enfin à briser les

---

1. « Robertus, Gallorum rex, propinquam sibi copulavit uxorem « ex quâ suscepit filium, anserinum per omnia collum et caput ha- « bentem. » (*B. Petri Damiani, monachi Ord. S. Bened., epistolarum libri octo.* Parisiis, 1610, p. 213.)

liens illicites qui l'unissaient à Berthe; les sentiments vertueux du jeune âge reprirent leur ascendant sur cette âme moins corrompue qu'égarée, et, après de douloureux combats, le déterminèrent à une pénitence exemplaire. Belle et touchante réparation, la plus capable alors de satisfaire les peuples soumis à Robert, et de rendre à ce prince sa première popularité; elle fit oublier ses fautes passées et lui mérita cette mémoire d'un bon roi que les récits populaires nous ont transmise. Tant il est vrai que les hommes, accidents d'un jour, trouvent leur intérêt, même temporel, à respecter les lois immuables de l'Église! Rien ne prévaut utilement contre l'autorité d'une mère.

Berthe reléguée, l'an 1000, dans un territoire de la Sarthe dont le roi lui fit don, consacra ses loisirs aux bonnes œuvres et bâtit les églises de Fresnay, de Saint-Christophe-du-Jambet, de Segrie et de Moitron. Aux habitants de ces paroisses et à ceux de Montreuil-le-Chétif et de Saint-Aubin-de-Locquenay, elle accorda le droit d'usage sur une portion de ses terres, à la condition qu'on prierait pour elle à la messe paroissiale; elle sut faire bénir son nom qui n'est pas encore oublié dans ces contrées[1].

Peu de temps après, Robert épousa légitimement

---

[1] *Archives de la Sarthe.* — *Séances générales nues en* 1859 *par la Société française.* Caen, 1839.

Constance, fille de Guillaume, comte d'Arles et de Provence, et de Blanche, sœur du comte d'Anjou. L'harmonie, un instant troublée entre l'Église et l'État, se rétablit, et le peuple se rapprocha plus que jamais de son roi.

La réparation du scandale était due en partie aux instances de l'abbé de Fleury. Son magnanime dévouement à la morale publique, loin de lui nuire dans l'esprit du monarque, lui concilia plus vivement son estime avec la reconnaissance de la Religion.

CHAPITRE XIII

**Vies de quatre-vingt-onze papes par Abbon.
Acrostiche curieux
en l'honneur d'Othon III. — Lettre à saint Odilon,
abbé de Cluny,
sur les canons des Évangiles. — Guérison
miraculeuse d'un lépreux.**

Abbon avait été en Italie l'ange consolateur du vicaire de Jésus-Christ dans des circonstances douloureuses. De retour en France, il s'était fait l'appui et le coopérateur de la papauté contre un prince dont il avait reçu des bienfaits, mais dont il ne pouvait approuver l'alliance. Ses rapports intimes et fréquents avec Rome, sa correspondance particulière avec Grégoire V, exaltèrent son amour et son enthousiasme pour les représentants de Notre-Seigneur sur la terre, et le déterminèrent à la composition d'un ouvrage qu'il croyait utile à son siècle. Dans tous les temps, la papauté a été méconnue ou calomniée; patiente et résignée comme son auteur, elle bénit ceux qui l'outragent et prie pour ses persécuteurs. Mais il a plu à Dieu de lui donner des historiens ou des panégyristes pour éclairer les bons et confondre les méchants. Abbon est un des anneaux de cette chaîne d'historiens, un des biographes de la papauté.

De tous ces historiens, le premier en date, sinon en mérite, est Anastase le *Bibliothécaire*, ainsi surnommé sans doute parce qu'il était bibliothécaire du Vatican. Il vivait au neuvième siècle. L'ouvrage qui a le plus contribué à sa célébrité, c'est son *Liber pontificalis*, ou recueil des vies des papes, depuis saint Pierre jusqu'à saint Nicolas Ier, dont il était contemporain et auquel il survécut. Cet ouvrage fut imprimé pour la première fois à Mayence en 1602. L'auteur avait puisé ses documents dans les anciens catalogues des pontifes romains, dans les *Actes* des martyrs et dans les archives de l'Église romaine. Son livre a été annoté par le savant Haute-Serre, professeur de droit à Toulouse, vers la fin du dix-septième siècle[1].

Le second est *Floar* ou *Flodard*, *Flodoard*, *Frodoard*, né à Épernay-sur-Marne en 894, mort en 966. Les plus savants historiens l'admirent encore aujourd'hui comme un maître. Chanoine de l'église de Reims, il écrivit l'*histoire* de cette église, traduite

---

1. *Antonii Dadini Alteserræ notæ et observationes in Anastasium de Vitis Romanorum pontificum.* Parisiis, 1680.

au seizième siècle par maître Nicolas Chesneau. Pèlerin de Rome, il composa les *Vies des papes*, depuis saint Pierre jusqu'à Léon VII, qui mourut en 939. Flodoard dédia cet ouvrage à Robert, son ami, archevêque de Trèves.

Le troisième se nomme *Luitprand* ou *Liutphrad*, *Litobrand*, *Eutrand*, né vers l'an 920, mort en 972. Il fut sous-diacre de l'église de Tolède, en Espagne, puis diacre de l'église de Pavie, et enfin évêque de Crémone. Il écrivit les *Vies des papes, depuis saint Pierre jusqu'à Formose*, qui mourut en 896. L'esprit de parti qui l'animait en faveur des Allemands, qu'il avait servis dans deux ambassades à Constantinople, rend son témoignage plus que suspect, lorsqu'il parle des papes qui soutenaient les Italiens. Voltaire lui-même a été forcé de reconnaître ses mensonges. Malgré cet aveu non équivoque, Luitprand n'en a pas moins joui d'une certaine autorité parmi les philosophes et les jansénistes du dernier siècle.

Abbon occupe chronologiquement le quatrième rang parmi les biographes de la papauté. Son ouvrage a pour titre : *Abrégé des vies de quatre-vingt-onze pontifes romains*[1]. Il débute par le chef des apôtres et s'arrête à Grégoire II, mort en 731. Une fin trop prompte empêcha notre saint de compléter une œuvre où son cœur avait encore plus de

1. *Sancti Abbonis Epitome de XCI Romanorum pontificum vitis.*

part que son intelligence. Aimoin, qui n'a pas voulu
citer tous les ouvrages d'Abbon, de peur de fatiguer le lecteur[1], n'a pas mentionné celui-ci. Mais
tous les auteurs, excepté Ellies Dupin, qui le range
parmi les *œuvres supposées d'Abbon*[2], l'attribuent
à l'abbé de Fleury. Imprimé en 1602 à Mayence,
sous le nom d'*Abbon*, avec celui de Luitprand[3],
par les soins du P. Jean Busée, jésuite, il a été affranchi plus tard de cette sorte de confraternité humiliante, et reproduit récemment par M. Migne
parmi les œuvres authentiques d'Abbon[4].

Notre saint avait un jugement trop droit pour ne
pas discerner dans les travaux de ses devanciers ce
qui méritait le blâme ou l'éloge. Laissant de côté ce
qu'une saine critique ne pouvait admettre, il se
borne à analyser Anastase le Bibliothécaire. Son
Abrégé ne comptera jamais parmi les grands monuments de l'érudition ecclésiastique ; mais il atteste
une connaissance profonde de la doctrine de l'Église,
de son histoire, de sa liturgie, de ses usages. On

---

1. *Patrol.*, édit. Migne, t. CXXXIX, col. 404.
2. *Histoire des controverses et des matières ecclésiastiques traitées dans le dixième siècle*, par messire Ellies du Pin. Paris, 1699, p. 314.
3. *Luitprandi, Ticinensis diaconi, opusculum de vitis Romanorum pontificum ; item Albonis, Floriacensis abbatis, epitome de vitis eorumdem ex Anastasii Bibliothecarii historiâ excerpta. Utrumque ex pervetustis mss. codd. membraneis descriptum et nunc primum typis procusum.* Moguntiæ, MDCII.
4. *Patrol.*, édit. Migne, t. CXXXIX, col. 555-570.

peut le consulter avec confiance. Le style est noble, calme, sans passion. La papauté n'a pas besoin de panégyristes; l'impartialité de l'histoire lui suffit.

Nous avons déjà dit qu'Abbon cultivait la poésie, ou du moins la versification. La Providence ne lui avait pas refusé les dons de l'esprit et du cœur qui distinguent un disciple des muses; la culture des lettres, dans toute l'étendue et la variété de leur domaine, l'amour du beau, et le soin du langage qui le fait aimer, charmaient ses rares loisirs; mais le mauvais goût de son siècle déteignit sur lui, faussa son génie, et l'emprisonna un jour dans un genre de littérature qui était plutôt un tour de force inutile qu'un exercice noble et louable. L'*acrostiche*, fantaisie aujourd'hui fort décriée, était un des produits de la latinité dégénérée du Moyen Age. Quelques esprits supérieurs, mais gouvernés par leur époque, tels que saint Fortunat, Ermoldus, Nigellus[1], Raban Maur, et bien d'autres encore, y avaient essayé leur intelligence. Peu à peu l'acrostiche envahit la littérature et créa aux moines un nouveau travail et un nouveau tourment pour leur esprit inventif. L'abbaye de Fleury subit comme d'autres la tyrannie de la mode. Au neuvième siècle, Gauzbert, moine de

1. Ermoldus Nigellus, qui a célébré les exploits de Louis le Débonnaire dont il était contemporain, composa en l'honneur de ce *César très-chrétien* un acrostiche de trente-cinq vers qu'on lit encore aujourd'hui dans ses œuvres. (*Patrol.*, édit. Migne, t. CV, col. 569 et 570.)

cette abbaye, composa à la louange de Guillaume, comte de Blois, un acrostiche ordonné de telle sorte que les premières et les dernières lettres de chaque vers, aussi bien que celles du milieu, forment celui-ci :

<blockquote>Te virtute crucis Soter, Guillelme, coronet [1].</blockquote>

Ce même vers, qui commence et finit l'acrostiche, le coupe en quatre parties, en formant au milieu une croix grecque sans interrompre le sens, de sorte qu'il s'y lit six fois [2].

Un siècle plus tard, Abbon opérait un semblable prodige de patience dans un acrostiche de trente-cinq vers héroïques où il célébrait Othon II et son fils Othon III, surnommé la *Merveille du monde*, la *Gloire de la jeunesse* [3]. Cette pièce ingénieuse est encadrée et divisée verticalement et horizontalement par le vers, répété six fois :

<blockquote>Otto, valens Cæsar, nostro tu cede coturno [4].</blockquote>

Les curieux qui voudraient connaître les autres vers de cette pièce peuvent les lire dans le recueil des œuvres d'Abbon [5]. La combinaison des mots qui dé-

---

1. Que le Sauveur, ô Guillaume, te couronne par la vertu de sa croix.

2. *Histoire littéraire de la France,* par dom Rivet. (Neuvième siècle.)

3. *Decus juventutis.* (Chant sur les *Otton* reproduit dans les *Poésies populaires latines antérieures au douzième siècle,* par M. Edélestand du Méril. Paris, 1843, p. 274.)

4. Othon, valeureux César, cède à notre cothurne.

5. *Patrol.,* édit. Migne, t. CXXXIX, col. 519 et 520.

vait nécessairement nuire à la poésie, a produit le tableau suivant, parterre cruciforme très régulièrement dessiné :

Otto, valens Cæsar,	nOstro tu cede	coturnO
t	t	t
t	t	t
o	o	o
v	v	v
a	a	a
l	l	l
e	e	e
n	n	n
s	s	s
C	C	C
a	a	a
e	e	e
s	s	s
a	a	a
r	r	r
n	n	n
Otto, valens Cæsar,	nOstro tu cede	coturnO
s	s	s
t	t	t
r	r	r
o	o	o
t	t	t
u	u	u
c	c	c
e	e	e
d	d	d
e	e	e
c	c	c
o	o	o
t	t	t
u	u	u
r	r	r
n	n	n
Otto, valens Cæsar,	nOstro tu cede	coturnO

Abbon n'avait payé tribut qu'une seule fois au mauvais goût de son siècle. L'Écriture sainte n'avait jamais cessé de faire ses délices. La réputation de son savoir biblique était si répandue, que les personnages les plus éminents de son siècle le consultaient sur les questions les plus insolites. Se trouvant un jour avec saint Odilon, abbé de Cluny, et quelques moines de cette abbaye, un de ceux-ci le pria de lui donner des éclaircissements sur les difficultés que présentent les *Canons des Évangiles*. Les circonstances ne le lui permirent point alors ; il le fit plus tard en écrivant à saint Odilon une lettre qui est un véritable traité sur la matière. Aimoin en a fait mention dans la vie de notre saint[1].

Ammonius d'Alexandrie composa, au troisième siècle, une concorde évangélique pour montrer les rapports ou les différences qui existent entre les textes des quatre évangélistes. Il condensa son travail dans dix *canons* ou tables qui permettaient de distinguer ce qui appartient à chaque évangéliste, et ce qui est dit par un ou par plusieurs. Le premier *canon* accordait saint Matthieu, saint Marc, saint Luc, saint Jean ; le second, saint Matthieu, saint Marc, saint Luc ; le troisième, saint Matthieu, saint Luc, saint Jean ; le quatrième, saint Matthieu, saint Marc, saint Jean ; le cinquième, saint Mat-

---

1. *Patrol.*, édit. Migne, t. CXXXIX, col. 404.

thieu, saint Luc; le sixième, saint Matthieu, saint Marc; le septième, saint Matthieu, saint Jean; le huitième, saint Luc, saint Marc; le neuvième, saint Luc, saint Jean; et le dixième enfin fait voir ce que chacun des quatre écrivains sacrés a de propre et de particulier.

Ammonius ayant détaché des Évangiles de saint Marc, de saint Luc et de saint Jean tous les passages qui avaient quelque rapport avec l'Évangile de saint Matthieu, en avait fait un discours suivi où le mélange des textes pouvait produire dans l'esprit des lecteurs une confusion dangereuse. Eusèbe, évêque de Césarée au quatrième siècle, retoucha et modifia les *canons* d'Ammonius; sans déplacer les textes des quatre Évangiles, il indiqua par des chiffres ce qu'ils avaient de commun et de particulier. Ces chiffres, rangés sur des colonnes parallèles, indiquaient tous les passages des évangélistes qui ont ensemble quelques rapports, et même ceux qui n'en ont point. Les mêmes chiffres se trouvaient distribués le long des marges, à côté de chaque verset, avec le numéro du canon auquel il fallait recourir. Le chiffre qui marquait le verset était en noir, et le numéro du canon était en rouge, et placé au-dessous.

On peut voir les *canons*, ou tables d'Eusèbe, dans la collection des œuvres de saint Jérôme, avec la préface de ce saint docteur au pape saint Damase sur les quatre Évangiles¹. Saint Isidore de Séville en a parlé sommairement dans le sixième livre de ses *Étymologies* ². Abbon, à qui toutes les questions étaient familières, expliqua à saint Odilon, dans la lettre qu'il lui écrivit, l'usage qu'on doit faire des *canons évangéliques* d'Eusèbe pour trouver aisément le rapport ou la différence existant entre les évangélistes. Un exemple ajouté à la démonstration élucidait le mécanisme de ces tables³.

Saint Isidore, qui écrivait au septième siècle, nous apprend qu'à cette époque on désignait les numéros des *canons* par le mot *ère*, que l'usage avait consacré. L'*ère* première correspondait au premier *canon*, l'*ère* seconde au second *canon*, etc.⁴. Ce terme était encore employé dans ce sens au temps d'Abbon, ainsi qu'il nous l'apprend dans sa lettre. L'immortel Ducange s'est appuyé de l'autorité de saint Isidore et de celle de saint Abbon dans l'interprétation de ce mot⁵.

Nos lecteurs nous pardonneront ces détails un peu arides ; ils étaient nécessaires pour démontrer qu'Abbon était un savant universel en même temps qu'un personnage des plus vénérés de son époque.

---

1. *Sancti Hieronimi Opera omnia*, édit. Migne, t. X, col. 525-542.
2. *Sancti Isidori Opera omnia*, édit. Migne, t. III, col. 242.
3. *Patrol.*, édit. Migne, t. CXXXIX, col. 424-429.
4. *Sancti Isidori Opera omnia*, édit. Migne, t. III, col. 242.
5. *Glossarium mediæ et infimæ latinitatis*, art. *œra, era*.

« Il brillait dans l'une et l'autre science, » dit Sigebert, moine de Gemblours, dans le Brabant, au onzième siècle [1].

La Providence sembla se plaire à accumuler sur Abbon tous les genres d'illustration. L'abbé de Fleury, un des oracles de son siècle, fut encore un thaumaturge. A Dieu ne plaise que, pour flatter la fausse délicatesse des mondains, ou pour céder au dédain superbe avec lequel de prétendus esprits forts accueillent d'ordinaire le récit des miracles, nous allions lâchement omettre un fait glorieux qui honore notre saint ! Nous bénissons et nous proclamons hautement la vertu de Dieu dans ses serviteurs partout où elle se révèle, et nous ne croyons point manquer ici aux règles du discernement et de la véritable critique. Outre le témoignage d'un contemporain sur lequel nous nous appuyons, nous trouvons encore dans la vie de saint Amand, l'apôtre des Francs du Nord au septième siècle, un prodige de même nature deux fois répété [2]. Aimoin nous a laissé, dans une page d'une exquise naïveté, le récit détaillé de la guérison miraculeuse dont nous allons parler. Contentons-nous de traduire, de peur d'enlever à cette narration une partie de

---

1. *De illustribus Ecclesiæ scriptoribus*, cap. cxl.
2. *Histoire de saint Amand, évêque-missionnaire, et du christianisme chez les Francs du Nord au septième siècle*, par l'abbé Destombes. Paris, 1850, p. 95 et 271.

son charme : « En ce temps vivait un homme qu'une
« cruelle lèpre avait horriblement défiguré. Cet in-
« fortuné fut averti en songe de recourir à l'homme
« de Dieu pour sa santé. Mais n'osant l'aborder lui-
« même, il s'adressa à Elisierne, moine de bonne
« vie et de bon conseil, qui était très-lié avec Ab-
« bon; il lui expose son chagrin et la vision dont
« il a été favorisé. Il lui avait été révélé, disait-il,
« que le serviteur du Christ devait laver ses mains
« avec de l'eau bénite; qu'il devait ensuite, lui ma-
« lade, boire de cette eau et en arroser ses mem-
« bres languissants. Le moine ne crut point à cette
« révélation et adressa au lépreux ces paroles sé-
« vères : *O homme, pourquoi viens-tu nous tenter*
« *en cherchant à nous faire croire tes rêves menson-*
« *gers? Renonce, renonce à nous séduire par tes*
« *adulations hypocrites.* Le malade proteste de sa
« sincérité et affirme de nouveau la certitude de ce
« qu'il a raconté. Alors le frère se dirige vers le
« Bienheureux dont il est question, et lui commu-
« nique le divin oracle que le malade lui a fait con-
« naître. Abbon, troublé, indigné, peut à peine
« retenir ses pleurs. *Non,* dit-il, *je n'ai rien fait*
« *jusqu'à présent qui vous autorise à penser que*
« *je désire les hommages de la flatterie. Si donc*
« *vous voulez être appelé et être mon ami, gardez-*
« *vous de me faire entendre désormais de sembla-*
« *bles paroles. Je suis incapable de faire des pro-*

« *diges ; les saints peuvent seuls en opérer.* Le frère
« lui représente qu'il ne doit pas cacher une grâce
« toute divine, dont on attend une efficacité réelle
« pour la santé de ceux qui l'implorent, surtout
« quand il s'agit d'un infortuné dont la droiture et
« la simplicité ne laissent entrevoir aucune inten-
« tion adulatrice.

« Enfin l'homme de Dieu cède à tant d'instances ;
« il bénit de l'eau, y lave ses mains et la fait ap-
« porter au malade. Le frère, en offrant cette eau
« au lépreux, lui dit : *Votre infirmité est connue de*
« *chacun ; si donc vous voulez nous inspirer con-*
« *fiance dans vos discours, venez vous montrer*
« *à nous dans trois jours, après que vous au-*
« *rez fait usage de cette eau.* Le malade obéit, et
« avant le troisième soleil, cet homme, jusqu'alors
« si défiguré, se fait voir dans un état entièrement
« sain. Le frère, ayant bien constaté cet heureux
« changement, s'empresse d'annoncer à l'homme
« de Dieu ce qui vient de se passer. L'humble abbé
« recommande au frère et au lépreux de ne rien di-
« vulguer pendant sa vie ; il va même jusqu'à le
« leur interdire, au nom de Dieu. En cela il imite
« l'exemple du Seigneur Christ et Rédempteur qui,
« après avoir guéri un lépreux, lui fit cette défense :
« *Gardez-vous d'en parler à personne*[1].

1. *Matth.*, VIII, 4.

« Ce prodige ne nous a été raconté qu'après la
« mort du saint, par dom Elisierne[1]; la vérité nous
« en a été attestée sous la foi du serment. A notre
« tour, nous le rapportons simplement, sans aucune
« suppression et sans aucune addition. Le vénérable
« Elisierne ne termina sa sainte carrière que près
« d'un an après nous avoir confié son secret[2]. »

Ainsi pensait, ainsi parlait notre saint. La véritable humilité n'a jamais procédé autrement, de même que la promesse évangélique s'est constamment accomplie par l'exaltation des *pauvres d'esprit*. Ce qu'Abbon voulait cacher, l'histoire l'a révélé et le transmettra d'âge en âge. L'histoire trahit même la vertu, en dévoilant ses pieux mystères.

Le même prodige s'était déjà opéré, avant Abbon, dans l'Ordre de saint Benoît, et devait se reproduire encore après lui. Nous lisons dans la vie de saint Convoyon (neuvième siècle), abbé et ensuite patron de Redon, en Bretagne, qu'un aveugle, nommé Goiffen, recouvra la vue en frottant ses yeux avec l'eau qui avait servi à laver les mains des religieux après la célébration du saint sacrifice. — Près de Turin, un homme tourmenté de la fièvre s'empara furtivement de l'eau avec laquelle saint Odilon, abbé de Cluny, avait lavé ses mains : il en

1. *Domnus Elizicrnus.*
2. *Patrol.*, édit. Migne, t. CXXXIX, col. 404 et 405.

but quelques gouttes et fut guéri à l'instant[1]. — En Angleterre, un lépreux lava ses plaies avec l'eau qui avait servi à saint Wulstan, évêque de Worcester, et fut délivré de son mal[2]. Dieu permit toutes ces merveilles pour honorer, aux yeux de l'Europe, la savante famille de saint Benoît, et faire comprendre que le culte des lettres n'est pas inconciliable avec la piété chrétienne.

La France, et même les pays étrangers, retentirent des mérites si nombreux et si variés d'Abbon. De toutes parts on venait à Fleury, non-seulement pour vénérer les reliques de saint Benoît, mais aussi pour s'édifier auprès du *recteur* de l'abbaye. Parmi ces pèlerins, nous distinguerons un saint, un martyr, dont la mort a des analogies avec celle d'Abbon par la date, par les causes qui l'ont produite, et par l'instrument du supplice. Nous voulons parler de saint Adalbert, évêque de Prague et apôtre de la Prusse, qui visita Fleury vers la fin du dixième siècle. Les deux saints se comprirent vite et s'inspirèrent mutuellement la confiance de l'amitié et de la vertu. Pourquoi n'a-t-on pas recueilli et transmis à la postérité les doux épanchements de ces deux âmes, embrasées par le même amour et soutenues par les mêmes espérances? Ces communi-

1. *Thaumasia benedictina*, auctore R. P. D. Carolo Stengelio, abbate Anhusano. Augustæ Vindelicorum, 1650, p. 29.
2. *Ibid.*, p. 34.

cations nous eussent révélé dans tout son jour un trésor de piété à peine entrevu à travers les ombres de plusieurs siècles de distance, et dans le dédale des événements dénaturés par la mauvaise foi ou par l'ignorance.

CHAPITRE XIV.

**L'an mille et la fin du monde.
État des esprits à cette époque. — Opinion orthodoxe
d'Abbon sur cette question.**

Personne ne peut déterminer avec exactitude la dernière heure du monde. C'est Jésus-Christ lui-même qui nous l'apprend : « Quant à ce qui est du « jour et de l'heure, personne ne le sait, pas même « les anges qui sont dans le ciel, pas même le Fils « de l'homme, mais seulement le Père [1]. » C'était assez dire que sur cette date mystérieuse l'homme n'avait à attendre aucune lumière ni du Christ, ni des Livres saints, ni de l'Église. Dans une autre circonstance, le Sauveur disait encore à ses apôtres, en blâmant leur curiosité : « Il ne vous appartient « pas de connaître les temps et les moments dont « mon Père s'est réservé la disposition [2]. » Le texte

---

[1]. « De die illo vel horà nemo scit, neque angeli in cœlo, neque « Filius, nisi Pater. » (*Marc.*, XIII, 32.)

[2]. « Non est vestrum nosse tempora vel momenta quæ Pater po- « suit in suà potestate. » (*Act.*, I, 7.)

qui semble le plus embarrassant à première vue, c'est sans contredit cette parole de saint Jean dans sa première épître : « Mes petits enfants, voici la « *dernière heure*[1]. » Mais le temps déjà écoulé depuis les apôtres nous démontre que cette *dernière heure* ne peut s'entendre dans le sens littéral, mais qu'elle signifie une période indéterminée. Saint Pierre réfute les impatients qui disaient : « Où est « donc la promesse, où est l'avénement annoncé du « Christ[2] ? — Il y a une chose, leur répond l'apô- « tre, que vous ne devez pas ignorer, c'est qu'aux « yeux du Seigneur, un jour est comme mille ans, « et mille ans comme un jour[3]. »

Malgré l'Évangile, malgré l'expérience, l'esprit humain s'est risqué témérairement dans une question insoluble, et s'est efforcé, comme aux premiers âges, d'arracher à Dieu ses secrets. Mais il s'est égaré dans une route qui n'était pas tracée. Deux passages du Nouveau Testament, mal interprétés, ont produit pour des temps différents deux erreurs semblables.

Le premier de ces passages est celui où le Fils de Dieu annonce simultanément la ruine prochaine de Jérusalem et la fin du monde. Les deux événements

---

1. « Filioli, novissima hora est. » (I *Joan.*, II, 18.)
2. « Ubi est promissio, aut adventus ejus ? » (II *Petri*, III, 4.)
3. « Unum hoc non lateat vos, quia unus dies apud Dominum sicut « mille anni, et mille anni sicut dies unus. » (*Ibid.*, 8.)

prédits n'étaient inséparables ni dans l'esprit ni dans les termes de Notre-Seigneur. Les fidèles des temps apostoliques les confondirent dans une seule et même catastrophe qui devait arriver bientôt; et se disposèrent en tremblant à leur dernière aurore. Jérusalem fut détruite, son temple ruiné, ses habitants massacrés; mais la chute de la ville déicide n'entraîna pas celle du monde, le soleil continua à éclairer l'humanité, et les esprits se rassurèrent.

Le second passage des saintes lettres dont on ait abusé pour déterminer l'époque de la fin du monde est emprunté à l'Apocalypse : « Je vis descendre du « ciel, dit saint Jean, un ange qui avait la clef de « l'abîme et une grande chaîne à la main. Il prit « le dragon, l'ancien serpent, qui est le diable et « Satan, et le lia pour *mille ans*. Et l'ayant jeté « dans l'abîme, il l'enferma et scella l'abîme sur « lui, afin qu'il ne séduisît plus les nations, jus- « qu'à ce que ses *mille ans* soient accomplis; après « quoi, il doit être délié pour un peu de temps... « Je vis encore les âmes de ceux qui ont eu la tête « tranchée pour avoir rendu témoignage à Jésus,... « et ils ont vécu et régné avec Jésus-Christ pendant « *mille ans*[1]. » Ce *dragon*, auquel le Moyen Age prêtait sept têtes, est une figure de l'Antechrist ; quant aux *mille ans*, saint Augustin nous apprend[2]

---

1. *Apoc.*, xx, 1-4.
2. *S. Augustini Opera omnia*, édit. Migne, t. VII, col. 667, 668.

qu'ils ne désignent pas un nombre fixe, mais un nombre indéterminé par lequel il faut entendre le temps qui s'écoulera jusqu'à la fin des âges. Il s'agit donc de cette période de temps plus ou moins longue que Dieu emploiera à former le corps entier de ses élus jusqu'au dernier jour, à partir de l'époque de la prédication et de la passion de Notre-Seigneur. Car ce fut alors que le *fort armé*, qui est le diable, fut lié et désarmé par un *plus fort*, qui est Jésus-Christ, et que les puissances de l'enfer furent vaincues et menées en esclavage [1].

C'est donc alors que saint Jean vit le démon enchaîné; c'est de là, depuis l'avénement de Jésus-Christ, qu'il faut compter les *mille ans* mystiques de la captivité de Satan, jusqu'à ce qu'aux approches du dernier jour, sa puissance, aujourd'hui restreinte, se dilate de nouveau pour un temps, et que l'Église endure sous la redoutable, mais courte tyrannie de l'Antechrist, la plus terrible épreuve qu'elle ait jamais connue.

Tel est le sens de ce passage. Les *Millénaires* ou *Chiliastes* l'interprétaient différemment. Selon eux, le monde, créé en six jours, ne devait durer que six mille ans. Les quatre premières périodes s'étant écoulées avant le christianisme, la cinquième venait aboutir à la fin du dixième siècle, au lendemain duquel commencerait le sixième *millenium*, rempli

1. *Coloss.*, II, 15

par le règne temporel du Christ et de ses saints. Ces pressentiments allaient se confirmant de génération en génération; ils se réveillaient plus importuns à toutes les époques tourmentées, et chaque étape franchie, chaque péril évité, leur donnaient plus de consistance et de ténacité. Il est facile d'en suivre la trace de siècle en siècle, jusqu'au dixième. Saint Cyprien écrivait à Démétrien : « Vous devez
« savoir que le monde a déjà vieilli, qu'il n'a plus
« les mêmes forces qu'autrefois... L'hiver a moins
« de pluies fécondes, l'été moins de chaleur pour
« mùrir les semences; le printemps a une tempé-
« rature moins clémente et l'automne a moins de
« fruits. Les mines d'or, d'argent, de marbre, sont
« épuisées. La terre manque de cultivateurs, la mer
« de matelots, les camps de soldats... *Comme la*
« *fin du monde approche*[1], Dieu veut convertir nos
« cœurs par la crainte[2]. »

Un des plus grands esprits du sixième siècle, saint Grégoire le Grand, crut, comme le peuple, à la fin prochaine du monde. Dans une lettre célèbre à l'empereur Maurice, il écrivait ces mots : « Le
« temps n'est pas loin où, au milieu de l'incendie
« du ciel et de la terre, dans l'embrasement uni-
« versel des éléments, entouré des Archanges et des

---

1. « *Appropinquante jam judicii die.* » (S. *Cypriani Opera omnia*, édit. Migne, col. 548.)

2. *Ibid.*, col. 546-548.

« Anges, des Trônes, des Dominations, des Puis-
« sances, le juge redoutable paraîtra [1]. »

Au septième siècle, le moine Marculfe, auteur des *Formules* qui portent son nom, considère les calamités de son époque comme un indice indubitable de la catastrophe suprême [2].

Au neuvième siècle, Théodulfe, abbé de Fleury, accrédite la même erreur dans le pays d'Orléans par une de ses poésies [3].

En 848, une simple femme, du nom de *Thiota* [4], parcourt le diocèse de Mayence en annonçant le jour du dernier jugement, dont elle a été instruite, dit-elle, par un ange. On l'écoute, et l'alarme se répand dans toutes les classes de la société. Mais l'Église n'a jamais pactisé avec le mensonge. Raban Maur, archevêque de Mayence, fait arrêter l'aventurière, qui avoue les iniques bénéfices de son métier de prophétesse [5].

L'anxiété s'accrut à l'approche de l'an 1000. « La menace, longtemps flottante comme un nuage « sinistre, s'était arrêtée sur un point du temps,

---

1. *S. Gregorii Magni Opera omnia*, édit. Migne, t. III, col. 664.
2. *Patrol.*, édit. Migne, t. LXXXVII, col. 729.
3. *Ibid.*, t. CV, col. 367.
4. *Annales Ordinis S. Benedicti*, auctore Mabillon, t. II, p. 672, 673.
5. Trithemii, Spanheimensis primò, deindè D. Jacobi Majoris apud Herbipolim abbatis, *Secundæ Partis chronicæ insignia duo*. Francofurti, 1601, p. 12.

« nous dit un historien moderne, et toute la ter-
« reur accumulée depuis des siècles se concentra
« sur la dernière année du dixième. A mesure que
« l'heure fatale approchait, l'effroi redoubla [1]. »
Des calamités et des phénomènes naturels furent
considérés comme de solennels avertissements et de
lugubres prophéties. Les rivières et les sources de
France se desséchèrent, les poissons se putréfièrent
et causèrent la peste. L'armée d'Othon Ier, en expédition dans la Calabre, avait vu le soleil en défaillance : l'obscurcissement du roi des astres, résultat
momentané d'une éclipse, désespéra les soldats, qui
s'enfuirent et cherchèrent sous les abris les plus impuissants une protection contre la mort [2]. Une co-
mète avait brillé au ciel pendant trois mois, et nous
savons, dit Raoul Glaber, que cet astre ne se montre à la terre que pour annoncer quelque événement merveilleux et terrible [3]. Des astres flam-
boyants sillonnaient l'atmosphère [4]; des serpents de
feu troublaient de leurs sifflements le silence des
nuits [5]; des tremblements de terre annonçaient les

---

1. Ampère, *Hist. littér.*, t. III, p. 275.
2. *Veterum scriptorum et monumentorum amplissima collectio*, operâ D. Edmundi Martene. Parisiis, 1729, t. IV, col. 860.
3. Glabri Rodulphi lib. III, cap. III.
4. Ex *Chronicis Cameracensi et Atrebatensi*. — Ex *Chron. Remensi*.
5. Ex *Chron. Sigeberti, Gemblacensis monachi*. — Ex *Chron. S. Medardi Suessionensis*.

premières convulsions de la nature[1], et des armées rangées en bataille se livraient dans les airs des combats dont les clameurs semaient au loin l'épouvante[2]; le roi Robert, excommunié pour avoir, sans dispense, épousé sa parente, avait, à l'accouchement de la reine, reçu dans ses bras un monstre. Il semblait que l'ordre des saisons fût interverti, que les éléments obéissent à des lois nouvelles; la terre était désolée par des fléaux incompréhensibles.

La vue des Hongrois frappa aussi d'une terreur profonde les peuples méridionaux, déjà familiarisés avec les turbans des Maures et la taille colossale des Normands. Ces sauvages, petits, trapus, au teint noir, au nez écrasé, à la longue barbe, qui passaient au galop en lançant leurs flèches, ne tendant leur arc que pour donner la mort, ne se baissant que pour ramasser le butin, et courant toujours devant eux sans jamais détourner la tête pour regarder le sang et les ruines qui rougissaient et noircissaient constamment les pieds de leurs chevaux, réalisaient, pour les imaginations inquiètes, l'apparition de ce *Gog* et de ce *Magog*, populations mystérieuses de l'Apocalypse[3], *aussi nombreuses que les grains de sable de la mer, et que le démon devait, après mille ans, soulever contre la terre et*

---

1. Ex *Chron. Sithiensi*, c. xxxiii. — Ex *Chron. Turonensi.*
2. Ex *Chron. S. Medardi Suessionensis.*
3. *Apoc.*, xx, 7, 8.

la demeure des saints. L'étrangeté de leurs mœurs, la férocité de leurs goûts, les faisaient redouter comme les auxiliaires et les précurseurs de Satan.

Ces appréhensions avaient pris même un tel caractère de gravité, que les hommes les plus savants de cette période ne purent pas toujours s'en défendre. « Ce qui m'étonne, écrivait saint Odon de « Cluny dans la vie du saint fondateur d'Aurillac, « c'est qu'il puisse y avoir des miracles à une époque « où le refroidissement de la charité est presque « universel, et où nous sommes *à la veille de l'An-« techrist*[1]. » On a fait grand bruit, et avec raison, de quelques chartes de donations qui commençaient par ces mots : *La fin du monde approchant*[2]. Ces mots étaient comme une formule qu'on trouve à la première ligne de plusieurs chartes de la fameuse abbaye de Lézat (Ariége), une des *filles de Moissac.* L'*Histoire générale du Languedoc*, qui nous a conservé le cartulaire de cette abbaye, nous en fournit plusieurs exemples. Chacun peut s'en convaincre comme nous en lisant les chartes datées de 944, 945, 948 et 961[3].

L'authenticité de cette formule si souvent citée par les auteurs, son fréquent emploi, son invariable

---

1. S. Odonis, *Præfatio ad vitam beati Geraldi.*
2. *Appropinquante mundi termino.*
3. *Histoire générale de Languedoc.* Paris, 1733, t. II, col. 86, 89, 90 et 117.

uniformité lui donnent une valeur historique qu'il n'est pas possible ni de décliner, ni d'atténuer. Oui, il est très-vrai que les esprits du dixième siècle redoutaient comme imminente la fin du monde ; ils le publiaient sans détour, ils l'écrivaient en termes clairs et précis.

La croyance de la fin du monde fit même de tels progrès, que la reine Gerberge crut devoir engager l'abbé Adson, dont nous avons déjà parlé[1], à la réfuter. « Nous avons encore l'opuscule de ce bon
« religieux, et il est curieux de se rendre compte
« de l'idée que l'on se faisait alors de la personne
« de l'*Antechrist*. Après avoir combattu l'opinion
« de ceux qui voulaient faire naître ce personnage
« d'une religieuse et d'un évêque, Adson établit que
« l'Antechrist doit venir au monde à Babylone, ap-
« partenir à la tribu de Dan et être élevé à Bethsaïde
« et à Corozaïm. Il ajoute ensuite qu'il rebâtira le
« temple de Jérusalem et viendra mourir sur le
« mont des Oliviers après avoir exercé le souverain
« pouvoir pendant trois ans et demi. Aucun de ces
« phénomènes précurseurs ne s'étant encore pro-
« duit, concluait-il, la fin du monde n'est point à
« redouter de sitôt[2]. »

Le livre d'Adson ne produisit point l'effet que

---

1. Chap. vi.
2. *Gerbert, étude historique sur le dixième siècle*, par l'abbé P.-F. Lausser. Aurillac, 1866.

l'on en attendait ; le vulgaire écoutait peu les raisonnements et interrogeait de préférence des phénomènes qui étaient, à ses yeux, des présages de la colère céleste.

La préoccupation de la fin du monde agitait les esprits non-seulement en France, mais encore au-delà de nos frontières. Elle envahit surtout l'Allemagne, au dire de Trithème, un des plus célèbres historiens bénédictins. En 960, l'empereur Othon le Grand avait convoqué une réunion de princes dans le monastère de Wurtsbourg, gouverné alors par l'abbé Siger. Un homme se présente sans invitation à cette assemblée. C'était un ermite de la Thuringe nommé Bernhard. Très-docte en Écriture sainte, il jouissait encore de la réputation d'un saint. Son imagination s'exalta jusqu'au délire et il enseigna, d'après des révélations particulières, l'approche du dernier jour. A l'appui de ses visions, il affirmait qu'il apercevait sur les vêtements des hommes des croix qui ne disparaîtraient que lorsque le monde aurait cessé d'exister. De tous ceux qui l'écoutaient, les uns le croyaient halluciné ou abusé par l'orgueil ; mais les autres le regardaient comme inspiré[1]. On comprend sans peine l'influence que devait exercer sur des esprits déjà prédisposés à la frayeur un homme

---

1. Joannis Trithemii, Spanheimensis, postea Divi Jacobi apud Herbipolim abbatis, tomus I *Annalium Hirsaugiensium*. Typis monasterii S. Galli, 1690, p. 103.

dont la vie, la piété et la science avaient conquis l'estime universelle.

Un spectacle étrange résulta de l'erreur populaire : « Toute activité cessa, un silence se fit dans « l'Occident ; chacun s'arrangea pour mourir. On « ne travaillerait plus, à quoi bon? Les tribunaux « furent déserts, pourquoi se disputer aujourd'hui « ce qu'on allait se voir ravir demain? La guerre « sembla même suspendre ses fureurs, pourquoi « s'égorger à la veille de se retrouver par delà la « tombe? Prières, aumônes, largesses, fondations « pieuses, rien ne semblait trop dur à ces fiers barons « féodaux qu'effrayait pour la première fois peut-être « la crainte d'un juge suprême..... Les habitants « de Rebais et de Jouarre (Seine-et-Marne), nous dit « un chroniqueur contemporain, ayant pris jour, se « rendirent au lieu dit la *Croix-Saint-Ayle;* les no- « bles et les serfs étaient confondus[1]. Quand tous se « furent groupés autour de la croix, chacun fléchit « le genou et le silence ne fut troublé que par le « chant plaintif des psaumes de la pénitence et les « invocations que chacun adressait aux saints dont « il attendait secours et protection[2]. »

L'art chrétien refléta instinctivement les idées sombres de l'époque. Le Sauveur des hommes, le

1. Ex *Miraculis S. Agili*, inter *Acta SS. Ord. S. Bened.*, sæculo II, p. 526.
2. *Gerbert, étude historique sur le dixième siècle,* par l'abbé P.-F. Lausser. Aurillac, 1866, p. 323-325.

Bon Pasteur, le Jésus *doux et humble de cœur* sembla perdre tous ses titres à l'amour des fidèles et ne fut plus représenté que sous les traits sévères du juge inflexible qui allait bientôt convoquer toutes les nations dans la vallée de Josaphat. La miséricorde cédait la place à la justice ; la trompette du jugement dont on croyait déjà entendre dans le lointain les formidables accents, glaçait d'épouvante le genre humain, et l'artiste tremblant sentait le ciseau vaciller dans sa main. Voyez ces vieilles statues dans les églises du dixième siècle, maigres, muettes, gémissantes dans leur raideur contractée. Voyez comme elles implorent, les mains jointes, le moment terrible qui doit inaugurer un sort meilleur ou plus digne de pitié. C'est l'image d'un siècle sans espoir ici-bas après tant de ruines.

L'histoire et l'art trahissent donc chez nos ancêtres du dixième siècle un effroi incontestable de la fin du monde. Pour les uns, l'expiration de l'an mille en était l'époque inexorable ; d'autres, en plus grand nombre, attendaient dans la stupeur la coïncidence de l'Annonciation de la sainte Vierge (25 mars) avec le vendredi saint. Cette coïncidence rapprochant le prélude à jamais béni de la Rédemption des hommes, du jour où cette heureuse Rédemption a été consommée, figurait par une confusion mystérieuse le trouble des éléments qui devait précéder l'heure de grâce de l'humanité.

Quelques écrivains modernes, qu'un sentiment de respect nous empêche de nommer, ont nié gratuitement cet état des esprits aux approches de l'an mille. Si les preuves que nous avons exposées ne suffisent pas, malgré leur force et leur évidence, nous pouvons les corroborer par le témoignage de deux auteurs de notre siècle dont les noms font autorité, Jean Alzog[1] et M. Henri de Riancey[2]. L'un et l'autre affirment que « partout on attendait l'Ante« christ. » D'autres contradicteurs citent, dans un but réfutatoire, quelques édifications d'églises ou de monastères dans le cours du dixième siècle[3] ; nous ne contestons pas quelques exceptions ; nous convenons même, sur la foi d'Helgaud, moine de Fleury, que les beaux-arts se ranimèrent sous le roi Robert, le *père de l'architecture religieuse,* et que des constructions importantes furent commencées sous son règne[4]. Mais ce consolant tableau occupe peu de place dans l'histoire de l'art à cette époque. « Les « Normands, dit notre historien Fleury, avaient « ruiné grand nombre d'églises, et on faisait tomber « les autres par la fausse opinion de la fin du « monde[5]. »

Il faut donc en convenir, la prévision de la fin du

1. *Histoire universelle de l'Église,* § 200.
2. *Histoire du monde,* 2ᵉ édit., t. VII, p. 522.
3. *Revue de l'art chrétien,* année 1861, p. 52, 257.
4. Helgaudi Flor. *Epitome vitæ Roberti regis.*
5. *Mœurs des chrétiens,* n° LXII.

monde avait frappé les esprits d'une terreur universelle. Que fit l'Église pour les rassurer ? Dans cette question, comme dans beaucoup d'autres, ses ennemis n'ont pas manqué de l'accuser d'incurie ou de complicité; mais il en coûte peu de la justifier. Une étude consciencieuse de l'histoire conduit à cette conviction, que l'Église du Moyen Age a combattu énergiquement la superstition de l'an mille par son dédain et son silence dans les assemblées conciliaires, par des institutions qui impliquaient une foi entière dans l'avenir et par l'organe de deux abbés de Fleury.

Abbon nous apparaît encore ici, et avec un rôle dont on ne contestera pas le mérite et la gloire. Son nom et celui de l'abbé Richard, les seuls que nous ayons rencontrés dans le camp d'une saine opposition, sont les seuls représentants connus, les seuls champions des idées catholiques du dixième siècle dans cette grave question. Beaucoup d'autres sans doute bravaient en secret les craintes du vulgaire; mais ils n'osaient le faire comprendre. Il fallait effectivement une force d'âme, une assurance et une science peu ordinaires pour lutter ouvertement contre le torrent de l'opinion, pour morigéner avec fruit tout un peuple découragé et faire accepter l'espérance de la vie à ceux qui ne comptaient que sur une mort infaillible. Deux hommes accomplirent cette tâche providentielle, deux hommes, Richard et Abbon, remarquables à un degré bien différent, mais unis dans l'histoire comme dans notre culte. C'est du fond du cloître que partit la réaction parlée et écrite contre un préjugé qui avait presque paralysé toute énergie dans la société. Le reconnaître et l'avouer est un acte de justice et de loyauté.

La Lorraine avait adhéré à l'erreur commune. Les habitants de cette province écrivirent à Richard, abbé de Fleury, pour lui communiquer leurs angoisses autant que pour le consulter. On sait que Richard gouverna l'abbaye de Fleury depuis l'année 965 jusqu'en 986. C'est donc dans cet intervalle que fut écrite la lettre en question. Le pieux abbé qui estimait le savoir et la sagacité d'Abbon, le chargea de répondre à cette lettre et de dissiper les terreurs chimériques des Lorrains. Abbon obéit et consacra à cette œuvre de charité et de science un livre malheureusement perdu depuis longtemps[1]. De l'importance de la réponse consignée dans un livre que le public devait lire et méditer, on peut conclure la ténacité de l'erreur et la gravité des dangers qu'il fallait conjurer.

« Dans ma première jeunesse, dit Abbon dans
« son *Apologétique*[2], j'ai entendu prêcher devant le
« peuple dans l'église de Paris, qu'aussitôt que les
« mille ans seront accomplis, l'Antechrist viendra

1. *Patrol.*, édit. Migne, t. CXXXIX, col. 471, 472.
2. *Ibid.*, col. 471.

« et, peu de temps après, le jugement universel.
« J'ai combattu *de toutes mes forces*[1] cette opinion à
« l'aide des Évangiles, de l'Apocalypse et du livre
« de Daniel. » Paris, la capitale, Paris avec son
école croyait donc, comme la province, à la fin
prochaine du monde, et la chaire catholique reten-
tissait des exhortations inspirées par la proximité
présumée des jugements du Très-Haut. Abbon traita
de faux prophètes les hommes qui soutenaient ces
doctrines et exposa la vérité dans un écrit, le second
sur cette matière, qui, malgré son mérite, a eu le
même sort que le premier.

Nous l'avons déjà dit, le bruit s'était accrédité
que la fin du monde arriverait, lorsque la fête de
l'Annonciation tomberait le vendredi saint. Cette
croyance avait envahi, au témoignage d'Abbon,
presque tout l'univers[2]. Or la fatale coïncidence
eut lieu en l'année 992, où la fête de Pâques fut célébrée le 27 mars. Les fidèles glacés d'effroi allaient
aux sanctuaires de Marie solliciter leur pardon. Le
pèlerinage de Notre-Dame du Puy, en Velay, attira
de telles multitudes, que le Saint-Siége, désireux de
consoler et de rassurer les masses, accorda à ce
sanctuaire un jubilé, riche d'indulgences, pour

1. *Quâ potui virtute, restiti.* (*Patrol.*, édit. Migne, t. CXXXIX, col. 471.)
2. « Fama *penè totum mundum* impleverat, quòd quandò An-
« nuntiatio Dominica in Parasceve contigisset, absque ullo scrupulo
« finis sæculi esset. » (*Ibid.*, col. 472.)

toutes les années où le vendredi saint se rencontrerait avec le jour de l'Annonciation ; ce qui, outre l'année 992, a eu lieu en 1864 pour la 26° fois, et arrivera encore en 1910.

L'institution de ce jubilé était une protestation implicite contre la folle croyance de nos pères. Les terreurs se calmèrent, mais non pas pour toujours. On accusa les calculs et l'on resta en suspens jusqu'à l'an mille. L'année fatidique arriva et le monde, dont on avait déjà chanté les derniers jours[1], continua sa marche à travers les siècles. Après les longs cris de douleur, après les angoisses, l'espérance rentra dans les cœurs. Il sembla que le monde chrétien voulût se renouveler ; le zèle du travail se réveilla et couvrit le sol d'une *blanche robe d'églises* dont plusieurs sont encore debout.

Mais quoi de plus opiniâtre que la peur? On s'imagina, pour excuser des terreurs désormais fantastiques, que les mille ans au bout desquels le monde périrait devaient être comptés non à partir de l'Incarnation, mais de la mort du Sauveur. On avait

---

1. Nous faisons allusion à une poésie découverte en 1858 par M. Paulin Blanc, bibliothécaire de Montpellier, dans un livre en parchemin provenant de l'ancienne abbaye d'Aniane. Cette pièce élégiaque a été reproduite par *l'Aquitaine*, revue hebdomadaire de Bordeaux, année 1868, p. 597-600. Elle a été publiée à Paris (librairie Lecoffre), avec *fac-simile* de la notation neumatique, traduite en notation moderne, par M. l'abbé Tesson, président de la Commission de Reims et de Cambrai.

donc encore plus de trente ans à attendre et à trembler. L'anxiété des esprits se trahit assez clairement dans une charte de l'abbaye Saint-Jouin de Marnes, en date de l'an 1038[1]. Citons encore une charte de l'abbaye de Lézat : c'est une charte de *déguerpissement* au profit de l'abbaye, en présence du marquis Raymond. Elle porte la date de 1048 et commence par la formule déjà connue[2]. On n'était donc pas encore rassuré, même en 1048. On ne l'était pas même entièrement dans le siècle suivant, puisque saint Bernard combattit saint Norbert sur la question de la fin du monde, sans dissiper d'une manière complète son erreur et sa préoccupation[3].

Au quinzième siècle, une fable circula dans le monde. Après la conversion de l'empereur Constantin, le dragon apocalyptique s'était caché, disait-on, dans une caverne profonde de la ville de Rome. Son souffle empoisonné faisait périr chaque jour plus de trois cents personnes. Les prêtres des idoles attribuèrent la calamité à la conversion de l'empereur. Le pape saint Sylvestre, mandé par Constantin, se mit en prière. Saint Pierre lui apparut, lui

---

1. « *Cùm mundi finis appropinquare cernitur.* »
2. *Appropinquante mundi termino.* (*Histoire générale de Languedoc*, t. II, col. 215, an. 1048.)
3. *Sancti Bernardi Opera omnia.* Parisiis, 1719, t. I, col. 60. — *Annales Ordinis S. Benedicti*, auctore Mabillon, t. II, p. 675.

ordonna de descendre dans la caverne où conduisait un escalier de cent quatre-vingts marches, et d'y enchaîner le dragon. Saint Sylvestre obéit et attacha la bête avec une forte corde de fil. De ce moment datait donc la captivité du dragon, qui devait durer mille ans, au bout desquels il serait délivré pour tenter les fidèles. Saint Vincent Ferrier, qui vivait au quinzième siècle, recueillit cette fable, la prêcha [1], et conclut à la fin très-prochaine du monde, puisque les mille ans de la captivité du dragon étaient déjà écoulés. L'état de la société, à cette époque, n'autorisait que trop une telle croyance. L'Église était divisée par le schisme, et les peuples, oublieux de leur salut, étaient livrés à tous les désordres qui doivent précéder le dernier jour du monde. Le jugement dernier fut donc le sujet ordinaire des sermons de saint Vincent Ferrier. Il mérita d'être appelé l'*apôtre du jugement*. Une effigie du saint, qu'on voyait anciennement au couvent des Frères-Prêcheurs d'Aix, en Provence, portait de la main droite un rouleau sur lequel on lisait : *Finis universæ carnis venit* [2].

Lorsque saint Vincent Ferrier annonçait la proximité du jugement dernier, sa prophétie, dit saint Antonin, n'était pas absolue, mais comminatoire.

1. *Beati Vincentii, natione Hispani, professione sacri Prædicatorum Ordinis, sermones de sanctis.* Antverpiæ, 1573, p. 70.
2. *La fin de toute chair est arrivée.* (*Gen.*, VI, 13.)

Elle ne devait s'accomplir que dans le cas où le monde n'aurait pas fait pénitence. Cette interprétation n'empêcha pas d'amères critiques ; on alla jusqu'à prier le Souverain Pontife d'interdire au saint toute prédication sur le jugement dernier. Benoît XIII demanda une explication à saint Vincent, qui lui écrivit une longue lettre où il lui exposa toutes ses opinions, en les soumettant à l'autorité du Siége apostolique. Satisfait par cette lettre, Benoît XIII confirma à saint Vincent tous les pouvoirs qu'il lui avait déjà conférés.

Depuis le quinzième siècle, la crédulité publique a été plus d'une fois exploitée par des alarmistes intéressés ; mais des prédictions sans consistance tombent vite dans l'oubli et s'évanouissent comme une fumée. On a compris enfin qu'il est superflu autant que téméraire de soulever le voile dont la sagesse divine a couvert l'avenir. Dieu ne nous a révélé que ce qu'il était nécessaire que nous connussions pour remplir nos devoirs ; sachons accepter nos ignorances comme une partie de l'expiation imposée à notre impatience et à notre curiosité déréglée.

Ainsi dégagée de toutes les exagérations qui l'ont obscurcie dans le roman de l'histoire, la question de l'an mille nous offrait un intérêt véritable sous plus d'un rapport. On ne peut que s'édifier et admirer, en comparant la lutte silencieuse de l'Église et la lutte écrite de l'un de ses saints contre la défaillance presque universelle de l'Europe. L'Église n'a pas parlé, parce qu'elle pensait que des oracles menteurs, une fois qu'ils ont pénétré dans l'esprit du peuple, se réfutent mieux par les événements que par les arguments les plus péremptoires. Mais afin que ce prudent silence ne parût pas suspect de connivence, un de ses enfants a écrit sur cette question dans le sens orthodoxe, et sa protestation a providentiellement traversé les siècles.

CHAPITRE XV

**Réforme de l'abbaye de Marmoutier par Abbon.
Les Ordalies
ou les épreuves superstitieuses.
Réforme des abbayes de Mici et de Saint-Père
par Abbon.**

On sait quels furent, de 816 à 830, les efforts de Louis le Débonnaire pour réformer les monastères. L'esprit de révolte, un instant contenu par ce prince, envahit de nouveau le cloître sous ses faibles successeurs. Dans ces temps où la paix n'était nulle part, les asiles de la prière et du silence furent troublés par des émeutes, des intrigues et des scandales. Mais la sainte Église ne tolère jamais le mal qu'elle peut faire cesser; elle frappe, même avec rigueur, ses propres enfants, quand il s'agit de les ramener à l'ordre et aux bons exemples. Son zèle égale sa force. Quelles brillantes pages on écrirait, si l'on traçait l'histoire de toutes les réformes opérées par l'Église, de tout le sang versé dans cette lutte incessante contre le relâchement, contre les passions humaines, qui s'insinuent partout et corrompent les plus pures institutions! L'Église ne se contente pas de semer des bienfaits sur son passage; elle ressuscite le bien que l'*homme ennemi* avait étouffé, comme le soleil ranime de ses rayons salutaires les fleurs dont les brouillards de la nuit avaient terni l'éclat. Combien de fois n'a-t-elle pas changé la face de la terre? L'esprit de vie qui l'embrase s'épanche au dehors et féconde dans les cœurs ces heureux germes qui survivent à toutes les défections, parce qu'ils sont immortels.

Notre saint ne fut pas le soldat le moins héroïque de cette milice ardente aux combats du Seigneur. Plus apte que d'autres à ce labeur sacré, par l'ascendant de ses vertus, par l'autorité de son savoir, par la mâle vigueur de son caractère, il réforma même des monastères qui n'étaient pas soumis à l'obédience de Fleury. Tel était son renom pour l'entreprise et la conduite des œuvres de Dieu, qu'on implorait son intervention jusque dans des lieux où il ne pouvait avoir d'autre influence que celle de sa haute sagesse et de sa piété. L'incertitude du succès n'était jamais pour le grand serviteur de Dieu une cause d'abstention. Il voulait, il poursuivait le bien avec la générosité et la constance d'un apôtre, mais aussi avec l'humilité qui sait attendre le moment de la grâce; il jetait dans les âmes la bonne semence de la parole évangélique, et laissait à Dieu le soin de la faire germer en son temps et à son heure.

D'autres réformateurs avaient consolé l'Église dans le dixième siècle. En Angleterre, saint Dunstan, archevêque de Cantorbéry; en Belgique, saint Gérard, abbé de Brogne; en France, quatre abbés de Cluny, immortelle abbaye près de Mâcon, se dévouèrent à ces rudes travaux. Leurs noms, jadis si populaires, ne sont pas encore oubliés. Nous avons déjà parlé de saint Odon [1]. Ses trois successeurs, saint Aimar, saint Mayeul et saint Odilon, ne furent pas moins zélés pour la discipline monastique. Ce dernier a mérité d'être appelé par Abbon le *porte-étendard de l'Ordre de saint Benoît* [2].

Saint Mayeul et saint Odilon nous sont particulièrement sympathiques, parce qu'ils succombèrent à la tâche et loin de leur abbaye, et que, sous ce rapport, leur fin et leur histoire font songer à notre saint abbé. Épuisés par la fatigue encore plus que par les ans, ils furent surpris par la mort dans le prieuré de Souvigny-en-Bourbonnais, qui dépendait de Cluny. Peu importaient à ces hommes de Dieu les courses pénibles et les périls inséparables, à cette époque surtout, des longs voyages. Souvigny garda leurs restes mortels, devant lesquels se pro-

1. Chap. I.
2. « Totius religionis *signifer Odilo*. » (*Patrol.*, édit Migne, t. CXXXIX, col. 431.)

sternèrent plus d'une fois des têtes couronnées. Ces saintes reliques ont été dispersées ; mais les châsses en bois, objet de nul prix pour la cupidité, ont été épargnées. Nous avons eu la consolation de les vénérer, et nous avons salué avec une joie mêlée de respect les portraits des deux saints personnages dont elles sont ornées.

A ces noms glorieux il faut associer celui d'Abbon. Cluny et Fleury, deux foyers de science et de piété dans ce siècle, rayonnèrent au dehors par l'apostolat de leurs chefs spirituels. Abbon est le seul abbé de Fleury qui se soit livré à des travaux de réforme ; il y consuma une partie de son existence et y rencontra le martyre.

La célèbre abbaye de Marmoutier, que saint Martin, l'apôtre des Gaules, avait fondée près de Tours, et dont il ne reste aujourd'hui que quelques vestiges à peine appréciables, était déchue de sa ferveur primitive. Les religieux y avaient renoncé à leur état pour se faire chanoines. Saint Mayeul, appelé par Eudes Ier, comte de Chartres et de Tours, y mena de Cluny treize moines dont la fusion avec ceux de Marmoutier devait produire peu à peu un changement salutaire dans les habitudes relâchées de l'abbaye. Il leur donna aussi un abbé, du nom de *Bernier*, pour les gouverner dans le véritable esprit de la règle de saint Benoît. Mais les pieuses espérances de saint Mayeul ne se réalisèrent pas. Bernier fut accepté de mauvaise grâce; on méconnut son autorité et on lui imputa plusieurs crimes. L'accusateur principal était un moine nommé *Frédéric*, chargé du soin des écoles. Ses disciples s'enrôlèrent dans son parti et s'appelèrent, de son nom, *frédériciens*[1].

Abbon pouvait rester indifférent à ces querelles, puisque Marmoutier ne relevait point de Fleury, et qu'il n'avait lui-même aucune juridiction sur les moines rebelles. Il était aussi trop prudent pour risquer sans aucune chance de succès une intervention directe; mais, d'un autre côté, son âme était trop affligée d'un déplorable scandale qui pouvait durer encore longtemps. Ne pouvant rien par lui-même, il écrivit à Gauzbert, abbé de Bourgueil-en-Vallée, de Maillezais et de Saint-Julien de Tours, où il résidait, à une petite distance de Marmoutier. Cette lettre, qu'il faut rapporter à l'année 997, et qui fait partie des œuvres de notre saint abbé[2], est empreinte d'une pieuse colère contre les auteurs du scandale et contre Gauzbert lui-même, quoiqu'il l'appelle *sainteté*. Il reproche à cet abbé de n'avoir rien fait pour empêcher le mal, et le presse de se transporter sur les lieux et de faire une enquête. Il rapporte un décret de saint Grégoire le Grand qui,

1. *Patrol.*, édit. Migne, t. CXXXIX, col. 430.
2. *Ibid.*, col. 429-432.

écrivant à Loup, abbé d'Autun, défend à l'évêque de cette ville de juger seul la cause d'un abbé. Il ajoute qu'il avait fait inscrire ce décret dans le privilége qu'il avait obtenu récemment de Grégoire V, et qualifie sévèrement le procédé des moines de Marmoutier, qui voulaient contraindre leur abbé à se justifier par l'épreuve du *fer chaud*.

On voit par cette lettre que le titre de *sainteté* était attribué, durant le dixième siècle, non-seulement au pape, mais encore aux abbés des monastères, comme nous l'avons déjà dit [1].

Ce qui n'est pas moins digne de remarque, c'est cette épreuve du *fer chaud* proposée par les moines à leur abbé pour découvrir la vérité des faits contestés. De toutes les épreuves judiciaires pratiquées au Moyen Age sous le nom d'*ordalies* ou *jugements de Dieu*, celle-ci était la plus ancienne, et a été aussi la plus tenace. Il en est question chez les Hindous, dans les lois de Manou et dans l'*Antigone* de Sophocle. Les Grecs n'y avaient pas encore renoncé au treizième siècle, puisqu'on en trouve un cas sous l'empereur Théodore Lascaris [2].

Cette épreuve consistait à mettre la main dans un gantelet de fer rougi au feu, ou à porter une barre de fer rouge l'espace de dix ou douze pas, ou bien à

---

1. Chap. xii.
2. *Histoire ecclésiastique*, par Fleury, t. XII, liv. LXXXIV, n° LXI.

marcher pieds nus sur un brasier ardent ou sur plusieurs socs de charrue rougis au feu. Si l'accusé restait sain et sauf au contact du feu, il était déclaré innocent. Dans le cas contraire, il était coupable. Quelquefois on *éprouvait* les reliques elles-mêmes par le feu, dans le but d'en reconnaître l'authenticité ou la fausseté. On trouve dans les ouvrages de saint Grégoire de Tours l'oraison, hymne et antiennes qu'on récitait pendant la cérémonie[1]. Une de ces antiennes était celle-ci : « Vous m'avez éprouvé par « le feu[2]. »

L'eau, mobile comme le feu, comme lui secourable et purifiante, servait comme lui aux épreuves judiciaires, sauvait l'innocent, dénonçait les coupables. Froide[3] ou bouillante[4], elle était infaillible dans ses décisions. Les cas douteux de la justice se résolvaient encore par les bras en croix ou par le duel[5]. Tous ces usages barbares furent transformés en loi, au sixième siècle, par Gondebaud, roi des Bourguignons.

Que faut-il penser de ces pratiques ? Le Seigneur,

---

1. *S. Gregorii, Turonensis episcopi, Opera omnia*, édit. Migne, col. 1185, 1186.

2. « *Igne me examinasti.* » (Ps. xvi, 3.)

3. *S. Gregorii, Turonensis episcopi, Opera omnia*, édit. Migne, col. 767.

4. *Ibid.*, col. 777, 778, 838. — La chaudière de l'eau bouillante s'appelait *Alfetum*.

5. *Histoire de l'Église gallicane*, liv. XVI, XVIII.

qui avait permis le divorce aux Juifs, *à cause de la dureté de leur cœur*, leur avait encore octroyé la *loi de la zélotypie*[1], en vertu de laquelle la femme suspecte d'adultère était soumise à l'épreuve de l'eau. L'épreuve était toujours décisive, et révélait infailliblement, par une permission particulière du ciel, la culpabilité ou l'innocence de la femme. Mais cette prescription légale n'était que temporaire. Le christianisme, qui reflète si admirablement la douceur du divin Maître, devait faire succéder la mansuétude à la terreur. L'épreuve de l'eau fut réprouvée; les autres pratiques, qui ne pouvaient, comme la *zélotypie*, revendiquer une institution divine, le furent également. L'abus, quoique proscrit, dura encore longtemps, et suscita de nouvelles et énergiques réclamations. Au neuvième siècle, saint Agobard, archevêque de Lyon, écrivit contre la *damnable* opinion de ceux qui prétendent que Dieu fait connaître sa volonté par l'issue de ces épreuves. Il se récria contre cette appellation de *jugement de Dieu* accordée à des pratiques où l'imposture triomphe plus souvent que l'innocence, et fixa clairement les esprits sur un point qui intéressait à la fois l'Église et la société[2].

Au dixième siècle, saint Abbon tonna en termes inexorables contre l'épreuve du fer chaud. Avocat

[1]. *Num.*, v, 12-31.
[2]. *Patrol.*, édit. Migne, t. CIV, col. 249-268.

de la vérité et de l'humanité, il participa glorieusement à l'abolition d'un usage féroce et mérita d'être compté parmi les bienfaiteurs de son époque. Peu à peu les idées se modifièrent, les mœurs s'adoucirent, grâce aux efforts constants de la sainte Église. Au douzième siècle, saint Yves de Chartres fait revivre une bulle d'Alexandre II, déclarant que ces *inventions* ne reposent sur aucune sanction canonique[1]. Arrive enfin l'*Ange de l'école*, saint Thomas d'Aquin, qui classe ces pratiques parmi les *superstitions* divinatoires des sorts et les déclare *illicites*[2].

Malgré des enseignements si formels, quelques auteurs ont prétendu justifier ces épreuves par les expériences victorieuses de quelques saints, tels que saint Brice, successeur de saint Martin sur le siége de Tours; saint Simplice, évêque d'Autun[3], et sainte Cunégonde, impératrice d'Allemagne. Le naïf historien du douzième siècle, Orderic Vital, moine de Saint-Evroul d'Ouche, en Normandie, rapporte un prodige non moins étrange[4]. Le bienheureux Pierre *Igné*, d'abord disciple de saint Jean Gualbert à Vallombreuse, et ensuite cardinal-évêque d'Albano,

---

1. *Sancti Ivonis, Carnotensis episcopi, Opera omnia*, édit. Migne, t. I, col. 695.
2. *Secunda secundæ partis Summæ theologicæ sancti Thomæ Aquinatis*, q. xcv.
3. *Sancti Gregorii, Turonensis episcopi, Opera omnia*, édit. Migne, col. 190, 883.
4. *Patrol.*, édit. Migne, t. CLXXXVIII, col. 430.

doit son surnom, d'après les Bollandistes, à l'épreuve du feu dont il sortit victorieux [1]. Nous n'examinerons ni l'authenticité ni la valeur surnaturelle des faits merveilleux consignés chez nos chroniqueurs; il nous suffira de dire que la doctrine de l'Église à l'égard de ces cruelles superstitions n'a jamais varié.

Pourquoi l'Europe a-t-elle résisté si longtemps aux maternelles réclamations de l'Église? L'abbaye de Marmoutier, qui sollicitait au dixième siècle l'épreuve du fer chaud contre son abbé, nous a laissé deux chartes du onzième siècle, 1037 et 1062, qui nous prouvent qu'à cette époque, cette pratique odieuse avait encore des partisans. Au douzième siècle, nous en trouvons un exemple curieux en Angleterre. Un honnête homme, appelé *Briestan*, est accusé par un certain *Rodbert*, surnommé *Malartois*, ou artisan de crimes. Il est conduit devant les juges, parmi lesquels on distinguait Rainald, abbé de Ramsey. Il est condamné; sa courageuse femme s'engage à prouver son innocence par l'épreuve du fer chaud : « Je porterai, dit-elle, avec la main nue, un fer embrasé, en présence de tous ceux qui voudront le voir [2]. » L'essai n'eut pas lieu, Briestan ayant été

---

1. *Igneus* appellatus quia per *ignem illæsus transivit* ad revincendum simoniaci episcopi culpam. (*Acta sanctorum*, VIII februarii.)

2. *Patrol.*, édit. Migne, t. CLXXXVIII, col. 501.

délivré miraculeusement par saint Benoît, qui lui était apparu[1].

La décadence de cette triste coutume ne date que du treizième siècle, s'il faut en croire un manuscrit de Montpellier de l'an 1204, cité par Ducange[2]. Il n'eût pas été possible de l'abolir brusquement, à cause des mœurs encore peu policées des ancêtres ; l'esprit du temps commandait de sages tempéraments. L'Église, qui ne pouvait exiger ce qu'elle ne pouvait obtenir, fit du moins tout ce qu'elle put pour adoucir les lois par les mœurs et corriger les mœurs par les lois. Elle interdit aux peuples leurs combats et leurs guerres pendant plusieurs jours de la semaine, et les peuples s'arrêtèrent devant sa défense, et la vengeance de l'homme respecta la *trêve de Dieu*. Elle assujettit les *ordalies* à des conditions presque impossibles qui équivalaient à une suppression : les deux parties, accusé et accusateur, devaient consentir à ce violent moyen de justification. Le concours des deux volontés était nécessaire. Ce louable progrès était dû à l'idée chrétienne, qui se substituait insensiblement aux instincts de la barbarie.

Il nous a semblé utile d'exposer avec quelques détails ces inventions païennes, à qui notre langue

1. *Patrol.*, édit. Migne, t. CLXXXVIII, col. 502-504.
2. *Glossarium mediæ et infimæ latinitatis*, édit. Didot, 1843, t. III, p. 241.

a emprunté cette locution d'un homme convaincu qui consentirait à *mettre la main au feu* pour certifier une chose. Nous avions besoin de dire combien elles avaient été populaires, malgré leur monstruosité, afin qu'on pût juger de l'importance du bienfait qu'Abbon voulait rendre à son siècle par l'abolition de ces usages. Les flétrir, c'était les signaler à la réprobation universelle; il n'était pas temps encore d'en demander ou d'en exiger le sacrifice, mais il n'était pas hors de propos de prescrire contre le mal par une parole énergique, et de préparer les esprits à une réforme impossible pour le moment.

La lettre d'Abbon à Gauzbert est donc un acte de zèle véritable; elle révèle un cœur ami du bien, en même temps qu'un esprit longuement nourri de la plus fine substance de la littérature profane et sacrée.

On ignore la réponse de Gauzbert à cette lettre; il y a lieu de croire qu'il transmit à Abbon le résultat de l'enquête qu'il dut faire à Marmoutier. Abbon, qui avait condamné les moines de Marmoutier pour leur révolte et leur procédé anticanonique, ne s'aveugla point sur les torts de leur abbé. Doué d'un jugement droit, d'une pénétration exquise, il discerna sans peine les égarements de Bernier, et jugea qu'il ne pouvait pas garder une dignité compromise. Le zèle de la gloire de Dieu et du bien des âmes, et le devoir de la correction fraternelle, obligatoire dans certains cas, lui dictèrent une lettre dont le ton ému, presque indigné, rappelle le grand caractère des Ambroise et des Chrysostome. Dans cette lettre, arrivée jusqu'à nous [1], Abbon fit comprendre à Bernier qu'il attendait en vain la sentence des gens de bien, alors que les remords de sa propre conscience l'accusaient; que le bruit de ses fautes le couvrait d'infamie, et qu'on savait dans le public qu'il avait perdu plusieurs de ses moines par la contagion de sa lèpre. C'est pourquoi il l'exhortait, s'il ne pouvait se justifier, à donner satisfaction à ses frères et à remettre sa houlette abbatiale entre les mains de l'évêque, afin que sa place fût donnée à un plus digne.

Dieu bénit ces pieuses et intrépides démarches. Frédéric, l'*ignoble scribe*[2], le fauteur le plus dangereux des troubles de Marmoutier, fut chassé de l'abbaye. Il entreprit, en expiation de ses fautes, le pèlerinage de Jérusalem[3]. Bernier obéit aux instances d'Abbon et fut remplacé dans sa charge par Gauzbert, dont la sage administration ramena au sein du cloître la paix et la concorde. Gauzbert ne mourut qu'en 1007, trois ans après Abbon, dont la joie, après cette réforme, ne fut pas troublée de ce côté par de nouvelles dissensions.

1. *Patrol.*, édit. Migne, t. CXXXIX, col. 432 et 433.
2. *Ignobilis scriba.* (*Ibid.*, col. 437.)
3. *Ibid.*

Dans le cours de la même année 997, Abbon fut encore obligé de s'ingérer dans les affaires d'une autre abbaye. Au sixième siècle, saint Euspice, et son neveu, saint Maximin, vulgairement appelé *saint Mesmin*[1], avaient fondé l'abbaye de Mici, près d'Orléans, au confluent de la Loire et du Loiret. Cette abbaye de Mici ou de *Saint-Mesmin* eut des commencements difficiles, souffrit de la guerre et du relâchement de la discipline, et fut enfin ébranlée en 997 par une véritable révolution. Deux moines avaient causé tout le mal : Constantin, doyen de l'abbaye, et Létalde[2], que son savoir et sa liaison avec Abbon n'avaient pu préserver de l'orgueil et de l'ambition. La conspiration fut si bien ourdie, et la révolte affecta des airs si menaçants, que Robert, abbé de Mici et de Saint-Florent-lez-Saumur, fut obligé de s'enfuir. Létalde usurpa son poste et consomma ainsi son œuvre d'iniquité. Foulque, successeur d'Arnulfe sur le siége d'Orléans, avait été trompé dans cette triste affaire, et avait innocemment donné sa sanction aux faits accomplis.

Rien ne manquait au succès. Létalde régnait en maître à Mici, et administrait l'abbaye comme s'il avait été canoniquement élu. Mais il aggrava sa faute

1. La grotte de ce saint a été découverte en 1856 à la Chapelle Saint-Mesmin, sur les bords de la Loire.
2. Il ne faut pas confondre Létalde, simple moine de Mici, auteur de savants ouvrages, avec Létalde, abbé de Mici au temps de saint Odon.

et compromit son triomphe en cherchant à se ménager des intelligences dans l'abbaye de Fleury, qui n'était pas très-éloignée de la sienne. Ses manœuvres ténébreuses n'échappèrent pas au pasteur vigilant qui présidait alors aux destinées de Fleury. Non content de les déjouer, Abbon s'en autorisa pour intervenir, dans l'intérêt du bien, chez ceux qui avaient voulu séduire et corrompre ses moines de Fleury. Il devait en coûter à son cœur de renoncer à l'amitié de Létalde; mais pouvait-il la conserver au prix de sa conscience? Il en offrit à Dieu le sacrifice, et écrivit sur un ton accusateur aux moines de Mici, s'adressant surtout à Constantin, que sa qualité de doyen rendait encore plus coupable. Dans cette lettre, monument encore intact de son zèle [1], il invectivait contre ces moines *acéphales* qui persécutent leurs abbés afin de vivre sans supérieurs; qui, rebelles aux lois de la nature, déchirent leurs propres frères; plus féroces sur ce point que les animaux, dont aucun ne sévit contre son semblable. Abordant ensuite les faits qui avaient servi de prétexte à la révolte des moines et à l'expulsion de l'abbé, il démontrait que Robert méritait au contraire leur approbation, pour avoir pris le parti d'un innocent poursuivi par la calomnie. Il exhortait donc les coupables à rendre à cet abbé l'obéis-

1. *Patrol.*, édit. Migne, t. CXXXIX, col. 436-438.

sance qu'ils lui avaient vouée, et pressait Létalde de restituer à Robert la place qu'il lui avait ravie, et de faire rentrer dans le devoir tous ses complices.

La lettre d'Abbon eut son effet : l'intrus se retira au Mans, où il finit probablement ses jours, et Robert, rétabli dans sa charge, mourut abbé de Mici, en odeur de sainteté.

Les circonstances imposèrent une troisième fois à Abbon le rôle toujours méritoire, mais toujours pénible, de *paciaire*. Il y a des hommes nécessaires à leur siècle; leur crédit et leur dévouement sont un *palladium* auprès duquel se réfugie la société menacée ou atteinte de quelque fléau. Les amis de Dieu sont les meilleurs amis de leurs semblables; ils passent, comme le divin Maître, *en faisant le bien;* leur temps, leurs actions, leur vie, appartiennent à autrui; héros de la charité, ils s'immolent chaque jour, arrosant de leur sang ou de leurs larmes un holocauste qui ne s'éteint jamais.

C'était en 1003. Les bords de l'Eure furent témoins en cette année d'un épisode scandaleux dont un cloître fut encore le théâtre. Nous n'éprouvons aucun embarras à le rapporter, soit parce que le bien se montra à côté du mal, et dut en atténuer l'impression fâcheuse, soit parce que l'orgueil, source de tous les désordres, est inhérent à notre nature, et doit avoir ses explosions comme l'électricité qui circule dans l'atmosphère. S'étonner ou s'offenser d'un scandale, parce qu'il part du cloître ou du sanctuaire, c'est méconnaître la condition humaine, c'est blasphémer la Providence, qui laisse à chacun l'usage entier de sa liberté. La terre n'est pas le séjour des anges ; il n'y a d'impeccabilité que dans le ciel.

L'abbaye de *Saint-Père-en-Vallée-les-Chartres* (*Sanctus-Petrus-in-Valle*) avait été fondée, vers le septième siècle, dans une agréable vallée sur l'Eure, au pied du mont sur lequel s'étale la ville de Chartres. Après des vicissitudes diverses, elle fut réformée par les moines de Fleury, dont elle devint dès lors, sinon la vassale, du moins la protégée et la filleule. Ce précédent créait à Abbon des droits, ou plutôt des devoirs, qu'une triste occasion vint lui rappeler. Gisbert, abbé de Saint-Père, était dangereusement malade, mais sain d'esprit et de parole, lorsqu'un moine, nommé Mégenard, sortit nuitamment du monastère et alla demander le gouvernement de l'abbaye au comte Théobald le *Trompeur*[1], qui était alors à Blois. Le comte, après l'avoir entendu, le renvoya le lendemain, avec ordre aux moines de le recevoir en qualité d'abbé. Cet ordre surprit d'autant plus que Gisbert vivait encore, et

---

1. Theobaldus, comes cognomento *fallax*. (Henrici Spondani Mauleosolensis, Apamiarum in Gallià episcopi, *Epitome annalium ecclesiasticorum Cæsaris Baronii*. Lugduni, 1660. P. 382.)

que d'ailleurs Mégenard n'avait pas même reçu la tonsure et n'était pas susceptible d'être élu. On refusa donc de le reconnaître, et l'intrus fut forcé de revenir vers le comte Théobald, à qui il fit partager sa colère. Cinq jours après, l'abbé meurt. Le chapitre et les chanoines sont convoqués, on demande aux moines s'il y en a parmi eux qui favorisent l'entreprise de Mégenard ; tous répondent négativement. On députe alors au comte Théobald des messagers pour lui donner avis de la mort de l'abbé Gisbert, et demander l'autorisation de procéder à une élection régulière.

Après la séance du chapitre, deux moines, Vivien et Durand, qui avaient des prévôtés au dehors, sortent pour aller visiter leurs bénéfices ; mais, quoique le doyen leur eût interdit d'aller ailleurs que dans leurs terres, ils se rendent à Blois et vont dire au comte que Mégenard avait été élu à l'unanimité des voix. C'était un mensonge ; le comte en profita pour donner à Mégenard le bâton pastoral. Les moines de Saint-Père, informés de la fourberie, dressent et signent une protestation énergique. Théobald ne veut rien entendre, conduit Mégenard à Chartres, et l'installe de force au monastère. Les moines sortent et se réfugient auprès de l'évêque Rodolphe. L'intrus se fait donner la bénédiction abbatiale par un évêque de Bretagne, nommé Hervise. La cérémonie s'accomplit dans un des faubourgs de la ville, en l'absence du clergé, malgré les murmures du peuple, malgré les réclamations formelles des moines et du député de l'évêque diocésain.

Telle était la situation, lorsque Abbon fut informé par la rumeur publique de ce qui se passait à Saint-Père. Mais il ne pouvait agir sans avoir obtenu des renseignements exacts. Il écrivit dans ce but une lettre, aujourd'hui perdue, à l'homme le plus capable de l'éclairer sur la nature des faits. Nous voulons parler du bienheureux Fulbert, qui fut plus tard évêque de Chartres, et qui était déjà un des plus beaux caractères et une des plus brillantes lumières de son siècle. Selon quelques auteurs, Fulbert était né en Aquitaine. Sa liaison avec le duc Guillaume, à qui cette province obéissait, forme en faveur de cette opinion un préjugé qui acquiert la force de preuve, lorsqu'on voit Fulbert dans ses lettres au *très-pieux et glorieux Guillaume, duc des Aquitains*[1], se représenter comme un sujet de ce prince. Il étudia à Reims sous le célèbre Gerbert. Appelé à Chartres pour y enseigner, il devint chanoine et chancelier de l'église de cette ville. Sous un maître aussi habile, l'école de Chartres devint à juste titre une des plus renommées de l'Europe. Guillaume, prince lettré et protecteur du savoir et du mérite, le combla d'honneurs. Entre autres fa-

---

1. *Patrol.*, édit. Migne, t. CXLI, col. 229, 250, 236, 237.

veurs, il lui conféra la trésorerie de Saint-Hilaire de Poitiers [1]. A ses vastes connaissances il joignait celle de la médecine, et il exerçait cette profession qui s'alliait alors avec la cléricature. Plus tard, évêque de Chartres, il commença la réédification de la cathédrale qui avait été réduite en cendres par un incendie. Ses contemporains le surnommèrent le *Socrate français*. Bernard, scolastique d'Angers, lui dédia son livre des *Miracles de sainte Foi*[2], vierge martyre d'Agen, très-honorée alors à Chartres et représentée dans un vitrail de la cathédrale actuelle de cette ville[3].

Rien ne prouve que Fulbert ait jamais été moine; mais il était l'ami des moines; on l'appelait, nous dit Raoul Glaber, le *père des moines*[4]. Il fut enseveli dans l'abbaye de Saint-Père.

Fulbert n'était que chanoine de Chartres, quand il reçut la lettre d'Abbon, son ami, au sujet des

---

1. *Patrol.*, édit. Migne, t. CXLI, col. 56.
2. *Ibid.*, col. 129-164.
3. *Description de la cathédrale de Chartres*, par M. l'abbé Bulteau, p. 215. — M. Bulteau se trompe en affirmant que les actes de sainte Foi nous ont été transmis par Fulbert. Le récit des *Miracles de sainte Foi*, dédié au grand évêque, a pour auteur Bernard, scolastique d'Angers. La vie de la même sainte a été écrite par Bernard de la Guionie, dominicain, évêque de Lodève, né dans le Limousin, un des historiens ecclésiastiques les plus recommandables du quatorzième siècle.
4. Nous avons déjà dit (chap. Ier) que saint Bruno, saint Gérard et Guillaume, duc d'Aquitaine, ont été honorés du même surnom.

troubles de l'abbaye de Saint-Père. Sa réponse[1], digne de sa plume et de son cœur, débute par ce titre aussi tendre que respectueux : « Au très-cher « père Abbon, plein de vertu et resplendissant de « grâce, son Fulbert[2]. » Dès les premiers mots il laisse échapper cette exclamation admirative : « O « vénérable abbé, ô grand philosophe[3] ! » Il expose ensuite les faits que nos lecteurs connaissent, et termine par ce touchant appel : « Je vous conjure, « Abbon, je vous supplie par les dons de la sagesse « chrétienne qui vous ont été départis, par les char- « mes de la charité fraternelle, venez combattre, si « vous le pouvez, les ennemis du Seigneur; consoler, « ranimer les frères abattus ; ne laissez pas périr, « faute de secours, les âmes pour lesquelles Jésus- « Christ a versé son sang. Adieu. »

Abbon dut s'interposer dans cette grave affaire. Sa prudence et sa fermeté concilièrent des difficultés qui paraissaient insolubles. L'élection de Mégenard fut régularisée, et les moines de Saint-Père qui lui avaient arraché des mains la crosse abbatiale et l'avaient chassé du monastère, acceptèrent son autorité. De son côté, Mégenard fit oublier par ses vertus le scandale et les chagrins qu'il avait donnés à ses frères.

1. *Patrol.*, édit. Migne, t. CXLI, col. 190-192.
2. « Pleno virtutis et gratiâ circumfuso, charissimo patri Abboni « Fulbertus suus. »
3. « O sacer Abba, et ô magne philosophe. »

Marmoutier, Mici, Saint-Père, furent les trois premières étapes de cet incomparable apôtre de la paix. L'ami des lettres, l'homme du cloître qui aimait à *cacher sa vie en Jésus-Christ,* rompait avec ses habitudes, quand l'intérêt de ses frères l'exigeait ; il sacrifiait à la gloire de Dieu toutes ses joies, ses livres, ses méditations, son repos. La pensée s'arrête avec émotion sur cet auguste vieillard, aux traits fatigués, à l'accent suave et puissant, cheminant d'abbaye en abbaye pour y porter la lumière, la justice, la conciliation, et l'on pénètre avec respect dans le fond de cette âme entièrement dévouée à Dieu et au prochain.

Mais d'autres courses sont réservées à ce pacificateur universel. Il y trouvera avec la palme du martyre le repos de la tombe.

CHAPITRE XVI

**Propagation de l'Ordre de saint Benoît
en Aquitaine.
Fondation du monastère de *Squirs* dans le bourg
d'Aliard sur les bords de la Garonne.
Sa destruction par les Normands. — Sa restauration
sous le nom de monastère de la *Règle*.
Son histoire jusqu'en 1004.**

La règle de saint Benoît, louée par saint Grégoire le Grand et par d'autres saints, recommandée par une foule de conciles, ne tarda pas à se répandre dans toute l'Europe. Saint Placide la porta en Sicile, saint Émilien en Espagne, saint Fructueux en Portugal. Aux guerres intestines, aux crimes impunis, aux émotions violentes avait succédé le besoin d'expiation ou de repos au sein de la solitude. Les barbares eux-mêmes s'étonnaient de leur propre attendrissement en présence de ces asiles qui ne répétaient que les pacifiques échos de la prière, et ils sollicitaient une place à côté de ces hommes étranges qui ignoraient le métier des armes. La paix, bannie des cités et des champs, se réfugia sur les montagnes ou dans les forêts les plus incultes ; et les bêtes fauves, sensibles au spectacle de la vertu, renoncèrent plus d'une fois à leur férocité pour se mettre au service des amis de Dieu. De Clovis à Charlemagne, l'élan monastique grandit, se développa et couvrit l'Europe d'abbayes. Le conquérant des Saxons fut, après saint Benoît, le législateur des moines. Sous ses successeurs, même zèle, même enthousiasme pour le cloître. En 1005, la grande famille de saint Benoît comptait en Europe 15,070 monastères. Le célèbre institut, semblable à un grain de sénevé, était devenu un grand arbre et couvrait tout le champ de J.-C.

Et c'est durant la période la plus agitée, la plus orageuse de l'ère chrétienne, que tant de fondations ont été faites ! Mais comment se garantir des incursions des barbares et des seigneurs ? On adoptait de préférence pour l'érection d'un monastère un lieu fortifié par la nature, les bords d'une rivière, une île, une presqu'île, une éminence, une montagne. Après le Mont-Cassin, berceau de l'Ordre de saint Benoît, nous ne voulons citer, à l'appui de notre affirmation, que les noms les plus connus : Montaigu, Montdidier, Montfaucon, Mont-Saint-Michel, Montmajour, Hautmont, Hautvillers, Remiremont, Lérins, Noirmoutiers, Ramsey, Rhuys. Plus tard, après les croisades, ces nécessités devinrent moins impérieuses. Les disciples de saint Bernard, de saint

François et de saint Ignace purent bâtir plus impunément dans la plaine ou dans l'intérieur des cités. De là ce dicton populaire : « Benoît aimait les col« lines, Bernard les vallées, François les villes, « Ignace les capitales[1]. »

La Gaule chrétienne ne tarda pas à accueillir les enfants de saint Benoît. Saint Maur, envoyé par l'immortel patriarche, fonda à Glanfeuil, dans le diocèse d'Angers, le premier monastère bénédictin de la Gaule. « Le fils chéri de saint Benoît passa quarante « années à la tête de sa colonie française ; il y vit « officier jusqu'à cent quarante religieux. Quand il « mourut (en 584), après s'être retiré pendant deux « années dans une cellule isolée pour s'y préparer « en silence à paraître devant Dieu, il avait déposé « dans le sol de la Gaule un germe qui ne devait ni « s'épuiser ni périr, et qui, après mille ans encore, « devait produire sous le nom même du modeste « fondateur de Glanfeuil une nouvelle efflorescence « du génie monastique[2]. »

Des rives de la Loire, la règle bénédictine se propagea rapidement dans les Gaules, surtout dans les diocèses de Bordeaux et de Bazas, aujourd'hui réunis.

---

1. Bernardus valles, colles Benedictus amabat,
Oppida Franciscus, magnas Ignatius urbes.
2. *Les Moines d'Occident*, par M. le comte de Montalembert, 2ᵉ édit., t. II, p. 276. — Nous parlerons dans le chapitre suivant de la reconstitution de l'Ordre de saint Benoît en France.

Les bords escarpés des larges fleuves qui baignent ces deux diocèses, et la nature un peu montagneuse du terrain offraient à la prière les conditions de lieu que réclamaient les temps agités et ne pouvaient manquer d'attirer l'attention des bénédictins et de leurs nombreux protecteurs. Il suffit de mentionner les dates des plus anciens monastères de saint Benoît dans ces contrées privilégiées :

Abbaye de Sainte-Croix, à Bordeaux, vers l'an 650.	
Abbaye de Blasimont[1].	721.
Abbaye de Saint-Émilion (plus tard Augustine).	VIIIe siècle.
Abbaye de Bourg-sur-Mer.	821.
Abbaye de Notre-Dame de Rivet (plus tard Cistercienne).	Xe siècle.
Prieuré de Saint-Macaire.	Xe siècle.
Abbaye de Saint-Ferme.	XIe siècle.
Abbaye de la Grande-Sauve dans l'*Entre-deux-Mers*.	XIe siècle.
Abbaye de Saint-Sauveur, à Blaye.	XIe siècle.
Prieuré de Soulac.	XIe siècle.
Prieuré de Notre-Dame de Guîtres.	XIIe siècle.

---

1. Un auteur place le monastère de Blasimont (monasterium *Blavimontis*) parmi les plus importants de la Gaule. (*Corona lucida in cœlo jam fulgens, olim in terris, conserta ex illustribus vitâ, doctrinâ, sanctitate monachis Ord. S. Benedicti*, auctore R. P. F. Carolo Stengelio Ord. S. Ben. Augustæ Vindelicorum, 1621, p. 57.)

Parmi ces abbayes, celles de Sainte-Croix et de la Grande-Sauve brillent d'un éclat particulier dans les fastes monastiques. Celle-ci a eu son historien et son peintre; rien ne manque à sa gloire. Mais il est un autre monastère dont les noms successifs, la position topographique et les épisodes tragiques méritent au moins quelques lignes. Notre saint le visita deux fois, y mourut, y fut enseveli et l'illustra par ses miracles. Il convient d'en parler.

Sur un tertre isolé de la rive droite de la Garonne, à une distance à peu près égale de Bordeaux et d'Agen, s'élevait un petit village nommé *Aliard*[1]. A l'est, au nord et à l'ouest, il était abrité et protégé par des coteaux qui lui servaient de rempart; au midi, il était borné et gardé par le fleuve qui lui fournissait en même temps une pêche abondante. Dans la plaine étroite qui, du côté de l'Orient, séparait la bourgade du coteau voisin, une fontaine promenait paisiblement ses eaux et mêlait son murmure aux symphonies des chantres ailés des bois. Une autre fontaine plus rapide arrosait *Aliard* dans la région du couchant.

Le lieu pittoresque que la nature, prodigue de ses faveurs, semblait avoir prédestiné pour le séjour des muses ou le génie de la guerre, fut converti en monastère par la famille de saint Benoît. A une époque reculée que l'histoire ne saurait préciser, les

1. *Pagus Aliardus.*

bénédictins vinrent habiter *Aliard*. Dans l'impossibilité où nous sommes de consulter les archives du monastère détruites en 1793, nous allons fouiller dans son *cartulaire* heureusement conservé par Dom Maupel[1] et publié récemment dans les *Archives historiques de la Gironde*[2]. Or, dans ce *cartulaire* nous trouvons une requête adressée au pape Clément II (onzième siècle) pour obtenir la confirmation des priviléges du monastère, et dans laquelle on compte le monastère des rives de la Garonne parmi ceux que bâtit Charlemagne[3]. Cette opinion, acceptée d'ailleurs par beaucoup d'auteurs modernes, flatte trop notre orgueil national pour

---

1. Dom Paul Maupel était né à Narbonne. De prieur de Saint-Sever, il fut élu, en 1723, prieur de Saint-Pierre de la Réole. Il administra le prieuré jusqu'en 1729, époque où il fut remplacé par D. François Veyrés, qui était né à Sainte-Livrade, dans le diocèse d'Agen. Dom Maupel a laissé un précieux ouvrage sous ce titre : *Sancti Petri de Regulâ regalis prioratûs historica-chronologica synopsis seu de rebus notatu dignis inclyti monasterii Regulensis liber.*
2. T. V, p. 101-186.
3. « Karolus Magnus, in honore Domini nostri Jesu Christi, « construxit monasterium Sancti Petri de Regulâ et eidem mo- « nasterio multa contulit beneficia. » (*Ibid.*, p. 144.) Selon cette opinion, le prieuré Réolais serait un des 24 monastères que Charlemagne et sa femme Hildegarde fondèrent jusqu'à concurrence des 24 lettres de l'alphabet :

> Carolus et Hildegarda
> Tot fundaverunt cœnobia
> Quotquot sunt litteræ
> In alphabeto repertæ.

que nous puissions la combattre; mais nous reconnaissons qu'elle n'est pas suffisamment fondée. Aimoin, le seul auteur de première main qu'on eût pu invoquer, garde sur cette question un silence significatif. Il vivait deux siècles seulement après Charlemagne et connaissait parfaitement les actes de ce grand roi; il avait visité lui-même ce monastère et avait pu recueillir les traditions locales. Si Charlemagne eût bâti ce monastère en 777, comme on le prétend, le souvenir de cette fondation royale était trop glorieux pour se perdre si vite, et le chroniqueur aquitain, si ami des petits détails, n'eût pas manqué de le consigner dans son livre.

Les *Annales bénédictines* ont hésité sur cette question : le vrai fondateur est-il saint Mommolin, abbé de Fleury, qui mourut à Bordeaux en 679, ou bien est-ce Charlemagne? La qualité de ce dernier justifierait le titre de monastère *royal* donné au prieuré de la Réole. Les célèbres annalistes n'osent se prononcer[1]. Tantôt ils fixent cette fondation à l'an 832[2], sous le règne de Louis le Débonnaire; tantôt ils la reculent jusqu'au dixième siècle[3], au temps de Louis IV, dit d'*Outre-Mer* (936-954).

Il est probable que le monastère gascon date d'une époque bien antérieure à Charlemagne. Selon la

1. *Annales Ordinis S. Benedicti*, t. I, p. 546 et 644.
2. *Ibid.*, t. II, p. 553.
3. *Ibid.*, t. IV, p. 851.

Chronique bazadaise, il était le plus ancien de l'Aquitaine et avait pour auteur Clotaire Ier, fils de Clovis (sixième siècle).

Le nouveau monastère fut appelé *Squirs* dans une langue que Mabillon désigne sous le nom de *geniolacum*[1]. On a beaucoup discuté sur la signification de ce mot *Squirs*, qu'on trouve aussi écrit *Scyrs*[2]. Quelques auteurs ont déduit ce terme de celui de *squilla*, petite cloche dans le sens de la basse latinité, en patois gascon *esquirre* et *esquiroun*. En admettant que la clochette en usage dans un pays où elle était encore peu commune, eût prêté son nom au monastère, ce qui paraît invraisemblable, il faudrait encore expliquer la différence trop marquée qui existe, sans aucune raison d'être, entre le primitif et le dérivé.

Nous goûtons davantage l'opinion de Hauteserre, un des meilleurs annalistes de l'histoire d'Aquitaine. Cet auteur attribue à *Squirs* le sens de règle[3]. C'est encore le sens admis dans la nouvelle édition du *Glossaire* de Ducange par Henschel. Le mot *Squirs* y est interprété dubitativement, mais avec quelque apparence de vérité, dans l'acception d'*équerre*, instrument à régler ; en sorte qu'il serait synonyme

---

1. *Annales Ordinis S. Benedicti*, t. II, p. 553.
2. *Rerum Aquitanicarum libri quinque*, auctore Ant. Dadino Alteserrâ. Tolosæ, 1648. Lib. I, cap. xix. — Lib. VIII, cap. xv.
3. *Ibid.* « *Scyrs*, quod idem sonat ac *Regula*. »

des mots *équerre* et *règle* qui signifient deux objets d'un usage presque identique. C'est ce qu'insinue un passage de la charte de restauration du monastère[1], dont nous parlerons bientôt : « Jadis ce lieu s'appelait *Squirs* ; il s'appelle aujourd'hui *Règle*. » Le monastère dut sans doute ce nom à la forme et à la régularité de son plan ou à la règle bien observée qui le signalait à l'admiration publique.

Mais quel était ce dialecte de *Génoliac* auquel le mot *Squirs* fut emprunté? Il y eut autrefois, dans le Périgord, un monastère de ce nom où vécut quelque temps saint Sour, premier abbé de Terrasson[2]. Ce monastère qui avait appartenu au prieuré de la Règle, lui fut restitué, en 970, par le comte Bernard. Mais à quel titre ce monastère aurait-il imposé un nom à un monastère d'un autre diocèse? L'explication que nous allons hasarder ne nous semble point inadmissible : les Gallo-Romains employaient, toutes les fois qu'ils devaient exprimer une idée de possession, un adjectif terminé en *acus*. La campagne d'*Avitus*, *Avitacus* (sous-entendu *pagus* ou *vicus*, le bourg ou le canton Avitacien). Celle de *Calminius*, *Calminiacus*. On se contenta donc de

1. *Novæ bibliothecæ manuscript. librorum tomus secundus : rerum Aquitanicarum, præsertim Bituricensium, uberrima collectio*, operâ ac studio Philippi Labbe. S. J. Parisiis, 1657. P. 743.

2. *Noms anciens de lieux du département de la Dordogne*, par M. le vicomte de Gourgues. Bordeaux, 1861. P. 117.

supprimer la terminaison, et du *vicus*, *ager* ou *pagus*, Salvi*acus*, Mani*acus*, bourg, champ ou canton de Salvius, Manius, on fit *Salviac*, *Maniac* et tous les noms terminés en *ac* de la Loire aux Pyrénées. Il est à présumer que quelque haut seigneur du nom de *Genolius* ou, si l'on veut, quelque puissant propriétaire de *Génoliac* se fit, à une époque de décadence littéraire et de formation laborieuse de la langue, un dialecte à part composé d'éléments indigènes ou barbares. Le mot *Squirs* faisait sans doute partie de ce dialecte privé et servit à désigner le nouveau monastère des bords de la Garonne qui l'emprunta à son vassal[1].

Dès sa naissance, le monastère de *Squirs* fut soumis à celui de Fleury, comme nous l'apprenons par la charte de restauration déjà citée[2]. Mais ces liens se relâchèrent peu à peu et furent rompus par les événements autant que par d'autres causes. Nous dirons bientôt à quelle époque et par qui ils furent renoués.

Nos lecteurs savent déjà, et nous le répétons, que le monastère de *Squirs* avait été bâti au bourg

---

1. « Monasterium *Squirs* vocabulo *Genoliaco*. » (*Annales Ordinis S. Benedicti*, t. II, p. 553.)
2. L'abbaye de Fleury posséda encore en Gascogne le prieuré de *Pontonx*, sur les bords de l'Adour. (*Rerum Aquitanicarum libri quinque*, auctore Ant. Dadino Alteserrâ, lib. 1, cap. xvi.) Fleury acquit ce prieuré sous l'abbé Amalbert. (*Archives historiques de la Gironde*, t. V, p. 101.)

d'Aliard. Nous insistons sur ce point, parce qu'il est capital pour l'intelligence du drame que nous avons à raconter. A ceux qui douteraient encore de la situation primitive du monastère déplacé plus tard et transporté au lieu où il se voit encore aujourd'hui, nous citerons le texte formel de la susdite charte de restauration : « Le monastère de « *Squirs*, dit cette charte, fut fondé en Gascogne « dans le bourg *d'Aliard*, sur la rive de la Ga-« ronne [1]. » Or ce bourg *d'Aliard*, situé à l'ouest de la ville qui naquit et se développa à quelques pas du monastère, a conservé son nom jusqu'à nos jours et fixe péremptoirement notre opinion sur cette question topographique. Il est marqué sur le cadastre sous le nom un peu altéré de *Castel-d'Aillard*, propriété de M. Emmanuel Geinsay. Le nom de *Castel* a été associé à celui d'*Aillard* en souvenir du château fort que les Anglais y bâtirent au douzième siècle. Le peuple dit *Castel-Gaillard*[2] et *Enclos du pavillon* à cause d'un pavillon qui est à l'entrée de la propriété. Les deux fontaines que mentionne Aimoin, nous les retrouvons dans la

1. « Monasterium vocabulo *Squirs*, quod fundatum est in parti-« bus Vasconiæ *in pago Aliardensi* supra ripam Garonnæ flumi-« nis. »

2. Depuis la fin du dix-septième siècle, la branche cadette de la famille du Noguès, originaire de Navarre, s'intitule : du Noguès de *Castel-Gaillard*. D'où peut venir ce nom, si ce n'est de la propriété en question, qu'elle a dû acquérir et posséder quelque temps?

Fontaine du pavillon et dans la *Fontaine de Martouret*, dont la position respective confirme encore notre opinion[1].

Une vigne, des arbres fruitiers, occupent aujourd'hui l'emplacement de *Squirs*, dont le nom cependant est encore reconnaissable dans celui du *chemin de Lesquiroo*, petit sentier, aujourd'hui interdit, qui descend de la propriété à la route nationale. La métamorphose est complète. Mais les travaux d'appropriation ont remis en lumière de nombreux débris, des tuiles, des briques, témoins muets, mais véridiques, de constructions antiques. En 1853, on a exhumé deux pierres tumulaires *timbrées* d'une croix, que nous avons vues et admirées, avant que le marteau les eût brisées. Aucun nom n'avait été écrit sur ces pierres. Peut-être avaient-elles recouvert les restes de deux prieurs trop humbles pour vouloir être connus de la postérité.

Sur le chemin du *Pigeonnier* entre la route nationale et la poudrière, on remarque encore aujourd'hui un reste de mur en moyen appareil sur une longueur de 20 mètres et une hauteur de 2 mètres.

---

1. Quelques personnes d'un avis contraire au nôtre sur la situation primitive du prieuré réolais, croient reconnaître les deux fontaines d'Aimoin dans le *Charros* et le *Pinpin*. Mais, outre que ces deux courants sont de petites *rivières* plutôt que des fontaines, ils coulent trop loin du monastère pour en baigner le territoire. Aimoin dit cependant d'une manière formelle que le monastère était arrosé par l'une de ces fontaines.

C'est un fragment de l'ancien mur d'enceinte du monastère, du côté de l'ouest.

Le monastère de *Squirs* fut dédié à saint Pierre. Une ombre épaisse nous voile l'histoire de ses premières années non moins obscurément que son origine. La légende de saint Mommolin, dans le *Propre des saints du diocèse de Bordeaux* (8 août), raconte, mais sans l'affirmer, que ce pieux abbé de Fleury visita le monastère de Squirs pour y encourager la discipline monastique[1]. L'histoire certaine de ce monastère date de l'expédition de Charlemagne contre les Sarrasins. C'était en 777. Ce prince, avant de partir, parcourut les rives de la Garonne, remarqua la forte position de *Squirs* et y laissa une garnison de soldats francs pour la défense de la province. La *bienheureuse* Hildegarde, sa première femme, qui l'avait accompagné jusque-là, resta au palais de *Cassinogilum, à trois milles environ de Squirs*[2].

1. « Mommolus, licèt gravis annis, venit in Aquitaniam, fovendæ « causâ, *ut putatur*, ac promovendæ regularis observantiæ in monas- « terio Regulæ. »

2. « Monasterium Regulæ.... non longè abest palatium ipsius « magni principis *Cassinogilum, sed quasi tribus milliariis*, in quo « idem imperator uxorem suam, Ludovici Pii matrem, gravidam « reliquit, dum contra Saracenos expeditionem in Hispaniis ageret. » (*Patrol.*, édit. Migne, t. CXXXIX, col. 409.) — Les mots qu'on vient de lire tranchent la question si souvent controversée de la situation de *Cassinogilum*, Casseuil où Cassenuil. Comment contredire Aimoin qui avait visité les lieux, quand il affirme que le palais de Charlemagne, situé à *Cassinogilum* de l'aveu de tout le monde, n'était éloigné du monastère de la Réole que d'environ trois milles,

Elle y accoucha de deux jumeaux, dont l'un fut Louis le Débonnaire et l'autre Lothaire. Celui-ci mourut et fut enseveli dans la plus petite des deux églises de cette résidence impériale [1].

Le bruit des armes se mêla donc aux pacifiques accents de la prière dans le monastère de *Squirs*. Les soldats francs s'installèrent dans son enceinte, dominèrent dans le champ qui l'entourait et changèrent jusqu'aux noms des fontaines : celle de l'est fut appelée *Moselle* (*Mosella*), et celle de l'ouest *Meuse* (*Mosa*) en souvenir des rivières de la patrie qu'ils avaient dû abandonner [2]. Un caprice militaire rapprochait ainsi de la Garonne la Moselle chantée par l'immortel Ausone, poëte bordelais [3].

Le monastère de Squirs était donc sur la fin du huitième siècle une caserne en même temps qu'une maison de Dieu. Peu accessible à l'ennemi, excepté vers le nord, il fut encore fortifié de ce côté par la construction d'une tour en pierres carrées.

Mais quel rempart aurait pu résister aux féroces Normands ? Dès l'an 830, les Aquitains virent arriver ces *serpents de mer* dont l'apparition avait fait pleurer

---

c'est-à-dire de cinq ou six kilomètres ? (Le mille romain valait 1,518 mètres.) Or, telle est la distance approximative de la Réole à Casseuil, tandis qu'il faut compter plus de cinquante kilomètres de la Réole à Casseneuil.

1. *Patrol.*, édit. Migne, t. CXXXIX, col. 806.
2. *Ibid.*, col. 409.
3. *Ibid.*, t. XIX, col. 887-895.

Charlemagne. En 848, le terrible Asker se présenta sous les murs de Bordeaux, prit la ville et la saccagea. De là il remonta la Garonne avec ses *Drakars* ou dragons[1] armés d'airain, aperçut le monastère de *Squirs*, le ravagea et le détruisit[2]. Les moines s'éloignèrent de leur monastère renversé et plein des cadavres de leurs frères et rentrèrent dans la vie séculière.

Pendant tout le temps que durèrent les invasions des Normands, les bords des rivières furent déserts et personne n'osa s'établir de nouveau à *Squirs*. Mais, le fléau ayant cessé, le comte Bertrand[3] acquit, on ne sait à quel titre, le monastère ruiné ; c'était au temps de Louis-d'Outre-Mer, vers le milieu du dixième siècle. Désireux d'y réintégrer la règle de saint Benoît, le comte remit le monastère entre les mains de l'abbé Adasius[4], du consentement de sa femme Berthe et de ses enfants Guillaume, Gausbert, Arnaud et Bernard, et déclara expressément que son intention était de placer ce monastère sous la direction d'un homme qui le protégerait sans en exiger aucune redevance[5].

---

1. Les vaisseaux scandinaves étaient ainsi appelés à cause de la figure de dragon qu'ils portaient au sommet de la proue. En danois moderne : *drage*, dragon, *kar*, vaisseau. (*Archéologie navale*, par A. Jal. Paris, 1840. T. I, p. 129, 130.)
2. *Annales Ordinis S. Benedicti*, t. II, p. 553.
3. *Bertrandus comes*.
4. Un personnage du même nom fut abbé de Terrasson vers l'an 940. Peut-être est-ce le même que celui dont nous parlons ici.
5. *Annales Ordinis S. Benedicti*, t. II, p. 553 ; — t. IV, p. 851.

Adasius et ses successeurs travaillèrent sans doute à relever les ruines matérielles et morales de Squirs. Leurs efforts restèrent plus ou moins impuissants. Il plut à Dieu de susciter deux hommes dont le zèle et le dévouement devaient communiquer à l'antique monastère une vie toute nouvelle. Nous voulons parler de Gombaud, évêque de Bazas, et de son frère Guillaume Sanche, duc de Gascogne. La *Charte de restauration*[1], qu'ils signèrent en 977, dira mieux que toutes nos paroles l'œuvre sainte qu'ils accomplirent ; elle nous a été conservée en partie par le P. Labbe[2] et intégralement par dom Maupel. Nous en empruntons la traduction aux *Archives historiques de la Gironde*[3].

Voici cette charte aussi intéressante pour la piété chrétienne que pour l'histoire :

« L'an de l'Incarnation du Seigneur 977, indic-
« tion V, au nom de la sainte et indivisible Trinité,
« moi Gombaud, évêque de *Vasconie*, et mon frère

---

1. M. Mary-Lafon, dans un ouvrage plus élégant qu'exact et religieux, dit que « Guillaume Sanche illustra son nom d'un reflet de « piété par la *fondation* du monastère de la Réole. » (*Histoire politique, religieuse et littéraire du midi de la France*, par M. Mary-Lafon. Paris, 1842. T. II, p. 101.) Guillaume Sanche ne fit que restaurer ce qui avait été fondé depuis longtemps. — Moréri avait aussi attribué la *fondation* à Gombaud.

2. *Novæ Bibliothecæ manuscript. librorum tomus secundus : rerum Aquitanicarum, præsertim Bituricensium, uberrima collectio*, operà ac studio Philippi Labbe. Parisiis, 1657. P. 743, etc.

3. T. II, p. 250, etc.

« Willem Sanche, duc des *Vascons*, inspirés par
« l'amour de Dieu et par le profond repentir de
« nos péchés et de ceux de nos pères, de nos fidèles
« et de tous nos coopérateurs et conseillers de l'œuvre
« divine, nous avons décidé, pour le salut de nos
« âmes, de rétablir dans son état primitif, et, d'après
« l'avis de nos fidèles, de dédier, sous l'invocation de
« saint Pierre, prince des apôtres, un monastère de
« notre juridiction. Il était autrefois florissant, per-
« sonne ne l'ignore, sous l'autorité de la règle, dans
« un lieu désigné dans les temps reculés sous le
« nom de *Squirs* et aujourd'hui sous celui de *Re-
« gula*. Pendant que nos esprits flottaient incertains
« sur la décision à prendre, on a découvert dans les
« livres anciens, où toute sagesse se trouve, qu'avant
« l'invasion des Normands et la destruction du mo-
« nastère, ce lieu consacré dépendait de l'abbaye de
« Fleury et reconnaissait l'autorité de son abbé. Ces
« deux monastères ne furent pas, en effet, les seuls
« édifices frappés par cette affreuse dévastation des
« païens ; car de nombreuses cités périrent dans
« toutes les parties de la Gaule et de l'Aquitaine.
« En conséquence, et de l'avis de nos proches et de
« nos fidèles, nous avons envoyé vers le vénérable
« abbé Richard et ses frères de Fleury un clerc
« chargé de lui présenter une requête par laquelle
« nous le supplions de se rendre au lieu précité, s'il
« le peut, ou du moins de charger quelques-uns de ses

« moines de venir prendre possession des lieux qu'ils
« avaient perdus et de relever le monastère détruit
« jusqu'en ses fondaments ; qu'il y avait là des âmes
« à gagner. Nous connaissions, en effet, l'éclatante
« réputation que s'étaient acquise les religieux de
« Fleury par leur école spéciale et la régularité de
« leur vie. Nous avons donc donné et nous donnons
« à perpétuité, par l'autorité de la présente charte,
« notre monastère appelé *Squirs*, établi en *Vasconie*,
« dans le bourg d'*Aliard*, sur les bords de la Garonne,
« avec toutes ses appartenances, savoir : les églises,
« domaines, manses, vignes, bois, prés, pâturages,
« moulins, eaux, courants d'eaux, justices, et enfin
« tout ce qui, acquis ou non acquis, appartient au
« dit monastère. Nous cédons et transmettons tous
« nos droits et en faisons donation à l'abbaye pré-
« citée de Fleury, en sorte que dorénavant, tout ce
« que l'abbé et les religieux de la dite abbaye vou-
« dront faire, ils le pourront avec pleine liberté en
« toutes circonstances, soit qu'il leur plaise d'y in-
« staller un abbé ou de charger un prévôt de leur
« rendre compte de toutes choses. Notre volonté est
« que la présente donation soit respectée dans sa
« forme et teneur, en sorte que ni comte, ni évêque
« ou toute autre personne inférieure n'ait la témé-
« rité de soustraire ou usurper aucune partie des
« terres ou des revenus de la dite église ; et que tout
« ce qui en dépend reste à la disposition du dit abbé.

« S'il arrivait, ce que nous ne croyons pas, que
« nous-mêmes ou l'un de nos héritiers ou succes-
« seurs ou toute autre personne investie de l'autorité,
« voulût intenter une action ou former une demande
« en revendication, qu'il se garde bien de donner
« suite à cette demande; mais qu'il sache que ce
« lieu a été placé sous l'invocation de saint Pierre,
« à qui Dieu a donné le pouvoir de lier et de délier,
« et qu'il sera damné et frappé d'anathème à tout
« jamais.

« Afin de donner à la présente charte un caractère
« d'authenticité et de consacrer son inviolabilité,
« nous l'avons non-seulement revêtue de notre seing
« et fait revêtir du seing de nos fidèles, mais nous
« avons aussi juré, d'un commun accord, sur les
« reliques des saints et en invoquant le nom de
« Dieu, d'observer la teneur de la présente donation.
« Les témoins qui ont juré l'observation de la dite
« décision et ont signé cette constitution, sont :

> Gombaud, évêque et duc de toute la province,
> qui a fait cette donation au Dieu Rédempteur
> avec toute la ferveur d'un cœur dévot.
> *Willelm*, son frère, duc de *Vasconie*, lequel a
> confirmé le don fait à Dieu.
> Garcie, leur neveu.
> Rotgare, juge.
> Utzan Amaneu.

Erius (ou Seguin), vicomte.
Aréolidat, vicomte.
Arnaud Amaneu.

« De plus, moi, Gombaud, évêque de *Vasconie*,
« et mon frère *Willelm* Sanche, indépendamment
« du monastère du bienheureux Pierre, appelé *Re-*
« *gula*, que nous rendons au bienheureux Benoît
« de Fleury, nous lui donnons à perpétuité, avec
« pleine et solennelle confirmation et à titre de
« dépendances :

« L'église du bienheureux Martin, avec ses en-
« clos et ses autres bâtiments adjacents ;

« L'église de Saint-Pierre-des-Esseintes et celle
« de Saint-Aignan[1] ;

« L'église de Sainte-Aurèle, avec les pêcheries
« établies sur la Garonne ;

« L'église de Saint-Pierre de Bassane et celle de
« Saint-Sauveur ;

« L'église de Saint-Front[2] avec la manse appe-
« lée *Blanc-Marz*, avec ses bois et ses vignes ;

« L'église de Saint-Érard[3], avec le domaine et
« autres terres à l'entour ;

« La moitié de l'église Sainte-Marthe ;

« L'église de Saint-Paul-d'Adandria ;

1. Une des sections de la commune actuelle de la Réole.
2. Commune de Fontet, près de la Réole.
3. Section de la commune de Duras (Lot-et-Garonne).

« L'église de Saint-Pierre-d'Aréolimit ;

« L'église de Saint-Martin-d'Acorbian ;

« L'église de Saint-Jean-d'Adpoz ;

« La moitié de l'église de Saint-Côme ;

« L'église de Saint-Martin, dans le val d'Andrau [1];

« L'église de Saint-Martin, dans la Grande-Lande ;

« L'église de Saint-Vivien, dans le val Guntard ;

« L'église de Villeneuve [2].

« La présente donation ainsi faite et confirmée
« par nous, l'abbé de Fleury, nommé Richard, dont
« nous connaissons le profond savoir et la grande
« piété, et ses religieux les plus recommandables,
« cédant à nos instantes prières, ont bâti une ville
« dans le lieu désigné plus haut sous le nom pri-
« mitif de *squirs*, et appelé maintenant *Regula* par
« notre volonté et de l'avis de nos vicomtes et ba-
« rons, dans le bourg d'*Aliard*. Puis, après y avoir
« fait reconnaître ses droits, l'abbé Richard a pres-
« crit les coutumes qui doivent y être suivies à per-
« pétuité. Quant à nous, nous avons ratifié les
« susdites constitutions, afin qu'elles soient obser-
« vées à tout jamais par nous et nos successeurs, et
« que nous assurions ainsi à nos âmes le salut éter-
« nel. De plus, après avoir juré, au nom du Christ,
« de les maintenir, nous avons déclaré anathèmes,

---

1. Commune de Coutures, canton de Monségur (Gironde).
2. Commune de Gironde, près de la Réole.

« comme il est dit plus haut, les violateurs des
« susdites constitutions. »

Nos lecteurs nous sauront gré d'avoir mis sous leurs yeux une pièce qui atteste si hautement la piété et la sagesse du dixième siècle. C'est un monument digne de la ferveur des premiers siècles. Heureux le siècle *barbare* qui a produit de semblables œuvres !

Le même motif qui avait porté les Anglais à attirer à Ramsey des moines de Fleury, avait suffi à l'évêque Gombaud et au duc Sanche, son frère, pour soumettre à la pieuse abbaye des bords de la Loire le monastère des rives de la Garonne. Ils y ont été déterminés, disent-ils, par la réputation non suspecte que Fleury devait à ses exercices littéraires et à l'exacte régularité de ses moines. Les deux zélés restaurateurs aspiraient à la même prospérité pour la communauté ressuscitée et pensaient l'obtenir par le concours de ceux qui l'avaient engendrée et maintenue ailleurs. C'est sans doute dans ce but et dans cette espérance qu'ils changèrent le nom génoliacain de *squirs* en celui de *Regula*, *Règle*. Par cette appellation, devenue pour la seconde fois en Aquitaine un nom propre[1], ils exprimèrent clairement

1. Quatre monastères bénédictins, dont l'un sur les bords de la Vienne et les trois autres en Novempopulanie, ont porté le nom de la Règle ; il nous suffira de les mentionner par ordre chronologique : 1° *Notre-Dame de la Règle*, abbaye de femmes, fondée à Limoges vers l'an 815, convertie aujourd'hui en grand séminaire ; 2° *Saint-*

leur désir de voir les constitutions monastiques strictement et rigoureusement observées dans une maison de saint Benoît, à qui ils donnaient pour suzeraine et pour modèle une des abbayes les plus édifiantes du royaume.

Une vaste association religieuse pouvait mieux résister qu'une maison isolée aux causes multiples de relâchement dans la discipline régulière : « La « pensée du grand patriarche des moines d'Occi- « dent, dit M. Dalgairns, était que chaque monas- « tère formât une petite république, sous la direc- « tion exclusive de son abbé. Les abbayes, d'après « sa règle, n'étaient point liées les unes aux au- « tres... chaque monastère formait une commu- « nauté indépendante. Ce système grossier et im- « parfait était la ruine des institutions monas- « tiques [1] »

Aussi, saint Benoît d'Aniane, au neuvième siècle, avait-il essayé de réunir toutes les abbayes de l'empire carlovingien en une seule congrégation. Mais sans autres liens que le génie du fondateur et la

---

Pierre de la Règle, sur les bords de la Garonne ; c'est celui dont nous nous occupons en ce moment ; 3° Saint-Orens de Larreule (Sanctus Orentius de Regulâ), un des monastères les plus considérables de la Bigorre, sur les bords de l'Echer, fondé en 970 par le vicomte de Montaner, Otto Dat ; 4° Saint-Pierre de la Règle, fondé vers l'an 977 en Béarn, dans le diocèse de Lescar. (Gallia christiana, t. I, col. 1256, 1303. — Histoire religieuse de la Bigorre, par G. Bascle de Lagrèze, p. 276-294).

1. Vie de saint Étienne Harding. p. 262.

bonne volonté des membres associés, cet essai n'avait pas eu de suite. A la mort du saint, toutes choses étaient retombées dans le même état. Mais l'œuvre d'unification fut tentée de nouveau, avant que Cluny la réalisât sur un plan plus vaste et plus universel. Le monastère gascon de la *Règle*, séparé une première fois de la maison-mère, à laquelle il avait été soumis dès son origine, fut replacé sous sa domination par ses restaurateurs. Il ne vécut donc jamais de sa vie propre et ne fut jamais appelé *abbaye;* ses chefs spirituels, nommés par l'abbé de Fleury, ne purent jamais prétendre au-dessus du titre de *prieur*.

Mais ce prieuré se distinguait de tant d'autres par son antiquité, par sa situation et son importance, qu'une ville ne tarda pas à se grouper à quelques pas de son enceinte et lui emprunta son nom latin de *Regula*, que le temps a gasconisé : le *g* a été supprimé, l'*u* a été changé en *ou* et l'*a* en *o;* ce qui a formé le nom gascon de la *Réoulo*, en français la *Réole*.

Telle est l'origine de cette ville, la plus considérable aujourd'hui du département de la Gironde, après Bordeaux et Libourne. Comme tant d'autres cités, elle doit à un monastère sa naissance et son nom[1].

1. D'après les calculs du P. Longueval, les *trois huitièmes* des villes et des bourgs de la France doivent leur origine aux monastères.

Mais comment l'abbé de Fleury pouvait-il exercer sur le prieuré réolais une action salutaire, à une distance de plus de cent lieues? L'inconvénient de la distance existait pour bien d'autres abbayes. Au temps de saint Hugues, Cluny était un grand et magnifique royaume dont la pacifique autorité s'étendait sur trois cent quatorze monastères et églises en Angleterre, en Espagne, en Allemagne, en Italie, en France, en particulier sur le prieuré de Guîtres, dans le diocèse de Bordeaux; le prieuré de Saint-Ferme, dans le diocèse de Bazas, fut soumis, en 1080, à l'abbaye de Saint-Florent-lez-Saumur, dans le diocèse d'Angers. L'abbaye de la Grande-Sauve, dans le diocèse de Bordeaux, eut des dépendances en Angleterre, en Espagne et dans plusieurs diocèses de France, en particulier dans celui d'Orléans. On obviait aux difficultés administratives en multipliant les visites aux monastères agrégés pour y assurer la ferveur ou les ramener dans les sentiers de la paix et de la régularité.

La visite de l'abbé Richard à la Réole[1] était donc en même temps l'exercice d'un droit et l'accomplissement d'un devoir. Son voyage en Gascogne, qui eut lieu en 977, fut signalé par un fait de la plus haute importance : il rédigea un recueil des *Cou-*

---

1. *Novæ Bibliothecæ manuscript. librorum tomus secundus; rerum Aquitanicarum, præsertim Bituricensium, uberrima collectio;* operâ ac studiis Philippi Labbe. Parisiis, 1657. P. 744-748.

tumes et droits de l'église de la Réole; il y avait été autorisé par l'évêque Gombaud et le duc Sanche, son frère, qui, pour donner plus de valeur au code réolais, le ratifièrent peu de temps après la mort du pieux abbé, et le publièrent à la suite de la *Charte de restauration*. Quoiqu'il fût l'œuvre de l'abbé Richard, ils y parlaient néanmoins en leur propre nom.

D'autres *Coutumes* avaient précédé celles dont nous parlons ; on peut le conclure des articles 67 et 69 qui les mentionnent. Mais le recueil de l'abbé Richard est le plus ancien monument écrit de ce genre ; glorieuse primauté que notre amour patriotique ne pouvait passer sous silence.

Nous voudrions soumettre à l'appréciation de nos lecteurs ces curieuses *Coutumes*, législation de l'époque qui reflète assez fidèlement les traits principaux de la vie seigneuriale des moines ; on y lit en détail les devoirs et redevances auxquels étaient tenus tous les vassaux et serfs dépendants du prieuré. Mais la longue énumération des 69 articles de ce droit coutumier nous écarterait de notre sujet. Il se trouve en partie dans Marca[1], presque intégralement dans l'ouvrage déjà cité du savant Labbe, et d'une manière complète dans dom Maupel. Quelques passages ont été traduits par M. Dupin[2], par la *Guienne*

1. *Histoire de Béarn*, liv. III, chap. v.
2. *Notice historique et statistique sur la Réole*, p. 109-113.

historique et monumentale[1] et par M. Mary-Lafon dans son *Histoire du midi de la France*[2]. Il était réservé à la société des *Archives historiques de la Gironde*[3] d'en donner une traduction complète et d'initier ainsi le vulgaire à l'intelligence d'une pièce qui intéresse le légiste, l'archéologue et tous ceux qui veulent étudier sincèrement la constitution sociale du Moyen Age.

La latinité un peu barbare de l'œuvre de Richard nous révèle l'étymologie de certains mots qui sont encore aujourd'hui en usage sur les bords de la Garonne. Un exemple suffira : *colagus*, ancien mot celte latinisé, en gascon *colac*, pour *clupea*, alose.

Cette pièce n'est pas moins curieuse pour la géographie comparée ; nous y trouvons les noms anciens des lieux qui avoisinent la Réole. Quelques-uns ont peu varié. La commune actuelle de *Fontet*[4] y est désignée sous le nom de *Fonte*. Aux termes de l'un des articles des *Coutumes* réolaises, Aiquilin de *Fonte* devait au monastère une *esporle*[5] de six deniers.

1. T. II, p. 266-268.
2. T II, p. 160-166.
3. T. II, p. 250-251.
4. Fontet, sur la rive gauche de la Garonne, est aujourd'hui une des communes les plus intéressantes du canton de la Réole. Avant l'abolition du diocèse de Bazas, *Fontet* dépendait de l'archiprêtré de Cuilleron, dont le siége était dans la commune actuelle d'Aubiac, canton de Bazas. (*Bazas et son diocèse*. Bordeaux, 1863. P. 11, 12, 33.)
5. L'*Esporle* ou *Acapte*, genre de redevance particulière à la

L'abbé Richard avait compris le caractère turbulent et querelleur des Gascons, et il avait voulu en prévenir les éclats par la sévérité des dispositions pénales qu'il avait adoptées. En vertu de l'article 60ᵉ de ses *Coutumes*, toute personne convaincue de menaces faites dans une dispute avec couteau, épée, lance, javeline, hache, *besoche*[1], glaive, était passible de 6 *sols* d'amende au profit du prieur; si elle avait fait usage de ces armes et s'il y avait eu effusion de sang, l'amende était de 66 *sols*, non comprise la réparation due au blessé. Si l'agresseur ne pouvait payer l'amende et satisfaire le blessé, il était mutilé d'un membre[2]. Si la blessure était mortelle, les biens du meurtrier étaient confisqués et adjugés au prieur.

Le monastère réolais avait été magnifiquement doté, ainsi que nous l'avons dit; les priviléges territoriaux, fondés sur la législation elle-même du pays, étaient une source nouvelle de revenus considérables et le classaient parmi les plus importants entre ceux qui dépendaient de l'abbaye de Fleury. En 980, sa fortune s'accrut encore, dans le Bazadais, d'une portion d'alleu que lui donna Fort Arsins,

Guienne, et qui généralement était payée par les sous-feudataires à chaque changement de seigneur et de tenancier, n'était due, à ce qu'il paraît, par le fief médiat qu'à chaque changement de seigneur.

1. *Besogium*.
2. « Uno membro curtabitur. »

abbé de Blasimont[1]. En 1084, la noble dame Garsinde, épouse de Sevin d'Arbènes, en offrant son fils Garsias « à Dieu, à saint Pierre et à saint Benoît, « en présence du seigneur prieur Gislebert, dans « le monastère de la Réole, » concède pour toujours à ce monastère l'église de Sainte-Catherine-de-Paulac, à Roquebrune, près de la Réole, la dîme qui lui appartient, huit *conques*[2] ou arpents de terre et la dîme du moulin situé dans la même paroisse, sur le Drot[3].

Ces donations et tant d'autres avaient été inspirées là comme ailleurs par la foi, la ferveur et le repentir. Qui attend beaucoup de ieu aime à donner beaucoup au pauvre. Les monastères n'acceptaient qu'au profit de l'indigent et de l'étranger. Celui qui donnait à un monastère faisait ce que font aujourd'hui ceux qui donnent leurs biens à une commune, afin que les pauvres en jouissent. La commune des pauvres, c'était le monastère : et les moines qui l'habitaient n'étaient que les administrateurs de leurs biens. « Il y avait, dit M. de Mon« talembert, un grand service public qui, sans être « régularisé ou imposé par la loi, tenait lieu en

---

1. *Gallia christiana*, t. I, col. 1217. Cet alleu était situé sur le mont Viniteur, *in monte Vinitore*, dont il nous est impossible de préciser la position.
2. VIII *conquadas* de terrâ.
3. *Archives historiques de la Gironde*, t. V, p. 114.

« fait de toutes les charges dont le droit moderne
« investit l'assistance publique[1]. »

Ajoutons que les biens donnés aux monastères n'étaient pour la plupart dans l'origine que des forêts sans valeur et des terres incultes et marécageuses. Elles redevinrent, sous la main de leurs patients et économes propriétaires, des mines fécondes de richesses nationales ; l'agriculture abandonnée recouvra sa première faveur par une utile émulation ; et on vit la nature reprendre un aspect plus riant sur cette terre heureuse, que la température la plus douce et le ciel le plus propice n'avaient pu défendre de la désolation des barbares.

A la Réole, comme partout, les abus devaient suivre inévitablement les bienfaits. Nous ne le verrons que trop tôt. Tant que vécurent les deux généreux restaurateurs du monastère, leur autorité et leur pieuse influence durent maintenir dans le monastère une régularité au moins apparente ; leur zèle n'aurait pas toléré de désordres. Une autre cause de ferveur se déduit de l'impulsion imprimée par l'abbé Richard, durant son séjour à la Réole. L'abbé de Fleury accrédita par ses actes la réputation de sainteté qui l'avait fait appeler en Aquitaine, et le souvenir de ses exemples se grava pour longtemps dans l'esprit et le cœur des disci-

---

[1]. *Les Moines d'Occident*, t. V, p. 187.

ples de saint Benoît. On put croire que le monastère de la *Règle* justifierait pleinement son nom et qu'il rivaliserait de régularité avec la maison-mère. Vain espoir! Les trois hommes dont le concours si édifiant avait ressuscité un des plus anciens monastère de l'Aquitaine, ne survécurent que peu d'années à leur œuvre et moururent à des intervalles assez rapprochés : le duc Guillaume en 983, l'abbé Richard en 986 et l'évêque Gombaud en 992. Avec eux disparurent les observances monastiques, l'esprit de piété et l'amour de l'obéissance.

Amalbert, successeur de Richard, ne gouverna qu'un an l'abbaye de Fleury. Il se hâta, tant la chose était urgente, de visiter le prieuré de la Réole[1] pour arrêter le relâchement qui l'avait envahi. L'abbé Oylbold vint, à son tour, y remplir les devoirs de sa charge; il y déploya le même zèle, mais sans plus de succès que ses prédécesseurs[2]. Oylbold mourut en 988, et fut remplacé par Abbon.

1. *Patrol.*, édit. Migne, t. CXXXIX, col. 406.
2. *Ibid.*

CHAPITRE XVII

Relâchement du monastère de la Réole.
Premier voyage d'Abbon de *France* à la Réole
en Gascogne.
Antipathie des races. — Second voyage d'Abbon
à la Réole. — Diverses étapes
(Poitiers, Charroux, Angoulême, Aubeterre, Francs)
de ce voyage. — Accident sur le Drot.
Émeute à la Réole. — Mort d'Abbon au Martouret.
Deux miracles. — Tombeau de saint Abbon.
Châtiment des coupables.
Retour des compagnons d'Abbon à Fleury-sur-Loire.
Circulaire annonçant la mort du saint.
Nouvelle organisation du monastère. — Abbon
est-il martyr?

Les nombreux et importants travaux qui avaient absorbé la vie de notre saint ne lui avaient pas permis de venir à la Réole avant l'année 1004. Le moûtier gascon était donc resté seize ans sans contrôle, sans visite, sans réforme. Pendant cette trop longue période, un tel désordre s'était engendré dans les mœurs des moines de la Réole, qu'il n'existait plus, dit Aimoin, ni frein religieux, ni trace même de bonne conduite[1]. Il y avait donc lieu d'intervenir. Abbon satisfit à ce devoir par deux visites dans le cours de la même année. Il avait pressenti l'issue fatale des remontrances qu'il avait à adresser; mais il avait fait abnégation de sa vie, la victime était prête.

L'histoire des derniers jours d'Abbon est un long drame qui se dénouera par une immolation sanglante. Nous allons assister à la lutte brutale des passions les plus violentes contre l'énergie d'un saint qui combat pour la cause de Dieu et de la morale, et nous enseigne, par son exemple, jusqu'où peut aller une bonne volonté inspirée et soutenue par des motifs chrétiens. D'un côté, la prudence, la fermeté, le calme dans la mort; de l'autre, l'indocilité, l'orgueil, la haine, le meurtre; dualité éternelle, antagonisme de la vertu et du vice, Dieu et ses héros, Satan et ses esclaves.

Abbon avait la confiante gaieté, l'enjouement, les grâces naïves d'une âme où tout est candeur, l'ouverture de cœur qui donne à l'amitié tout son prix et aux simples relations leur plus grand charme, tandis qu'il réunissait au plus haut degré les qualités solides d'un esprit sérieux, mesuré, réfléchi.

---

1. « Nulla religionis forma, nulla aut rara bonæ conversationis « saltem vestigia usquè ad hæc in eodem loco apparuêre tempora. » (*Patrol.*, édit. Migne, t. CXXXIX, col. 406.)

On admirait donc en lui les contrastes les plus heureux.

Assurément ces dons lui étaient naturels, mais la grâce de Dieu les avait développés. Notre saint répondit un jour en riant à ceux qui le pressaient de se rendre à la Réole : « J'y irai, quand je serai « soûl de la vie[1]. » On avait, en effet, remarqué que les prédécesseurs d'Abbon étaient morts peu de temps après leur voyage en Gascogne[2]. On eût dit que ce voyage, long sans doute à cette époque, mais assez facile et peu dangereux, portait malheur à ceux qui l'entreprenaient. Abbon le fit deux fois dans le cours de la même année. Il trouva la mort non dans les accidents de la route, mais dans une émeute. Le bon mot qui avait égayé ses frères fut considéré plus tard comme une prophétie.

La gravité du mal auquel il fallait porter remède accéléra le départ d'Abbon. L'abbé de Fleury se met en route pour la Réole dans les premiers jours de l'année 1004[3], arrive en Gascogne, s'entretient

---

1. « Respondebat cum joco se illuc iturum, quandò eum satietas « cepisset vitæ. » (*Patrol.*, édit. Migne, t. CXXXIX, col. 406.)

2. *Ibid.*

3. *Ibid.* — Aimoin nous apprend qu'Abbon avait déjà gouverné pendant seize ans l'abbaye de Fleury, quand il partit pour la Gascogne. Or il avait été élu en 988, et il fut martyrisé, dit encore Aimoin, en 1004. Il fit donc ses deux voyages dans le courant de la même année. M. Guinodie a commis une erreur dans son *Histoire de Libourne* (t. III, p. 255), quand il donne pour date l'année 1002 au premier voyage d'Abbon.

avec Bernard et Sanche, fils du duc Guillaume, qui l'attendaient impatiemment et règle tout à leur gré dans le monastère qu'il venait réformer. Trithème[1], La Saussaye[2] et du Saussay[3], qui l'ont copié, prétendent qu'Abbon *prêcha en Gascogne la parole de Dieu*[4]. Un autre auteur affirme qu'il *prêcha apostoliquement dans une grande partie de la Guienne*[5]. Bucelin l'appelle solennellement *l'apôtre des Gascons*[6]. Notre patriotisme et notre culte pour notre héros souscriraient volontiers à cette qualification pour saint Abbon; avec quelle joie nous placerions le nom de l'abbé Fleury entre ceux de saint Martial et de saint Vincent Ferrier qui ont évangélisé les rives de la Garonne! Mais la vérité a des droits sacrés qu'un historien doit toujours respecter. Outre le silence d'Aimoin, assez significatif dans une question de cette nature, nous opposerons à Trithème et aux autres écrivains l'autorité souveraine du *Martyrologe* bénédictin qui avoue

---

1. *Johannis Trithemii, abbatis Spanheimensis, de scriptoribus ecclesiasticis.* Coloniæ, 1646. P. 130.
2. *Annales ecclesiæ Aurelianensis,* auctore Carolo Sausseyo. Parisiis, 1615. P. 239.
3. *Martyrologium Gallicanum,* auctore Andreâ du Saussay. Lutetiæ Parisiorum, 1637.
4. « *Dum in Vasconiâ verbum Dei prædicaret.* »
5. *Les Vies des saints,* par le R. P. Simon Martin, religieux de l'Ordre des Minimes. Paris, 1696, 13 novembre.
6. *Apostolus Vasconum.* (*Chronologie bénédictine,* par Bucelin, année 992.)

clairement que *saint Abbon ne fut jamais l'apôtre des Gascons*[1]. Notre saint, en effet, était venu à la Réole, non en qualité de missionnaire, mais comme visiteur et réformateur; il ne songea qu'au but unique de son voyage.

Pour améliorer graduellement et sans violence l'esprit général du monastère par des exemples de vertu et de régularité, Abbon laissa à la Réole quelques-uns des religieux de Fleury qui l'avaient accompagné et retourna heureusement à sa bien-aimée abbaye. Ignorés de la terre, les noms de ces religieux sont perdus dans la mémoire des hommes, et ce n'est qu'au grand jour des manifestations et des récompenses qu'il nous sera donné de les connaître.

C'est tout ce que nous savons du premier voyage d'Abbon à la Réole. L'aller et le retour furent très-précipités et n'offrirent sans doute aucun incident digne des regards de l'histoire.

Quand il s'agit de l'œuvre de Dieu, il est plus facile, dit-on, de former que de réformer. Rien n'égale la perversité d'un homme déchu de la perfection[2]. Sa chute est aussi profonde que sa grandeur morale avait été sublime; une vertu ordinaire au-

---

1. « *Nunquam Abbo Vasconum fuit apostolus.* » (*Martyrologium sanctorum Ordinis divi Benedicti*, auctore R. P. D. Hugone Menard. Parisiis, 1629.)
2. *Corruptio optimi pessima.*

rait suffi pour le gagner à Dieu ; plus tard, il faut un prodige de la miséricorde divine ou un éclat de tonnerre pour le réveiller au fond de l'abîme et faire revivre dans son cœur le goût des saintes choses.

Rappelé trop tôt à Fleury par les devoirs de sa charge, Abbon n'avait pu, en quelques jours, ramener le moûtier de la Règle à une discipline radicale et durable. Le désordre avait cessé à la surface, mais les cœurs n'étaient point changés. Les événements qui éclatèrent quelques mois après confirmèrent lamentablement les prévisions des esprits sages et désolèrent les vrais amis de Dieu.

Selon les intentions et les espérances d'Abbon, les moines de Fleury, restés à la Réole, devaient exercer une influence salutaire sur les moines indigènes, s'unir à eux dans un lien d'amour et de paix, et éteindre peu à peu le germe des divisions. Mais les religieux de Fleury, enfants d'un monastère de *France*[1], se prévalaient de leur titre de *Français*, et, en cette qualité, méprisaient leurs frères de Gascogne qui étaient encore considérés comme Gaulois ou Romains. « Les Francks, dit A. « Thierry, n'avaient d'établissement bien assis qu'au « nord de la Loire, et ils ne franchissaient ce fleuve « que pour dévaster et piller l'Aquitaine. » L'Aquitaine resta romaine à ce point que Dagobert s'inti-

---

1. Monasterium sancti Benedicti *in Franciâ*. (Concile de Limoges en 1031.)

tulait *roi des Francks et des Romains*, en désignant sous ce dernier nom les Aquitains. Les chroniqueurs du nord appelaient constamment les Aquitains les *Romains d'outre-Loire*. Durant plusieurs siècles, on ne donna le nom de *France* qu'à l'Austrasie et à la Neustrie, c'est-à-dire au pays qui avait pour limites la Saône, la Meuse, la rive droite de la Loire et l'Océan. Robert d'Arbrissel, l'apôtre de la Bretagne, se rendit en *France*, nous dit son historien, parce qu'il était assuré d'y trouver des écoles nombreuses et florissantes[1]. En deçà de la Loire, on disait la *Gaule*[2]. On comprenait sous ce nom les provinces Narbonnaises et l'Aquitaine. Impossible de déterminer exactement la circonscription géographique de l'Aquitaine; elle varia selon les temps, fut incertaine et flottante comme tant d'autres choses alors. La portion de ce pays qui fut appelée *troisième Aquitaine* ou *Novempopulanie*, et dont Eauze, plus tard Auch, fut la capitale, fut envahie vers l'an 670 par les *Basques* ou *Vascons*, repoussés des Pyrénées espagnoles par les Goths. Les *Wascons* ou plus simplement les *Gascons* donnèrent leur nom au pays qu'ils avaient conquis et s'y établirent. La Réole, qui faisait partie de la Novempopulanie, appartenait donc à la Gascogne. Gauloise et gasconne,

---

1. *Acta sanctorum*, 25 fel.
2. *Vie de saint Éloi*, chap. iv. — *Histoire de l'Église gallicane*, l. IV, p. 274.

elle était donc aux yeux des Francs deux fois barbare.

Un écrivain du neuvième siècle, Ermoldus Nigellus, abbé d'Aniane, attribue aux Gascons ainsi qu'aux Francs[1] un caractère intraitable; mais il ajoute que *Louis le Débonnaire parvint à dompter la férocité des Gascons et transforma en brebis ces loups dangereux*[2]. Abbon n'était donc ni téméraire ni imprudent en rapprochant sous le même toit les *Francs* civilisés et les *Gascons* encore barbares ou réputés tels; il avait droit de compter sur l'esprit chrétien des premiers et les mœurs adoucies des seconds. Ses espérances furent trompées. Malgré les commandements et les conseils évangéliques, malgré les prescriptions d'une règle tout empreinte d'égalité et de fraternité, le vieil antagonisme des deux races séparées par le sang, le climat et les habitudes, réveilla une violente animosité entre les moines d'origine Franke et les Gascons. Les provocations de ces derniers allèrent si loin, que les autres, redoutant des extrémités fâcheuses et ne pouvant supporter plus longtemps leurs procédés, désertèrent le monastère et retournèrent à Fleury[3].

1. *Francus* habet nomen a *feritate suâ*.
(*Patrol.*, édit. Migne, t. CV, col. 581.)
2. *Vascones rabidos* domuit Pius arte magistrâ,
Deque lupis torvis progeneravit oves.
(*Ibid.*, col. 572 et 573.)
3. *Patrol.*, édit. Migne, t. CXXXIX, col. 406.

Il faut se transporter par la pensée au dixième siècle pour apprécier sainement dans leurs causes ces dissensions au sein d'un cloître et l'attentat odieux qui en sera l'horrible couronnement. De nos jours, les diversités de race, de patois, d'usages, de coutumes, tendent à disparaître, tant les rapports du centre à la frontière sont devenus fréquents; nos quarante mille communes de France reçoivent la même impulsion et arrivent à se discipliner comme toutes les compagnies et les régiments d'une même armée ; encore un peu de temps et l'unité nationale sera complète. Mais au siècle d'Abbon, chaque peuple, selon son origine, avait son type particulier, sa physionomie spéciale, et la difficulté des communications empêchait la fusion des races. De là des dissemblances bien tranchées et parfois des haines, des luttes et des explosions meurtrières.

Abbon imputa la retraite des moines Francks à leur pusillanimité. Il en envoya d'autres à la Réole avec ordre de travailler plus courageusement à la correction des abus. Ceux-ci ne sont pas mieux accueillis. Fatigués de souffrir, ils font parvenir à Abbon la nouvelle de leur douloureuse position et lui déclarent que, s'il n'y porte un prompt remède, ils seront obligés d'abandonner le prieuré[1] et de

---

1. *Patrol.*, édit. Migne, t. CXXXIX, col. 406.

regagner Fleury. C'est de l'avis des comtes, disaient-ils, qu'ils lui mandent leur situation ; il pouvait compter que la possession de ce lieu serait moins paisible pour lui qu'autrefois, s'il se présentait, et que les comtes et le vicomte Amalguin qu'il leur avait donnés pour *avoués*[1] étaient prêts à exécuter ses ordres, à maintenir ceux qu'il maintiendrait et à chasser par la force ceux qu'il voudrait éloigner.

Le rapport des moines détermina Abbon à un second voyage. Notre saint partit de Fleury[2] au com-

1. Le régime féodal, qui s'était organisé en France dans le courant du neuvième siècle, s'était aussi établi dans les lieux dépendants des abbayes. Les moines exerçaient des droits seigneuriaux sur les populations soumises à leur juridiction temporelle. Ce fut alors que, pour rendre compatibles avec les habitudes du cloître et l'accomplissement des devoirs de la vie religieuse la gestion des affaires et la perception des revenus, pour concilier surtout la jouissance des droits seigneuriaux et l'administration de la justice avec le calme, le recueillement, le silence et l'isolement dont un monastère a besoin, ils eurent recours au moyen adopté généralement par les abbayes et les cathédrales, à l'intermédiaire de laïques qui se chargeaient de soutenir, de défendre et d'exercer leurs droits. Ceux de ces laïques qui acceptaient la haute mission de défendre et de protéger les biens et les personnes des moines, se nommaient *avoués, advocati*. Ceux qui rendaient la justice au nom du monastère étaient désignés sous le nom de *baillis*. Les avoués étaient choisis parmi les plus vaillants et les plus puissants seigneurs de la contrée. Ils n'acceptaient la charge confiée à leur honneur qu'après avoir prêté serment de fidélité aux abbés ou aux prieurs.

2. L'abbé O'Reilly prétend (*Histoire complète de Bordeaux*, t. I, p. 252) que saint Abbon revenait de Rome ou de Compostelle, quand il prit le chemin de la Réole. C'est une double erreur. Abbon était de retour depuis plusieurs années de son dernier voyage de Rome ; quant à celui de Compostelle, il ne l'a jamais fait.

mencement d'octobre de la même année 1004. Le mois suivant il devait mourir victime de son zèle. L'année de son second voyage est donc la même que celle de sa mort. Il n'y a pas dans l'histoire de date plus précise. Aimoin la répète jusqu'à quatre fois[1].

Cette date de 1004, la seule vraie, est celle qu'ont adoptée la plupart des auteurs, en particulier Lecointe[2], Baluze[3], Petau dans un ouvrage[4] que Bossuet aimait à consulter, Guillaume Cave[5], les écrivains du *Gallia christiana*[6], Oudin[7], Alban Butler et son traducteur Godescard[8], Berti[9], Launoy[10],

1. *Patrol.*, édit. Migne, t. CXXXIX, col. 406, 413 et 825.
2. *Annales ecclesiastici Francorum*, auctore Carolo Lecointe. Parisiis, 1665. T. I, p. 781.
3. Stephani Baluzii *Miscellaneorum* liber secundus. Parisiis, 1679. P. 307.
4. Dionysii Petavii Aurelianensis, S. J. *Rationarum temporum*, Parisiis, 1636. P. 566.
5. Guillelmi Cave, canonici Windesor. *Scriptorum ecclesiasticorum historia litteraria*. Genevæ, 1720.
6. *Gallia christiana*, t. II, col. 1233.
7. Casimiri Oudini *Commentarius de scriptoribus Ecclesiæ antiquis*. Lipsiæ, 1722. T. II, p. 511. — Mais dans un autre ouvrage (*Supplementum de scriptoribus vel scriptis ecclesiasticis a Bellarmino omissis*. Parisiis, 1686. P. 315) Oudin adopte la date de l'an 1000.
8. *Vies des pères, des martyrs et des autres principaux saints*. 13 nov.
9. *Breviarium historiæ ecclesiasticæ*. Vindobonæ, 1774. T. I, p. 329, t. II, p. 79.
10. Joannis Launoii *de Scholis celebrioribus*. Lutetiæ Parisiorum, 1672. P. 91.

Baillet[1], Joubert[2] et tous les auteurs de troisième ou quatrième main, tels que Simon de Peyronet[3], Chastelain[4], Saint-Allais[5], Marchand[6], Monlezun[7], Dupin[8], Guinodie[9] et Rocher[10]. On s'explique donc difficilement les divergences de certains historiens, d'ailleurs recommandables, sur une question peu susceptible de controverse. Selon Trithème[11], Abbon serait mort en 970 ; selon le P. Labbe[12], cette mort serait arrivée en l'an 1000. Adhémar de Chabannes[13], moine de Saint-Cibard, à Angoulême, la place

1. *Vies des saints*, par Baillet. 13 nov.
2. *Anecdotes ecclésiastiques*, par l'abbé Joubert et Dinouart. Amsterdam, 1772. P. 555, 556.
3. *Catalogus sanctorum*, opus posthumum Simonis de Peyronet, Tolosæ, 1706. P. 247.
4. *Martyrologe universel*, par l'abbé Claude Chastelain. Paris, 1709. 13 nov.
5. *Martyrologe universel*, par de Saint-Allais. Paris, 1823. 13 nov.
6. *Souvenirs historiques sur l'ancienne abbaye de Saint-Benoît-sur-Loire*, par L.-A. Marchand. Orléans, 1838. P. 27 et 105.
7. *Histoire de Gascogne*, par l'abbé Monlezun, t. I, p. 402.
8. *Notice historique et statistique sur la Réole*, par Dupin. La Réole, 1839. P. 197.
9. *Histoire de Libourne*, par Guinodie. Bordeaux, 1854. T. III, p. 255. — Cet auteur, exact sur la question qui nous occupe, s'est étrangement trompé dans la même page en donnant au voyage d'Abbon une durée de deux ans.
10. *Histoire de l'abbaye royale de Saint-Benoît-sur-Loire*, par l'abbé Rocher. Orléans, 1865. P. 175.
11. J. Trithemii, abbatis Spanheimensis, *de Viris illustribus Ord. S. Bened.*, lib. II, c. 62.
12. Philippi Labbe *de Scriptoribus ecclesiasticis*. Parisiis, 1660. P. 17.
13. *Historia Francorum seu Chronici Ademari engolismensis*.

en 1002 ; dom Ménard[1], Sigebert[2], Gesner[3], Vossius[4], Bzovius[5], Bajole[6], Hauteserre[7], Sponde[8], Symphorien Guyon[9], en 1003 ; l'auteur de l'*Année Mariano-bénédictine*[10], en 1008. Toutes ces variantes sont contraires au texte formel d'Aimoin et ne peuvent être soutenues.

Cette question de chronologie bien résolue, nous suivrons pas à pas notre saint dans ce mémorable voyage dont nous connaissons les principales étapes et les épisodes les plus intéressants. Abbon partit

---

Parisiis, 1686. P. 315. — L'édition de Migne (*Patrol.*, t. CXLI, col. 54) porte entre parenthèse la date 1004.

1. *Martyrologium sanctorum Ordinis divi Benedicti.* Parisiis, 1629.

2. *Chronicon Sigeberti, Gemblacensis monachi.* Antverpiæ, 1629.

3. *Elenchus scriptorum omnium*, etc., a clariss. viro D. Conrado Gesnero. Basileæ, 1651.

4. Gerardi Joannis Vossii *de Historicis latinis.* Lugduni Batavorum, 1651. P. 355.

5. *Historia ecclesiastica*, auct. R. P. Fr. Abrahamo Bzovio. Coloniæ Agrippinæ, 1617. T. I, p. 167.

6. *Histoire sacrée d'Aquitaine*, par le R. P. Jean Bajole, S. J. A Caors, 1644, P. 373,

7. *Rerum Aquitanicarum libri quinque*, auct. Ant. Dadino Altaserrâ. Tolosæ, 1657, lib. IX, c. IV.

8. Henrici Spondani, Mauleosolensis, Apamiarum episcopi, *Epitome annalium Eccles.* Lugduni, 1660. P. 382.

9. *Histoire de l'église et diocèse, ville et université d'Orléans*, par Symphorien Guyon. Orléans, 1647. T. I, p. 284.

10. *Annus Mariano-benedictinus sive sancti illustres Ordinis D. Benedicti, in singulos anni dies cum suis iconibus et vitæ elogiis distributi.* 13 nov.

en compagnie d'Aimoin, son ami le plus intime. Ces deux âmes, si dignes l'une de l'autre, se lièrent encore plus étroitement dans cette circonstance ; un pressentiment secret de leur prochaine séparation alarmait leur douce sympathie et l'embrasait d'une ardeur nouvelle, de même que l'astre du jour ranime ses feux avant de disparaître de l'horizon. L'abbé de Fleury amena encore avec lui le moine Remi et Guillaume, son porte-crosse. Les messagers qui lui avaient été adressés devaient le précéder et l'annoncer, afin que l'avoué du monastère et les comtes fussent avertis de son arrivée et se préparassent à un entretien sérieux[1].

La rapidité obligée du voyage ne fit pas oublier à Abbon les intérêts de sa communauté de Fleury. Dès son arrivée à Poitiers il confère avec Guillaume, comte de cette ville, au sujet du prieuré du *Saulx* (*Salx*), une des possessions de Fleury, et implore son appui contre les injustes procédés des avoués. Le domaine du Saulx avait appartenu jadis à sainte Radegonde, qui l'habita quelque temps et y laissa les plus précieux souvenirs de sa charité envers les pauvres et les lépreux. A ce titre, il devait être particulièrement cher à l'abbé de Fleury, surtout depuis qu'il avait été converti en prieuré, et méritait de sa part une sollicitude toute spéciale[2].

1. *Patrol.*, édit. Migne, t. CXXXIX, col. 407.
2. La *Bibliothèque bénédictine* du P. Dubois nous apprend (p. 410

Une affaire plus sérieuse le retint encore quelque temps dans cette cité. Pépin, ce pieux roi d'Aquitaine à qui l'on doit la fondation du monastère de Saint-Jean-d'Angély, avait bâti en 828, sous les murs de Poitiers, un second monastère bénédictin. Cette nouvelle communauté fut dédiée à saint Cyprien, un des martyrs du Poitou au cinquième siècle[1]. Elle fut appelée *Montierneuf* (*Monasterium novum*). Au temps d'Abbon, elle était sous la dépendance de Cluny; mais, à cause de son importance, son supérieur, qui n'aurait dû être qualifié que de *prieur*, avait conservé le titre abbatial. C'est un privilége qu'elle partageait avec les chefs de dix autres abbayes[2]. En 1004, le monastère de *Saint-Cyprien-de-Poitiers* avait pour abbé Gislebert ou Gaubert, parent d'Abbon[3]. Attaqué dans son hon-

et 411) que l'abbaye de Fleury possédait en France 30 prieurés. D'après le *Pouillé général des abbayes de France* (Paris, 1629. P. 439-448), elle en comptait plus de quarante, mais aucun hors de France.

1. Saint Cyprien et saint Savin, son frère, tous les deux martyrs, sont honorés dans le Poitou le 11 juillet.

2. Ces abbayes sont celles de Vézelai, Saint-Gilles, Saint-Jean-d'Angély, Maillezais, Saint-Pierre de Moissac, Saint-Martial de Limoges, Saint-Germain d'Auxerre, Figeac, Saint-Austremoine de Mauzac et Saint-Bertin de Lille. Ces abbayes avaient, à leur tour, sous leur obédience immédiate, une légion de prieurés disséminés au loin sur notre sol et à l'étranger.

3. Un autre abbé de Saint-Cyprien, saint Bernard de Ponthieu, fut avec le B. Robert d'Arbrissel l'âme du concile de Poitiers (en 1100) qui excommunia le roi Philippe Ier pour sa liaison avec Bertrade.

neur par une horrible calomnie, Gislebert retient Abbon auprès de lui et le prie de s'intéresser à sa cause. Abbon n'avait pas en main le pouvoir nécessaire pour châtier les coupables; mais il était lié avec saint Odilon, abbé de Cluny, et en cette qualité administrateur tout-puissant du monastère de Saint-Cyprien. Odilon était une des lumières et des gloires de l'Aquitaine, le restaurateur de la discipline monastique à Saint-Jean-d'Angély et ailleurs, *l'archange des moines*. *L'ami des amis du Christ* écrit donc avec confiance à *l'immortel père Odilon*, qu'il salue en Notre-Seigneur. Cette lettre, arrivée jusqu'à nous[1], se distingue par la pureté de la diction, par la grâce de la pensée et par l'énergie de l'invective contre les calomniateurs. L'auteur conclut en priant l'abbé de Cluny de réprimer le mal. Ses instances ne durent pas rester sans effet. Le saint, écrivant à un autre saint pour une cause aussi juste, ne pouvait manquer d'être écouté.

Abbon passa cinq jours à l'abbaye de Saint-Cyprien; il y célébra, avec sa suite, la solennité de tous les saints et repartit le lendemain, 2 novembre, qui était un jeudi. Quelques-uns de nos lecteurs demanderont peut-être pourquoi le pieux abbé n'attendit pas jusqu'au jour suivant, afin de joindre ses prières à celles des moines poitevins en faveur

---

1. *Patrol.*, édit. Migne, t. CXXXIX, col. 438 et 439.

des âmes du purgatoire. Saint Odilon avait, en effet, institué en 998, pour toutes les maisons de son Ordre, la *Fête des âmes* ou *Commémoration des trépassés*, et l'avait fixée au lendemain de la Toussaint, afin d'unir dans un même souvenir l'Église *souffrante* et l'Église *triomphante*[1]. Mais la sainte Église, qui prie chaque jour au saint sacrifice pour ses enfants défunts, n'avait pas encore adopté cette fête. Abbon, que des motifs urgents appelaient plus loin, ne put accorder un instant à une dévotion charitable qui n'avait encore aucun caractère général, la Congrégation de Cluny, où elle était née, la pratiquant seule jusqu'alors. Le silence d'Aimoin à cet égard n'implique aucune indifférence de la part d'Abbon pour le culte des morts. Les saints aiment trop Dieu et leurs frères pour négliger ce pieux devoir. Abréger les souffrances des âmes du purgatoire, c'est donner en même temps à Dieu de nouveaux adorateurs, et à l'Église *militante* d'autres avocats auprès du Très-Haut.

Abbon visita en passant le monastère de Charroux (*Karrofense*), qu'un de ses prédécesseurs, le célèbre Théodulfe, avait chanté dans ses vers[2]; il

---

1. Comment qualifier la mauvaise foi ou l'ignorance d'un écrivain moderne, M. Monnier, affirmant dans un ouvrage sur *Pompéi et les Pompéiens* (p. 82) que la fête des morts n'est qu'une continuation des Lémurales païennes?

2. *Patrol.*, édit. Migne, t. CV, col. 329.

s'arrêta à celui de *Nanteuil-en-Vallée*, près de La Rochefoucault (*propé castrum Rocæ Fulcaldi*), qui avait été donné par Charlemagne à l'église de Bordeaux pour l'entretien des clercs qui y faisaient le service divin [1], avait ensuite dépendu de Saint-Florent-lez-Saumur, et avait été enfin soumis à Saint-Cyprien-de-Poitiers. Il quitta Nanteuil le samedi, 4 novembre, et dut arriver le même jour à Angoulême, où les moines de Saint-Cibar lui donnèrent l'hospitalité [2].

La petite caravane s'éloigna d'Angoulême le dimanche, 5 novembre. Elle était triste et désolée, parce qu'elle ignorait quel gîte lui serait réservé pour la nuit suivante. Mais Dieu montra qu'il n'avait pas oublié son serviteur. Pendant qu'on délibérait si l'on se dirigerait vers un château nommé Aubeterre (*Alba Terra*), voilà que tout à coup se présente le seigneur de ce lieu, Girauld (*Giraldus*), homme noble. Dès qu'il apprend que le *bienheureux* père Abbon est dans la société qu'il a sous les yeux, il ne peut modérer le transport de sa joie et s'écrie, avec l'accent de l'allégresse : « J'atteste « mon Dieu et ma foi que je me sens tout pénétré « de bonheur pour avoir mérité de vous voir ; car « votre bonté et votre sagesse ont retenti dans tout

---

1. *L'Église métropolitaine et primatiale Saint-André de Bovrdeavx*, par M. M. Hierosme Lopes. Bovrdeavx, 1668. P. 371
2. *Patrol.*, édit. Migne, t. CXL, col. 54.

« notre pays. S'il plait à votre *Bénignité*, je serai
« cette nuit votre hôte reconnaissant et je m'esti-
« merai heureux de pourvoir à votre nourriture[1]. »

Girauld fait comme il avait dit : il demeure jusqu'à la nuit, fait servir Abbon et sa suite par ses domestiques, offre gracieusement, à côté d'une église qui était de sa juridiction, l'hospitalité qu'il avait promise et revient à jeûn vers son château d'Aubeterre. Le lendemain, même bienveillance envers l'homme de Dieu; il va à sa rencontre, lui donne des provisions de route, en particulier du poisson, l'accompagne à quelques milles de distance et le met sous la conduite de bons guides. Avant de le quitter, il se jette à ses pieds, lui demande sa bénédiction, et rentre dans ses domaines le cœur plein de reconnaissance.

Dieu avait ménagé ce triomphe à l'humble bénédictin dans un lieu mémorable où saint Maur avait, dit-on, fondé lui-même l'abbaye qui eut le privilége, longtemps avant le monastère de Saint-Maur-des-Fossés, près Paris, de posséder ses précieuses reliques; souvenir ineffable pour un abbé de Fleury qui, déjà loin du tombeau de saint Benoît, se consolait en honorant son disciple. L'accueil flatteur et empressé qu'il reçut ailleurs ne lui fit point oublier Aubeterre et n'altéra point les suaves émotions qui avaient inondé son âme.

1. *Patrol.*, édit. Migne, t. CXXXIX, col. 408.

Le 6 novembre, Abbon dit adieu au seigneur d'Aubeterre, traversa le même jour la rivière appelée alors *Elle* (*Ella*) et aujourd'hui *Isle*, et s'arrêta au village de *Francs* (*in villâ quæ ad Francos dicitur*), où il était attendu par la mère d'Aimoin, la pieuse *Aunenrude* (*Aunenrudis*), parente de Girauld[1].

Francs, comme Fronsac (*Franciacum*), doit son nom à une forteresse bâtie par les Franks. Déchue depuis longtemps de son importance, cette commune est aujourd'hui une des plus petites du canton de Lussac, à l'extrémité du département de la Gironde, entre l'Isle et la Dordogne (*inter Ellam Dordoniamque fluvios*). Un monticule isolé, à pentes assez abruptes, était occupé par l'habitation d'Aunenrude. Le rang dont jouissait sa famille dans la noblesse du pays nous le fait supposer. A cette époque, toutes les familles seigneuriales ne bâtissaient leur aire que dans des lieux protégés déjà par la nature. Le château plus moderne dont on voit aujourd'hui les ruines imposantes, a remplacé sans doute celui de la mère d'Aimoin. Du château du dixième siècle, il ne reste qu'un souvenir, mais un souvenir trop glorieux pour n'être pas consigné dans notre livre.

---

1. *Patrol.*, édit. Migne, t. CXXXIX, col. 408. — Oudin a altéré le nom de la mère d'Aimoin. Il l'appelle *Arnentrude*. (*Supplementum de scriptoribus vel scriptis ecclesiasticis a Bellarmino omissis*, collectore F. Casimiro Oudin. Parisiis, 1686. P. 315.)

Là habitait une sainte femme ; là naquit son fils qui a sauvé son nom de l'oubli en le mêlant à ses écrits.

Nommer le château et le domicile d'Aunenrude, n'est-ce pas dire en même temps la patrie d'Aimoin? Toutes les opinions qui le font naître ailleurs sont gratuites et ne méritent aucune réfutation. Quelques écrivains tels que Valois[1], Sauveroche[2], Michaud, dans la *Biographie universelle*, trompés par la ressemblance des noms et le voisinage des localités, assignent pour patrie à l'immortel ami d'Abbon la petite ville de *Villefranche*-de-Longchapt, en Périgord. Ils oublient que cette *bastide* n'existait pas au dixième siècle, et ne peut conséquemment revendiquer l'honneur d'avoir été mentionnée par Aimoin. Elle doit être classée parmi ces villes neuves appelées *bastides* en langue d'oc, bâties d'un seul jet et sous l'empire d'une même volonté dans la seconde moitié du treizième siècle. Sainte-Foy, Monségur, Libourne, Créon, ne datent pas de plus loin. Ne nous laissons donc pas séduire par l'importance de ce chef-lieu de canton de la Dordogne, et proclamons bien haut que la *villa ad Francos*, où l'abbé de Fleury reçut l'hospitalité chez la mère d'Aimoin, ne peut désigner que le petit village de

1. Hadriani Valesii *notitia Galliarum*. Parisiis, 1675. P. 609.
2. *Notices historiques et philologiques sur le Périgord*. Périgueux, 1835.

Francs, dont le temps a respecté le nom. Nous devions à la vérité et à notre pays de protester contre une erreur historique qui est en même temps une usurpation.

Une autre cité dispute à l'humble commune du canton de Lussac l'honneur d'avoir donné le jour à Aimoin. Nous voulons parler de Bergerac, dont les prétentions sont appuyées par certains auteurs [1]. Mais ces prétentions sont chimériques; nous ne prendrons pas la peine de les combattre.

Aimoin nous a laissé ignorer le nom de son père ; mais nous savons que l'auteur de ses jours était parent de Rosemberge, femme du vicomte Amalguin, avoué du prieuré de la Réole [2].

La mère d'Aimoin ne négligea rien pour honorer le maître et l'ami de son fils. Elle voulait que l'abbé de Fleury se reposât deux jours entiers dans son manoir. Abbon, appelé plus loin par des devoirs impérieux, ne put céder à ses instances. Aimoin dut s'arracher aux embrassements de sa mère, et les voyageurs reprirent leur route dès le lendemain, 7 novembre. Abbon, cependant, souffrait du bras qui fut percé peu de jours après par les meurtriers; la Providence semblait le préparer d'avance à la douloureuse épreuve et à la gloire du martyre.

1. *Guide pittoresque du voyageur en France,* art. *Bergerac.*
2. *Histoire littéraire de la France,* par Dom Rivet, t. VII, p. 216.

Ici l'histoire nous abandonne à nos propres conjectures sur la route que suivit Abbon pour arriver à la Réole; mais la précipitation de son départ, qui privait brusquement une sainte mère de la société de son fils, le refus de soigner un mal naissant que la fatigue de la route pouvait aggraver, et le désir plusieurs fois manifesté d'arriver au terme du voyage, nous donnent le droit de supposer qu'Abbon suivit, par une marche forcée, la ligne la plus droite de Francs à la Réole. En quittant la patrie d'Aimoin, il dut se diriger sur Saint-Cybard, traversa Saint-Philippe-de-l'Aiguille, Belvez et franchit la Dordogne à Castillon-en-Périgord. Cette rivière franchie, le voilà en Gascogne. Cette province avait donc alors pour limites, du côté du Périgord, la rive gauche de la Dordogne, qui bornait également le diocèse de Bazas. C'est Aimoin qui nous l'apprend [1].

La caravane dut gagner ensuite Villemartin, Mouliets, Pujol, Ruch, Blasimont, où florissait une abbaye bénédictine, Puch, le pays où fut bâtie plus tard la *Bastide* de Sauveterre, Saint-Romain, Saint-Hilaire-du-Bois, Camiran et Morizès. Là notre saint est arrêté par un torrent, un petit fleuve (*torrens, fluviolus*) appelé *Droth* par Aimoin et *Aroth* par le Père Dubois et par Jacqueline Bouette de Blémur

---

1. « Indè ad *Dordonæ* fluenta ventum; quo enavigato amne, « Guasconiæ fines ingrediuntur. » (*Patrol.*, édit. Migne, t. CXXXIX, col. 408.)

dans son *Année bénédictine*. Le même Père Dubois lui donne encore le nom de *Codrot*. Nous adopterons l'orthographe d'Aimoin, qui diffère peu de celle de nos jours. Un accident qui aurait pu être fatal signala le passage du Drot par Abbon : notre saint veut entrer dans la petite nacelle qui doit le porter de l'autre côté du torrent ; d'un pied mal assuré il chasse l'esquif du rivage vaseux et tombe dans l'eau jusqu'à la ceinture. O prodige ! sa chaussure est à peine mouillée et ses vêtements à peine humides[1]. Il franchit enfin ce *dangereux torrent*[2] et remercie le Seigneur de la protection qu'il a daigné lui accorder. L'Égypte montre encore aujourd'hui l'endroit où Moïse fut sauvé des eaux du Nil par la fille de Pharaon. Moins fidèles aux traditions, les habitants des bords du Drot n'ont conservé aucun souvenir du lieu où s'accomplit un événement miraculeux qui a immortalisé dans l'histoire un modeste affluent de la Garonne. Nous déplorons cette incurie. Avec quel enthousiasme nous aurions foulé les traces de l'héroïque réformateur ! Résignons-nous. Mais, chers lecteurs, si vous rencontrez comme moi le Drot sur votre route, pensez à Abbon et saluez respectueusement ces ondes jadis si rapides qui ont épargné les jours d'un grand saint au on-

---

1. *Patrol.*, édit Migne, t. CXXXIX, col. 409.
2. *Pessimi occursûs torrente. Ibid.*

zième siècle, et qui ont servi de tombeau, en 1743, à tant de victimes innocentes.

Abbon arriva le lendemain au monastère de la *Règle*[1]. C'était le 9 novembre[2]. Le jour suivant, qui aurait dû être un jour de repos, fut consacré en partie à visiter le monastère, qu'il connaissait déjà. Il ne put s'empêcher d'en admirer la situation avantageuse, au point de vue stratégique, dans une cité qui a été une place forte de premier ordre jusqu'à l'invention de l'artillerie ; il dit en riant : « Je « suis maintenant plus puissant que le roi de « France, notre maître, avec une maison et dans « une citadelle où personne ne redoute son pou- « voir[3]. » Quantité d'auteurs ont rapporté ces paroles devenues célèbres, et ne les ont interprétées que dans le sens d'une aimable gaieté qui révélait, sans aucune arrière-pensée, le calme et la sérénité de son âme au milieu des tempêtes.

Dès le second jour, 11 novembre, Abbon put se convaincre que la haine séculaire qui divisait les Français et les Gascons n'était pas moins ardente et passionnée qu'autrefois. Il gronda les gens de sa suite qui avaient eu des différends avec les Gascons

1. *Patrol.*, édit. Migne, t. CXXXIX, col. 409.
2. Abbon arriva à la Réole le 9 novembre, et non le 10, comme l'affirment quelques écrivains modernes.
3. « Potentior nunc sum domino nostro rege Francorum intra « hos fines, ubi nullus ejus veretur dominium, talem possidens « domum. » (*Patrol.*, édit. Migne, t. CXXXIX, col. 410.)

pour la nourriture des chevaux, et leur représenta qu'étant les plus faibles, ils étaient imprudents de provoquer des hommes qui leur étaient hostiles, et il les exhorta à la patience jusqu'à ce qu'il pût s'entretenir avec l'avoué du monastère et avec le comte, qui ne pouvaient tarder à arriver et qui devaient lui prêter main-forte. L'incident, fortuit en apparence, devait bientôt dégénérer en émeute et produire des conséquences lamentables.

Or ce jour-là, 11 novembre, *l'univers entier célébrait la glorieuse fête du bienheureux pontife Martin de Tours*. L'Aquitaine était trop redevable à ce saint pour ne pas mêler ses louanges à celles de toute la catholicité. Un de ses enfants les plus illustres, saint Paulin, menacé de perdre l'usage d'un œil, avait été guéri par le grand thaumaturge des Gaules[1]. Parmi les apôtres qui l'avaient évangélisée, deux avaient été les disciples, les fils de prédilection du saint. Le premier est saint *Macaire* qui, accompagné de Cassien et de Victor[2], prêcha la foi chrétienne à l'antique cité des *Ligènes*, qui lui emprunta plus tard son nom[3]. Le second est saint *Romain*, qui convertit à la doctrine du Christ les

---

1. *Sulpicii Severi de vitâ B. Martini liber unus.* (*Patrol.*, édit. Migne, t. XX, col. 170.)
2. *Rerum Aquitanicarum libri quinque*, auctore Ant. Dadino Alteserrà. Tolosæ, 1648. Lib. V, cap. vi.
3. *Officia propria diœcesis Burdigalensis.* IV maii.

habitants de Blaye¹. Ce dernier avait été ordonné prêtre par saint Martin lui-même², qui bénit aussi son dernier soupir et l'ensevelit sur les bords du fleuve, là où Charlemagne bâtit plus tard une église³. Il devint le patron spécial des matelots de la Garonne⁴, au même titre que saint Goustan, celui des marins bretons⁵. Au moment du danger, on l'invoquait par ces paroles : « Ayez pitié de nous, « saint Romain, confesseur de Dieu⁶. » Saint Grégoire de Tours, qui nous rapporte cette prière, avait été lui-même préservé d'un naufrage sur les eaux de la Garonne par la protection de saint Romain⁷.

Saint Martin avait donc visité Blaye et avait laissé dans le pays de précieux souvenirs. Le vieux manoir de la Grange a conservé, jusqu'aux guerres de religion, le grabat sur lequel le saint s'était reposé.

Les bords de la Garonne revirent encore l'im-

1. *Officia propria diœcesis Burdigalensis*, XXIV novembris. — S. Gregorii, Turonensis episcopi, *Opera omnia*, édit. Migne, col. 676.
2. « Te Martinus sacrat. » (Ad Matutinum hymnus. *Ibid.*)
3. Lectio IV. *Ibid.*
4. ..... Cùm procellosi tumuêre fluctus,
   Ut jubet, proni siluêre venti.
   Hunc vocant nautæ, maris æstuosi
   Unda quiescit.
   (*Ibid.*)
5. *Les Moines d'Occident*, par M. de Montalembert, 2ᵉ édit., t. II, p. 511.
6. « Miserêre nostrî, sancte Romane, confessor Dei. » (S. Gregorii, Turonensis episcopi, *Opera omnia*, édit Migne, col. 863.)
7. *Ibid.*

mortel évêque de Tours, quand il vint à Bordeaux, en 384, pour assister au concile assemblé contre les Priscillianistes.

Des souvenirs si précieux ne pouvaient pas périr; ils se perpétuèrent dans les diocèses de Bordeaux et de Bazas par un culte fervent dont les traces ne sont pas encore effacées. Une paroisse voisine de Blaye est encore aujourd'hui dédiée à saint Martin. Le diocèse de Bordeaux, dans ses limites actuelles, ne compte pas moins de quatre-vingts églises placées sous le vocable de ce saint.

Saint Léonce, archevêque de Bordeaux au sixième siècle, bâtit un temple à saint Martin, comme nous l'apprend saint Fortunat dans une de ses poésies. Plus tard, on vit s'élever dans la même ville une *chapelle de Saint-Martin* dont une rue a conservé le nom. Le culte du saint prenait ainsi possession à Bordeaux d'une manière solennelle. « C'était « d'autant plus naturel que saint Martin de Tours « et saint Seurin de Bordeaux avaient été amis pen- « dant leur vie; le dernier vit l'âme de celui-là mon- « ter au ciel[1]. Leurs temples, leur culte, devaient se « rapprocher[2]. » A quelques pas de la *Chapelle Saint-Martin* une autre rue plus importante, ap-

---

1. *S. Gregorei, Turonensis episcopi, Opera omnia*, édit. Migne, col. 918.

2. *Origines chrétiennes de Bordeaux*, par M. l'abbé Cirot de la Ville, p. 105.

pelée récemment rue *Saint-Sernin,* a porté jusqu'à nos jours le nom de rue *Saint-Martin.*

Le nom du saint appartient encore aujourd'hui à une rue et à un quartier populeux dans les deux villes de Bazas et de la Réole. L'une et l'autre de ces villes avaient, comme Paris a encore, une porte *Saint-Martin.* Dans la nomenclature des églises cédées au pricuré de la *Règle,* par Gombaud et Sanche, nous avons mentionné jusqu'à quatre églises de *Saint-Martin.* Plusieurs paroisses du Réolais et du Bazadais honorent encore aujourd'hui saint Martin comme leur patron.

Tels sont les vestiges de la popularité du culte de saint Martin dans l'Aquitaine. On en peut conclure que la fête de ce grand serviteur de Dieu se célébrait à la Réole avec plus de pompe qu'ailleurs, et que notre pieux Abbon y put satisfaire pleinement la dévotion qu'il avait déjà manifestée lors de son pèlerinage de Fleury à Tours. « C'était, dit « Aimoin, une fête renommée, et le *saint,* à qui ses « souffrances permirent d'offrir l'auguste sacrifice « de la messe, témoigna une grande allégresse *de* « *cœur et de corps*[1]. »

Mais, de même que chez les Juifs les sacrifices

---

[1]. « Erat eâ die *celebris* universo orbi beati pontificis Martini « Turonici festivitas, et sanctus vir *magnâ cordis ac corporis ala-* « *critate* missarum festiva celebravit solemnia. » (*Patrol.,* édit. Migne, t. CXXXIX, col. 409.)

étaient toujours suivis d'un repas pris en commun, de même chez les chrétiens les fêtes des saints se terminaient par un banquet auquel participaient les parents et les amis. Dans la langue de plusieurs nations, le mot *fête* (*festum*) est synonyme de *festin*. L'Église ne condamne pas les joies modérées de la table ; après les satisfactions de l'esprit au pied du sanctuaire, elle permet la réfection du corps au foyer domestique. Saint Grégoire le Grand, dans une lettre que le *Vénérable* Bède admire comme un chef-d'œuvre de sagesse[1], sanctionne de sa haute autorité cette maternelle condescendance de l'Église. Le pieux apôtre saint Augustin, qu'il avait envoyé en Angleterre, s'inquiétait de l'inclination des Saxons pour les festins. L'immortel pontife, pape et moine tout à la fois, c'est-à-dire personnification des deux forces vives de son temps, initiateur véritable de la société nouvelle, le rassure dans les instructions qu'il confie à l'abbé Mellitus, chef de la seconde expédition monastique dans la Grande-Bretagne. Il fallait accorder des ménagements à des âmes encore incultes, transformer et non supprimer leurs usages, tolérer et sanctifier leurs festins[2].

Ces principes, destinés dans l'esprit de l'Église à régler, non à flatter notre sensualité, devaient pré-

---

[1]. *Litteras memoratu digna*. (Bed., *Hist. eccles.*, lib. I, c. 30.)
[2]. *Sancti Gregorii Magni Opera omnia*, édit. Migne, t. III, col. 1215 et 1216.

valoir et ont prévalu universellement dans la pratique. A la Réole comme ailleurs, les *festins religieux*[1] couronnaient les saintes fonctions du sanctuaire et faisaient goûter les biens de la terre à des cœurs qui venaient de solliciter les trésors célestes. La solennité des *fêtes Martinales*[2], ainsi qu'on les appelait quelquefois, le concours du peuple, les longues heures consacrées à la prière, le repos et la distraction qui devaient les suivre, ranimaient un usage auquel l'attrait du vin nouveau, à cette époque de l'année[3], donnait encore une plus forte impulsion. L'abus, même les excès, n'étaient pas impossibles. Saint Martin n'avait-il pas assisté à un festin chez le tyran Maxime, et n'avait-il pas, après avoir bu lui-même, offert la coupe au prêtre placé à son côté, avant de la présenter au prince[4]? N'avait-il pas encore procuré miraculeusement du vin à un pauvre nautonnier, pour qu'il pût célébrer plus joyeusement la fête de l'Épiphanie[5]? On s'au-

---

1. *Religiosa convivia.* (*Sancti Gregorii Magni Opera omnia*, édit. Migne, col. 1216.)
2. *Martinalia festa.*
3. .....*Musta, sacer quæ post Martinus vina vocari
Efficit.*
(*Papisticum regnum*, par Naogeorgus, l. IV, p. 158.)
Ce qu'on a traduit ainsi... A la fête de saint Martin,
Tout le moût est cru bon vin.
4. *Patrol.*, édit. Migne, t. XX, col. 171.
5. *S. Gregorii, Turonensis episcopi, Opera omnia*, édit. Migne, col. 947.

torisait de ces souvenirs en les dénaturant, et l'austère apôtre des Gaules n'était plus considéré que comme le patron de la bonne chère; la poésie elle-même s'oublia, au Moyen Age, jusqu'à le célébrer dans des chansons bachiques[1].

Cet esprit d'innovation et de relâchement devait faire dégénérer en licence la douce gaieté des banquets dont la fête de saint Martin était l'occasion. La fragilité humaine se mêle à tout et introduit le scandale dans les institutions les plus innocentes. Les chrétiens honnêtes ne fréquentaient plus qu'avec réserve des réunions qui les alarmaient ou s'en éloignaient avec prudence.

Un danger réel pouvait seul interdire aux laïques les festins des *Martinales;* mais le moine, assujetti à une règle, ne pouvait dans aucun cas et sous au-

---

1. *Chanson de Codrus Urceus pour la fête de saint Martin.* (*Poésies populaires latines du Moyen Age*, par M. Édélestand du Méril. Paris, 1847. P. 208-213.)

On dit encore aujourd'hui par une locution proverbiale :

> A la saint Martin,
> Il faut goûter le vin.

Ou bien : *Faire la Saint-Martin*, c'est-à-dire festiner. Dans certaines contrées du midi de la France, en particulier à Moissac, les enfants s'ébaudissent en criant le jour de la fête de saint Martin :

> Saint Marti,
> Lou toupi (Marmite).

Allitération vulgaire qui publie le *pot au feu* en l'honneur de saint Martin. — Par suite du même abus, on a donné à l'ivresse le nom de *mal de Saint-Martin*.

cun prétexte, s'y asseoir et y participer. La règle de saint Benoît, *le père et le législateur, le modèle de tous les moines*, n'est, selon Bossuet, qu'*un précis du christianisme, un docte et mystérieux abrégé de toute la doctrine de l'Évangile, de tous les conseils de perfection*[1]. Quelques pieux docteurs et plusieurs conciles ont même déclaré qu'elle avait été inspirée par l'esprit de Dieu[2]. Or, cette règle qui flétrit si énergiquement les appétits sensuels[3], ne supposait pas qu'un habitant du cloître fût capable de manger dehors sans nécessité. « Le mo« nastère, comme une citadelle sans cesse assié« gée, devait renfermer dans son enceinte des jar« dins, un moulin, une boulangerie, des ateliers
« divers, afin qu'aucun besoin de la vie matérielle
« ne fournît aux moines l'occasion de sortir[4]...
« Puis viennent ces *belles règles de sobriété*, comme
« parle Bossuet, qui ôtent à la nature tout le su« perflu, en lui épargnant toute inquiétude à l'é« gard du nécessaire, et qui ne sont guère que la
« reproduction des usages pratiqués par les pre« miers chrétiens[5]. »

Plus explicite dans ses capitulaires acceptés par

1. Bossuet. (*Panégyrique de saint Benoît*.)
2. S. *Benedicti Opera omnia*, édit. Migne, col. 213-216.
3. *Ibid*., col. 246.
4. *Ibid*., col. 900.
5. *Les Moines d'Occident*, par le comte de Montalembert, 2ᵉ édit., t. II, p. 57, 64.

la sainte Église, Charlemagne interdit aux moines l'accès des festins des laïques[1]. Le moine *Dyscole* ne pouvait prétexter l'ignorance de cette prescription ; car un autre capitulaire lui enjoignait d'apprendre la règle par cœur[2].

La joie est communicative. En dépit de la règle et des convenances, un moine du prieuré de la Réole, tenté sans doute par le tumulte enivrant des fêtes populaires de saint Martin, sortit du cloître sans autorisation et participa à un banquet[3]. Ce moine, *homme barbare de race et de nom*, s'apelait *Anezan*. Sa faute était grave, publique, et ne pouvait rester impunie. En outre, une rumeur sourde circulait entre les moines gascons ; un parti puissant s'était formé dans le but de se défaire, par quelque expédient, des religieux d'origine franque et de se soustraire, pour l'avenir, à toute inspection de la métropole monastique de Fleury. Ces bruits menaçants avaient transpiré, et Anezan était, disait-on, l'âme du complot[4]. *Moins seigneur que père*, moins animé de l'esprit de domination que du caractère de mansuétude néces-

---

1. « Ut monachi ad convivia laicorum minimè accedere præsu-« mant. » (*B. Caroli Magni Opera omnia*, édit. Migne, t. I, col. 206.)
2. « Ut monachi omnes qui possunt, *memoriter* regulam discant. » (*Ibid.*, col. 381.)
3. *Patrol.*, édit. Migne, t. CXXXIX, col. 410.
4. « Anezan..... hos esse dicebatur machinatus dolos. » (*Ibid.*)

saire à un ministre de Dieu, Abbon temporisa dans l'espérance que le coupable se repentirait et solliciterait son pardon. Mais les *pervers excitent des querelles*[1] *et se corrigent difficilement*[2]. Abbon attendit vainement. Que fera-t-il? En présence du scandale qui peut se propager dans une communauté déjà relâchée où l'esprit du monde a pénétré, sa bonté habituelle, s'il en suivait les inspirations dans cette pénible circonstance, ne serait plus qu'une dangereuse faiblesse. Il sacrifiera la popularité et l'affection dont il est entouré[3] et s'exposera avec le calme inébranlable du martyr à la haine qu'on recueille en reprenant les prévaricateurs[4]; il bravera la mort, s'il le faut, mais il ne trahira pas son devoir. Le moment est venu de parler, il parlera[5].

Les fastes monastiques offraient d'ailleurs à Abbon des exemples bien propres à régler sa conduite. Saint Benoît gronda sévèrement des moines qui avaient mangé hors du monastère, et ne leur pardonna qu'après l'aveu de leur faute[6]. — Un

---

1. « Homo perversus suscitat lites. » (*Prov.*, xvi, 28.)
2. « Perversi difficilè corriguntur. » (*Eccles.*, i, 15.)
3. « Venerabilis *Abo*..... nimio a cunctis venerabatur affectu. » (Glabri Rodulphi, *Historiarum*, lib. III.)
4. « Odium incurrit qui arguit criminosos. » (*Patrol.*, édit Migne, t. CXXXVII, col. 684, 685.)
5. « Tempus tacendi et tempus loquendi. » (*Eccles.*, cxi, 7.)
6. *Patrol.*, édit. Migne, t. LXVI, col. 156, 158.

noble Aquitain, saint Bercaire, à qui l'on doit la fondation du monastère de Moutier-en-Der, au milieu des ombres terribles de la forêt de Der, gouvernait paisiblement l'abbaye de Hautvilliers, en Champagne. Un moine, nommé Daguin, outré d'une correction que Bercaire lui avait infligée, alla, pendant la nuit, le percer d'un coup de couteau[1]. Le saint ne survécut que deux jours à sa blessure et mourut en 696, victime de son devoir. A trois siècles de distance, l'héroïsme de Bercaire n'était point oublié et devait avoir un imitateur.

Le 13 novembre on célébra, à la Réole, la fête de saint Brice, disciple de saint Martin[2]. Abbon, qui redoutait peut-être de nouveaux scandales à l'occasion de cette fête, adressa au violateur de la règle la réprimande qu'il n'avait que trop méritée. Anezan feint d'écouter avec respect la correction du saint, mais la rage est dans son cœur; il exhale son humeur en termes amers et aigrit ses frères contre le pieux abbé. Nouvel exemple de ces chutes qui, des hauteurs célestes, précipitent aux derniers abîmes de la perversion les hommes consacrés. Tout à coup un bruit confus et des voix de femmes retentissent à la porte du monastère. Le cri de ces femmes ressemble, dit Aimoin, à celui que profèrent les

1. *Patrol.*, édit. Migne, t. CXXXVII, col. 685.
2. *Ibid.*, t. CXXXIX, col. 410.

gens du pays dans un cas de sédition ou de meurtre[1].

Le cri usité en pareille occurrence était *Biaforas*[2], *Biafora*, *Biafore*, ou, par contraction, *Biore*. Le célèbre Pierre de Marca, qui supplée sur ce point au silence d'Aimoin, rapporte successivement l'orthographe de *Biafore* et celle de *Biahora* ; cette dernière variante s'explique par le changement de la lettre *F* en *H* selon le génie de la langue gasconne[3]. Ce cri de *Biahore*, en vogue encore aujourd'hui dans le Béarn, patrie de Marca, était un appel au secours dans une conjoncture périlleuse. C'était, pour les Gascons du onzième siècle, l'équivalent du *Haro* des Normands.

Le *perfide* Anezan, ce *fils de Satan*[4], qui n'était moine que de nom[5], simule une certaine indignation contre ces clameurs tumultueuses, et dit à ceux qui l'entourent : « Voilà un scandale qu'on va « m'imputer. — Si vous le craignez, lui ré- « pond un des assistants, marchez avec nous pour « réprimer ce désordre. » Mais Anezan reste sourd

---

1. *Patrol.*, édit. Migne, t. CXXXIX, col. 410.
2. *Biaforas* est une altération assez évidente des deux mots *Veni foras* (Joan., xi, 43), *venez dehors*, dont se servit Notre-Seigneur en ressuscitant Lazare.
3. *Histoire de Béarn*, par Pierre de Marca. Paris, 1640. P. 230, 231, 403.
4. *Patrol.*, édit. Migne, t. CXXXVII, col. 685.
5. « *Ille perfidus, solo nomine monachus.* » (*Ibid.*, t. CXXXIX, col. 410.)

à cette invitation et ne suit point son interlocuteur qui court au danger pour le conjurer[1].

Or, le motif de l'émeute était celui-ci : les Français et les *indomptables*[2] Gascons, déjà excités par la querelle dont la nourriture des chevaux avait été le prétexte, s'étaient provoqués depuis ce moment par des injures réciproques. La guerre, envenimée et organisée peut-être par Anezan, venait de se rallumer avec une nouvelle fureur. Un moine français, indigné d'un propos outrageant à l'adresse de son maître, renverse d'un coup de bâton l'auteur de l'insulte. Dès lors Français et Gascons ne gardent plus aucun ménagement; les pierres volent, le sang coule. *L'homme de Dieu*, Abbon, était dans le cloître; il dictait en ce moment quelques opérations sur le *Comput*[3], une de ses études favorites. Dès qu'il entend le bruit de l'émeute, il sort, tenant encore à la main ses tablettes et son stylet. Qu'importe le danger? Le juste est confiant comme un lion, et inaccessible à la crainte[4]. Vrai disciple du *fondateur de la paix*, l'abbé de Fleury n'hésite pas un instant et court vers les combattants pour rétablir l'ordre et la concorde. Il descend rapide-

1. *Patrol.*, édit. Migne, t. CXXXIX, col. 410.
2. « *Indomitæ* gentis illius circumventus factione. » (*Acta sanctorum Ordinis S. Benedicti*, t. V, p. 741.)
3. *Patrol.*, édit. Migne, t. CXXXIX, col. 410.
4. « Justus quasi leo confidens, absque terrore erit. » (*Prov.*, xxviii, 1.)

ment le coteau du monastère qui domine un vallon du côté de l'est, et veut gagner la hauteur où les siens se sont réfugiés. Mais, pendant qu'il se précipite vers le théâtre de l'émeute, *un satellite du parti opposé*[1], un Gascon dont le nom et la qualité seront à jamais un secret impénétrable[2], le blesse si violemment d'un coup de lance au bras gauche, que le fer atteint même les côtes. Plus fort que la douleur, le saint abbé ne laisse échapper aucune plainte; il ne chancelle pas et dit sans s'émouvoir : « Celui-ci a fait la chose sérieusement[3]. »

Fixons dans nos souvenirs et dans nos respects le sanglant théâtre de ce drame mémorable. Loin de nous, loin de ceux que nous aimons toute philosophie qui nous laisserait indifférents et insensibles en présence d'un héros chrétien bravant la mort pour l'amour de ses frères! Où est donc le Français digne de ce nom, qui, en portant son regard sur ce

---

1. « Ab uno adversæ partis satellite. » (*Patrol.*, édit. Migne, t. CXXXIX, col. 410.)

2. Aimoin, qui a livré au mépris de la postérité le nom du perfide Anezan, garde le silence sur celui du meurtrier d'Abbon. Le saint fut frappé dans la mêlée, et Dieu seul peut-être connut la main du coupable. Pourquoi donc Baronius, *le père de l'histoire ecclésiastique*, affirme-t-il (*Annales ecclesiastici*. Antverpiæ, 1618. T. X, p. 802) qu'Abbon fut tué par ses moines? « A suis monachis « occisus est. » La même assertion gratuite se lit dans les *Anecdotes ecclésiastiques*, par l'abbé C. Jaubert et Dinouart. (Amsterdam, 1772. T. I, p. 556.)

3. « Iste; ait, serio, hæc fecit. » (*Patrol.*, édit. Migne, t. CXXXIX, col. 411.)

coin de terre immortalisé par Abbon, pourrait le contempler sans trouble et sans remords? Ce qu'était autrefois ce lieu, nous l'ignorons; mais depuis plusieurs siècles, c'est une petite place, étroite, irrégulière, que les habitants de la cité hantent peu, que les étrangers visitent encore moins; une misérable fontaine et quelques arbres insignifiants la dégradent bien plus qu'elles ne l'embellissent. L'herbe croît sur cette terre abreuvée au onzième siècle du sang d'un martyr; aucune pierre, aucun monument, aucun sanctuaire n'y rappellent l'immolation de l'héroïque réformateur. Un nom seulement dit tout, un de ces noms qui ne sont écrits que dans la mémoire du peuple, mais que le temps n'efface pas à l'instar des inscriptions gravées sur le bronze ou le marbre.

Nos aïeux désignaient par un nom particulier la place de la cité qui était affectée aux exécutions ou, comme on disait autrefois, aux *martyrisations*. Ce nom avait, suivant les pays, des désinences différentes : à Paris, c'était la place du *Martelet*, aujourd'hui place de Grève; à Orléans, c'était la place du *Martroi*[1]. La place et le nom existent encore. La statue équestre de Jeanne d'Arc, la glorieuse martyre du quinzième siècle, est l'unique mais suffisant ornement de cette place. Au Puy-en-Velay, nous

---

1. En latin *Martreium, Martoretum*. — A Angers, la place des exécutions s'appelait *Place du pilori*.

avons vu également la place du *Martouret*, qui est aujourd'hui celle de l'Hôtel-de-Ville. La municipalité a été bien inspirée le jour où elle a sacrifié à une dénomination historique le nom banal du palais de ses séances. Certains vieux noms sont comme les vieux monuments : il n'y faut pas toucher.

Bien moins importante que les villes dont nous venons de parler, la Réole n'a jamais eu besoin, probablement, d'une place destinée aux hautes œuvres de la justice humaine. Comment donc expliquer le nom de *Martouret* donné autrefois à l'une de ses portes et aujourd'hui encore à la petite place que nous avons décrite? Selon nous, ce nom ne peut tirer son origine des exécutions publiques, rares ou nulles au sein d'une petite population, mais uniquement du *martyre* de saint Abbon. Un auteur prétend que saint Abbon « fut tué près de la rue « Porte-Pinte[1], » c'est-à-dire dans l'intérieur de la ville. Cette opinion nous paraît inadmissible; elle est non-seulement gratuite, mais contraire à toutes les probabilités. La plaine convient mieux que les collines aux rixes populaires. A part le nom de *Martouret*, qui pour nous est une preuve, l'inspection des lieux, qui ont conservé leur physionomie antique, confirme nos convictions. Le fatal événement qui priva l'Église de France de l'une de ses

1. M. Lapouyade, *Actes de l'académie de Bordeaux*, année 1846, p. 347.

gloires et de ses lumières, ne peut avoir eu pour théâtre que la plaine qui s'étend entre la déclivité des terrains du monastère et celle de la ville, dans la direction de la route de la Réole à Sauveterre. La petite place du *Martouret* désigne la partie de cette plaine où fut versé le sang de notre martyr et justifie son nom par une étymologie analogue à celles du *Mont martre* (*Mons martyrum*) de Paris et de la petite cité de *Martres*, dans le diocèse de Toulouse[1]? Il fut un temps de lamentable mémoire où le *Martouret* réolais échangea, par ordre supérieur, son nom traditionnel en celui de *Place de la révolution*. Mais la révolution a passé, et le nom que nos pères chérissaient et qu'ils n'avaient point oublié, a été réintégré par cet instinct conservateur du peuple à qui l'on doit tant de choses!

La *voie douloureuse* d'Abbon venait de commencer. Suivons-le jusqu'à son Calvaire. Il monte péniblement jusqu'à la maison où logeaient ses serviteurs; il est soutenu par le frère Guillaume, un de ses compagnons de voyage. Aimoin, qui ne l'a pas quitté, aperçoit du sang sur le seuil de la maison où le *saint* vient d'entrer. « De qui est « ce sang? dit Aimoin. — C'est le mien, répond

---

[1]. *Martres*, auparavant *Angonia*, doit son nom moderne au *martyre* de saint Vidian par les Sarrasins au neuvième siècle. (*Histoire générale de l'église de Toulouse*, par l'abbé Salvan, t. I, p. 339-341.)

« l'*homme de Dieu*, j'en atteste le Seigneur. » A ces paroles, les cheveux d'Aimoin se dressent sur sa tête, un frisson court dans tous ses membres, sa voix se glace. Personne n'avait encore remarqué que le saint abbé avait été blessé; on croyait que ses vêtements seuls avaient été percés par le coup de lance. Tristement convaincu du contraire, Aimoin dit à son maître : « En quel endroit de votre corps « avez-vous été frappé? » Abbon lève le bras pour montrer sa blessure. A l'instant un flot de sang jaillit de la région des côtes et inonde la manche de sa large *pelisse*. Abbon ne s'afflige point, sa figure reste impassible. Ayant remarqué la pâleur et la frayeur de son ami, il répond à ses gémissements par ces mots, articulés d'un ton calme et presque souriant : « Que « feriez-vous donc si vous étiez blessé vous-même? « Ne tremblez pas, mais plutôt sortez, allez rejoindre « les nôtres et amenez-les auprès de moi, afin que « le désordre s'apaise[1]. »

Sur les ordres d'Abbon, les moines français rentrent au moûtier. Mais le saint abbé a déjà perdu tout son sang. Toujours maître de lui-même jusque dans l'agonie, il console ses disciples et ses serviteurs et les exhorte à l'oubli des injures. Ses derniers accents furent ceux d'une âme profondément chrétienne. Recueillant ses forces, doublées par la

---

1. *Patrol.*, édit. Migne, t. CXXXIX, col. 411.

charité, il adresse à Dieu cette prière : « Seigneur,
« ayez pitié de moi et du monastère, et de la con-
« grégation que vous m'avez permis de gouverner
« jusqu'à ce jour¹. » Cet effort suprême de sa piété
l'a anéanti; il ne répond plus aux embrassements
de ses frères; leurs larmes et leurs soupirs ne l'af-
fectent plus; l'heure de son *émigration* vers une
patrie meilleure a sonné. L'âme pure du saint
vieillard s'échappe de ce monde, comme une blanche colombe à travers les cieux, et s'envole dans les
tabernacles éternels. C'était un lundi, 13 novembre
de l'an 1004 de l'Incarnation, fête de saint Brice et
de saint Hérard². Jean XVIII était alors pape, Robert le *Pieux*, roi de France, et Hugues, évêque de
Bazas.

Saint Cyprien recommandait aux fidèles de son
temps de noter le jour de la mort des martyrs³. Ce
jour n'est-il pas en effet, pour les héros chrétiens,
la splendide aurore d'une vie meilleure et éternelle?
Notons, nous aussi, ce jour du 13 novembre, si
glorieux pour Abbon. Après avoir célébré à la Réole
la fête d'un grand saint dont il rappelait par ses
actes le zèle et le courage, il succomba, comme ce
soldat du Christ, sur le champ de bataille de son

1. *Patrol.*, édit. Migne, t. CXXXIX, col. 411.
2. *Ibid.*, col. 413.
3. « Dies eorum quibus excedunt annotate. » (*S. Cypriani Opera*, édit. Migne, col. 328.)

apostolat réformateur ; et, chose étrange! il mourut le jour de la fête d'un autre saint qui avait été d'abord, comme les moines gascons du onzième siècle, le triste esclave de la jalousie et de la malveillance. Nous voulons parler de saint Brice, qui expia plus tard douloureusement tous ses torts envers saint Martin. Il a donné son nom à une paroisse du Réolais, dans le canton de Sauveterre. Le persécuteur converti succède à saint Martin dans le cycle liturgique, comme il lui avait succédé sur le siége de Tours, et il est honoré le même jour que saint Abbon, victime sanglante de la violence des Gascons. C'est ainsi que l'Église, cette grande dispensatrice de la vraie gloire, associe dans ses honneurs sacrés tous les mérites, l'innocence et le repentir.

La mort d'Abbon ne fut pas une satisfaction suffisante pour l'émeute. Les séditieux entourent la maison où les moines pleuraient leur *bienheureux père* et forcent les portes en brisant les gonds. Une troupe frémissante envahit cet asile, blesse quelques moines et s'acharne contre Adélard, le domestique de l'homme de Dieu. Ce fidèle serviteur avait relevé le corps de son maître et tenait sa tête sur ses genoux en la baignant de ses larmes. Sans respect pour sa douleur, la tourbe des émeutiers le frappa si cruellement à coups de lances et de bâtons aigus, qu'il ne survécut à ces indignes traitements que jusqu'au mercredi matin. On lui donna une tombe dans le cloître du monastère. Près de lui fut enseveli, quelque temps après, l'écuyer du saint. Celui-ci, également blessé, languit jusqu'à la fête de saint André (30 novembre) et succomba à son tour [1].

Cependant les émeutiers ne peuvent plus douter de la mort d'Abbon ; leur vengeance est assouvie. Honteux de leurs succès homicides, ils fuient le théâtre de leur crime. Dès le lendemain, on n'apercevait pas même une femme dans les maisons.

Après la mort du saint, ses compagnons de voyage restèrent encore quatre jours au prieuré. Ils se mirent sous la protection d'un homme honorable, nommé Guillaume et fils d'*Oriol* [2]. Guillaume était venu à la Réole avec d'autres personnes pour voir et vénérer l'abbé de Fleury ; puis il était retourné à ses domaines, qui n'étaient qu'à un mille et demi du monastère. Mais, ayant appris tant de malheurs, il revint au prieuré et préserva les moines français de nouvelles attaques [3].

---

1. *Patrol.*, édit. Migne, t. CXXXIX, éol. 411.
2. Une section de la commune de Fontet, à une distance de la Réole à peu près égale à celle que précise Aimoin, porte encore aujourd'hui le nom de l'*Auriole*. L'écluse voisine (n° 48) du canal latéral à la Garonne est inscrite sous le même nom. Ce nom, quoique altéré, provient sans doute du personnage important dont nous parlons, habitant ou propriétaire de ce lieu. — Une commune du canton de Pellegrue s'appelle aussi *Aurioles*; mais elle est trop éloignée de la Réole pour avoir emprunté son nom à la propriété du fils d'*Oriol*, qui n'était qu'à un mille et demi de la Réole.
3. *Patrol.*, édit. Migne, t. CXXXIX, col. 411 et 412.

On ne pouvait laisser le corps du saint dans la modeste maison où il était mort. Un tapis, jeté à la hâte sur le sol presque nu[1], déguisait la pauvreté de cette demeure et témoignait de l'empressement et du respect des domestiques pour leur maître; mais d'autres honneurs étaient dus au rang et aux mérites de l'abbé de Fleury. On le transporte donc au monastère, où l'attendaient les moines, retenus par la crainte de nouveaux dangers non moins que par la nuit[2]. Mais où faut-il le déposer? On délibère, les avis sont partagés. Mais le *bienheureux père* n'a-t-il pas été immolé pour une cause sainte, pour la *vérité qui est le Christ*[3]? Sur cette considération, on place la dépouille mortelle d'Abbon dans la maison du Seigneur, sous la garde du moine Remi. Deux nuits et un jour s'écouleront avant qu'on procède, le mercredi, à la cérémonie qui sépare à jamais les morts des vivants. Durant ce long intervalle, un funèbre concert de psaumes entrecoupés par des sanglots retentit sous les voûtes attristées du sanctuaire. Les étrangers eux-mêmes pleuraient l'homme de Dieu que la renommée avait vanté; ils accouraient pour le vénérer au moins après sa mort, puisqu'ils

---

1. « Corpus... super nudam penè humum... tapeti impositum. » (*Patrol.*, édit. Migne, t. CXXXIX, col. 412.)
2. *Ibid.*
3. « In veritate quæ Christus est. » (*Ibid.*) Aimoin a interverti le texte de saint Jean : « Christus est veritas » (I Joan., v, 6). Le Christ est la vérité.

n'avaient pu ni le voir ni l'entendre pendant sa vie[1]. Larmes, regrets, gémissements, éloge non équivoque d'une existence qui venait de s'éteindre, et dont la fin tragique était comparée à une calamité publique.

L'âme d'Abbon avait abandonné son corps; mais une vertu surnaturelle l'habitait : elle éclata dans deux miracles dont l'évidence exalta encore davantage l'admiration populaire. Il nous suffira de traduire le texte d'Aimoin en lui conservant sa pieuse ingénuité :

Un malade avait perdu toutes ses forces à la suite d'une longue fièvre. Une révélation lui fit comprendre que, s'il voulait être guéri, il devait boire de l'eau avec laquelle il aurait lavé la main droite du saint. Il se conforme à cette prescription, grâce à l'obligeance du moine Remi, et recouvre la santé. Nous avons déjà vu[2] qu'Abbon, avant de quitter la terre, avait guéri un lépreux avec le même élément et dans des conditions presque identiques. Il fit donc après sa mort ce qu'il avait fait pendant sa vie, parce que la puissance des saints ne cesse pas avec leur dernier soupir. Dans le ciel, comme sur la terre, ils sont encore sensibles à nos douleurs et nous assistent efficacement auprès de Dieu.

Ce prodige s'opéra le lendemain du trépas d'Abbon. Le jour suivant, une des femmes qui avaient

1. *Patrol.*, édit. Migne, t CXXXIX, col. 412.
2. Chap. xiii.

fomenté la sédition par leurs clameurs fut atteinte subitement de folie. On ne considérait qu'avec terreur ses évolutions frénétiques dans le lieu saint. La Providence ajouta à ce premier châtiment une lèpre hideuse. Bannie de la société, objet de pitié et d'horreur, elle ne trouva que dans la mort la fin de ses maux [1].

Le corps d'Abbon ne fut point lavé avant d'être mis dans le tombeau ; il ne fut pas même dépouillé de ses vêtements. L'usage n'était pas cependant encore aboli de laver avec de l'eau chaude les fidèles décédés. L'antiquité chrétienne avait légué au Moyen Age cette sainte coutume, qui exprimait la pureté parfaite qu'on doit porter au tribunal de Dieu. La pieuse Tabithe, de Joppé (aujourd'hui Jaffa), dont les *Actes des apôtres* racontent la mort [2], fut lavée [3] avant qu'on lui rendît les derniers devoirs. Au neuvième siècle, on pratiqua la même cérémonie à l'égard de Charlemagne [4]. Plus tard encore, une des *Coutumes* écrites de Cluny prescrivit et réglementa les lotions dont tout moine défunt devait être l'objet [5]. Nous trouvons un vestige de cette coutume

---

1. *Patrol.*, édit. Migne, t. CXXXIX, col. 413. — *Menologium benedictinum sanctorum, beatorum atque illustrium ejusdem Ordinis virorum elogiis illustratum*, operâ et studio R. P. F. Gabrielis Bucelini. Veldkirchii, 1655. XIII novembris.
2. Act., ix, 37.
3. *Ibid.*
4. *B. Caroli Magni Opera*, édit. Migne, t. I, col. 55.
5. *Patrol.*, édit. Migne, t. CXLIX, col. 773.

jusque dans le quinzième siècle; saint Vincent Ferrier étant mort à Vannes en 1418, la pieuse dame de Jean, duc de Bretagne, lava de ses propres mains le corps de l'apôtre dominicain et conserva l'eau de ces respectueuses ablutions [1]. Mais il paraît qu'au dixième siècle, selon la remarque d'Aimoin [2], on ne lavait pas le corps de ceux qui avaient péri de mort violente, et on leur laissait leurs vêtements. La trace du crime restait entière, au profit de la justice, si le coupable était découvert.

On ne voila point le visage du saint. Aimoin, à qui nous devons ce détail, fait encore observer que ses traits ne s'étaient point décolorés. « On eût dit le « sommeil de l'innocence plutôt que l'immobilité « de la mort [3]. » Cette tête encore sereine, où se reflétaient la pureté de l'ange et le calme de l'autre vie, rayonnait, à la lueur des cierges, d'une tranquille extase de béatitude. C'est ainsi qu'un vase d'albâtre conserve sa transparence, même après qu'il a été brisé. Par un secret jugement de Dieu, la transfiguration des élus commence quelquefois dès ici-bas par une auréole de gloire qui les signale à la vénération publique.

Le mercredi 15 novembre, jour fixé pour la sé-

1. *Acta sanctorum*. 5 aprilis.
2. *Patrol.*, édit. Migne, t. CXXXIX, col. 412.
3. « Dormientis potiùs quàm mortui speciem ex rubore præfe-« rebat. » (*Ibid.*)

pulture, une foule immense, accourue des deux rives de la Garonne, de Fontet, Hure, Meilhan, Bourdelles, Lamothe, Casseuil, Gironde, Saint-Aignan et des hauteurs de Montagoudin, assiégeait l'église du prieuré. Les monastères de Saint-Macaire et de Blasimont sont représentés par une troupe recueillie de moines dont les psalmodies funéraires sont sans cesse interrompues par l'explosion de leur douleur. Ces hommes de la prière et de la solitude, qui ont à peine connu Abbon, mais qui ont apprécié l'excellence de ses mérites, mêlent leurs larmes à celles de la cité en deuil. Parmi les autres assistants, quelques-uns, pieds nus, tête nue, rampent sur leurs genoux jusqu'au chevet du défunt pour voir une dernière fois sa figure radieuse et participer, par un pieux contact, à son éminente sainteté. Magnifique scène dont la peinture aurait pu s'emparer. « Celui qui touche le corps d'un martyr, dit « saint Basile, partage sa vertu à cause de la grâce « du Saint-Esprit qui réside encore dans ce corps « comme dans son temple[1]. » D'autres, moins heureux, parce qu'ils sont obligés de rester à distance, publient les louanges du martyr et l'invoquent déjà comme un protecteur puissant auprès de Dieu. La vertu a rarement été glorifiée par un hommage aussi spontané et aussi enthousiaste.

1. Saint Basile, sur le psaume cxv.

Les moines francs de la Réole ne pouvaient se résoudre à se séparer entièrement d'un père qu'ils avaient tant aimé pendant sa vie, et qu'ils voulaient encore honorer après sa mort. Ils firent la part de leur affection filiale avant celle du tombeau, en détachant la tête de saint Abbon pour la conserver dans le monastère. Le tronc seul fut réservé pour le tombeau [1].

La cérémonie des funérailles ne suspendit point les démonstrations du respect et de la confiance. Tous les cœurs semblèrent suivre dans les ombres du sépulcre ce corps vénérable, mutilé d'abord par le fer des méchants et ensuite par les saintes audaces de la piété. Ces restes précieux, désormais relique sacrée, eurent pour demeure la crypte du prieuré. C'est là que l'abbé de Fleury fut *déposé*, selon l'expression que les premiers chrétiens affectionnaient pour désigner, autrement que les païens, le repos temporaire de la tombe. Son tombeau en pierre [2], dont la décoration fut dirigée par le moine Remi [3], fut placé, sans doute avec intention, devant l'autel de saint Benoît. Le disciple se trouvait ainsi, même après sa mort, sous la protection du maître.

Les reliques du saint reposèrent plus d'un siècle dans leur somptueux monument. Nous raconterons

---

1. *Patrol.*, édit. Migne, t. CXXXIX, col. 413.
2. *Lavellum lavellus.*
3. *Patrol.*, édit. Migne, t. CXXXIX, col. 599.

bientôt l'occasion et l'époque de leur déplacement.

Quel sacrifice pour Aimoin et les autres compagnons de voyage de notre saint de s'éloigner d'un lieu où leur cœur était retenu par des liens si puissants! Ils renvoyèrent *en France* la crosse abbatiale de leur père[1] et restèrent quatre jours entiers auprès de son tombeau. Il fallait enfin dire un dernier adieu à l'ange gardien de leur jeunesse, à l'ami généreux de toute leur vie, au directeur de leurs études. Le vicomte Amalguin les retint encore deux jours, et son épouse Rosemberge leur prodigua les soins les plus empressés. Cette sainte femme, type admirable de la charité hospitalière au onzième siècle, détermina son mari à s'opposer au départ des moines blessés. Elle leur offrit, à eux et à leur serviteurs, tout ce qui était nécessaire et pourvut à la nourriture de leurs chevaux, qui étaient au nombre de seize. Elle fit encore appeler un médecin pour les frères malades et le paya de ses deniers. Aimoin, sur qui elle exerçait quelque empire en raison de sa parenté, resta auprès des malades. Pour ceux à qui l'état de leurs forces permit de se mettre en route, elle les fit annoncer par ses procureurs dans toutes les étapes de leur itinéraire où elle avait des possessions, et les y fit héberger. Partout où ils

---

1. « Virga ejus pastoralis remissa est *in Franciam*. » (*In Chronico Andegavensi* apud Labbæum in tomo I *Bibliothecæ*, p. 286. Ann. MIV. — *Patrol.*, édit. Migne, t. CXLI, col. 54 et 55.)

passaient, ils annonçaient la triste nouvelle dont ils étaient les messagers|; la douleur publique répondait à leurs larmes; on les accueillait comme des orphelins à qui tout manque, et qu'il faut consoler [1].

Quand ils arrivèrent à Fleury, grand nombre d'abbés s'y trouvaient réunis pour y attendre et y célébrer, dans le cours de décembre, la fête du *saint père Benoît*, la fête de l'*Illation*, dont nous avons déjà parlé. Cette *solennité* se célébrait et se célèbre encore, dans la famille de saint Benoît, le 4 décembre. Quelques-uns de ces abbés avaient été appelés à cette fête par Abbon lui-même, qui espérait être de retour avant cette époque et régler avec eux des affaires importantes; d'autres, estimant en lui un casuiste consommé, étaient venus lui soumettre des questions épineuses. Parmi ces pieux personnages, on distinguait le *révérend* Odilon, abbé de Cluny, l'ami constant et dévoué d'Abbon. Que de lamentations, que de larmes quand on apprit la fatale nouvelle! Tous ces *prélats* de divers monastères pleuraient amèrement l'intelligence d'élite, l'homme au cœur si noble à qui ils venaient demander un *conseil prudent;* le souvenir de sa glorieuse et sainte vie, consacrée tout entière au service de l'Église et au salut des âmes, augmentait encore des regrets que

---

[1]. *Patrol.*, édit. Migne, t. CXXXIX, col. 412.

rien ne pouvait adoucir. Mais rien n'égalait la douleur des moines de Fleury, privés à jamais de leur *pasteur*[1]. L'amour, l'estime, la reconnaissance, *triple lien difficile à rompre*, les unissaient à Abbon comme des fils à un père, et se mêlèrent dans leur âme à un deuil qui ne devait pas avoir de fin ici-bas.

Le drame lamentable qui avait ensanglanté le prieuré *royal* du sud-ouest de notre pays fut un événement dans le monde chrétien. Suivant la coutume du temps, que nous trouvons observée encore en 1101, quand saint Bruno quitta ce monde, les religieux de Fleury firent connaître, par une circulaire, la perte qu'ils venaient de faire. C'était une véritable *lettre de faire-part* dans le style de l'époque. On jugeait alors que la mort d'un chrétien intéressait tous les cœurs, on l'annonçait aux églises et aux monastères les plus célèbres, et l'on espérait ne pas invoquer en vain la charité en faveur du défunt. Cette lettre, conservée dans les *Mélanges* du savant Baluze[2], à qui M. l'abbé Migne l'a empruntée pour la reproduire dans sa *Patrologie latine*[3], ne contient pas une longue liste de personnes vivantes avec la pompeuse énumération de leurs titres vrais ou faux ; la vanité, qui s'étale aujourd'ui partout, restait alors muette en présence de la mort. Elle

---

1. *Patrol.*, édit. Migne, t. CXXXIX, col. 413 et 414.
2. Apud Baluz., *Miscellanea*, t. II, p. 114.
3. *Patrol.*, édit. Migne, t. CXXXIX, col. 417 et 418.

cédait la place à la foi qui prie et qui fait espérer, et ne mêlait jamais ses calculs aux accents de l'élégie. Cette épître funéraire, une des rares pièces de cette nature qui aient échappé au vandalisme, nous montrent l'héroïsme de la résignation dans ceux-là mêmes qui avaient tant de motifs de pleurer. Gardons-nous de l'altérer par une froide analyse. En voici la traduction littérale :

LETTRE ENCYCLIQUE DES MOINES DE FLEURY RELATIVEMENT AU MEURTRE D'ABBON, LEUR ABBÉ.

« A tous les abbés et fidèles du Christ, en quel-
« que lieu qu'ils habitent, la famille de Fleury
« désolée et veuve de son père.

« Épuisés par nos larmes, anéantis par la dou-
« leur, nous vous conjurons, Pères très-saints, de
« nous tendre la main; nous implorons le secours
« spirituel de vos prières. Consolez-nous par l'ef-
« fusion de la charité fraternelle. *Le pain de*
« *la tribulation et les eaux de l'angoisse*[1] sont
« notre aliment et nous donnent droit à vos orai-
« sons. La harpe de l'allégresse s'est changée sous

1. Ces paroles sont extraites du troisième livre des *Rois* (chap. XXII, v. 27). Abbon s'en était servi dans son *Apologétique* pour exprimer ses chagrins. Ses enfants les lui empruntent au moment de leur triste deuil.

« nos mains en instrument plaintif. Ses doux sons
« ne sont plus qu'une lamentation ; naguère nous
« chantions avec elle, aujourd'hui elle gémit avec
« nous. Hélas ! un glaive de douleur nous a per-
« cés jusqu'au cœur. Nous pleurons avec la reli-
« gion la mort tragique d'Abbon, notre maître et
« notre abbé, que l'épée des Gascons a mis au
« nombre des *martyrs*. Effacez par vos prières les
« légères souillures que son âme a pu contracter.
« Il vous aima, il fut l'ami sincère de tous les
« serviteurs du Christ ; et nous qu'il laisse orphe-
« lins, assistez-nous de vos prières fraternelles ;
« apaisez Dieu tout-puissant par vos sacrifices,
« afin qu'il daigne protéger un troupeau qui a
« perdu son pasteur et son chef. Il est mort le
« jour des Ides de novembre, fête de saint Brice. »

La charité dut répondre à ce touchant appel. Si les disciples de saint Bruno, mort de maladie dans les déserts de la Calabre, loin de son pays et de son premier oratoire, reçurent les condoléances de 178 églises, à quel nombre faut-il évaluer les réponses que fit la chrétienté à la douloureuse communication du martyre d'un saint ravi prématurément à la piété, à la science, à l'affection et à l'admiration de ses frères ?

Un pieux docteur a dit : « Entre toutes les œu-
« vres divines, aucune ne nous fait mieux connaî-
« tre Dieu que la vie des saints. Nous ne pouvons

« pas fixer dans le ciel la lumière du soleil, mais
« nous pouvons la contempler dans le lac où elle
« se reflète; or, l'âme d'un saint est ce lac limpide
« où Dieu, lumière éternelle, reluit admirable-
« ment. » L'hagiographie a donc un double but,
la gloire de Dieu et l'édification du prochain. Ne
recueillir que dans le sanctuaire du cœur et dans
les mystérieuses profondeurs de la mémoire les
exemples des saints, sublime Évangile en action,
ce n'est répondre qu'imparfaitement aux desseins
de la Providence. Les *Gestes* des amis de Dieu doivent être transmis à la postérité sous une forme
durable, afin que les générations si souvent exposées à la séduction des fausses doctrines y puisent
d'utiles enseignements. Aimoin, dès son retour à
Fleury, se chargea de cette œuvre, à la prière du
pieux Hervé, disciple comme lui d'Abbon. Il ne
put refuser à l'amitié et à la reconnaissance un témoignage qu'on lui demandait comme une grâce,
et qui lui parut un devoir. L'amitié chrétienne,
jointe à des motifs pieux, avait déjà produit d'autres livres de ce genre. Un riche seigneur aquitain,
saint Sulpice Sévère, surnommé le *Salluste chrétien*, avait déjà écrit la biographie de saint Martin,
son maître; saint Hilaire d'Arles avait composé
celle de saint Honorat dont il avait été le disciple;
Fauste avait été successivement le compagnon et
l'historien de saint Maur; Possidius avait légué à

la postérité les actes de saint Augustin, son ami et son maître. Aimoin suivit ces traditions et donna au public son livre de la *Vie ou du martyre de saint Abbon, abbé*. Jamais hagiographe ne fut mieux renseigné : jeune encore, il avait vécu dans une sorte d'intimité avec le saint, et, pendant de longues années, il avait été le témoin presque quotidien de ses vertus ; enfin, il avait assisté à ses derniers moments et il avait prié sur sa tombe. A toutes ces garanties d'exactitude ajoutons celle-ci : il écrivit son histoire à une époque où des milliers de personnes pouvaient contrôler le récit des événements qu'il rapportait, dans le pays même où le saint avait vécu ; et pas une voix ne s'éleva pour infirmer la véracité de l'écrivain. Son amitié, d'ailleurs, n'avait pas besoin d'être flatteuse pour exalter le saint et le savant qui venait de disparaître de la scène du monde ; il s'affranchit avec une noble simplicité de toute préoccupation de vanité personnelle et d'un enthousiasme exagéré pour son héros. Nous bénissons Dieu que son livre, précieux document de première main, nous ait été conservé intact. Il a servi de base à notre narration et il a éclairé utilement notre marche.

Le juste, à qui le ciel a promis une *mémoire éternelle*, ne meurt pas tout entier ici-bas. Pour lui, comme pour le méchant, mais avec une différence essentielle, se réalise le système providentiel des compensations qui justifie si hautement le triomphe momentané du vice et les abaissements passagers de la vertu. Abbon, dont la mort avait été encore plus éclatante que la vie, fut regretté de tous, même de ceux qui l'avaient persécuté. Son successeur, Gauzlin, imposé à l'abbaye par le roi Robert, ne le fit pas oublier, malgré les qualités qu'il montra dans les difficiles fonctions de sa charge. Le temps lui-même, qui use tant de choses, n'affaiblit point la renommée d'Abbon. Son nom, désormais impérissable, symbolisa dans le monde monastique l'alliance de la piété et de la science, de la douceur et de la fermeté, la grandeur du caractère sacerdotal qui n'admet aucune capitulation de conscience, l'amour de la discipline et l'héroïsme du devoir à sa plus haute puissance.

L'attentat commis à la Réole avait causé autant de scandale que d'émotion dans toute la Gascogne. La Providence, qui n'attend pas toujours l'éternité pour punir, intervint dans le châtiment des coupables. Le meurtrier du saint, dit Raoul Glaber, se sentit bientôt possédé du démon et finit misérablement ses jours. Quant aux complices, Bernard, duc de Gascogne, les fit périr par le feu ou la corde[1].

Le duc adjugea ensuite à l'abbaye de Fleury le

1. *Patrol.*, édit. Migne, t. CXXXIX, col. 384 et 585. — Tome CXLI, col. 55.

prieuré de la Réole qui lui appartenait déjà, mais dont la possession était contestée. Jusqu'alors l'abbaye-mère n'avait administré le monastère des bords de la Garonne que par des moines *obédienciers*, révocables à volonté. Ce mode de gouvernement, dont l'expérience avait démontré les difficultés ou l'inefficacité, fut supprimé et remplacé par l'institution de *prieurs* titulaires et perpétuels, au choix et à la nomination des abbés de Fleury. Ceux-ci conservèrent encore un droit de visite qu'ils exercèrent, mais non pas toujours sans danger ; on peut le conclure d'une lettre d'Hélie qui, après avoir été moine et prieur à la Réole, devint, en 1265, abbé de Fleury. Dans une lettre, en date du 25 janvier 1281, Hélie se plaint à Édouard, roi d'Angleterre, des insultes qu'il avait essuyées dans la visite de son monastère de la Réole[1].

Le premier *prieur* [2] de la Réole fut Remi, le dis-

1. On peut lire cette lettre dans les *Archives historiques de la Gironde*, t. VI, p. 363.
2. Il n'entre pas dans notre sujet d'énumérer les successeurs de Remi; nous n'en citerons que trois à cause de leur célébrité : 1° *Alton* qui statua, en 1154, que la fête de la Conception de la sainte Vierge serait désormais solennisée dans le monastère de la ville de la Réole. (*Glossaire* de Ducange. Art. *Festum Conceptionis B. Mariæ*.) Bourdaloue ignorait sans doute ce statut bénédictin, quand il disait : « L'Ordre de S. François est le premier qui ait « fait une profession publique de reconnaître et de soutenir l'imma- « culée conception de la Vierge. » (Sermon pour la *fête de Notre-Dame-des-Anges*. 2ᵉ partie.) 2° *Martin de Lacassagne*, mort évêque de Lescar en 1729. 3° L'immortel *Belsunce* qui gouverna successi-

ciple et le compagnon d'Abbon. L'abbé Gauzlin ne pouvait confier à des mains plus dignes une charge dont le privilége naturel était de garder les reliques du nouveau martyr, et de joindre ses hommages à ceux des populations qui venaient chaque jour honorer le saint.

Nous regrettons le silence complet de l'histoire sur les actes et la durée de l'administration d'un homme qui avait accepté la dignité de prieur dans des circonstances aussi orageuses. Ses pieuses assiduités au tombeau de saint Abbon ne furent point un exemple stérile. Le culte du saint se propagea rapidement dans le diocèse de Bazas et dans les diocèses voisins; on l'honora, on l'invoqua comme *martyr*. Cette gloire suprême du martyre qui efface jusqu'aux dernières traces du péché, ce *trèsdoux nom de martyr*[1] ne sont pas exclusivement réservés par la sainte Église aux héros chrétiens qui ont scellé de leur sang le témoignage de leur foi; tous les actes de vertu, accomplis en vue de Dieu, peuvent être, dit saint Thomas d'Aquin, une cause de martyre, parce qu'ils sont une expression impli-

---

vement les monastères de la Réole et de Notre-Dame-des-Chambons, avant de devenir grand-vicaire d'Agen, puis évêque de Marseille au dix-huitième siècle. (*Éloge historique et biographique de M. de Belsunce, évêque de Marseille*, par l'abbé de Pontchevron. Versailles, 1854. P. 19.)

1. *Dulcissimum martyrum nomen.* (S. *Augustini Opera omnia*, édit. Migne, t. IV, col. 1559.)

cite de notre foi en Dieu législateur et rémunérateur[1]. Ce principe est applicable, lors même que l'occasion de la mort ne serait pas connexe avec la foi ou ne s'y rattacherait que d'une manière accidentelle. En 1630, un livre[2] fut publié à Lyon pour démontrer que ceux qui meurent au service des pestiférés doivent être considérés comme martyrs dans le sens théologique de ce mot.

Conséquemment la sainte Église compte parmi les martyrs saint Jean-Baptiste, quoique sa mort n'ait eu pour cause que ses invectives contre l'adultère d'Hérode[3]. Il faut donner la même qualification aux vierges victimes de leur chasteté; à saint Laurent, livré aux flammes pour avoir refusé de trahir le trésor sacré; à saint Télémaque, lapidé au Colisée, du temps d'Honorius, pour avoir voulu empêcher les combats des gladiateurs; à saint Jean Népomucène, immolé pour avoir gardé le secret de la confession; à saint Thomas de Cantorbéry, égorgé sur les marches de l'autel pour avoir défendu contre Henri II les libertés de son Église. Bos-

---

[1]. « Non tantùm fides, sed omnium virtutum opera, ut in Deum « referantur, martyrii causa esse possunt. Omnium virtutum opera « secundùm quòd referuntur in Deum, sunt quædam protestationes « fidei, per quam nobis innotescit quòd Deus hujusmodi opera a « nobis requirit, et nos pro eis remunerat. » (*Secunda secundæ partis Summæ theologicæ S. Thomæ Aquinatis*, quæstio cxxiv.)

[2]. *De martyrio per pestem*, auctore Raynaudo, S. J. Lugduni, 1650.

[3]. S. Thomas d'Aquin., *loc. cit.* — *Balthasaris Fidelis de prærogativâ Beati Joannis Baptistæ libellus.* Mediolani, 1514.

suet, prêchant le panégyrique de saint Thomas, l'appelle le *premier martyr de la discipline*. Dans l'opinion du pape Pie VI, le nom de *martyr* a été aussi mérité par le bon et malheureux Louis XVI[1]. Il y a donc des martyrs de plusieurs sortes. S'il faut indispensablement du sang pour avoir droit à la palme, symbole d'un trépas sanglant pour une cause sainte, il n'est pas absolument requis que la cause de la mort soit, du côté du persécuteur la haine de la religion du Christ, et du côté de la victime un témoignage explicite de la vérité. L'Église du Christ n'a pas moins combattu pour sa discipline que pour ses dogmes ; et quand un de ses enfants succombe dans la lutte contre les ennemis de ses constitutions sacrées, elle l'inscrit dans ce livre unique et incomparable qui grandit avec les siècles et qui s'appelle *Martyrologe*.

Nos lecteurs comprennent maintenant dans quel sens Abbon fut martyr. Ce vaillant soldat de la vérité, qui ne sut jamais plier ni devant la force ni devant le succès, alors même que l'erreur menaçante s'abritait sous l'égide des puissances de la terre, eût donné cent fois sa vie pour l'Évangile ; il obtint une autre couronne peut-être aussi glorieuse en mourant pour la discipline monastique. Sa vie si tourmentée et si résignée n'avait été

1. Allocution prononcée par le pape Pie VI en 1794 devant le sacré collége sur la mort de Louis XVI.

qu'une longue préparation à un sacrifice qui devait racheter toutes les fragilités d'une âme impétueuse et passionnée pour le bien.

En revendiquant pour Abbon, au dix-neuvième siècle, la sublime qualification de *martyr*, nous ne faisons que répéter un écho à peine affaibli de nos jours. Aimoin établit, dès sa préface[1], la légitimité de ce titre. Nous laissons de côté son argumentation qui nous a paru défectueuse, mais nous constatons avec joie son opinion qui était sans doute celle de ses contemporains. A la dernière page de son livre[2], Aimoin insiste avec une sorte d'affectation en indiquant le jour où Abbon fut *martyrisé*, le jour de sa *passion*, terme usité encore aujourd'hui dans la langue ecclésiastique à l'égard des martyrs.

A la suite d'Aimoin viennent se ranger, chacun dans son siècle, de nombreux avocats du martyre d'Abbon. Il nous suffira de citer le Brabançon Sigebert, le *très-exact*[3] Raoul Glaber, le sévère et *très-érudit*[4] Trithème vénéré de Jules II, l'Allemand Ziegelbauer[5], le Polonais Bzovius[6], l'immortel Ba-

---

1. *Patrol.*, édit. Migne, t. CXXXIX, col. 587 et 588.
2. *Ibid.*, col. 413 et 414.
3. *Accuratissimus* scriptor. Ainsi l'appelle le cardinal Bona.
4. Abbas *eruditissimus*.
5. *Historia rei litterariæ Ordinis S. Benedicti*, a R. P. Magnoaldo Ziegelbauer, Ord. S. B. Recensuit, auxit R. P. Olivarius Legipontius, Ord. S. B. Augustæ Vind. et Herbipoli, anno 1754.
6. *Historia ecclesiastica*, auctore R. P. F. Abrahamo Bzovio. Coloniæ Agrippinæ, 1617. T. II, p. 167.

ronius[1], le célestin Dubois dans sa *Bibliothèque bénédictine de Fleury*, le savant jésuite Petau[2], Henri de Sponde[3], Clément Reynerus[4], Jacqueline de Blémur dans son *Année bénédictine*, Claude Robert dans son ouvrage de la *Gaule chrétienne*, l'auteur de l'*Année Mariano-bénédictine*, Hauteserre, dans le huitième livre de son *Histoire d'Aquitaine*, l'Italien Berti[5], le docte Baluze[6], Simon de Peyronet[7] et Charles de la Saussaye[8]. Baillet lui-même, si peu généreux pour les saints, n'a pas refusé au nôtre le titre de *martyr en Gascogne*. Launoy, le *dénicheur des saints*, accorde à Abbon la qualité de *martyr*[9]. Le *Martyrologe des saints de l'Ordre de saint Benoît*, par dom Ménard; le *Martyrologe*

1. *Annales ecclesiastici,* auctore Baronio. Antverpiæ, 1618. T. XI, p. 18.
2. Dionysii Petavii S. J. *Rationarium temporum.* Parisiis, 1636. P. 566.
3. Henrici Spondani *Epitome Annalium ecclesiasticorum.* Lugduni, 1660. P. 382.
4. *Disceptationis historicæ de antiquitate benedictinorum in Angliâ tractatus.* Duaci, 1626. P. 113.
5. J. Laurentii Berti *Breviarium historiæ ecclesiasticæ.* Vindobonæ, 1774. T. I, p. 329; t. II, p. 79.
6. Stephani Baluzii, *Miscellaneorum,* lib. I. Parisiis, 1679. P. 307.
7. *Catalogus sanctorum.* Opus posthumum Simonis de Peyronet. Tolosæ, 1706. P. 1.
8. *Annales ecclesiæ Aurelianensis,* auctore Carolo Sausseyo. Parisiis, 1615. P. 233.
9. Joannis Launoii *de Scholis celebrioribus.* Lutetiæ Parisiorum, 1672. P. 91.

gallican, par André du Saussay; le *Martyrologe universel*, par M. de Saint-Allais, et le *Dictionnaire hagiographique* moderne, par l'abbé Pétin, classent également saint Abbon parmi les martyrs. Longueval et Rhorbacher attestent dans des termes identiques qu'il est *honoré comme martyr*.

L'art chrétien n'a pas contredit ces témoignages. Au frontispice d'un ouvrage[1] dont nous avons déjà parlé, on remarque une excellente gravure par Jac. de Fornazeris, dont le sujet est saint Abbon en costume bénédictin[2], tel qu'on le voit en tête de notre livre. Le nimbe des saints rayonne autour de sa tête; la *palme*, attribut exclusif des martyrs, charge sa main droite; sous le bras, une lance renversée qui rappelle l'instrument de sa mort.

L'église du dernier monastère des bénédictins de la Réole, convertie depuis 1839 en église paroissiale, possédait un tableau de saint Abbon. Ce tableau, anonyme et sans date, avait été relégué dans la sacristie de la chapelle de l'hôpital de la même ville. C'est là que nous le découvrîmes, il y a quel-

---

1. *Floriacensis vetus bibliotheca benedictina*.
2. Jac. de Fornazeris à qui nous devons un des deux portraits, les seuls qui nous restent, de saint Abbon, a laissé encore : 1° une gravure servant de frontispice à un livre du P. Nicolas Trigault, imprimé à Lyon en 1616; 2° une gravure représentant saint François d'Assise avec le palmier emblématique. Bibliothèque nationale de Paris, département des estampes, in-fol., AA2 ; 3° trois gravures représentant divers personnages. *Ibid.*, in-fol., ED4.

ques années ; notre joie égala notre étonnement. Nous le signalâmes à M. le maire de la Réole, feu M. Casimir Beynard. Ce digne magistrat adopta avec le plus louable empressement le projet de réhabilitation que nous avions médité. Après s'être entendu avec le pasteur de la paroisse, feu M. Lévêque, il fit replacer le tableau de saint Abbon dans l'église de Saint-Pierre où il était primitivement. La translation eût lieu le 13 novembre 1866, jour de la fête du saint. Cette date fera époque dans les archives réolaises et dans l'histoire religieuse du pays. Honneur et reconnaissance à M. Beynard, dont la sollicitude, d'accord avec nos désirs, a si bien réparé une des injustices du passé ! Grâce à ses soins, les pieux fidèles de la Réole, qui ignoraient l'existence de ce tableau, le contempleront avec joie dans leur vieille église bénédictine, au-dessus de l'arceau d'entrée où il a été fixé. Ceux qui le connaissaient déjà applaudiront à un acte d'administration chrétienne qui a rendu le jour à une toile trop longtemps cachée et méprisée. Réintégré dans un temple d'où il n'aurait jamais dû être banni, saint Abbon en a repris possession pour toujours, il faut l'espérer. L'opinion publique, les convenances, le culte des saints, tout le commande.

Quelle que soit sa valeur artistique, ce tableau, probablement unique en France pour le sujet qu'il représente, n'est pas moins précieux au point de vue de l'intérêt local qu'il inspire; non-seulement il perpétue sur le théâtre même du drame le souvenir d'un personnage historique qui versa son sang pour une cause sainte, mais encore il atteste le culte des ancêtres pour le glorieux martyr. Les malheurs du temps altérèrent ce culte, mais ne l'éteignirent pas.

Ce tableau fournit aussi un nouvel argument à notre thèse du martyre de saint Abbon. Le saint, habillé en bénédictin, porte de la main droite la crosse abbatiale et la *palme* des martyrs; et afin que le spectateur ne puisse se méprendre sur la signification de cette palme, l'artiste a donné pour épigraphe à son œuvre ces mots : *Saint Abbon, abbé et m^r* (martyr).

Mais à quelle date faut-il rapporter ce tableau ? Au commencement du dix-septième siècle, des hommes de bien, désirant sincèrement le renouvellement de l'état monastique, firent adopter dans quelques communautés religieuses une réforme par laquelle on s'engageait à suivre la règle, autant que les circonstances le permettraient. Les bénédictins réformés constituèrent les *congrégations de Saint-Vannes et de Saint-Maur*. La première, qui donna naissance à la seconde, dut son nom à l'abbaye de Saint-Vannes de Verdun, où le prieur claustral dom Didier de Lacour introduisit la réforme en 1600. La réforme de Saint-Vannes, qui a produit un grand nombre de savants, en particulier dom Ceillier et dom Chardon, s'étendit bientôt dans la Lorraine et fut admise dans un assez grand nombre de maisons, qui, reconnaissant Saint-Vannes pour leur maison-mère, s'organisèrent en congrégation reconnue par l'Église et autorisée à tenir des chapitres généraux, à faire des règlements communs et à prendre des mesures pour leur exécution. Comme beaucoup de religieux français désiraient y agréger leurs monastères, les Pères de Saint-Vannes les engagèrent, avec un rare désintéressement, à s'ériger en une congrégation distincte, la Lorraine ne faisant pas alors partie de la France. Afin d'éviter les rivalités, les bénédictins français préférèrent prendre le nom de saint Maur, le disciple chéri de saint Benoît et l'apôtre de la règle bénédictine dans les Gaules, que d'emprunter celui d'une abbaye particulière. La *Congrégation de Saint-Maur*, que devaient immortaliser les travaux de Mabillon, de Montfaucon, de Ruinart et de tant d'autres auteurs, fut définitivement instituée en 1618. Parmi ses fondateurs, il faut compter dom Anselme Rolle, né à la Réole, religieux bénédictin dans la même ville, puis à Verdun et à Sainte-Croix de Bordeaux, où il mourut le 13 mai 1627, à l'âge de quarante-quatre ans[1].

1. La Réole a encore donné naissance à dom François Rolle, chambrier du prieuré de la même ville ; ce religieux présida le chapitre du prieuré en 1600, et fut nommé plus tard vicaire général de l'abbé de Fleury. — Un autre religieux du même nom, dom Nicolas Rolle, fut également chambrier de Saint-Pierre en 1658. La

La maison des Blancs-Manteaux de Paris fut la première dont la nouvelle congrégation obtint, en 1618, la paisible possession. Admise peu d'années après dans 180 monastères, tant abbayes que prieurés, elle fut divisée en six provinces, et gouvernée par un général unique résidant à Paris, dans l'abbaye de Saint-Germain-des-Prés.

Le cardinal de Sourdis, archevêque de Bordeaux, introduisit, en 1627, dans le monastère de Sainte-Croix, la congrégation de Saint-Maur. Dans le courant de la même année, le cardinal de Richelieu l'imposa à l'abbaye de Fleury dont il était abbé commendataire, et à tous les monastères dépendants de Fleury. Le prieuré de la Réole ne put donc se dispenser d'accepter la salutaire réforme de Saint-Maur. Un demi-siècle plus tard, en 1673, on sculpta, sur un des vantaux de la porte de l'église priorale le blason des religieux de Saint-Maur, c'est-à-dire le mot *Pax* dans le champ d'une couronne d'épines, en souvenir de la *paix* que saint Benoît avait retrouvée dans les *épines* au milieu desquelles il avait ensanglanté son corps pour surmonter une tentation violente[1]. Par une heureuse

---

famille Rolle, à laquelle ont appartenu ces trois bénédictins, s'est éteinte dans le Réolais vers l'an 1865.

1. *Patrol.*, édit. Migne, t. LXVI, col. 152. — Le 10 juin 1611, saint François de Sales donna pour armes à son institut naissant de la Visitation *un cœur percé de deux flèches, enfermé dans une couronne d'épines et surmonté d'une croix.*

innovation, on ajouta au-dessus du mot *Pax* un cœur percé de trois clous. Ne croirait-on pas que ce cœur, ces clous, cette devise, ces épines furent, dans l'esprit de l'artiste, autant d'allusions au dévouement sans fin et sans limites et aux chagrins du zélé pacificateur que nos lecteurs connaissent maintenant? Nature douce, aimante, mais destinée à souffrir, Abbon fut, sous plus d'un rapport, le précurseur d'un pape français, Urbain IV, l'une des gloires les plus pures de la ville de Troyes, de la France et du monde chrétien, qui avait pour emblème *un cœur dans une couronne d'épines.*

Le temps et les hommes ont respecté ce frêle

monument qui contraste d'une manière assez curieuse avec le caractère guerroyeur des anciens habitants de la Réole. La *paix* dont saint Benoît a été le *fondateur*[1], dont l'abbé du Mont-Cassin était le *prince*[2], dont les enfants de saint François d'Assise étaient les *humbles professeurs*[3], fut écrite en gros caractères au vestibule du temple et put être considérée comme une protestation contre le passé et une proclamation d'une phase nouvelle dans le monastère gascon.

Le tableau dont nous parlons est, selon nous, un indice manifeste de la réforme de Saint-Maur introduite dans le prieuré de la Réole. Si le peintre a représenté saint Maur à côté de saint Abbon, c'est que cet anachronisme, fréquent dans les beaux-arts, était autorisé ici par un événement important. Du rapprochement de saint Abbon et de saint Maur sur la même toile, nous concluons que ce tableau est postérieur à l'an 1627, c'est-à-dire à l'époque de l'admission de la réforme de Saint-Maur dans le prieuré réolais.

Les saints n'ont pas besoin de nos panégyriques;

1. Saint Benoît, le plus grand des législateurs monastiques, a été appelé le *fondateur de la paix* dans un vers d'Alfano, moine du Mont-Cassin et archevêque de Salerne.
2. L'abbé du Mont-Cassin, *chef et prince de tous les abbés religieux*, s'appelait aussi *prince de la paix*. (Fundamina et regulæ omnium Ordinum monasticorum et militarium, auctore R. P. F. Prospero Stellartio, Ord. Erem. S. Augustini. Duaci, 1626. P. 405.)
3. Bulle d'Innocent IV, an. 1250.

mais l'historien qui retrace leur vie et leurs combats, accomplit un devoir en qualifiant leur mérite. En instituant un office spécial et une couleur liturgique particulière pour chaque ordre des saints, l'Église suppose qu'on a déjà défini le genre de gloire que chacun des amis de Dieu a conquis pendant les années de son pèlerinage ou par sa mort. Nous avions donc à cœur de fixer la place de notre saint dans l'immortelle phalange des martyrs. Cette tâche accomplie, contemplons-le dans le ciel plus bas que les apôtres, mais au-dessus des simples confesseurs de la foi. Saint Cyprien veut que nous montions encore plus haut, quand il assigne un rang aux martyrs *parmi les Anges, les Puissances et les Dominations*[1]. *La gloire des martyrs*, dit le même saint, *est inestimable, la mesure de leur mérite infinie, leur victoire immaculée, leur triomphe immense*[2]. *La justice des martyrs est parfaite*[3], dit à son tour saint Augustin, et leur assure un *trône éclatant*[4] dans la *maison du père de famille* où une

---

1. « Martyres inter *Angelos ac Potestates Dominationesque* « cœlestes constitutos contemplati sumus. » (*Sancti Cypriani Opera omnia*, édit. Migne, col. 291.)

2. « *Martyrii inæstimabilis gloria, infinita mensura, immacu-* « *lata victoria, triumphus immensus.* » (*Ibid.*, col. 802.)

3. « *Martyrum perfecta justitia est*, quoniam in ipsâ passione « perfecti sunt. » (*Sancti Augustini Opera omnia*, édit. Migne, t. V, col. 1295.)

4. « Martyres in ecclesiis *locum summum* tenent, atque apice « sanctæ dignitatis excellunt. » (*Ibid.*, t. IV, col. 835.)

demeure diverse sera accordée à chacun selon son mérite. *Prier pour eux serait les outrager ; les invoquer est un devoir et une consolation*[1]. Si donc l'imperfection, apanage ordinaire de l'humanité, a terni parfois la vertu d'Abbon, comme dans la nature l'ombre se mêle à la lumière, le martyre a lavé toutes ses fautes[2] et l'a exalté jusqu'à la hauteur des tribus célestes.

Nous devrions nous arrêter ici. Abbon n'est pas seulement une brillante apparition au milieu des prétendues ténèbres de son siècle ; il fut encore un maître habile, philosophe, canoniste, théologien, mathématicien, poëte, orateur, linguiste, controversiste, dialecticien, apologiste, hagiographe, l'ami et le conseiller des papes et des rois. A ces talents et à ces mérites il joignit une érudition qui s'étendait à toutes les études de son époque. Son caractère ne fut pas moins remarquable que son intelligence ; il se montra par-dessus tout l'homme du devoir et le serviteur inébranlable de la sainte Église. Aussi son passage est-il gravé dans l'histoire. Mais l'humanité, la France et l'Église qui honorent en lui un grand homme, saluent avec respect son titre de martyr. Ce que saint Ambroise

---

1. « *Injuria est pro martyre orare,* cujus nos debemus orationibus commendari. » (*Sancti Augustini Opera*, édit. Migne, t. V, col. 868.)

2. « *Martyrium delictorum finis.* » (*Sancti Cypriani Opera omnia*, édit. Migne, col. 790.)

disait de sainte Agnès, on peut l'appliquer sans crainte à saint Abbon : « Je l'ai appelé *martyr ;* « n'ai-je pas dit assez pour sa gloire, pour notre « enthousiasme et notre édification[1] ? »

Le sang d'Abbon ne fut pas le dernier versé sur les rives de la Garonne ; Froissart raconte que « le « père de messire Gautier de Mauny fut jadis *occis* « *mauvaisement* devant la ville de la *Réolle,* en « revenant de Saint-Jacques en Galice[2]. » Mais notre saint a clos en Gascogne l'ère des martyrs inaugurée en France par sainte Valérie. Les autres parties du royaume *très-chrétien* n'offrent à notre vénération, après le onzième siècle, que le *Bienheureux* Pierre de Castelnau, moine de l'Ordre de Cîteaux, légat apostolique, inquisiteur de la foi contre les abominables doctrines de l'hérésie albigeoise, *martyrisé* d'un coup de lance le 15 janvier 1208, à Saint-Gilles, sur les bords du Rhône, et vénéré le 5 mars ; puis saint Honoré, le pieux patron des marchands, *martyrisé* dans le Poitou vers l'an 1340, et fêté le 9 janvier. La Providence semble donc avoir accumulé à dessein tous les priviléges pour glorifier notre saint. La palme d'Abbon brille, dans le martyrologe français, parmi les der-

---

1. « Appellavi *martyrem,* prædicavi satis. » (*S. Ambrosii Opera omnia,* édit. Migne, t. III, col. 190.)

2. *Chronique de sire Jean Froissart,* liv. Ier, part. I, ch. CCLX, an. 1315, t. I, p. 199.

nières du Moyen Age, et attire plus spécialement notre attention. Son sang a été une expiation abondante des fautes de notre pays et a suffi pour plusieurs siècles à la justice divine. C'est une loi éternelle et une loi bienheureuse de notre croyance que les mérites des saints sont reversibles sur le monde et qu'ils attirent la miséricorde sur les pécheurs; comme toutes les lois divines, elle se fait jour malgré tout et elle triomphe lorsqu'elle est le plus nécessaire. Les heures troublées du dixième siècle en avaient besoin ; et comme un cri de souffrance, comme un cri de pardon, la voix de notre martyr monte jusqu'au trône de la compassion infinie.

CHAPITRE XVIII

**Miracles auprès du tombeau de saint Abbon.
Culte populaire de saint Abbon.
Un concile de Limoges.— Translation des reliques
de saint Abbon dans une seconde église
et dans un second tombeau.
Dispersion des reliques du saint. — Vicissitudes
de son tombeau. — Réhabilitation.**

L'histoire du juste ne finit point toujours avec son dernier soupir; l'humilité de la vie engendre la gloire du tombeau, et le ciel se plaît à exalter par des prodiges ceux que le siècle a conspués ou persécutés. Comme tant d'autres saints, Abbon a son histoire d'outre-tombe. Le moment est venu de la faire connaître.

Les documents nous manquent pour raconter en détail tous les miracles qui s'opérèrent sur le tombeau de saint Abbon dans la suite des âges. Contenue ou contestée de son vivant par l'incompatibilité des deux races, par les luttes de parti et d'opinion où il avait été engagé, la vénération publique éclata autour de sa tombe. Des guérisons miraculeuses furent les premiers prodiges qui réveillèrent la confiance enthousiaste du peuple. Elles furent si nombreuses, que deux auteurs contemporains, Helgaud dans la *Vie du roi Robert*, et Adhémar de Chabannes dans le IIIe livre de ses *Histoires*[1], en furent frappés et les mentionnèrent sommairement à la gloire d'Abbon. Le *Martyrologe gallican*, par André du Saussay, dit à son tour que le tombeau du saint fut glorifié par beaucoup de prodiges. La cité de la Réole participa à l'illustration du saint qu'elle honorait : un écrivain du dix-huitième siècle fait figurer son nom parmi ceux des *lieux devenus célèbres par la naissance, la demeure, la mort, la sépulture et le culte des saints*[2].

Aimoin nous a raconté la guérison surnaturelle de trois infortunés qui vinrent prier sur le tombeau de saint Abbon. Nous allons traduire ses pieux récits dans toute leur naïveté. Si nous n'écoutions qu'une critique moderne, nous supprimerions certains détails ; mais nous n'osons pas toucher à ces fleurs légendaires ; elles respirent un parfum de piété que rien ne saurait remplacer.

Le surlendemain de l'inhumation du saint, après l'office des complies, le sacristain avait allumé deux

---

1. « Miraculis clarescere cœpit. » (*Patrol.*, édit. Migne, t. CXLI, col. 54.)
2. *Topographie des saints.* Paris, 1703. P. 406 et 653.

petits cierges, longs seulement d'un demi-pied[1], pour les faire brûler, l'un devant l'autel de saint Pierre, patron du prieuré, l'autre devant le tombeau du *martyr Abbon*. Or, à l'heure des Matines, le cierge qui était devant l'autel du prince des apôtres était entièrement consumé, tandis que celui qui brûlait en l'honneur de saint Abbon était encore presque entier et dura jusqu'au lendemain matin.

Un aveugle de Périgueux avait eu une révélation durant laquelle une voix l'avait invité à se rendre au tombeau du saint, afin d'obtenir par son intercession le recouvrement de la vue. Il se fait transporter à la Réole et passe plusieurs nuits en prières auprès des reliques du saint. O puissance ineffable de la prière! l'infortuné avait été exaucé et se retira guéri. En signe de reconnaissance, il fit don d'une partie de son avoir à saint Pierre et à saint Benoît, ainsi qu'au *saint martyr Abbon* et à ceux qui servaient dans l'église du prieuré.

Un autre aveugle, celui ci était de Bordeaux, fut honoré d'une révélation semblable, à la suite de laquelle il alla visiter le tombeau de saint Abbon. Il pria pendant huit jours devant ce tombeau. Une nuit, au moment où les frères se levaient pour les Matines, il réveilla un jeune homme couché de-

---

[1]. « Duas lucernas mensuræ *semipedalis*. » (*Patrol.*, édit. Migne, t. CXXXIX, col. 413.)

vant lui, et lui dit : « Levez-vous, afin que nous
« puissions assister ensemble à l'office des Mati-
« nes. » Le jeune homme s'excuse ; il ne sait, dit-
il, où prendre de la lumière. « — Je vois, dit le pè-
« lerin, un cierge qui brûle devant l'autel de
« Sainte-Croix. — Si vous le voyez, dit le jeune
« homme, allez et apportez-le ici. » Le pèlerin
sort de la crypte sans guide, prend la lumière et se
réunit aux religieux qui chantaient l'office divin.
Le lendemain, il raconte aux frères la faveur qui
lui a été accordée et les invite à joindre leurs actions de grâces aux siennes. Ses cheveux blancs, la
dignité de ses traits et tout son maintien ne permettaient pas, dit Aimoin, de révoquer en doute la
sincérité de son récit[1].

Les deux rives de la Garonne, Bazas, Bordeaux,
Périgueux, retentirent du bruit de ces miracles. Le
nom de saint Abbon fut célébré avec une ferveur
croissante, et son tombeau devint un but de pèlerinage. Les prodiges se multiplièrent et la renommée publia au loin dans le royaume les salutaires
effets du crédit de notre saint auprès de Dieu.

Pendant les premiers siècles, quand un fidèle
avait versé son sang pour attester ses croyances, on
s'empressait d'élever un autel sur sa tombe et on y
offrait le saint sacrifice. La foi du peuple décernait

---

1. *Patrol.*, édit. Migne, t. CXXXIX, col. 413 et 414.

ces pothéoses spontanées. Plus tard, on voulut contenir un enthousiasme qui pouvait s'égarer, et le droit de canonisation fut dévolu à l'évêque qui l'exerça durant plusieurs siècles. Le dernier bienheureux, canonisé sans le concours du Saint-Siége, appartient au diocèse d'Amiens : c'est saint Gautier, abbé de Pontoise, né à Andainville, dans le Vimeu. Hugues III, archevêque de Rouen, le mit au nombre des saints, en 1153. Nous lisons bien dans l'histoire que, en 993, le pape Jean XV décréta lui-même les honneurs du culte public en faveur du pieux Ulric, évêque d'Augsbourg; en 1041, Benoît IX canonisa saint Siméon, reclus à Trèves[1]; en 1131, Innocent II canonisa à son tour saint Godehart, évêque de Hildesheim[2]; mais ce n'est que vers la fin du douzième siècle que les papes se réservèrent le privilége de placer sur les autels de nouveaux protecteurs de l'Église militante. Alexandre III, qui vivait en 1170, est reconnu communément pour l'auteur de cette réserve. On cite une de ses décrétales comme la première loi solennelle en cette matière.

Dans cet état de choses, Abbon aurait pu être canonisé par Hugues, évêque de Bazas, dont la ville de la Réole reconnaissait la juridiction; mais aucun document n'a été conservé sur l'acte de canonisa-

1. *Patrol.*, édit. Migne, t. CXLI, col. 1207-1226.
2. *Ibid.*, col. 1360-1362.

tion de notre martyr. Les formes ordinaires, que le Ciel semblait suppléer par des miracles, furent sans doute omises pour Abbon comme pour tant d'autres. La voix du peuple, si souvent infaillible, acclama et invoqua le sauveur des infirmes, l'ami de Dieu et des hommes, et lui décerna rapidement un culte que toutes les circonstances semblaient encourager, que l'autorité ecclésiastique ne réprouvait par aucun signe. Ce culte prit bientôt une forme liturgique : le nom de saint Abbon fut inséré dans le calendrier de Fleury au jour des Ides de novembre (13 novembre), et sa *passion* fut célébrée par un office particulier qu'on récitait encore du temps de Mabillon (dix-septième siècle), à Fleury et à la Réole[1].

L'abbaye de Fleury avait déjà payé à Dieu et à l'Église l'impôt du sang, le jour où les barbares avaient massacré soixante de ses religieux; elle fêtait, le 4 août, ces martyrs dans une fête collective; elle honorait en même temps les saints et bienheureux qu'elle avait formés depuis sa fondation, et dont le nombre était très-considérable, comme l'attesta saint Benoît dans une apparition signalée par des prodiges[2]. Par le martyre d'Abbon, les diptyques de Fleury s'enrichirent d'un nouveau nom; Abbon est, dans l'ordre des temps, le dernier des saints re-

1. *Patrol.*, édit. Migne, t. CXXXIX, col. 385 et 386.
2. *Chronologie bénédictine*, par Bucelin. IV Augusti.

connus de son monastère; le fleuron qu'il a ajouté à sa couronne est aussi le plus radieux.

Le martyrologe romain, à qui il était impossible de citer tous les saints, n'a point fait mention de notre martyr; mais nous trouvons son nom, au 13 novembre, dans le *Martyrologe gallican*, par André du Saussay; dans le *Martyrologe des saints de France*, par le révérend Père Giry, provincial des Minimes, et dans une foule de recueils hagiographiques.

Au temps du Pape Jean XXII (1316-1334), l'Ordre de Saint-Benoît comptait plus de *quarante mille* saints. Bucelin, qui mourut en 1691, évalue au-delà de *cinquante mille* les saints bénédictins canonisés de son temps[1]. Dom Planchette en fixe le nombre à *cinquante-cinq mille*[2]. Pour honorer tant de prédestinés d'une seule famille monastique, Paul V (1605-1625) institua la *Fête de tous les saints de l'Ordre de Saint-Benoît* et la fixa au 13 novembre[3]. C'est sans doute la coïncidence de cette

1. *Supra quinquaginta millia.* (*Menologium benedictinum sanctorum, beatorum atque illustrium ejusdem Ordinis virorum elogiis illustratum*, operâ et studio R. P. F. Gabrielis Bucelini. Veldkirchii, 1655. XIII novembris.)

2. *La Vie du grand saint Benoît, patriarche des moines d'Occident, ses vertus, ses maximes, les excellences de sa règle et un abrégé des grands hommes de son Ordre*, par le P. dom Bernard Planchette. Paris, 1652. P. 431. — Le monastère du Mont-Cassin a donné à l'Église et au ciel 5,555 bienheureux.

3. *Martyrologium* SS. Ord. S. P. N. Benedicti. 13 nov. — A l'abbaye de Solesmes, cette fête est double de 2ᵉ classe. Le lende-

fête avec celle de saint Abbon qui a empêché le *Martyrologe bénédictin* d'insérer dans ses colonnes le nom de l'un des enfants les plus renommés de saint Benoît. Confondu dans la foule des bienheureux, notre saint s'effaçait et s'éclipsait pour ses admirateurs jaloux de le contempler séparément et de lui rendre un culte spécial. Quelques auteurs ont concilié, par des modifications de date, les intérêts de l'histoire et ceux de la piété chrétienne. Bucelin[1] et un *vieux calendrier* de Fleury[2], n'osant pas déplacer la fête de la *Toussaint* bénédictine, renvoient au 15 novembre celle de saint Abbon. Jacqueline Bouëtte de Blémur[3] la recule jusqu'au 17 du même mois. Moins scrupuleux, l'abbé Durand[4] retarde jusqu'au 20 novembre la fête des saints de l'Ordre de Saint-Benoît et maintient l'abbé de Fleury en possession du 13 de ce mois mémorable.

Le culte de saint Abbon se propagea rapidement en France. Nous en déduisons la preuve des actes d'un concile fameux de Limoge en date du 18 no-

---

main, 14 nov., on y fait la *commémoration* de tous les morts de l'Ordre de saint Benoît. — Fromentières, évêque d'Aire, nous a laissé un sermon sur la *Fête de tous les saints de l'Ordre de saint Benoît*.

1. *Menologium benedictinum*, etc.
2. *Annales Ordinis S. Benedicti.*
3. *Année bénédictine.*
4. *Les caractères des saints pour tous les jours de l'année.* Rouen, 1684.

vembre 1031. Les évêques et abbés de l'Aquitaine y assistaient avec l'évêque de Périgueux. On y remarquait aussi Azenaire, abbé de Massay (dans le diocèse de Bourges) et de Fleury. Dans ce concile, où fut discuté l'apostolat de saint Martial, deux personnages éminents prirent la parole : Adhémar de Chabannes, moine de Saint-Cibar, à Angoulême, et Odolric, abbé de Saint-Martial, à Limoges. Le dernier avait été, comme nous l'avons dit [1], disciple d'Abbon. Tous les deux exaltèrent la science et la vertu de notre saint, tous les deux proclamèrent son *martyre*, et Adhémar attesta que ce *martyre se célébrait solennellement dans un grand nombre d'églises*[2]. Nous recueillons avidement ces paroles et nous constatons avec bonheur qu'à l'époque de ce concile, en 1031, on rendait à saint Abbon un culte public, *solennel*, dans une partie notable de la catholicité.

Les circonstances exceptionnelles du martyre de saint Abbon dans un pays et dans un temps où il n'y avait plus à moissonner les palmes des combats de la foi, avaient frappé l'imagination populaire, et le jour de ce drame était gravé dans tous les esprits. Aimoin nous le fait comprendre en nous disant que le jour de la *passion* de saint Abbon, jour de sa

1. Chap. II.
2. « Cujus *martyrium* in *pluribus* ecclesiis *solemniter* celebra-
« tur. » (*Patrol.*, t. CXLI, col. 111.)

naissance au ciel, était considéré comme un jour *mémorable*[1]. Grands et petits savaient une date dont le retour était impatiemment attendu chaque année. A cette époque, le *monastère de Saint-Pierre-de-la-Réolle-en-Bazadois* voyait accourir les fidèles du pays d'alentour. La foule recueillie ne se lassait pas de vénérer un saint qui appartenait désormais à la Gascogne par son tombeau, et elle n'était pas moins prodigue d'hommages que de sollicitations. On sentait que, du haut du ciel, saint Abbon veillait sur les contrées qu'il avait arrosées de son sang. « Les « saints martyrs, dit saint Grégoire de Nysse, s'in- « téressent à tous ceux qui les invoquent, mais ils « intercèdent particulièrement auprès du grand roi « du ciel pour leur patrie, pour leurs concitoyens, « leurs alliés et leurs proches; or, la patrie d'un « martyr, c'est le lieu où il a reçu la mort; ses con- « citoyens, ses alliés et ses proches sont ceux qui « habitent ces lieux, qui possèdent ses reliques, qui « les conservent et les vénèrent[2]. »

Tant de popularité fit classer saint Abbon dans le catalogue des saints dont les fêtes remplacent, dans les anciens monuments, la date du jour et du mois[3].

---

1. « Cujus *passionis* dies *insignis* habetur. » (*Patrol.*, édit. Migne, t. CXXXIX, col. 413.)

2. *Panégyrique de saint Théodore.*

3. *Dictionnaire raisonné de diplomatique chrétienne*, par Quantin, col. 646.

Le 13 novembre ne fut plus que le *jour de saint Abbon*, son jour *onomastique*. Il a plu à la divine Providence d'illustrer ce jour par quelques événements qui ne peuvent nous être indifférents : Dieu fit naître saint Augustin en Afrique, le 13 novembre 354, le même jour que Pélage, l'ennemi de la grâce, était né en Angleterre. Laurent de Médicis avait fixé au 13 novembre une fête en l'honneur de Platon. Toulouse n'a pas encore oublié la cérémonie du 13 novembre 1644 dont nous avons déjà parlé[1] ; le bienheureux Crispin de Viterbe, appelé par Pie VII le *père des pauvres*, le *consolateur des affligés*, naquit le 13 novembre 1668. Notre reconnaissance pour le vénéré pasteur qui nous a régénéré sur les fonts du baptême, nous fait un devoir de rappeler une autre date. François Isidro, que la guerre avait exilé de Salamanque, sa patrie, est mort curé de Fontet, près de la Réole, le 13 novembre 1821.

Un autre abbé de Fleury, saint Mommolin, enseveli dans l'église de Sainte-Croix, à Bordeaux, et honoré le 8 août, avait fourni aux populations des bords de la Garonne une seconde époque non moins indélébile dans leur mémoire. Les fêtes des saints étaient autrefois l'unique calendrier du peuple, de même qu'elles étaient ses plus douces distractions.

1. Chap. IV.

Une de ces nécessités qu'imposent trop souvent les calculs de la stratégie, suspendit pour un moment les pieuses courses des fidèles auprès du tombeau du saint martyr et déplaça ensuite le théâtre de leurs supplications. Le douzième siècle touchait à sa fin ; Artaud de Jusix, quatorzième prieur du monastère de la Réole, gouvernait paisiblement ses frères sous la suzeraineté des Anglais, qui avaient acquis l'Aquitaine en 1152, par le mariage de leur roi Henri II avec Éléonore de Guienne. Or, vers l'an 1186, les Anglais se crurent menacés dans leur nouvelle possession par Philippe Auguste, qui s'était déjà emparé de la Normandie. Henri II, dans le but de parer aux éventualités de la guerre, fit bâtir une citadelle au lieu le plus élevé de la Réole, c'est-à-dire dans le jardin du monastère. Mais l'église des bénédictins pouvait, à cause de sa hauteur, gêner l'action des soldats renfermés dans la citadelle ; les Anglais la firent disparaître et la remplacèrent, à une distance assez éloignée, par une autre plus basse, qui ne fut alors couverte que d'une simple charpente, à l'exception du sanctuaire, plus exhaussé que le reste de l'édifice. Cette église, d'origine britannique, est celle qui existe encore sous le nom d'*église Saint-Pierre*, devenue paroissiale depuis 1839, ainsi que nous l'avons dit. Un artiste bordelais de notre siècle, M. Eugène Ramade, grand amateur des églises gothiques, a dessiné l'*intérieur* de ce délicieux bijou de l'époque ogivale et en a fait un tableau dont la ville de Bordeaux a fait l'acquisition en 1830.

Le monastère eut le même sort que l'église. Il fut démoli et rebâti à côté de l'église nouvelle. De ce second édifice, pas plus que du premier, aucun souvenir, aucun plan n'est parvenu jusqu'à nous. Tandis que l'église, travaillée avec plus de soin, décorée avec un goût exquis, a résisté et résistera longtemps encore aux ravages du temps, le nouveau monastère, habitation des hommes, fut construit avec une sorte d'incurie, et dut céder la place, en 1704, sous le priorat de dom Louis Duret, à celui qui est encore aujourd'hui debout. La première pierre fut bénite en présence de D. Pierre Puyo, prieur de Sainte-Livrade; de D. Charles-Armand de la Vie, prieur de Sainte-Croix, de Bordeaux; et de D. Pierre Benoît, prieur de la Grande-Sauve. Le parrain fut noble P. Duval, questeur royal, et la marraine noble dame M. de Solier de Pichard. Ce dernier monastère, bâti sur les dessins de Maurice Mazey, est une lourde masse d'une longueur de cent mètres avec un pavillon à chaque extrémité. Le dernier prieur, suivant le continuateur de dom Maupel, fut, en 1771, M. de Langeac, chevalier de Malte, sous lequel on acheva de décorer l'église. Depuis 1790, époque de la suppression de tous les Ordres religieux, le monastère, asile de la prière, a été transformé en hôtel de la sous-préfecture, en palais de justice, en mairie, en prétoire de justice de paix, en caserne de gendarmerie et même en théâtre; toutes les autorités, sauf le pasteur de la paroisse, y sont installées. L'église fut dépouillée de ses orgues, de son maître-autel, de la boiserie et des grilles du chœur, au profit de la cathédrale de Bordeaux. La chaire, œuvre du dix-septième siècle, supportée par un Hercule à genoux, décore aujourd'hui la chapelle de l'hôpital de la Réole.

Que devinrent les reliques de saint Abbon, lors de la destruction de l'église primitive, où elles avaient été déposées? Il n'y eut point lieu de les *relever de terre*, selon l'usage observé envers les restes des saints que des miracles signalaient à l'attention publique; nos lecteurs n'ont pas oublié qu'elles avaient été confiées non à la terre, mais à un tombeau en pierre. De ce tombeau, dit dom Maupel, elles furent transférées avec de grands honneurs dans la nouvelle église et placées *en dehors du sanctuaire, du côté de l'épître, sous une arcade de pierre ou arcisole creusée dans l'épaisseur du mur*[1]. Ces termes sont précis et fixent la place du second

---

1. « Corpus sancti *martyris* honorificè extractum, a latere epi-
« stolæ extra presbyterium in *crapitie* muri, sub arcu lapideo collo-
« càrunt, ubi ad Calvinistarum usquè tristissima tempora re-
« mansit. » (Dom Maupel.)

tombeau de saint Abbon, dans le mur méridional de l'église, dans l'étroit espace qui sépare du sanctuaire la chaire actuelle. Que de pieux sentiments, que de vœux exprimés devant cette arcade sacrée! On sait que la domination des Anglais en Aquitaine commença par un mariage en 1152 et finit par une bataille en 1453, dans les plaines de Castillon. Durant cette période de trois siècles, les monarques de *l'Ile des saints*, en particulier Richard *Cœur-de-Lion*, visitèrent maintes fois la Réole et se prosternèrent, confondus avec la foule, devant le tombeau d'un saint qui avait écrit la vie de saint Edmond. Henri III, se trouvant à la Réole le 12 novembre 1242, ne manqua pas sans doute d'y célébrer le lendemain la fête de saint Abbon. L'esprit de l'époque où ces princes vivaient et leurs sentiments chrétiens ne permettent pas de supposer le contraire. Les croisades, auxquelles l'Angleterre avait participé, le culte plus fervent des reliques qui en avait été une des heureuses conséquences, l'entraînement populaire qui agit sur les grands comme sur les petits, avaient créé des habitudes religieuses sur les marches du trône, dans l'armée et parmi les classes les plus humbles de la société. On aimait Dieu et ses saints; les fêtes les plus courues se célébraient auprès des tombeaux; l'Église de la terre était en communion permanente avec celle du ciel.

Arrivons au seizième siècle, qui a accumulé tant de ruines. En Angleterre, Henri VIII avait fait don de l'abbaye de Ramsey, à Thomas Cromwel, son favori; en France, les guerres de religion qui ensanglantèrent ce siècle, ne reculèrent devant aucun sacrilége. En 1562, les huguenots ravagèrent les églises de Saint-Pierre-d'Aurillac, de Saint-Maixent et de Saint-Macaire, et dispersèrent les nombreuses et précieuses reliques du monastère bénédictin de cette dernière localité[1]. Ils tentèrent aussi de s'emparer de la Réole, qu'ils assiégèrent avec quelques pièces de campagne; mais le célèbre Blaise de Monluc le *Polémarque* y avait envoyé quelques jours auparavant son cousin, M. d'Aymet; quand il arriva lui-même, en juillet 1562, les assiégeants étaient déjà partis[2].

Cependant les attaques des religionnaires n'étaient qu'ajournées. Le 6 janvier 1577, Jean Geneste de Fabas, vicomte de Castets-en-Dorthe, et l'un des principaux chefs calvinistes, prit la ville par escalade. Sully, alors âgé de quinze ans, y entra des premiers, à la tête de cinquante soldats. Les huguenots, excités par leurs commandants, en par-

1. *Dégâts commis par les protestants dans les églises et établissements religieux de Saint-Macaire et de ses environs en 1562*, par D.-A. Virac. Bordeaux, 1867.
2. *Commentaires et lettres de Blaise de Monluc, maréchal de France*, édition revue sur les manuscrits par M. Alphonse de Ruble. Paris, 1866. T. II, p. 428.

ticulier par Vincens, d'Auros, pillèrent et incendièrent les maisons, profanèrent les églises et jetèrent au vent toutes les reliques. Celles de saint Abbon ne furent pas épargnées; les barbares civilisés du seizième siècle les outragèrent et les firent disparaître.

La réforme de Calvin ne fit pas de progrès à la Réole; la ville fut remise au pouvoir des catholiques en 1579 et n'abjura jamais la foi de nos pères. Mais les bénédictins du prieuré réolais avaient quitté leur habit noir et ne pouvaient rentrer dans leur monastère ruiné; leur éloignement dura jusqu'en 1597, époque où un arrêt du parlement de Bordeaux leur enjoignit de se réunir dans la maison de l'*Ouvrier*[1] pour y vivre en communauté et selon la règle de leur institut. Ce ne fut qu'au bout d'un demi-siècle que l'on releva une partie des bâtiments. Les bénédictins en reprirent possession en 1629. Ils revinrent prier et pleurer bien des fois près du lieu où saint Abbon avait reposé pendant trois siècles. Mais comment se consoler de la perte de leur trésor? L'anniversaire de la *passion* de saint Abbon, la fête principale du prieuré après celles de saint Pierre et de saint Benoît, n'était pas encore effacé, il est vrai, dans la mémoire des populations

---

1. C'est l'ancien hôpital de la *Madeleine*, rue des Gentils, devenu depuis la maison du *Chambrier* du couvent. Elle appartient aujourd'hui à M. Séraffon. (*Notice sur la Réole,* par M. Dupin.)

riveraines, encore moins parmi les habitants du cloître ; il est à croire que le monastère de la Réole, resté simple prieuré, suivait sans contrainte le double exemple de la métropole de Fleury et de l'église d'Orléans, où l'on honorait tous les ans, le 13 novembre, le *glorieux martyre* de saint Abbon, dit un auteur orléanais du dix-septième siècle[1]. Nos présomptions sont confirmées par un livre de Baillet[2] paru en 1703, où cet auteur, non suspect dans cette question, assure qu'à cette époque Abbon était vénéré à la Réole comme martyr ; une autre preuve nous est fournie par un livre de chant in-folio, en parchemin, imprimé en 1746 *pour l'usage du vénérable chapitre de Saint-Pierre de la Réole, de l'ordre de Saint-Benoît, de la Congrégation de Saint-Maur*. Ce livre, qui est aujourd'hui entre les mains de la municipalité de la Réole, est dédié au *Sauveur, à saint Pierre, apôtre, et à saint Abbon, abbé et martyr*[3].

1. *Histoire de l'église et diocèse, ville et université d'Orléans*, par Symphorien Guyon. Orléans, 1647. T. I, p. 286.
2. *Topographie des saints où l'on rapporte les lieux devenus célèbres par la naissance, la demeure, la mort, la sépulture et le culte des saints*. Paris, 1703. Art. *Réole* ou *Réoule*. Baillet s'est étrangement trompé en ajoutant que le *corps de saint Abbon s'est toujours conservé à la Réole*.
3. *In festis de tempore I et II ordinis ad missam et vesperas ad usum venerabilis capituli S. Petri de Regulâ, Ord. S. Benedicti, congreg. S. Mauri. — Salvatori et Beato Petro apost. et Abboni abb. et mart.* MDCCXXXXVI.

On se souvenait donc encore à la Réole, sous Louis XV, de l'*abbé-martyr ;* mais le culte du saint, n'étant plus alimenté que par des souvenirs confus et incertains, s'affaiblit graduellement, et les traditions locales périrent une à une dans des esprits et des cœurs que glaçait l'indifférence.

Ce que l'hérésie, hostile à Dieu et aux saints, avait criminellement exécuté, le vandalisme moderne l'a pleinement consommé. Dom Maupel, prieur en 1723, nous apprend qu'on voyait encore de son temps des vestiges de l'*arcisole* qui avait ombragé si longtemps les restes sacrés de saint Abbon [1]. Plus d'un siècle après, en 1840, ces vestiges existaient encore; mais personne n'en chercha l'origine. Dans une église déshonorée par les orgies de la révolution, plus tard fermée et enfin rendue au culte, cette brèche, qui avait été un tombeau, ne fut regardée que comme une dégradation facilement réparable, et on se hâta, avec un zèle plus ardent qu'intelligent, de murer ce qui aurait dû rester à jamais ouvert. Ne suffisait-il donc pas que des mains hérétiques eussent exilé saint Abbon de son tombeau? Fallait-il encore que des catholiques détruisissent jusqu'à son tombeau et livrassent ainsi à l'oubli le plus lamentable un asile devant lequel avaient prié tant de gé-

---

1. « Cujus collocationis vestigia *usquè hodiè* videntur. » (Dom Maupel.)

nérations reconnaissantes! La spoliation est allée plus loin : la chapelle septentrionale de l'église Saint-Pierre avait pour patron saint Abbon, ainsi qu'en fait foi un titre de 1664. Notre saint a été banni de ce dernier refuge. Les fonts baptismaux ont remplacé son autel, et on a fait disparaître le tableau qui représente le saint avec les attributs de son martyre. Cette toile, inappréciable pour les Réolais, est restée cachée jusqu'en 1866 dans la sacristie de la chapelle de l'hôpital, situé au sommet de la ville. Nous avons déjà parlé de son heureux retour dans l'église Saint-Pierre. Elle est l'unique monument qui rappelle le nom de saint Abbon dans une église primitivement bénédictine, dont la voûte était, jusqu'en octobre 1871, décorée de l'apothéose de saint Benoît, et dans une ville qui a eu le bon esprit de conserver le marché du samedi pour vaquer sans obstacle le lendemain aux saints offices et à la prière[1], et ses foires de Saint-Benoît[2] et de Saint-Pierre pour perpétuer ses traditions monastiques. Puisse ce commencement de réhabilitation inspirer et produire une restauration complète du culte du martyr bénédictin! Nous avons droit de le deman-

---

1. *Patrol.*, édit. Migne, t. CIV, col. 75.
2. Par arrêté du 9 octobre 1865, la *foire de Saint-Benoît* qui se tenait à la Réole le 21 mars de chaque année, c'est-à-dire le jour même de la fête du saint, a été fixée au samedi qui suit ce jour. Mais la foire n'a pas cessé de porter le nom de saint Benoît.

der, et nous le demandons instamment, nous qui avons consumé tant d'heures de notre vie à colliger et à coordonner les éléments de son histoire. Notre siècle a déjà beaucoup fait pour réparer les outrages du temps et des révolutions envers les hommes et les choses. Quels sacrifices ne s'impose pas la ville de Tours pour refaire le tombeau de saint Martin au lieu récemment découvert où il était jadis! Le moment nous semble venu de ressusciter dans le cœur des Réolais le culte d'un saint que leurs pères ont honoré et invoqué. Pourquoi la Réole, qui n'a pas oublié saint Martin, refuserait-elle tout honneur à un saint qui a des affinités, par sa vie et par sa place dans le calendrier, avec le grand thaumaturge des Gaules? L'intrépide martyr du *Martouret* n'est-il pas le savant moine à la congrégation duquel elle doit son existence, son nom, son lustre et sa plus gracieuse église? Sans les moines de Fleury, l'intéressante cité de la Réole ne serait peut-être encore aujourd'hui que le modeste village d'*Aliard* et ne figurerait ni dans l'histoire, ni sur la carte du globe. Que les rives de la Garonne ne refusent pas leurs hommages au héros des bords de la Loire. Que la Réole, fidèle au culte des souvenirs, soit fière de son *grenadier de* 1210 et qu'elle le montre aux étrangers sur la place du Turon; qu'elle vante la bravoure des deux frères Faucher, nés et morts le même jour, personne n'y trouve à redire; mais il n'est pas moins digne de la vieille cité de remettre en lumière une grande figure historique, le vaillant soldat du Christ qui lui a légué, au onzième siècle, ses vertus et son sang. Il n'est jamais trop tard pour une réparation.

Nous voici au terme de notre œuvre. Puissent ces pages, fruit de patientes et laborieuses études, nous faire atteindre le but que nous nous sommes proposé en les écrivant, faire connaître, aimer, honorer et invoquer saint Abbon! Puissent-elles, en faisant revivre la mémoire de cet abbé de Fleury, qui fut *un homme d'un grand nom*[1], *un des grands personnages de son temps*[2], *un des plus grands ornements de son siècle*[3], *la perle des benédictins français, l'honneur du diocèse d'Orléans et l'ornement du célèbre monastère de Fleury*[4], ranimer aussi la piété des âges antiques dans le cœur des Girondins !

Maintenant, ô glorieux saint Abbon, nous vous invoquons en empruntant les accents de celui qui fut votre disciple, votre ami, le témoin et l'écrivain

---

1. « Abbo, Floriacensis abbas, magni nominis vir. » (*Annales ecclesiastici*, auctore Cæsare Baronio Sarano. Antverpiæ, 1618. T. X, p. 908.)
2. L'abbé Fleury.
3. *Martyrologe des saints de France*, par le R. P. François Giry. 13 novembre.
4. *Histoire de l'église et diocèse, ville et université d'Orléans*, par Symphorien Guyon. Orléans, 1647. T. I, p. 286.

de votre vie et de votre mort, et vous écouterez notre prière : « O vous qui ornez de mérites le cœur de « ceux qui vous ont aimé, vous qui faites *refleurir* « dans le ciel les patrons de *Fleury*, obtenez-nous « la vie éternelle après la dissolution de notre chair. « Amen [1]. »

[1]. *Patrol.*, édit. Migne, t. CXXXIX, col. 414.

FIN.

TABLE DES MATIÈRES

Introduction. — Le dixième siècle. 1

Chapitre premier. — Patrie et famille de saint Abbon. — Signification de son nom. — Il est offert à Dieu selon la règle de saint Benoît dans le monastère de Fleury-sur-Loire. 63

Chapitre II. — Progrès d'Abbon dans la vertu et dans la science. — Il est mis à la tête de l'école de Fleury. — Il fréquente les écoles de Paris et de Reims. — Il revient à Orléans, sa patrie. 111

Chapitre III. — Dialectique d'Abbon. — Commentaire d'Abbon sur le calcul de Victorius. — Découverte récente et appréciation de ce commentaire, par M. Chasles, membre de l'Institut. — Question du jour de Pâques. — Travaux d'Abbon sur ce sujet. — Découverte de l'un de ces travaux, par

M. Varin. — Divers écrits d'Abbon sur l'astronomie, le comput et les sciences exactes. 151

Chapitre IV. — Abbon en Angleterre. — Abbaye de Ramsey. — Questions grammaticales. — Le Te Deum. — Vie de S. Edmond, roi et martyr. 183

Chapitre V. — Abbon revient en France. — Il est nommé abbé de Fleury. 236

Chapitre VI. — Influence de saint Abbon sur son siècle. . 258

Chapitre VII. — Recueil des canons d'Abbon. 271

Chapitre VIII. — Démêlés d'Abbon avec Arnulfe, évêque d'Orléans. — Incident tragique. — Abbon défend les chanoines de Saint-Martin de Tours contre leur archevêque. — Apologétique d'Abbon. — Charte de Hugues-Capet. — Lettre d'Abbon au roi Robert. 283

Chapitre IX. — Concile de Saint-Denis. — Abbon, accusé par l'évêque d'Orléans, réfute les griefs qui lui sont imputés. — Une coutume de l'abbaye de Fleury. 314

Chapitre X. — Dépositions successives d'Arnulfe et de Gerbert, archevêques de Reims. — Conciles de Saint-Basles, de Mouzon et de Reims. — Liaison d'Abbon avec un légat du pape. 322

Chapitre XI. — Premier voyage d'Abbon à Rome. — Amour d'Abbon pour les Beaux-Arts. — Ses travaux artistiques. — Influence architectonique de l'abbaye de Fleury sous Abbon. 342

TABLE DES MATIÈRES.

Chapitre XII. — Second voyage d'Abbon à Rome. — Mariage du roi Robert avec Berthe, sa parente. — Troisième voyage d'Abbon à Rome, succès de ce voyage. — Liaison et correspondance d'Abbon avec le pape Grégoire V. — Excommunication et soumission du roi Robert. 362

Chapitre XIII. — Vies de quatre-vingt-onze papes par Abbon. — Acrostiche curieux en l'honneur d'Othon III. — Lettre à saint Odilon, abbé de Cluny, sur les canons des Évangiles. — Guérison miraculeuse d'un lépreux. 400

Chapitre XIV. — L'an mille et la fin du monde. — États des esprits à cette époque. — Opinion orthodoxe d'Abbon sur cette question. 416

Chapitre XV. — Réforme de l'abbaye de Marmoutier par Abbon. — Les Ordalies ou les épreuves superstitieuses. — Réformes des abbayes de Mici et de Saint-Père par Abbon. 438

Chapitre XVI. — Propagation de l'Ordre de saint Benoît en Aquitaine. — Fondation du monastère de *Squirs* dans le bourg d'Aliard sur les bords de la Garonne. — Sa destruction par les Normands. — Sa restauration sous le nom de monastère de la *Règle*. — Son histoire jusqu'en 1004. . 460

Chapitre XVII. — Relâchement du monastère de la Réole. Premier voyage d'Abbon de *France* à la Réole en Gascogne. — Antipathies des races. — Second voyage d'Abbon à la Réole. — Diverses étapes (Poitiers, Charroux, Angoulême. Aubeterre, Francs) de ce voyage. — Accident sur le Drot. Émeute à la Réole. — Mort d'Abbon au Martouret. — Deux miracles. — Tombeau de saint Abbon. — Châtiment des coupables. — Retour des compagnons d'Abbon à Fleury-sur-Loire. — Circulaire annonçant la mort du saint. — Nouvelle organisation du monastère. — Abbon est-il martyr?. 491

Chapitre XVIII. — Miracles auprès du tombeau de saint Abbon. Culte populaire de saint Abbon. — Un concile de Limoges. — Translation des reliques de saint Abbon dans une seconde église et dans un second tombeau. — Dispersion des reliques du saint. — Vicissitudes de son tombeau. — Réhabilitation. 568

FIN DE LA TABLE DES MATIÈRES.

PARIS. — IMP. SIMON RAÇON ET COMP., RUE D'ERFURTH, 1.

www.ingramcontent.com/pod-product-compliance
Lightning Source LLC
Chambersburg PA
CBHW060302230426
43663CB00009B/1562